Timo Leuders (Hrsg.)

Mathematik-Didaktik

Praxishandbuch für die
Sekundarstufe I und II

Die Autorinnen und Autoren

Bärbel Barzel ist Lehrerin für Mathematik, Musik und Religion sowie Fachleiterin für Mathematik. Zurzeit ist sie an der Universität Duisburg in der Arbeitsgruppe für Didaktik der Mathematik tätig und koordiniert das Lehrerfortbildungsprojekt T³ *(Teachers Teaching with Technology)*.

Hans-Jürgen Elschenbroich ist Lehrer für Mathematik und Informatik und Fachleiter für Mathematik an einem Studienseminar Sek. II. Zurzeit ist er abgeordnet in die Medienberatung NRW beim Medienzentrum Rheinland.

Prof. Dr. Lisa Hefendehl-Hebeker lehrt an der Universität Duisburg-Essen Mathematik mit Schwerpunkt Didaktik und befasst sich u. a. mit der Erforschung mathematischer Lehr- und Lernprozesse und der Entwicklung von Unterrichtsvorschlägen.

Gaby Heintz ist Lehrerin für Mathematik sowie Haupt- und Fachseminarleiterin Mathematik an einem Studienseminar Sek. II. Sie ist tätig in der Lehreraus- und -fortbildung und in verschiedenen Arbeitsgruppen zum Einsatz neuer Technologien.

Dr. Henning Heske ist Lehrer für Mathematik und Erdkunde an einer Gesamtschule und Fachleiter für Mathematik an einem Studienseminar Sek. II. Außerdem ist er Mitherausgeber der Schulbuchreihe *Zahlen und Größen*.

Dr. Stephan Hußmann ist Lehrer für Philosophie und Mathematik und lehrt an der Universität Duisburg-Essen Didaktik der Mathematik. Er befasst sich u.a. mit selbstgesteuertem Lernen und koordiniert das Lehrerfortbildungsprojekt T³ *(Teachers Teaching with Technology)*.

Dr. Anselm Lambert forscht und lehrt als Wissenschaftlicher Assistent am Lehrstuhl für Mathematik und ihre Didaktik an der Universität des Saarlandes. Außerdem hat er einen Lehrauftrag an einer Realschule.

Dr. Timo Leuders ist Lehrer für Mathematik und Physik. Er ist zurzeit als wissenschaftlicher Referent für Mathematik und Naturwissenschaften am Landesinstitut für Schule in Soest tätig und befasst sich u. a. mit der Unterrichtsentwicklung, Curriculumentwicklung sowie der Fortbildungskonzeption.

Prof. Dr. Matthias Ludwig lehrt Mathematik und ihre Didaktik an der Pädagogischen Hochschule Weingarten. Dort befasst er sich mit Projektunterricht, Raumgeometrie sowie Mathematiklehren und -lernen mit dem Internet.

Guido von Saint-George ist Mathematiklehrer an einer Gesamtschule und außerdem als Mitarbeiter am Lehrerfortbildungsprojekt T³ *(Teachers Teaching with Technology)* an der Westfälischen Wilhelms-Universität Münster tätig.

Bernd Westermann arbeitet als Fachberater für Mathematik bei der Bezirksregierung Düsseldorf und ist als Moderator in der Lehrerfortbildung tätig. Er befasst sich u.a. mit dem Mathematikunterricht in den Niederlanden und ist Mitarbeiter im *www.mathetreff.de*.

Timo Leuders (Hrsg.)

Mathematik-Didaktik

Praxishandbuch für die
Sekundarstufe I und II

Cornelsen
SCRIPTOR

Die in diesem Werk angegebenen Internetadressen haben wir geprüft (Redaktionsschluss Juni 2003). Dennoch können wir nicht ausschließen, dass unter einer solchen Adresse inzwischen ein ganz anderer Inhalt angeboten wird.

 http://www.cornelsen.de

Gedruckt auf chlorfrei gebleichtem Papier
ohne Dioxinbelastung der Gewässer.

Bibliografische Information
Die Deutsche Bibliothek verzeichnet diese Publikation in der Deutschen Nationalbibliografie; detaillierte bibliografische Daten sind im Internet über http://dnb.ddb.de abrufbar.

Dieses Werk berücksichtigt die Regeln der reformierten Rechtschreibung und Zeichensetzung.

5.	4.	3.	2.	1.	Die letzten Ziffern bezeichnen
07	06	05	04	03	Zahl und Jahr der Auflage.

© 2003 Cornelsen Verlag Scriptor GmbH & Co. KG, Berlin
Das Werk und seine Teile sind urheberrechtlich geschützt. Jede Verwertung in anderen als den gesetzlich zugelassenen Fällen bedarf deshalb der vorherigen schriftlichen Einwilligung des Verlags.
Redaktion: Stefan Giertzsch, Berlin
Redaktionelle Endbetreuung: Nikoleta Marquardt, Berlin
Herstellung: Brigitte Bredow, Berlin
Layout und Satz: FROMM MediaDesign GmbH, Selters/Ts.
Umschlaggestaltung: Magdalene Krumbeck, Wuppertal
Sachzeichnungen: Rainer J. Fischer, Berlin
Druck und Bindung: Clausen & Bosse, Leck
Printed in Germany
ISBN 3-589-21695-6
Bestellnummer 216956

Inhalt

Vorwort

Wer immer sich mit dem Gedanken trägt, ein Buch zu lesen, stellt damit eine Frage. Die meisten, die sich für ein Buch mit dem Titel „Mathematik-Didaktik" interessieren, fragen sich wohl: „Wie kann ich und wie soll ich Mathematik unterrichten?"

Diese Frage bezieht sich auf den aufregendsten Teil der Lehre vom Lehren und Lernen von Mathematik, nämlich auf die Schwelle zwischen Theorie und Praxis, zwischen allgemeinen Erkenntnissen zum Lehren und Lernen und praktischen Handlungs- und Gestaltungsprinzipien. Genau diese Schwelle überqueren die Kapitel dieses Buches beständig in beide Richtungen, im Versuch, die didaktische Reflexion und das tägliche Geschäft der Unterrichtsgestaltung eng aufeinander zu beziehen. Die Autoren zeichnen daher im Hauptteil, also dem zweiten Teil des Buches mit dem Titel **„Mathematik unterrichten"**, sowohl theoretische Horizonte als auch eine lebendige Landschaft mit praktischen, unterrichtsrelevanten Beispielen.

Nicht weniger bedeutsam ist neben der Frage des *„Wie?"* aber auch die Frage: *„Warum* unterrichte ich Mathematik?" Wer sich den Lehrerberuf und das Fach Mathematik erwählt hat, der spürt eine Berufung zu beidem, der hat ein inniges Verhältnis sowohl zum Fach als auch zur pädagogischen Tätigkeit. Dieses Verhältnis zu reflektieren und auszubauen heißt auch, sich immer wieder mit den Grundfragen seines Gegenstandes und seiner Tätigkeit zu beschäftigen. Dies ist wesentlicher Bestandteil einer Befriedigung bringenden Professionalität.

Die Frage nach dem *„Warum?"* kann man aber auch noch anders auslegen: *„Wozu* unterrichte ich Mathematik?" Mit ein wenig Vorstellungskraft ist es gar nicht so schwierig, sich eine Welt ohne Mathematikunterricht auszumalen. Die Jahrtausende alte Kunst des Jagens oder des Getreideanbaus hat ja auch schon seit längerem ihre wirtschaftliche und gesellschaftliche Bedeutung verloren oder ist in die Hände weniger Spezialisten übergegangen. Daher ist die Frage berechtigt: Wie viel Mathematik brauchen die Menschen und wie viel Mathematikunterricht brauchen die Kinder heute und zukünftig überhaupt noch? Diese Frage nach der Legitimation des Mathematikunterrichts, nach seinem spezifisch bildenden Beitrag, muss man sich als Lehrender immer wieder stellen, wenn man nicht nur eine Mathematik für wenige interessierte Schüler, für sich selbst oder für die Lehrpläne unterrichten möchte.

Auch zu diesen beiden Warum-Fragen möchte dieses Buch Antworten und Denkanregungen aus vielfältigen Perspektiven geben. Hier bietet vor allem der erste Teil, der mit **„Mathematikunterricht"** überschrieben ist, einen Blick auf das Schulfach Mathematik aus der Sicht der Fachwissenschaft, aus der Sicht des lernenden Individuums und aus der Sicht der Gesellschaft.

Nach welchem Ordnungsprinzip sollen mathematikdidaktische Fragen dargestellt werden? Gründlich wäre wohl eine systematische Klärung der Grundlagen, beginnend mit einer Theorie des Lernens und einer Reflexion der Fachstruktur. Hier besteht aber die Gefahr, sich im Enzyklopädischen zu verlieren, wenn man den gesamten Unterricht der Sekundarstufen abdecken möchte. Zudem gibt es viele detaillierte und lesenswerte Abhandlungen, etwa zur Didaktik des Übens oder zur Didaktik der Analysis usw.

Der Blick auf den Mathematikunterricht, der hier angeboten wird, ist stattdessen ein Blick auf die **Prozesse** des Lehrens und Lernens von Mathematik. Hiermit sind zum einen Prozesse des Mathematiklernens in Form des „Mathematikbetreibens" im Klassenraum gemeint: Kommunizieren über und mit Mathematik, Gewinnen mathematischer Erkenntnisse, Problemlösen und kreatives mathematisches Tun. Zum anderen geht es aus der Perspektive des Lehrenden um den Prozess des Gestaltens von Mathematikunterricht: Unterricht öffnen, selbstständiges Lernen fördern, neue Medien nutzen, Unterrichtsarrangements gestalten und Unterricht auswerten.

Dass an dieser Stelle eine so vielfältige Sicht auf das Mathematikunterrichten zustande gekommen ist, verdanke ich vor allem den vielen Autorinnen und Autoren, die an diesem Buch mitgewirkt haben. Sie alle haben nicht nur durch ihre Kapitelbeiträge, sondern ebenso – wie übrigens besonders auch meine Frau, Juliane Leuders – durch manche kritische und konstruktive Diskussion zu dieser Schrift beigetragen.

Einige der englischen Originalzitate wurden von mir übersetzt. Die Literaturangaben dienen neben dem wissenschaftlichen Beleg vor allem der Anregung zum Weiterlesen. Viele der Beispiele konnten nur verkürzt wiedergegeben werden, vieles Bildmaterial ist notwendigerweise verkleinert und ausschnitthaft. Zu vielen der Themen dieses Buches finden Sie daher umfangreichere Originale und Verweise zu weiteren Fundstellen auf der Seite www.schul-mathe.de.

Abschließend sei noch darauf hingewiesen, dass in diesem Buch oft das generische Maskulin verwendet wird – nicht zuletzt zu Gunsten eines lesbaren Stils. Ich beziehe mich dabei ausdrücklich auf Personen weiblichen und männlichen Geschlechts. Um dies zu bekräftigen, werden in regelmäßigen Abständen immer wieder beide Formen verwendet.

Dortmund, im August 2003
Timo Leuders

1 Was ist und was leistet Mathematikdidaktik?

Timo Leuders

Vielleicht mehr als manch andere Wissenschaft hat die Didaktik eines Schulfaches eine große Zahl von Bezugsfeldern in der Wissenschaft und in der Praxis. Die folgenden Schaubilder sollen der Leserin und dem Leser einen groben Überblick über wesentliche Bezugsfelder der Mathematikdidaktik geben. Sie sind dabei weder erschöpfend in der Aufzählung der Felder noch in der Angabe aller Wechselbeziehungen. Man erkennt aber schon auf den ersten Blick, dass sich der Mathematikunterricht in einem komplexen Gefüge zwischen Fachwissenschaft, Fachdidaktik und gesellschaftlichen Einflussgrößen befindet. Aus all diesen Beziehungen ergeben sich direkt oder indirekt Konsequenzen für das Lehren von Mathematik, viele der dabei angerissenen Aspekte werden im Laufe der folgenden Kapitel (→ 2.1-2.3) näher in Augenschein genommen. Im zweiten Teil des Buches ab S. 59 bewegt sich die Darstellung dann wesentlich im Praxisfeld, kommt aber immer wieder auf die Rahmenfragen zurück.

Die Mathematik und ihre Bezugsdisziplinen

Die Mathematik ist eine traditionsreiche Wissenschaft von ganz eigenem Recht und mit unverwechselbaren Modi der Erkenntnisgewinnung. Eine Besonderheit der Mathematik ist, dass sie als *reine* Mathematik ihre ureigenen Gegenstände und unverwechselbaren Erkenntnisweisen besitzt und beständig „nach innen" entfaltet, aber zugleich als *angewandte* Mathematik in einer Vielzahl von Bereichen eine ungeheure Erkenntnis- und Gestaltungskraft „nach außen" entfaltet. Traditionell wird die Mathematik als die Sprache der Physik (nach GALILEO sogar als die des ganzen Universums) angesehen – auch wenn Physiker

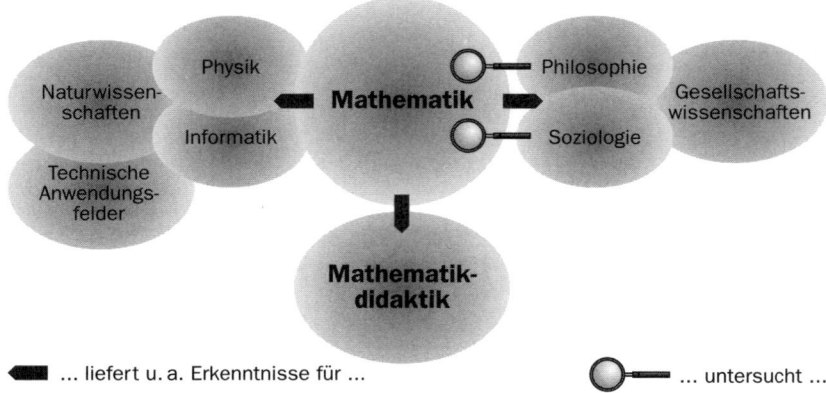

◀▬▬ ... liefert u. a. Erkenntnisse für ...   ⟟▬ ... untersucht ...

mitunter auf eine ganz eigene Art mit Mathematik umgehen. Mit der Informatik hat sich eine Bezugswissenschaft etabliert, die man die Fortsetzung sowohl der reinen als auch der angewandten Mathematik mit anderen Mitteln, nämlich den Mitteln algorithmischer Maschinen, nennen könnte. Die Rolle der Informatik als Schulfach insbesondere in Relation zum Fach Mathematik ist Gegenstand vehementer Auseinandersetzungen und wird es wohl auch noch länger bleiben.

Seit der empirischen Neuorientierung der Geisteswissenschaften zur Mitte des letzten Jahrhunderts spielt die Mathematik auch eine zentrale Rolle in allen Gesellschaftswissenschaften, von der Psychologie über die Soziologie bis hin zur Ökonomie. Man kann zusammenfassend sagen, dass die Anwendungsrolle der Mathematik darin besteht, dass sie die verschiedensten Modelle zur Interpretation der Wirklichkeit bereitstellt. Ein Modell kann z. B. sein:

■ eine funktionale Abhängigkeit (in der Physik: ein Naturgesetz),
■ ein stochastischer Zusammenhang, der empirisch geprüft werden soll,
■ ein Algorithmus, der zu Eingaben systematisch Ergebnisse hervorbringt.

Dabei fließen aus den Anwendungen wieder vielfältige neue Anregungen in die Mathematik zurück, wie z. B. bei der Entwicklung der frühen Infinitesimalrechnung für Probleme der Mechanik oder in neuester Zeit im Fall der Spieltheorie, die als ökonomisches Modell bedeutsam geworden ist.

Aber die Mathematik ist auch auf ganz andere Weise Gegenstand des Interesses anderer Disziplinen. Der traditionell starke Bezug zur Philosophie, insbesondere zur Erkenntnistheorie („Wie gewinnt die Mathematik Wahrheiten und wie sicher sind diese?") hat sich im 20. Jahrhundert noch einmal verstärkt. Insbesondere die wissenschaftlichen und kommunikativen Verfahren der Mathematik sind intensiv von der Wissenschaftstheorie und dabei neuerdings auch von der Soziologie untersucht worden. Die hieraus gewonnenen Erkenntnisse haben, wie Kap. 2.1 belegen soll, auch eine große Bedeutung für das Verständnis eines zeitgemäßen Mathematikunterrichts.

■ Übrigens: Ein Diagramm wie das abgebildete, sollte man durchaus einmal zusammen mit Schülerinnen und Schülern anfertigen. Verteilen Sie die Stichworte als Kärtchen, lassen Sie sie in Gruppenarbeit anordnen und diskutieren Sie die von den Schülerinnen und Schülern formulierten Zusammenhänge. Zu einer mathematischen Allgemeinbildung gehört auch, nach 12 oder 13 Schuljahren eine Vorstellung von der Bedeutung der Mathematik im Kontext der Bezugswissenschaften und der Gesellschaft zu bekommen. ■

Die Mathematikdidaktik und ihre Bezugswissenschaften

Die Mathematikdidaktik untersucht einerseits auf deskriptive Weise den faktisch stattfindenden Mathematikunterricht und sie trifft andererseits normative Aussagen darüber, wie Mathematikunterricht gestaltet werden soll. Dabei genügt es nicht, die Inhalte und Arbeitsweisen der Fachwissenschaft in die schulische Situation zu übersetzen. Die Mathematikdidaktik hat Erkenntnisse aus einer Vielzahl von Bezugsdisziplinen und Erfahrungen aus unterschiedlichen Praxisfeldern zu berücksichtigen:

Aus der Psychologie, insbesondere der pädagogischen Psychologie erfährt sie, welche Dispositionen der Mensch für das Lernen mitbringt, insbesondere wie ein Kind bzw. ein Jugendlicher lernt. Dabei werden in Zukunft zunehmend auch naturwissenschaftliche Resultate aus der Neurobiologie eine Rolle spielen. Einen ersten Einblick gibt das Kapitel 2.2.

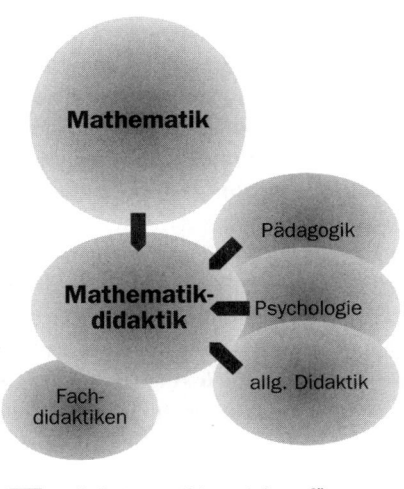

... liefert u. a. Erkenntnisse für ...

Für ihre normativen Aussagen benötigt die Didaktik gesellschaftliche Bezugspunkte. Darüber, was die Ziele von Bildung und Erziehung sein können, und welche Rolle hier die Schule (in ihren Fächern und Organisationsformen) spielen kann, macht sich bereits seit langem der gesellschaftswissenschaftliche Zweig der Pädagogik Gedanken. Die Entscheidung darüber, was in der Schule auf welche Weise gelernt werden soll, ist aber letztlich eine durch politische Verfahren vermittelte gesellschaftliche Entscheidung.

Über die Funktion, die die Mathematikdidaktik in diesem Prozess spielen soll, gibt es durchaus unterschiedliche, komplementäre Auffassungen:

■ Sie soll praktikable Kurse für das Lernen von Mathematik sowie Grundsätze (didaktische Prinzipien) und Methoden für das Lehren von Mathematik entwerfen und deren Wirkung empirisch überprüfen.

■ Sie soll empirische Erkenntnisse und normative Setzungen aus den Bezugswissenschaften hinsichtlich der Gestaltung von Mathematikunterricht integrieren.

■ Sie soll einen Dialog mit allen relevanten Parteien der Öffentlichkeit führen und ein (normatives) Allgemeinbildungskonzept entwerfen, das als Hintergrund sowohl für politische Entscheidungen des Bildungssystems als auch für unterrichtspraktische Entscheidungen des Lehrenden dienen kann.

Dieser breite und mit der vorangehenden Aufzählung keineswegs ausgeschöpfte Fächer von Aufgaben bedingt auch eine Vielfalt der methodischen Vorgehensweisen: von der theoriegeleiteten Konstruktion von Praxisbeispielen über die empirische Evaluation, das psychologische Experiment, bis hin zu hermeneutischen Verfahren, wie z. B. dem qualitativen Interview oder der Interpretation von historischen Quellen oder philosophischen Texten.

Das Praxisfeld Mathematikunterricht und seine Bezugsfelder

Über den konkreten Gestaltungsrahmen von Mathematikunterricht (Stundentafeln, Curriculum, Lehrerausbildung) entscheidet die Bildungspolitik. Sie integriert dabei eine Vielzahl von gesellschaftlichen Forderungen. Hier muss immer wieder aufs Neue entschieden werden, was unter mathematischer Bildung zu verstehen ist. Dieser Aspekt wird in Kap. 2.3 behandelt.

Die Bildungspolitik muss zwischen einer Vielzahl unterschiedlicher gesellschaftlicher Anforderungen vermitteln:

■ Die Förderung mathematischer Bildung für die individuelle Selbstverwirklichung, aber auch für den gesellschaftlichen Zusammenhalt.

■ Die mathematische Qualifikation für das Leben in einer zunehmend von Technologie bestimmten Gesellschaft. Dazu gehören insbesondere das Beherrschen elementarer Kulturtechniken aber auch die von der Wirtschaft viel beschworenen Schlüsselqualifikationen, wie die Befähigung zu lebenslangem Lernen.

■ Die Qualifizierung und Rekrutierung von qualifizierten Fachkräften für mathematiknahe Berufe und als wissenschaftlicher Nachwuchs.

Dass man diesen Anforderungen durchaus unterschiedlich begegnen kann, zeigt der Mathematikunterricht anderer, ökonomisch vergleichbarer Nationen. Wichtigste Determinante für Veränderungen im Praxisfeld Mathematikunterricht ist und bleibt dabei das, was bislang gewöhnlich im Mathematikunterricht geschieht. Es wäre vermessen, heute noch zu glauben, durch Variation einzelner Randbedingungen (Richtlinien, Stundentafeln, Lehrwerk, Lehrerausbildung, Evaluation) Mathematikunterricht tiefgreifend und nach-

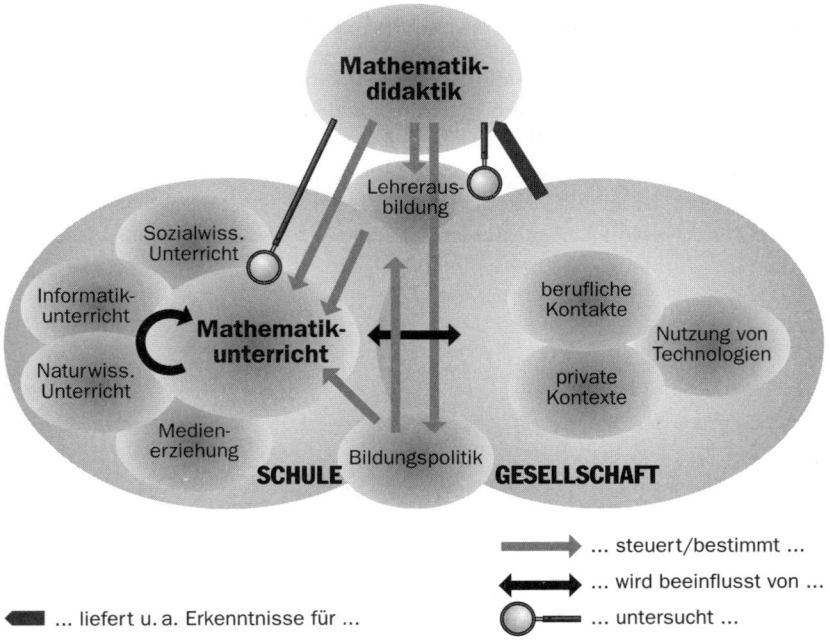

haltig zu verändern. Als Erfolg versprechende Ansätze müssen daher solche Projekte gelten, die es als ihre Aufgabe ansehen, nicht nur Wissen über die Konstruktion von Unterricht zu produzieren, sondern dabei das Praxisfeld von Anfang an miteinbeziehen. Als Beispiele können hier z. B. das einflussreiche Grundschulprojekt *mathe2000* (WITTMANN/STEINBRING/MÜLLER 1997), das Modell der japanischen *lesson study* (STIGLER 1999, S. 109) oder das österreichische IMST²-Projekt fachdidaktischer Forschung und Entwicklung an Schulen (ALTRICHTER 2002, siehe auch http://imst.uni-klu.ac.at) angesehen werden. Allen Modellen gemeinsam ist, dass Lehrerinnen und Lehrer in der Praxis sich als Mitwirkende und nicht als Rezipienten fachdidaktischer Forschung verstehen. Die Mathematikdidaktik übernimmt hier das Selbstverständnis einer *design science,* wie etwa die Ingenieurwissenschaften, die Architektur oder die Medizin. Primäre Aufgabe einer *design science* ist nicht, wie etwa in den Natur- und Geisteswissenschaften, Erkenntnisse über die Welt oder den Menschen zu gewinnen, sondern Wissen über die Konstruktion von Artefakten (Maschinen, Brücken, Operationsmethoden, Unterrichtseinheiten) mit gewissen gewünschten Eigenschaften zu gewinnen und zu vermitteln (vgl. WITTMANN 1995).

Mathematikunterricht aus verschiedenen Perspektiven

Eine so komplexe Landschaft wie die geschilderte kann nicht in einem einzigen Buch und schon gar nicht in den wenigen Seiten seines Einführungsteils durchwandert werden. Daher soll im ersten Teil dieses Buches der Blick auf den Mathematikunterricht von wenigen prominenten Aussichtpunkten als Orientierung genügen. Dabei hilft uns die systemtheoretische Perspektive, die in der vorherigen Abbildung bereits anklang und in der folgenden Tabelle dargestellt wird:

Teilsysteme	Sichtweise auf mathematisches Wissen	Umgang mit mathematischem Wissen
Mathematik	Mathematik als System und Erkenntnisweise	Erforschung von mathematischen Begriffen und Beziehungen
Lehrende	Genese mathematischen Wissens im Individuum	Gestaltung einer mathematischen Unterrichtskultur
Lernende	Lernen und Verstehen von Mathematik	Individuelle, subjektive Deutungen von Mathematik
Gesellschaft	funktionale mathematische Bildung + Expertenbildung	Nutzen von Mathematik, Mathematik als Teil der Kultur

Aus keinem der Teilsysteme lassen sich Antworten zu den Fragen eines anderen deduzieren. Aus einer detaillierten Kenntnis des Lernens und der gesellschaftlichen Anforderungen lässt sich noch kein guter Unterricht ableiten, ebenso wenig wie die Fachstruktur die Inhalte des Schulfaches determiniert. Dennoch kann jedes dieser Teilsysteme einen besonderen Beitrag zu der Frage liefern, wie man Mathematik lernen kann und soll. Aus den drei Perspektiven Fachwissenschaft, Lernende und Gesellschaft sollen im Folgenden (→ Kap. 2.1 bis 2.3) die wichtigsten aktuellen Rahmenvorstellungen und Entwicklungstendenzen beschrieben werden, bevor im zweiten Teil des Buches das zentrale Praxisfeld aus der Perspektive des Lehrenden in den Vordergrund rückt.

2 Perspektiven von Mathematikunterricht

Timo Leuders

2.1 Mathematik als System und Prozess – Mathematikunterricht aus der Perspektive der Fachwissenschaft

> *„Mathematics is a bit like discovering oil. But mathematics has one great advantage over oil, in that no one has yet found a way that you can keep using the same oil forever."*
>
> *(Andrew Wiles)*

Auf den ersten Blick ist die Mathematik die traditionelle Bezugswissenschaft für das Schulfach Mathematik. Aber schon auf den zweiten Blick ist diese Beziehung höchst ambivalent: Welche Themenbereiche der Mathematik jenseits der elementaren mathematischen Kulturtechniken können und sollen für die Schule relevant sein? Muss und darf die Schulmathematik am Ende des 19. Jahrhunderts stecken bleiben? Welche Bedeutung für die Schule haben Anwendungsbereiche der Mathematik wie die Natur- und Ingenieurwissenschaften, welche Rolle spielen insbesondere Statistik und Informatik?

Nicht weniger bedeutsam als diese inhaltlichen Aspekte ist für die Schule auch die Frage, was mathematisches Denken und Arbeiten ausmacht. Welchen Charakter hat mathematisches Wissen und wie gelangt man zu ihm? Was sind die erkenntnistheoretischen und methodischen Spezifika des Faches? Inwiefern verleihen sie auch dem Schulfach seinen besonderen Charakter und seine Legitimation?

Das Beziehungsgefüge, in dem der Mathematikunterricht steht (→ Kap. 1), macht allerdings deutlich: Womit und wie in der Schule Mathematik betrieben wird, lässt sich nicht aus den Inhalten und Methoden der Fachwissenschaft ableiten. Umgekehrt darf ein Mathematikunterricht diese fachwissenschaftlichen Bezugspunkte aber auch nicht aus den Augen verlieren, wenn er nicht Gefahr laufen will, sich von der Fachwissenschaft und ihrer gesellschaftlichen Bedeutung abzukoppeln und sich in seinen eigenen Traditionen zu verfangen. Für alle, die sich der Vermittlung mathematischer Erkenntnisse und Erkenntnisweisen verschrieben haben, ist eine reflektierende Auseinandersetzung mit dem Wesen ihres Gegenstandes somit ein grundlegender Bestandteil ihrer Professionalität.

Mathematik als System – was ist Mathematik?

Wie bei vielen Wissenschaften, so lässt sich auch bei der Mathematik versuchen, sie über ihre Gegenstände zu definieren. DAVIS/HERSH (1985) beginnen ihr berühmt gewordenes Buch „Erfahrung Mathematik" mit der Definition: „Mathematik ist die Wissenschaft von Quantität und Raum und ihrer symbolischen Darstellung". Die Kernthese von STEWART (2001, S. 24) in seinem einsichtsreichen Buch „Die Zahlen der Natur" lautet ganz ähnlich: „Wir leben in einem Universum voller Muster. Mathematik ist eine systematische Art und Weise, die Regeln und Strukturen hinter diesen Mustern zu erhellen." DEVLIN (2000, S. 11) schließt hier an und erklärt die Genese der mathematischen Fachgebiete: Verschiedene Arten von Mustern führen zu verschiedenen Zweigen der Mathematik: Die Zahlentheorie erforscht die Muster der Zahlen und des Zählens, die Geometrie die Muster von Form und Anordnung, die Logik die Muster des Schließens usw. Mathematik wendet sich außerdem sich selbst zu und untersucht ihre eigenen Grundlagen und Verfahren, die sich ja wieder als Muster auffassen lassen.

Die Zahl der mathematischen Fachgebiete ist dabei im letzten Jahrhundert explosionsartig angewachsen. War es zu Ende des 19. Jahrhunderts noch möglich, einen guten Überblick über die gesamte Mathematik zu haben, so zählt die „mathematics subject classification" der American Mathematical Society (AMS) heute über 5 000 Einträge[1]. Ein einzelner Mathematiker kann die jährliche Publikationsflut nicht mehr überblicken und ist schon ausreichend damit beschäftigt, in seinem eigenen Spezialgebiet auf dem Laufenden zu bleiben. Es stellt sich die Frage: Welche der vielfältigen Fragen und Themen der Mathematik sind für die Schule relevant? Einige Argumentationslinien zu diesem fundamentalen **Stoffproblem** der Mathematikdidaktik sollen hier angedeutet werden:

- Zweifellos interessant ist eine Orientierung am **historischen Prozess,** wenngleich man auf diese Weise wohl irgendwo im 17. Jahrhundert stecken bliebe. Sinnvoller erscheint daher eher die Orientierung an bedeutsamen **historischen Kernideen,** die die Ideengeschichte der Mathematik oder ihrer Bezugswissenschaften maßgeblich beeinflusst haben: Die Konstruktion mit Zirkel und Lineal, die Descart'sche Koordinatengeometrie, die Infinitesimalrechnung, die axiomatische Methode usw.
- Nicht weniger nachvollziehbar ist die Forderung, man müsse sich in der Schule auch mit einigen wichtigen, **aktuellen Gebieten** der Mathematik beschäftigen. Dies ist durchaus möglich (z. B. mit der Knotentheorie oder mit Chaos und Fraktalen) und auch wünschenswert, setzt aber ein offenes Curriculum und regelmäßige fachliche Lehrerfortbildung voraus.

---

1   im Internet unter e-math.ams.org/msc

■ Angesichts der Schwierigkeiten einer inhaltlichen Revision erscheint die **traditionalistische** Lösung des Stoffproblems attraktiv: Themen, die sich in den letzten Jahrzehnten und Jahrhunderten bewährt haben, sollen weiter Orientierungspunkt für den Mathematikunterricht bilden. Auf diese Weise besteht allerdings die Gefahr, dass das Fach sich von wechselnden gesellschaftlichen Anforderungen abkoppelt. Auch technische Entwicklungen machen hier ein traditionalistisches Verharren unmöglich (wie z. B. der Computer die Funktionendiskussion in Frage stellt).

■ Eine ganz andere Lösung bietet der Standpunkt einer **formalen Bildung**, der feststellt, dass die Wahl des Stoffes im Prinzip keine wesentliche Rolle spielt. Jenseits der elementaren Kulturtechniken könne im Prinzip an jedem Thema gelernt werden, was Mathematik ausmacht. Diese starke Vereinfachung reduziert jedoch zu sehr den Aspektreichtum mathematischer Bildung, wie er in Kap. 2.3 noch näher beschrieben wird.

■ Ein weiterer Orientierungspunkt für die Stoffauswahl können die abstrakten Strukturen und Konzepte der Mathematik selbst sein. Dies ist im Wesentlichen der Ansatz der „**Neuen Mathematik**" gewesen. Er wird von der Hoffnung getragen, dass die Beschäftigung mit den formalen Elementarstrukturen eine tragfähige Grundlage für ein Verständnis von Mathematik sein könnte. So wurden Zahlen als Mengen, Brüche als Äquivalenzklassen und Approximationsargumente als ε-δ-Beweis gelehrt. Es hat sich in den Siebziger Jahren gezeigt, dass dieser Ansatz, der die Bedingungen des Lerners zu sehr ausklammert oder idealisiert, nicht praktikabel ist.

■ Man kann diese auf die Fachstruktur bezogene Argumentation vom Kopf auf die Füße stellen und unter Elementarstrukturen nicht formale Definitionen verstehen, sondern solche **zentrale oder fundamentale Ideen,** die über alle Fachgebiete hinweg mathematischen Objekten und Verfahren zu eigen sind. Dieses Konzept wurde erstmals von WHITEHEAD zu Anfang des 20. Jahrhunderts vorgeschlagen und ist seitdem vielfältig variiert worden (HEYMANNS 1996, S. 169 ff.). Häufig werden genannt: die Idee der Zahl, des räumlichen Strukturierens, der Wahrscheinlichkeit, oder eher prozedurale Ideen wie die des Algorithmus oder des Modellierens. Nach BRUNER sollen sie den Schülern in einem spiralig aufgebauten Curriculum immer wieder auf einem wachsenden kognitiven Niveau begegnen und den mathematischen Themen des Unterrichts einen übergreifenden Sinn verleihen.

■ Schließlich lässt sich auch vorstellen, dass die **Perspektive des Lerners** konsequent zum Ausgangspunkt der Stoffauswahl werden kann. Während diese Idee in Form von **Themenfeldern** und **Kontexten** als Kern der Unterrichtsgestaltung in naturwissenschaftlichen Fächern immer mehr Eingang in die Lehrpläne findet, scheint sie in der Mathematik der formalen Geschlossenheit des Faches zu widersprechen. FREUDENTHAL stellt in seinen Schriften je-

doch immer wieder dar, wie ein konsequentes entdeckendes Lernen, bei dem Schülerinnen und Schüler durch die Beschäftigung mit realistischen Problemen mathematische Konzepte (nach)erfinden, aussehen kann. (Hierzu mehr unter „Prozesse im Mathematikunterricht", siehe S. 29)
In der Praxis entstehen Curricula wohl unter dem Einfluss all dieser Argumente. Der orientierenden Funktion fundamentaler Ideen wird dabei in den letzten Jahren immer mehr Aufmerksamkeit geschenkt und auch mathematische Prozesse spielen eine immer stärkere Rolle.

Die Versuche, Mathematik und Mathematikunterricht vornehmlich über ihren Gegenstand zu definieren, greifen zu kurz, weil sie nicht trennscharf genug sind. Ist etwa die Physik oder die Psychologie und Soziologie, bei denen es ebenfalls um die „symbolische Untersuchung von Mustern der Natur bzw. menschlichen Verhaltens" geht, auch eine Art Mathematik? Jenseits der Inhalte kann man Mathematik aber auch über ihre Methoden des **Erkenntnisgewinns (Epistemologie)** charakterisieren.
Was zeichnet Mathematik in dieser Hinsicht vor allen anderen Wissenschaften aus?

■ Mit den Naturwissenschaften und vielleicht noch mehr als diese besitzt sie einen hohen Grad an kognitiver **Kohärenz**. Es gibt hier nicht, wie dies etwa in der Philosophie die Regel ist, verschiedene, z. T. widersprüchliche Argumentationslinien, die gleichzeitig akzeptiert werden können. Es gibt nur *eine* Mathematik, die im hohen Maße auf einem Konsens aller Beteiligten fußt.

■ Ein Grund hierfür ist ihre Methode, mit denen die Aussagen der Mathematik zu einem zusammenhängenden System zusammengeschweißt werden. Dies ist das „mathematische Argument", der **Beweis**. Wahrheiten werden in der Mathematik nicht empirisch, durch Rekurs auf die Natur, sondern argumentativ validiert. Trotz dieser empirischen Unabhängigkeit erweisen sich mathematische Beschreibungsweisen als äußerst nützlich für das Verständnis natürlicher Phänomene.

■ Die strukturelle Strenge des Beweisens verleiht mathematischen Erkenntnissen einen **zwingenden und objektiven Charakter**. Mathematische Erkenntnisse erscheinen wie in keiner anderen Wissenschaft sicher und gewiss. Die Niederländer bezeichnen die Mathematik mit „Wiskunde", also als „Gewissheitslehre".

■ Diese Gewissheit ist auch der Grund, warum die Mathematik in hohem Maße **kumulativ** ist. Es gibt hier nicht die Möglichkeit der Falsifikation durch ein Experiment – was einmal richtig war, wird immer richtig bleiben. Wohl aber können Erkenntnisse in Vergessenheit geraten oder als Spezialfälle in umfassenderen Theorien aufgehen.

Die genannten Aspekte weisen darauf hin, dass die Mathematik mehr ist als ein System von zusammenhängenden Ideen. Erst die mathematischen Prozesse sind es, die sie zu einem kohärenten System machen und die verdeutlichen, was Mathematik als Fachwissenschaft ausmacht. Daher soll im Folgenden ein etwas ausführlicherer Blick darauf geworfen werden, wie die Mathematik ihre Prozesse des Erkenntnisgewinnens versteht.

Mathematik als Prozess –
Platonismus, Formalismus, Konstruktivismus und all das ...

„Welches Schweinderl hätten's denn gern?"   *(Robert Lembke)*

Die Feststellungen des letzten Abschnitts zum kohärenten und objektiven Charakter von Mathematik sind mehr als nur populäre Klischees. Sie beschreiben eine von allen Mathematikern weitgehend geteilte Wahrnehmung. Weit weniger einig ist man sich aber darüber, *warum* Mathematik so gewiss, so kohärent und kumulativ ist, oder *warum* sich die Mathematik in ihren Anwendungsbereichen als so nützlich erweist.

Es gilt also, erneut die Frage zu stellen: „Was ist Mathematik?" oder diesmal genauer: „Wie sind mathematische Objekte beschaffen?" (Ontologie) „Wie erlangt man Kenntnisse über sie? Wie sicher und wie absolut ist mathematisches Wissen? Welche Rolle spielen soziale Prozesse?" (Epistemologie). Diese metamathematische Perspektive geht über die Betrachtung der mathematischen Gegenstandsbereiche weit hinaus.

Alle, die sich täglich professionell mit der Mathematik beschäftigen, sei es als forschender Mathematiker, als anwendender Ingenieur oder als Lehrender, können auf viele der genannten Fragen sicherlich eine spontane Einschätzung geben, sie besitzen ein mathematisches Weltbild. Im Folgenden sollen einige wesentliche dieser Sichtweisen auf und über Mathematik zur Sprache kommen. In der Mathematikphilosophie, der Bezugswissenschaft der Mathematik, die sich der systematischen Erforschung von Fragen wie den genannten widmet, werden einige grundlegende Positionen (man könnte auch sagen „Schulen") mit Begriffen wie „Platonismus" oder „Intuitionismus" belegt. Diese Bezeichnungen weisen darauf hin, dass sich die hiermit benannten mathematischen Weltbilder auch auf allgemeinere erkenntnistheoretische und wissenschaftstheoretische Positionen beziehen lassen. Die Sichtweisen von Mathematik sind aber auch Bestandteil der Weltbilder von Lehrenden und liegen damit implizit oder explizit deren Vorstellungen und Unterrichtsstilen zu Grunde. Sie haben, wie im Folgenden dargestellt wird, unmittelbare Konsequenzen für die unterrichtliche Praxis. Es besteht also kein Zweifel daran, dass grundlegende Ideen aus dem Bereich der Mathematikphilosophie für den Mathematiklehrer und die Mathematiklehrerin unentbehrlich sind, wenn er oder sie eine reflektierte, professionelle Position beziehen will.

a) Platonismus – Entdeckung im Ozean der Ideen

Die klassische und wohl am weitesten verbreitete Auffassung ist, dass mathematische Objekte außerhalb unserer Vorstellung und auch außerhalb von Zeit und Raum existieren. Mengen, Primzahlen, Gruppen, Vektorräume, stetige Funktionen und topologische Mannigfaltigkeiten sind demnach Objekte, die unabhängig davon existieren, ob Menschen über sie nachdenken. Mathematische Aussagen sind wahr oder falsch, unabhängig davon, ob jemand sie bereits bewiesen oder definiert hat. Folglich ist es die Aufgabe eines Mathematikers, diese Strukturen und Muster zu **entdecken**.

Dem entspricht das Bild eines Mathematikers, der durch ein dunkles, fremdes Haus geht, wie ANDREW WILES, gefeierter „Entdecker" eines Beweises für die FERMATsche Vermutung, es beschreibt.

> ■ „Man betritt den ersten Raum, und er ist dunkel. Vollkommen dunkel. Man stolpert herum und stößt gegen die Möbel, doch allmählich wird klar, was wo steht. Endlich, nach vielleicht einem halben Jahr, findet man den Lichtschalter, und plötzlich liegt alles im Hellen. Man kann genau sehen, wo man ist. Dann geht man in den nächsten Raum …" (nach SINGH 1997, S. 270) ■

Die Welt der Platonisten ist eine ideale, die unabhängig von der realen uns umgebenden Welt existiert. Für Platonisten nur schwer zu beantworten ist daher die Frage, wie man Erkenntnisse über eine solche Welt erlangen kann, die von der realen abgetrennt und daher den menschlichen Sinnen nicht zugänglich ist. Gerne wird hier als Erklärung, wie etwa KURT GÖDEL es tut, eine nicht weiter spezifizierbare „mathematische Intuition" postuliert. Man kann das platonische Problem des Bezuges der Mathematik zur realen Welt allerdings auch anders lösen: „Mathematik ist die Wissenschaft der Muster, und die Natur verwendet so ungefähr jedes existierende Muster" (STEWART 2001, S. 29).

Die platonistische Sichtweise entspricht der alltäglichen Wahrnehmung und der Arbeitsweise von Mathematikern und auch dem Weltbild der meisten Mathematiklehrenden. Als Hintergrundbild von Mathematikunterricht spiegelt der Platonismus die Faszination des individuellen Entdeckungsprozesses wider. Die Frustration bei Widerständen, die Freude am Durchbruch scheint zu belegen, dass wir uns in einer Welt bewegen, die außerhalb von uns existiert. Diese Haltung hat aber auch nachteilige Wirkungen auf die Gestaltung von Mathematikunterricht: Die implizite Prämisse nämlich, es gebe eine sichere, externe Wahrheit, wird oft dahingehend ausgelegt, dass diese mathematische Wahrheit als auskristallisiert in den Definitionen und Sätzen der etablierten Fachgebiete ein für alle Mal festlegt und von den Lernenden nur noch nachvollzogen oder allenfalls wiederentdeckt werden muss. Dies verstellt den Blick darauf, dass auch im Unterricht Mathematik erfunden wird, dass Mathematik in der Gruppe ausgehandelt wird und dass eine mathematische Definition nicht ein Objekt an sich charakterisiert, sondern eine in Teilen durchaus willkürliche Entscheidung von Menschen darstellt. Problematisch wird eine „platonistische Unterrichtshaltung" vor allem dann, wenn man sie unzulässigerweise zu einer psychologischen Position verallgemeinert und als Ziel des Unterrichts annimmt, in den Schülerköpfen müsse schließlich ein klar definiertes mathematisches Objekt auf identische Weise repräsentiert sein und jede Abweichung von der idealen Lehrmeinung sei als Fehler oder Mangel anzusehen.

b) Physikalismus – Mathematik auf dem naturwissenschaftlichen Prüfstand

Einen Ausweg aus dem geschilderten Dilemma der Existenz einer den Sinnen unzugänglichen und doch entdeckbaren platonischen Ideenwelt bietet der Physikalismus, den man als eine Verschärfung des Platonismus auffassen kann. EUGENE WIGNER stellte die viel zitierte Frage nach der „unerklärlichen Leistungsfähigkeit der Mathematik" *(unreasonable effectiveness)*, insbesondere bezogen auf die Naturwissenschaften. Der Physikalismus antwortet hierauf, dass mathematische Objekte letztlich aus der physikalischen Raumzeit abstrahierte Objekte und Strukturen sind. Mathematik ist aus alltäglichen Handlungen und Wahrnehmungen des Menschen abgeleitet und abstrahiert die wahrgenommene Wirklichkeit. Daher ist sie in die Physik eingebettet und ihre Gegenstände und Begriffe beziehen sich immer auch auf physikalische Objekte.

Diesen Weg verfolgen einige wenige Mathematiker noch weiter: Wenn mathematische Objekte in der Natur leben, dann heißt dies in letzter Konsequenz, dass mathematische Aussagen ähnlich wie Naturgesetze Hypothesen sind, die man auch falsifizieren kann. An den Gedanken, dass evidente mathematische Aussagen revidiert werden müssen, haben wir uns durchaus bereits gewöhnt. Ein berühmtes Beispiel ist das Parallelenaxiom, das in der hyperbolischen Geometrie tatsächlich nicht gilt. Aber auch andere Fundamente der Mathematik könnten revisionsfähig sein. Wie sähe die Mathematik eigentlich aus, wenn das *tertium non datur*, das Gesetz vom ausgeschlossenen Dritten wegfiele? Widerspruchsbeweise und damit eine große Zahl von Bausteinen des gesamten Gebäudes der Mathematik wären dann hinfällig. Dass es verschiedene Logiken gibt, deren Wahrheitsgehalt experimentell an der Natur getestet werden kann, beweist uns die Quantenmechanik, die als physikalisch-mathematische Theorie unserer Welt zwar fundamental ist, in ihren Deutungen aber noch keineswegs als abgeschlossen gelten kann.

Was kann der unleugbare enge Zusammenhang von Mathematik und Natur(wahrnehmung) für den Mathematikunterricht bedeuten? Physikalisch-anschauliche, sozusagen empirische Begründungen mathematischer Sachverhalte werden in der heutigen reinen Mathematik nicht anerkannt, bilden aber eine unabdingbare Überlebensstrategie in der modernen theoretischen Physik, die nicht auf mathematisch strenge Beweise warten kann und will. Auch im Mathematikunterricht kann man nicht immer zu den mathematischen Fundamenten vorstoßen. Auch ohne eine Rückführung auf die Axiome der Geometrie müssen Kongruenzsätze in der siebten Klasse als evident akzeptiert werden und auch ohne präzisen Beweis der Existenz des bestimmten Integrals stetiger Funktionen ist das Integralkonzept verständlich und tragfähig für weitere Entwicklungen. Es gilt also auch, in der Schule in jedem Falle zu erwägen, wo empirische Evidenz einen formalen Nachweis ersetzen kann. Das bedeutet nicht, dass man an bestimmten Stellen gerade die kritische Rückfrage nach der Sicherheit von evidenten Annahmen stellen sollte. Wie aus einer solchen skeptischen Haltung gegenüber der Anschauung der formal-axiomatische Ansatz der modernen Mathematik entsteht, gehört sicher auch zu den zentralen Grunderfahrungen eines wissenschaftspropädeutischen Mathematikunterrichts.

c) Formalismus – ein Spiel mit Symbolen

Der Formalismus löst das ontologische Problem nach dem Ort mathematischer Objekte auf eine verblüffend einfache Weise: Einem Formalisten stellt sich diese Frage überhaupt nicht. Er betrachtet mathematische Aussagen nicht als Aussagen über eine Realität oder eine Idee, sondern als Zeichenketten, die aus einem Satz von Axiomen und Ableitungsregeln durch Deduktion gewonnen wurden.

Axiome werden dabei nicht mehr – wie bei Euklid – inhaltlich über eine anschauliche Evidenz ihrer Aussagen begründet. Sie sind ein willkürlicher Satz von Annahmen, gleichsam Spielregeln für ein formales Spiel. Sie können dabei der unmittelbaren Anschauung durchaus zuwiderlaufen wie z. B. die Entdeckung nicht euklidischer Geometrien, in denen das Parallelenaxiom nicht mehr gilt, gezeigt hat. Erkenntnisse entstehen nun allein durch formale Deduktion aus den Axiomen, Wahrheit ist gleichzusetzen mit Ableitbarkeit.

Die Wahl eines Axiomensystems ist völlig beliebig, sofern es drei fundamentalen Anforderungen genügt:

- *Vollständigkeit*: Alle Sätze des Systems müssen durch Ableitung aus den Axiomen als richtig oder falsch erkennbar sein.
- *Unabhängigkeit*: Kein Axiom darf aus den anderen ableitbar sein.
- *Widerspruchsfreiheit*: Die Axiome und alle daraus ableitbaren Sätze dürfen keine Widersprüche ergeben.

Was aber sichert die Widerspruchsfreiheit eines Axiomensystems? Die Widerspruchsfreiheit der Arithmetik war eines der berühmten 23 Probleme, die DAVID HILBERT, der „Gründervater des Formalismus", im Jahre 1900 der Mathematikergemeinde vorlegte. Er selbst zeigte immerhin, dass die axiomatisierte Geometrie zumindest dann widerspruchsfrei ist, wenn es die Arithmetik ist. RUSSELL entdeckte Widersprüche in der informellen Mengenlehre und versuchte zusammen mit WHITEHEAD in dem Großprojekt *principia mathematica*, die Mathematik systematisch auf eine formalisierte Logik zurückzuführen. ZERMELO entwickelte eine axiomatisierte Mengenlehre, konnte aber deren Widerspruchsfreiheit nicht zeigen. Niemandem gelang es, nachzuweisen, dass solchermaßen auf dem formalen Wege gewonnenes mathematisches Wissen sicher im Sinne einer absoluten Widerspruchsfreiheit ist. Zu dieser *Grundlagenkrise* der Mathematik nimmt HILBERT (1925, nach B. HEINTZ 2000, S. 61) wie folgt Stellung:

■ „Es soll zugegeben werden, dass der Zustand, in dem wir uns gegenwärtig angesichts der Paradoxien befinden, für die Dauer unerträglich ist. Man denke: In der Mathematik, diesem Muster von Sicherheit und Wahrheit, führen die Begriffsbildungen und Schlüsse, wie sie jedermann lernt, lehrt und anwendet, zu Ungereimtheiten. Und wo soll sonst Sicherheit und Wahrheit zu finden sein, wenn sogar das mathematische Denken versagt?" ■

Die Hoffnung Hilberts und vieler anderen Grundlagentheoretiker wird in den dreißiger Jahren durch eine Reihe von metamathematischen Sätzen schlagartig zunichte gemacht. Genannt seien hier nur zwei: KURT GÖDEL zeigte 1931, dass ein absoluter Widerspruchsbeweis eines formalen Systems, wie ihn HILBERT für die Arithmetik anstrebte, prinzipiell unmöglich ist. ALAN TURING bewies 1936, dass es Sätze innerhalb jedes formalen Systems gibt, die unentscheidbar sind, d. h. deren Wahrheit durch formale Deduktion weder gezeigt noch widerlegt werden kann.

Bemerkenswerterweise haben diese Rückschläge nicht dazu geführt, dass der HILBERTsche Ansatz der Formalisierung aufgegeben wurde. Vielmehr nehmen heute Mathematiker weiterhin an, dass ihre Sätze im Prinzip streng formalisierbar und die Axiomensysteme, mit denen sie arbeiten, mathematisch sinnvoll sind. Dem praktizierenden Mathematiker sind die grundlagentheoretischen Probleme bei seiner täglichen Arbeit schlicht gleichgültig, wie die Aussagen eines namentlich nicht genannten Vertreters seiner Zunft in einem Interview mit HEINTZ (2000, S. 69) zeigt:

■ „Wir können nicht beweisen, dass [die Mathematik] widerspruchsfrei ist. Das bedeutet: Da ist etwas mächtiger als wir. Und das geht. Es könnte natürlich auch fehlgehen, einmal. Das können wir nicht sagen. Ich habe völliges Vertrauen, aber ich kann es nicht beweisen. Niemand kann es beweisen. Niemand wird je fähig dazu sein, das zu beweisen – denn ich glaube an den Beweis der Gödelschen Sätze!" ■

Dieses – für einen Mathematiker nicht untypische – Verhältnis zu den Fundamenten der Mathematik entspricht kaum dem rationalistischen Klischee, sondern ist eher Indiz für einen tiefen Glauben in die Mathematik, der dabei hilft, mit unauflösbaren Paradoxien zu leben, der aber letztlich nicht mit den strengen Maßstäben der Mathematik begründbar ist.

Der strenge Formalismus muss sich schließlich auch die Frage stellen lassen, wie er zu seinen Spielregeln gelangt. Ihm ist es schlicht unmöglich, innerhalb seines Systems die folgenden Fragen zu beantworten: Wieso sind in der unendlichen Menge möglicher Axiome und Ableitungsregeln bestimmte fruchtbarer und verfolgenswerter als andere? Wieso führt ein formales Zeichenspiel zu einer derart effektiven Beschreibung der Natur?

Welche Bedeutung hat nun die formalistische Perspektive für die Schule? Zunächst einmal hat sich der Formalismus in den siebziger Jahren des letzten Jahrhunderts handfest auf die Mathematiklehrpläne ausgewirkt und ist darin bis heute wirksam. Die formalistische Sichtweise wurde seit Ende der dreißiger Jahre durch die französische Mathematikergruppe, die sich das Pseudonym BOURBAKI gab, weiter ausgebaut und diente als Orientierungspunkt für die Konstruktion der so genannten „Neuen Mathematik". Der formal-axiomatische Standpunkt führte zu einer Orientierung von Lehrplänen an Mengenlehre, Gruppentheorie und Vektorraumalgebra. Das pädagogische Missverständnis besteht hierbei aber darin, solche Konstrukte, die (vorläufige) Endpunkte einer wissenschaftlichen Entwicklung sind, zum Ausgangspunkt des Lernens zu machen und dabei Entdeckung durch Deduktion zu ersetzen. Diese problematische Haltung hat in Form der unreflektierten didaktischen Maxime *„Von den Grundlagen zu den Anwendungen"* im heutigen Mathematikunterricht immer noch einen starken Einfluss.

Dennoch darf die formalistische Sichtweise für die Schule auch heute nicht ganz abgetan werden, insbesondere dann nicht, wenn man ein angemessenes Bild von Mathematik vermitteln will. Die klärende Macht eines formalen Beweises, das explizite Kennzeichnen von Axiomen, die bewusste Reflexion von Deduktionsregeln und die Untersuchung von logischen Zusammenhängen sind wesentliche Elemente der modernen Mathematik. Auch sie müssen auf einem den Schülern zugänglichen Niveau berücksichtigt werden, wenn man nicht im vorletzten Jahrhundert stecken bleiben will.

Des Weiteren spiegelt sich gerade im Formalismus eine besondere Stärke der Mathematik wieder: Sie spielt das Spiel des „Was wäre wenn…?" mit besonderer Hingabe. Nicht nur bei fundamentalen Axiomensystemen, sondern bei jeglichen mathematischen Aussagen lassen sich auf gleichsam spielerische Weise Voraussetzungen, Formulierungen oder Kontexte verschärfen, abschwächen oder austauschen. Auf diese Weise wird die ursprüngliche Fragestellung besser verstanden, oder neue Fragen und Vermutungen werden entdeckt. Diese quasi-formalistische Arbeitsweise kann Grundlage von problemlösendem und kreativem Arbeiten im Mathematikunterricht sein (siehe dazu auch Kap. 4.2 und 4.3).

d) Konstruktivismus – die Formen der Welt erfinden
Neben der Auffassung von Mathematik als zu entdeckendem Ideenreich oder von Mathematik als Formenspiel gibt es eine dritte große Strömung, die eine ganz andere Antwort auf die Frage nach dem Wesen der Mathematik gibt. Die zentrale Aussage des mathematischen Konstruktivismus ließe sich vielleicht zusammenfassen in der Feststellung: Mathematische Objekte sind mentale Konstruktionen, Mathematik wird nicht entdeckt, sondern erfunden.

Dass es bei der Erfindung nicht so willkürlich zugeht wie etwa in der Kunst oder Literatur, dass es ein hohes Maß an Konsens und Kohärenz gibt, liegt nach dieser Auffassung nicht an der Präexistenz einer externen mathematischen Welt, sondern an den strengen Regeln des Austauschprozesses zwischen Mathematikern. Mathematik ist damit auch ein Produkt sozialer Interaktion.

Die erstaunliche Effizienz der Mathematik wird von Konstruktivisten auf den bei der Naturbeschreibung allen Menschen gemeinsamen, während der Evolution auf eine effektive Naturwahrnehmung hin selektierten Erkenntnisapparat zurückgeführt. Dies gilt auch für solche Ergebnisse reiner Mathematik, die schon erfunden waren, lange bevor sich ihre Nützlichkeit in Anwendungen herausgestellt hat. Kaum erklärlich bleibt jedoch, warum Mathematik gerade in solchen Bereichen, die unserer direkten Anschauung am weitesten entzogen sind (Quantentheorie, Kosmologie) am wirksamsten zu sein scheint.

Eine erfundene, sozial ausgehandelte Mathematik nach konstruktivistischer Auffassung hat ein Merkmal, mit dem wir uns nur ungern anfreunden: Sie ist notwendigerweise *kontingent*, d. h. sie könnte auch anders aussehen. Eine hypothetische außerirdische Mathematik könnte beispielsweise eine fundamental andere Auffassung von Logik haben. Sie könnte das Gesetz vom ausgeschlossenen Dritten nicht als notwendig empfinden oder sie könnte das induktive, experimentelle Vorgehen dem oft umständlichen logischen Schließen vorziehen (vgl. das lesenswerte Szenario „Mathematics from Outer Space" bei BARROW 1992, S. 178 ff.).

Die konstruktivistische Sichtweise auf Mathematik wird nicht nur in der Mathematikphilosophie diskutiert. Ihren Beginn nahm sie wohl in der Mathematik selbst mit der Grundlagenkrise in der ersten Hälfte des 20. Jahrhunderts. Seitdem hat es wesentliche Beiträge nicht nur aus der mathematischen Grundlagentheorie, sondern auch aus der Philosophie (Erkenntnistheorie), der Psychologie und der Soziologie gegeben. Viele Ansätze haben unterschiedliche Hintergründe, laufen aber durchaus in einem stimmigen konstruktivistischen Gesamtbild zusammen. Aus allen diesen Bereichen fließen auch wesentliche Hinweise auf das Verständnis vom Mathematiklehren und -lernen. Daher sollen sie im Folgenden kurz dargestellt werden.

■ **Konstruktivismus in mathematischen Grundlagenfragen:** Neben dem Formalismus als Antwort auf die Paradoxa und Antinomien der Grundlagenkrise entstand mit dem **Intuitionismus** des Niederländers LUITZEN BROUWER ein radikaler Gegenentwurf. Zeitweise kam es zu einem heftigen Gelehrtenstreit zwischen Formalisten und Intuitionisten. BROUWER schlug zur Vermeidung der Probleme einen grundsätzlichen neuen Aufbau der Mathematik auf der Basis dessen vor, was menschliche Intuition konkret zu konstruieren in der Lage ist: die natürlichen Zahlen. Schon KRONECKER hatte diesen Weg eingeschlagen, was in seinem berühmten Ausspruch anklingt: „Die natürlichen Zahlen hat Gott geschaffen, alles andere ist Menschenwerk." BROUWER erlaubt konsequenterweise nur konstruktive Beweise, die in einem effektiven Verfahren das zu Beweisende konkret konstruieren. Ein Beweis durch Widerspruch lässt er demnach nicht zu: Mathematische Aussagen können wahr, falsch oder eben auch nur unbewiesen sein (*tertium datur!*). Die meisten Mathematiker opponierten offen gegen diesen Ansatz, denn eine solche „asketische" Mathematik würde zwar all die problematischen Widersprüche vermeiden (wie z. B. die genannte Unvollständigkeit), wäre aber auch um viele Sätze und Begriffe ärmer (wie z. B. Cantors Unendlichkeiten). In der Mathematikphilosophie ist der Intuitionismus weiterhin ein interessantes Bezugssystem, in der mathematischen Forschung ist er nur noch eine Nebenströmung ohne viel Einfluss (BARROW 1992, S. 178 ff.).

■ **Konstruktivismus in psychologischen Fragen des Mathematiklernens:** Unabhängig von konstruktivistischen Ansätzen in der Mathematik und zeitlich später als diese entstand in der Psychologie ein neues, ebenfalls als „Konstruktivismus" bezeichnetes Verständnis von menschlicher Wahrnehmung und Erkenntnis: Diese beruht hiernach nicht auf einer möglichst exakten Repräsentation von Realität (Korrespondenztheorie), sondern auf der individuellen, aktiven Konstruktion von Wirklichkeit durch das Individuum. Dieses Bild vom lernenden Menschen als wesentlich selbstreferentiellem System zeitigt weitreichende Konsequenzen in der Lernpsychologie und Pädagogik. Das damit verbundene Welt- und Menschenbild hat auch wesentliche Auswirkungen auf das Unterrichten. Dieser Gedankengang wird daher in Kap. 2.2 wieder aufgenommen.

■ **Konstruktivismus in soziologischen Erklärungen von Mathematik:** Viele erkenntnistheoretische Reflexionen über das Wesen von Mathematik haben eine fundamentale Schwäche: Sie beachten nur unzureichend, wie Mathematik tatsächlich betrieben wird. Ein Blick in die Werkstatt von Mathematikern zeigt, dass es erhebliche Diskrepanzen zwischen dem oft idealisierten Bild mathematischen Erkenntnisgewinns und den tatsächlichen Arbeitsweisen von Mathematikern gibt. Die praxisorientierte Perspektive hat in den letzten Jahrzehnten in soziologischen Ansätzen (erstmals LAKATOS) und populären Darstellungen (wie etwa DAVIS/HERSH 1985) viel zu einem neuen Verständnis auch des Mathematikunterrichts beigetragen.

Der **mathematische Beweis** ist das typische Instrument mathematischen Tuns. In mathematische Veröffentlichungen – und leider auch in Vorlesungen – ist die Schrittfolge „Definition, Satz, Beweis, Korollar" zur charakteristischen Argumentationsfigur geworden. Dieses Bild ist jedoch unvollständig: Das Deduzieren ist zwar ein kennzeichnender, aber bei weitem nicht der einzige Erkenntnismodus von Mathematik. Ein mathematischer Beweis steht nicht am Anfang der mathematischen Arbeit, sondern an ihrem Ende. Der formale Beweis ist ein wesentliches Wahrheitskriterium, eine letzte strenge Prüfung. Die hochgradig formalisierte Sprache und rigorose Vorgehensweise mathematischer Beweise müssen aber als sprachliche Konventionen der mathematischen Gemeinschaft gesehen werden. Sie sind historisch so gewachsen, um gewisse Funktionen zu erfüllen: Sie dienen der Entsubjektivierung, aber auch der strukturierten Darstellung mit dem Ziel der Verständigung und Konsensfindung. Es ergeben sich unmittelbar Konsequenzen für Rolle der Sprache und des Beweisens im Mathematikunterricht (Hiermit befassen sich Kap. 3.1 und 3.2).

Eine absolute Sicherheit bezüglich der Korrektheit eines Beweises ist ohnehin praktisch nicht erreichbar. Beweise werden vor Publikation durch einzelne Mitglieder der mathematischen Gemeinschaft überprüft, und Verfasser wie Prüfer sind prinzipiell fehlbar. Umfangreiche Beweise (wie die Klassifikation der endlichen einfachen Gruppen auf insgesamt über 10 000 Zeitschriftenseiten) entziehen sich ohnehin der Überprüfung durch einen einzelnen Menschen. Zudem ist ein Beweis nie vollständig ausgeschrieben und formalisiert – dann wäre er prinzipiell durch einen Computer überprüfbar. Immer schwingt implizites Hintergrundwissen mit, der Leser muss manche Lücke selbstständig schließen. Oft wird ein Beweis daher nur noch von wenigen Mathematikern aus einem Spezialgebiet, die dieses Hintergrundwissen haben, verstanden. All dies relativiert den idealen absoluten Wahrheitsanspruch mathematischer Beweise. Die Forschungspraxis findet in dieser Situation eine bemerkenswert unmathematische und pragmatische Lösung: Ein Satz wird als richtig angesehen und weiterverwendet, wenn der Veröffentlichung in einer namhaften Zeitschrift zugestimmt wurde – dies ist ein offensichtlich *soziales* Wahrheitskriterium!

Das Beweisen als sprachliche Konvention ist nicht nur sozial, sondern auch historisch bedingt und daher Veränderungen unterworfen. Die Kriterien, wann eine Begründung als gültig akzeptiert wird, haben sich in den letzten 2000 Jahren radikal verändert und es ist anzunehmen, dass dies auch in einer entsprechenden Zeitspanne in der Zukunft weiterhin der Fall sein wird (etwa durch den Einsatz von Computern, hierzu mehr am Schluss des Kapitels).

Zusammenfassend kann man feststellen: Der mathematische Beweis erfüllt wesentliche Funktionen bei der formalen und sozialen Absicherung von mathematischen Erkenntnissen. Dies wird als **Kontext der Validierung** bezeichnet. Die Wissenschaftstheorie unterscheidet hiervon deutlich den **Kontext der Entdeckung** (überzeugte Konstruktivisten mögen diesen Begriff durch „Kontext der Erfindung" ersetzen). Dieser Kontext umfasst vielleicht sogar den größeren Teil des mathematischen Arbeitens.

Im Erfindungs- und Entdeckungsprozess wird eine Vielzahl anderer Wahrheitskriterien herangezogen. Ob ein mathematischer Zusammenhang überhaupt interessant ist, entscheidet sich oft nach **ästhetischen Kriterien**, etwa der Einfachheit oder Geschlossenheit. Nicht alle Beweise, die als formales Symbolspiel möglich sind, und die ein Computer sukzessive aus Axiomensystemen erzeugen könnte, sind auch interessant.

■ „The mathematician's patterns, like the painter's or the poet's, must be *beautiful*; [...] Beauty is the first test. There is no permanent place in the world for ugly mathematics." (HARDY 1940, S. 85) ■

Wie lässt sich Schönheit in der Mathematik erkennen? Hier geht es auch, aber nicht allein um ästhetische symbolische Darstellungen (im Volksmund: „Formeln") und logische Geschlossenheit, für die man sich allerdings wohl erst nach längerer Sozialisation erwärmen kann. Mathematiker arbeiten auch mit einer Vielfalt von **bildlichen Darstellungen:**

■ „Mathematiker denken nicht über Mathematik, als hätte sie keine konkreten Repräsentationen. Sie zeichnen Diagramme, stellen sich Beispiele vor. Erst danach wird die formalistische Methode angewandt, um die Ergebnisse in eine Reihe abstrakter Deduktionen zu bringen, aus denen jegliche Information über den Gedankengang, der zu ihrer Entdeckung führte, getilgt ist." (BARROW 1992, S. 142) ■

Bei der Erfindung bzw. Entdeckung von mathematischen Erkenntnissen gehen Mathematiker also zunächst induktiv vor. Sie suchen **Beispiele**, um die **Plausibilität** von Vermutungen zu prüfen. Beispiele sind gleichsam das Experimentierlabor eines Mathematikers. Enttäuschen die Ergebnisse, so werden die Grundannahmen umformuliert, die Erwartungen modifiziert oder die Ergebnisse uminterpretiert. Man spricht auch von einer **quasi-empirischen** Arbeitsweise.

Weitere Kriterien für die Wahrheit vermuteter mathematischer Sachverhalte können **Analogien** sein, die Übertragbarkeit auf andere Bereiche, also gewissermaßen die Nützlichkeit. Erst wenn mit Hilfe solcher Kriterien die Wahrheit einer mathematischen Aussage einen hohen Plausibilitätsgrad erlangt hat, beginnt die Suche nach einem Beweis.

Bei den dabei stattfindenden Prozessen des Klassifizierens, des Definierens, des Grenzziehens durch Ausschluss oder Einschluss gibt es einen durchaus breiten Spielraum für kontingente Entscheidungen, die zu unterschiedlichen Konstrukten führen können. Sicherlich herrscht dabei keine Definitionswillkür. Das eng geflochtene Netz aus bekannten mathematischen Sätzen und die strenge Prüfung setzen der Wahl enge Grenzen. Dennoch erkennt man, dass Mathematiker sich im Kontext der Erfindung durchaus wie kreative Handwerker verhalten.

Nimmt man die vorstehenden Beobachtungen konsequent als Orientierung für den Mathematikunterricht Ernst, so kommt man zu dem Schluss, dass den Prozessen individueller und sozialer Wissenskonstruktion im Mathematikunterricht unbedingt eine größere Beachtung zu schenken ist.

Prozesse im Mathematikunterricht

„Wenn man den Kindern sagt, jetzt müsst ihr eine Mathematik erfinden, dann sind sie ganz begeistert."   *(Heinz von Foerster)*

Kann die hier vorgestellte wissenschaftstheoretische Sicht auf die Mathematik als konstruktiver und sozialer Prozess wirklich Konsequenzen für den Mathematikunterricht haben? Lassen sich solche Beobachtungen von der vordersten Forschungsfront überhaupt auf Schulwirklichkeit übertragen? Wenn sich Mathematik in der Schule nicht auf das Einüben von Routinen und Fertigkeiten und das Memorieren von Formeln und Regeln beschränken soll, muss hierauf mit einem deutlichen „Ja" geantwortet werden. Und es gibt auch Beispiele in der langen Tradition der Mathematikdidaktik, die diese Betrachtungsweise berücksichtigen und mit Blick auf die praktische Umsetzbarkeit engagiert diskutieren.

Ein einflussreiches Beispiel ist FREUDENTHALS (1973, S. 106 ff.) vehementes Plädoyer für das nacherfindende Lernen. Er beklagt, dass in der Schule vornehmlich der Umgang mit fertiger Mathematik gelehrt wird. Um aber Mathematik zu verstehen, müsse man sie jeweils selber von neuem erschaffen und *in statu nascendi* erleben. Er fasst Denken als fortgesetztes Handeln auf und fordert, dass der Schulunterricht diesem begriffsgenetischen Prinzip folgen müsse. Um einen mathematischen Begriff zu formulieren, muss man ihn zunächst kennen. Und dazu ist weder präzise Definition noch logische Deduktion geeignet. Man muss vielmehr an Beispielen erfahren, wie dieser Begriff sich in der Praxis entfaltet. Erst wenn ein Schüler das Prinzip hinter einer Reihe von Beispielen erkannt hat, kann man ihn bitten, dieses zu formulieren. Erst jetzt setzt eine ordnende und deduzierende Tätigkeit ein. Diese von FREUDENTHAL beschriebene Stufung mathematischen Erkenntnisgewinns orientiert sich offensichtlich am tatsächlichen Vorgang mathematischen Forschens. Sie wird unter anderem im Kap. 4.1 ausführlicher beschrieben und mit Beispielen belegt. GALLIN und RUF (1998, S. 25 f.) weisen dezidiert darauf hin, und beziehen sich dabei auf WAGENSCHEIN, wie sehr sich auch die verwendete Sprache in den beiden Kontexten, dem der Erfindung und dem der Validierung, unterscheidet. Während des Erkundens und Erfindens von Mathematik ist ein formal-strenger Sprachgebrauch hinderlich. Hier herrscht auch in allen Bereichen der mathematischen Forschung und Anwendung eine informelle Arbeitssprache, eine **Sprache des Verstehens**, die sich durch Individualität und Ambivalenz auszeichnet. Erst bei der Zusammenführung, Überprüfung, Exaktifizierung und Bewertung von mathematischen Erkenntnissen tritt die formalere **Sprache des Verstandenen** als Ergebnis eines individuellen Ordnens und eines sozialen Aushandlungsprozesses hervor. Auf die Bedeutung der Sprache für das Mathematiklernen gehen die Kap. 3.1 bis 3.3 ein. Sie geben auch konkrete methodische Hinweise für eine Unterrichtsgestaltung.

Beim mathematischen Arbeiten, Erfinden und Entdecken spielen vielfältige **heuristische** und **kreative Prozesse** eine Rolle. Diese individualpsycholgischen Aspekte der Mathematik sind in der Fachwissenschaft weit weniger gründlich untersucht als ihre formalen Aspekte. Hier gibt es einige herausragende Selbstbeobachtungen (z. B. vom oben zitierten HARDY oder von HADAMARD) und wenige „Feldstudien" (z. B. B. HEINTZ 2000). In der Mathematikdidaktik des Problemlösens führen die Wege meist zurück zu der klassischen Schrift von POLYA (1945). Zur Kreativität im Mathematikunterricht gibt es in den letzten Jahren einige sehr interessante unterrichtspraktisch verwertbare Anregungen (z. B. WETH 1999). Beiden Themen widmet sich in diesem Buch jeweils ein eigenes Kapitel (Kap. 4.2 und 4.3).

Und welche Rolle spielt der Computer?

> *„So in the end it wasn't Gödel, it wasn't Turing, and it wasn't my results that are making mathematics go into an experimental mathematics direction, in a quasi-empirical direction. The reason why mathematicians are changing their working habits is the computer. I think that this is an excellent joke."*　　　　　　　　　(Gregory J. Chaitin)

Die Leistungen des Computers als mathematisches Werkzeug geben dem Mathematikunterricht schon heute vielfältige neue Impulse. In Zukunft werden sie zu drastischen Veränderungen führen. Wie nah oder fern diese Zukunft liegt, wird allerdings nicht allein durch die technischen Möglichkeiten, sondern wesentlich auch durch gesellschaftliche Entscheidungen bestimmt werden. Den verschiedenen didaktischen Chancen und Herausforderungen dieser Entwicklung widmen sich die Kap. 6.1 bis 6.3 ausführlicher. An dieser Stelle soll der wachsenden Bedeutung des Computers für die Mathematik als Fachwissenschaft ein wenig Aufmerksamkeit geschenkt werden, denn die hierbei anklingenden Argumente erweisen sich gleichsam als ein vorauseilendes Echo für die künftigen Entwicklungen in der Schulmathematik.

Manche Mathematiker wehren sich dagegen, den Computer als mathematisches Werkzeug in ihren Gefilden zu akzeptieren. Mathematik sei allein das, was man durch das Denken und unter Zuhilfenahme von Papier und Bleistift zu erreichen vermag. Der Computer ist aber alles andere als mathematikfremd, im Wesentlichen stellt er eine mathematische Maschine dar, die sich einer fundamental mathematischen Sprache bedient und nirgends effizienter ist als bei logisch-algorithmischen Aufgabenstellungen. Sein Leben als mathematisches Werkzeug begann er zunächst als potente **Rechenhilfe** und als **Modellbildungswerkzeug** in den „Niederungen" der angewandten Mathematik (z. B. für numerische Berechnungen in den Ingenieurwissenschaften oder für Wettermodelle).

Aber der Computer spielte auch früh eine maßgebliche Rolle in der so genannten reinen Mathematik. Ein ganzer Zweig der Mathematik arbeitet mit dem Konzept eines gleichsam virtuellen Computers in Form der „Turingmaschine" und zeitigte lange vor Bau der ersten realen elektronischen Computer weitreichende Resultate in der mathematischen Grundlagenforschung, etwa zu Fragen der Beweisbarkeit (s. o.). Diese Ergebnisse beeinflussten den mathematischen Mainstream allerdings nur wenig. Es entwickelte sich vielmehr mit der Berechenbarkeits- und Komplexitätstheorie eine Spezialdisziplin reiner Mathematik, aus der sich die theoretische Informatik entwickelte.

Die Renaissance des Computers in der Mathematik begann mit seinem Einbrechen in die Sphäre des Beweisens als HAKEN und APPEL im Jahre 1976 mit Computerhilfe das seit hundert Jahren offene Vierfarbenproblem lösten („Kann man jede Landkarte mit vier Farben so färben, dass keine zwei benachbarten Länder dieselbe Farbe haben?"). Sie hatten das Problem mit herkömmlichen Mitteln auf eine endliche Zahl von Spezialfällen reduziert, bei denen es die Vierfärbbarkeit zu zeigen galt. Diese endliche, aber riesige Zahl rechnete ein Computer in 1 200 Stunden durch und „bewies" damit die Vierfarbenvermutung. Aber die mathematische Gemeinde war nicht glücklich, wesentliche Einwände bezogen sich auf die mangelnde Überprüfbarkeit durch eine Person und die enttäuschte Hoffnung auf einen „verstehbaren" Beweis. Das erste Argument, die Verifikationsproblematik, ist allerdings nicht auf Computerbeweise beschränkt, sondern ergibt sich auch bei langen „klassischen" Beweisen, wie z. B. beim Klassifikationssatz endlicher einfacher Gruppen. Das zweite Argument ist dagegen gewichtiger: Mathematiker beweisen Sätze nicht nur, um sich ihrer Gewissheit zu versichern, sondern um im Prozess des Beweisens ein Verständnis für den Gesamtzusammenhang zu entwickeln oder um neue Aspekte und Zusammenhänge zu anderen Theorien zu entdecken. Ein Computer könnte im Rahmen der formalistischen Mathematik sogar darauf angesetzt werden, immer neue Deduktionen aus einem Axiomensystem zu ermitteln; erklären, was seine Ergebnisse „bedeuten" kann er jedoch nicht.

Bei der Verwendung eines Computers für die Zwecke der reinen Mathematik entwickelte sich noch eine ganz andere Funktion, wie man an dem folgenden Einblick in die Werkstatt von HAKEN und APPEL sieht:

> ■ „Die Interaktion mit dem Computer lehrte sie unerwarteterweise neue Dinge über ihr Problem. Der Computer nahm eher die Rolle eines beinahe menschlichen Mitarbeiters denn eines Rechenwerkzeugs an. Er war eine Erweiterung ihrer Intuition." (BARROW 1992, S. 230) ■

In der Funktion als **heuristisches Werkzeug** und in der unmittelbaren Interaktion mit seinem Nutzer wird der Computer also zu einer Erweiterung der kognitiven Fertigkeiten des Menschen. Diese Rolle als Entdeckungs- und Erfindungswerkzeug ist es auch, die ihn für die Fachwissenschaft und ebenso für den Mathematikunterricht so attraktiv macht.

Im **Kontext der Validierung** kann der Computer als endliches System schon prinzipiell nur finitistische Fragestellungen klären, also solche, die mit diskreten Objekten in endlicher Zeit zu lösen sind. Will man Aussagen über Unendlichkeiten behandeln (wie z. B. über stetige Kurven, Integrale, unendliche Reihen oder über alle Primzahlen), so muss man mit „klassischen Methoden" die nötigen Begriffe und Operationen in eine endliche, symbolische Sprache übersetzen (Variablen, Regeln der Gleichungsumformung). Der Computer operiert niemals direkt mit unendlichen mathematischen Objekten, sondern immer nur mit endlichen Modellen infiniter Gebilde. Dies ist wohl auch der tiefere Grund, warum der Computer als Beweisinstrument immer noch skeptisch betrachtet wird.

Im **Kontext der Erfindung** jedoch ist er ein probates Hilfsmittel für den induktiven und intuitiven Erkenntnisgewinn und für die Unterstützung mathematischer Prozesse. Dort geht es schließlich um das induktive Erzeugen von Beispielen und das Durchspielen von Modellen. Nicht von ungefähr preist der Hersteller eines namhaften Computeralgebrasystems sein Produkt mit dem Slogan „doing mathematics" an. Was STEEN für die mathematische Forschung schreibt, lässt sich direkt für die Schulmathematik übernehmen:

> ■ „Computers are to mathematics what telescopes and microscopes are to science. They have increased by a millionfold the portfolio of patterns investigated by mathematical scientists." (zitiert nach B. HEINTZ 2000, S. 157) ■

In den Kapiteln 6.1 bis 6.3 finden sich viele Belege aus der Schulpraxis für diese Behauptungen.

2.2 Mathematik als Leistung des Gehirns – Mathematikunterricht aus der Perspektive des Lernenden

„Ironischerweise besitzt ein Fünfjähriger eine tiefe Vertrautheit mit eben den Zahlen, mit deren Definition sich unsere gescheitesten Logiker abmühen." (Stanislas Dehaene)

Mathematik wird von Vielen als gänzlich unverständlich empfunden und ist mit Gefühlen von Angst und Bedrängnis verbunden. Einigen wenigen wird sie zur Passion, sie ziehen ästhetische Erlebnisse aus der Beschäftigung mit Mathematik, wie andere aus der Musik oder der Literatur. Woran liegt diese Polarisierung der Gemüter?

Ein Aspekt, der Mathematik vielen als unattraktiv erscheinen lässt, ist sicherlich, dass sie mit dem Abstrakten assoziiert wird, wo sie formale Wissenschaft ist, und mit dem Technischen, wo sie Anwendungswissenschaft ist. Wie kann Mathematik aber einerseits als abstrakt und verstehensfern angesehen werden, wenn sie sich, wie im vorangegangenen Kapitel beschrieben, mit einer zutiefst menschlichen Tätigkeit, dem Erkennen von (räumlichen, kausalen oder logischen) Mustern beschäftigt? Unsere Kinder nehmen spielerisch leicht logische Strukturen in der Sprache auf, gehen selbstverständlich mit Mengen um und besitzen – wie übrigens auch viele Tiere – einen bereits angeborenen Zahlensinn. Der Mensch ist also eigentlich gut gerüstet für die Mathematik.

Auf viele dieser anthropologischen Fragen kann uns die Biologie der Evolution und die unseres Erkenntnisapparates, also unserer Sinnesorgane und unseres Gehirns, eine Antwort geben. Auf dem Gebiet der Neurobiologie gibt es in den letzten Jahren viele aufschlussreiche Erkenntnisse, die entweder lange bekannte lernpsychologische Tatsachen erklären oder manche Vorstellungen in neuem Licht erscheinen lassen, wie etwa die Vorstellung vom Gehirn als einem gigantischen Computer, der uns lange Jahre in die Irre geführt hat.

Im Folgenden soll daher nach einem kurzen Schwenk durch die Geschichte des Lernens ein (insbesondere mathematischer) Blick auf unser Gehirn geworfen werden. Vor diesem neurobiologischen Hintergrund klären sich viele Fragen zu den Stärken und Schwächen unseres Erkenntnisapparates beim Verstehen und Lernen von Mathematik.

Eine kurze Geschichte des Lernens

Es wäre vermessen, auf wenigen Seiten auch nur einen groben Überblick über die vielen verschiedenen Theorien und Grundverständnisse vom Lernen, wie sie in den letzten Jahrhunderten entwickelt und mehr oder weniger stark in die

Praxis getragen wurden, geben zu wollen. Zur Orientierung sollen jedoch einige wenige, aber einflussreiche Strömungen zur Sprache kommen und dabei soll insbesondere deutlich werden, welchen Einfluss sie auf das Verständnis vom Mathematiklernen hatten und im heutigen Unterricht immer noch haben.

Das wohl meistbemühte, altehrwürdige Beispiel für eine Theorie des Lernens ist der von PLATON beschriebene Dialog des SOKRATES mit einem herbeigerufenen Sklaven. SOKRATES macht ihn durch geschicktes Fragen auf Unkenntnis und Widersprüche aufmerksam und lässt ihn erkennen, wie ein Quadrat doppelter Fläche auf der Diagonalen des Ursprungsquadrates konstruierbar ist. Hinter dieser Vorgehensweise steckt die platonische Annahme, dass jeder Mensch Zugang zu einem außerhalb der Realität existierenden mathematischem Wissen hat und dass dieses durch das **sokratische Gespräch** ans Licht gebracht werden kann. Lehrkunst ist somit eine „Hebammenkunst" *(Mäeutik)*. Die hiermit ebenfalls verbundene, zutiefst pädagogische Grundhaltung, nämlich dass jeder (eben auch ein Sklave) in der Lage ist, mathematische Erkenntnisse zu entwickeln, ist dabei durchaus achtbar und modern. Aber Sokrates begeht den methodischen Fehler, der auch die heute als fragend-entwickelndes Unterrichtsgespräch bekannte Dialogform so paradox erscheinen lässt: Der Sklave findet nämlich keineswegs den Kerngedanken der Konstruktion selbsttätig. Es ist der Lehrer (also Sokrates), der diese Figur zeichnet, der die Argumentationsschritte atomisiert und der sich diese durch den Schüler einzeln in einem „Ja-Nein"-Fragespiel bestätigen lässt. Der Sklave mag schließlich überzeugt worden sein – ob ein solches Nachvollziehen ihn zu weiterem mathematischen Forschen anregt, wie es Sokrates im Dialog behauptet und ob die so gewonnene Erkenntnis überdauert oder in anderen Kontexten anwendbar ist, bleibt fraglich.

Sobald das Mathematiklehren mit einer ganzen Schülergruppe stattfindet, wie dies seit etwa dem 16. Jahrhundert mit dem neu erwachsenen Ideal einer Bildung für alle der Fall war, benötigt man eine Theorie des organisierten Lernens und Lehrens. Die durch HERBART (1776–1841) im Pädagogischen weiterentwickelte *Assoziationspsychologie* sieht Lernen als eine sukzessive Anlagerung neuer an bereits vorhandene Vorstellungen. Lernen kann demnach systematisiert und effektiviert werden, etwa durch eine absichtsvolle Anordnung des Lernstoffes *(curriculum)* und eine Strukturierung des Lehrens in die so genannten Formalstufen (Vorbereitung – Darbietung – Vergleichung – Zusammenfassung – Anwendung), die bis in die heutigen Unterrichtsentwürfe von Lehramtskandidaten hinein durchscheinen.

War die aufblühende Pädagogik bis dato eine Geisteswissenschaft, so führte in den fünfziger Jahren des letzten Jahrhunderts die „empirische Wende" in den Sozialwissenschaften zu einer Umorientierung. Nach dem Modell der exakten Naturwissenschaften entstanden neue Theorien des Lernens. Bestandteile einer Lerntheorie waren von nun an nur noch beobachtbares Verhalten und in Experimenten (meist mit Tieren) empirisch prüfbare „Wenn-Dann-Sätze". Diese Theorien wurden dann zur Effizienzsteigerung eingesetzt und von normativen Aussagen („Was und wie soll gelernt werden?") streng getrennt. Diese Ideologie einer Ökonomisierung des Lernens schlug spätestens seit der Bildungskrise der sechziger Jahre (Sputnik-Schock) auch auf die Schulpädagogik durch. Zum wesentlichen Ziel der mathematischen Schulbildung wurde die breite Qualifikation von Fachkräften für den Wirtschaftsstandort, als Methoden wurden ausdifferenzierte Lernzielkataloge und programmiertes Lernen entwickelt und die Inhalte der „Neuen Mathematik an der Schule" orientierten sich an den fachlichen Kategorien der formalen Mathematik (vgl. „Formalismus" → Kap. 2.1).

Auf der inhaltlichen Seite wurde in der Folge jedoch bald erkannt, dass die Fundamentalität mathematischer Begriffe und Ideen für den Lerner nicht mit ihrer Fundamentalität innerhalb des abstrakten und formalen Systems der modernen Mathematik zusammenfällt. Die wissenschaftliche Struktur und die kognitive Struktur des Lerners sind zwei völlig verschiedene Dinge. Auf der lerntheoretischen Seite wurde die behavioristische Sichtweise menschlichen Verhaltens und Lernens bald durch die „kognitive Wende" wieder abgelöst. Nun fanden innere Zustände des Individuums (Vorstellungen, Motivation, Handlungspläne) wieder zunehmend Beachtung. Die schon wesentlich ältere **Gestaltpsychologie** (WERTHEIMER, KÖHLER) gibt Beispiele, wie das subjektive Erleben ganzheitlicher, prägnanter Gestalten zum Lernen durch Einsicht führt. Gestaltwahrnehmung ist geprägt von Prinzipien der Nähe, der Gleichartigkeit, der Geschlossenheit oder der guten Fortsetzung. Diesem Erlebnis kommt auch beim Entdecken mathematischer Zusammenhänge eine große Bedeutung zu (siehe Abb.).

Eine führende Rolle bei dieser kognitivistischen Umorientierung spielte JEAN PIAGET, nach dessen Auffassung menschliches Lernen in der Balance zwi-

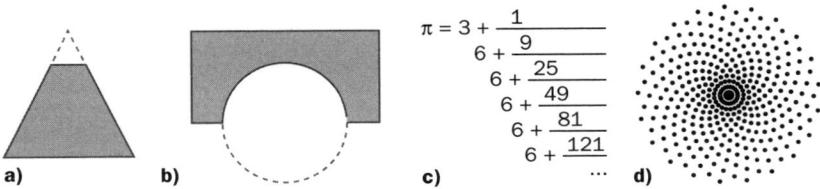

Die Wahrnehmung der guten Gestalt ermöglicht die Entdeckung mathematischer Zusammenhänge: a) und b) Die Flächenberechnung durch Erkennen der Geschlossenheit oder der guten Fortsetzung. c) Prinzip der guten Fortsetzung bei der Kettenbruchentwicklung von π. d) Erkennen von (FIBONACCI) Spiralen im Sonnenblumenmuster nach dem Prinzip der Nähe.

schen Integration von Wahrnehmungen in die vorhandene *kognitive Struktur (Assimilation)* und dem Umbau der kognitiven Struktur *(Akkomodation)* stattfindet. Wissen wird so vom Individuum aktiv und im Rahmen seiner gegebenen kognitiven Struktur konstruiert. Diese *konstruktivistische* Vorstellung vom Lernen ist auch vor dem Hintergrund heutiger Kenntnisse von der Funktion des Gehirns durchaus noch zeitgemäß – wie im Folgenden noch dargestellt wird. Aus Sicht des Mathematikunterrichts sind insbesondere die PIAGETschen Wahrnehmungsversuche interessant, mit denen er zeigte, wie sich bei Kindern grundlegende „protomathematische" Fähigkeiten entwickeln. Heute gibt es aber auch wissenschaftliche Indizien dafür, dass die von PIAGET entwickelte strenge Stufenfolge der kognitiven Entwicklung nicht haltbar ist, dass z. B. die Zahl-, Mengen- und Raumwahrnehmung in gewissem Umfang bereits von Geburt an aktivierbar ist.

Als eine wesentliche Anregung für die pädagogische Praxis des Mathematikunterrichts ist das vom PIAGETschüler AEBLI formulierte *operative Prinzip* anzusehen: Das Denken entwickelt sich aus der schrittweisen Verinnerlichung von Handlungen (z. B. AEBLI 1980, s. a. Kap. 4.1). Dieses Prinzip nimmt die alten, wenn auch in anderen Begründungszusammenhängen stehenden Forderungen der frühen Reformpädagogen nach selbsttätigem Lernen wieder auf (DEWEYS „learning by doing", KERSCHENSTEINERS „Arbeitsunterricht"). Gerade für den Mathematikunterricht, der in der Gefahr der symbolischen Überfrachtung und kognitiven Dominanz steht, ist das Prinzip der Handlungsorientierung und der Ganzheitlichkeit der Wahrnehmung ein immer wieder wichtiges Korrektiv (→ Kap. 2.3, 5.1 bis 5.3).

Die Selbsttätigkeit und Selbststeuerung als Determinante erfolgreichen Lernens ist auch der Kern der verschiedenen Ansätze des *entdeckenlassenden Lernens* und des *genetischen Lernens*. Mit verschiedener Akzentsetzung (FREUDENTHAL, WINTER, WITTMANN) wird die Bedeutung der individuellen Konstruktion von Bedeutung und Sinn bei der Genese mathematischer Begriffe betont. Mathematische Begriffe sollen (zumindest exemplarisch und anhand fundamentaler Ideen) aktiv durch die Lernenden aus den Kontexten entwickelt und sukzessive abstrahiert werden (→ Kap. 4.1). Begriffsbildung ist dabei immer ein sprachlicher und sozialer Aushandlungsprozess und kann nicht durch Definition fertiger Mathematik erledigt werden (→ Kap. 3.1).

Das Anerkennen der Bedeutung der individuellen kognitiven Struktur, die Betonung der Eigenaktivität des Subjekts beim Wahrnehmen und beim Lernen sind Aspekte eines *konstruktivistischen* Ansatzes. Vorstehend wurde dargestellt, wie sich dieser Ansatz aus psychologischen und pädagogischen Quellen speist. Im Folgenden soll diese Sichtweise zusätzlich beleuchtet und belegt werden durch moderne neurobiologische Erkenntnisse vom Lernen und seinem Trägerorgan, dem Gehirn.

(Mathematik)Lernen aus neurobiologischer Sicht

Die 90er Jahre des letzten Jahrhunderts wurden in den USA zum „Jahrzehnt des Gehirns" erklärt. Dies geschah vor allem unter dem Eindruck, dass die Erforschung der Strukturen und Funktionsweisen des Gehirns neue Einsichten in wesentliche Fragen nach unserem Wesen, unserer Lernfähigkeit, nach unserer Fähigkeit zur Selbstbestimmung und nach unserem Bewusstsein versprachen. Neue Verfahren, wie die Positron-Emissions-Spektroskopie (PET) ermöglichten es, die Aktivität verschiedener Hirnregionen gleichsam „live" zu beobachten und so, wie oft behauptet wird, „dem Gehirn beim Denken zuzusehen". Bei näherer Betrachtung muss diese Euphorie jedoch mit gebotener Vorsicht genossen werden: Zwar lassen sich sowohl Aktivitäten einzelner Neuronen als auch ganzer Gehirnareale beobachten, ob dies aber bereits das Wesentliche unserer Denkvorgänge ausmacht, muss zumindest als strittig bezeichnet werden. Auch ist eine kurzschlüssige Übersetzung neurobiologischer Kenntnisse in pädagogische Handlungsmaximen zuweilen fragwürdig, z. B. wenn sich die Konstruktion von „neurodidaktischen Lern- und Trainingsprogrammen" lediglich auf populäre Mythenbildung gründet. Als ein Beispiel sei hier die Erkenntnis der funktionalen Spezialisierung der beiden Gehirnhälften genannt („linkes und rechtes Gehirn"), die heutzutage gern und vorschnell zu Lehr- und Lerntheorien verabsolutiert wird. Dabei wird übersehen, dass eine solche funktionale Spezialisierung nicht nur zwischen linker und rechter Hälfte sondern über das ganze Gehirn stattfindet, etwa auch zwischen dem vorderen und hinteren Gehirn, und dass beide Hälften über das *corpus callosum* ebenso innig vernetzt sind, wie fast alle Areale innerhalb des Gehirns.

Man sollte ebenfalls die Warnung von BECKER (2002) beherzigen:

■ „Aus erziehungswissenschaftlichem Wissen lassen sich keine Handlungsanweisungen ableiten [...] Auch die Hirnforschung wird daran nichts ändern. Es wird immer eine Pluralität von Theorien geben und die Einbeziehung neurowissenschaftlicher Erkenntnisse wird ein Angebot unter vielen sein. Selbst die neuesten Erkenntnisse der Hirnforschung können nicht die letzte Antwort auf Fragen geben, wie wann und wo am besten erzogen, ‚gebildet', gelernt wird." ■

Ist es in dieser Situation sinnvoll, von einem „Neuen Lernen" oder eher von einer „neuen Sicht des Lernens" zu sprechen? Eine solide Kenntnis neurowissenschaftlicher Grundlagen kann durchaus relevant für den Lehrenden in seiner pädagogischen Alltagspraxis sein. Dies gilt insbesondere, wenn man das Gebiet der Neurobiologie (und auch das der Evolutionsbiologie) mit bewährten und neuen Perspektiven aus den Erziehungswissenschaften, aus der Kognitionsforschung und aus der Anthropologie gewissenhaft miteinander veknüpft.

Welche Struktur hat das Gehirn?

Das Gehirn besitzt ca. 100 Milliarden Nervenzellen (*Neuronen*), deren Struktur im Wesentlichen der unten dargestellten Skizze entspricht. Der Zellkörper hat baumartige Fortsätze (*Dendriten*), an denen Endungen anderer Nervenzellen anliegen. Tatsächlich befindet sich an diesen knopfartigen Kontaktstellen (*Synapsen*) ein winziger Spalt, durch den aus der angedockten Zelle, wenn diese erregt ist, chemische Substanzen herüberwechseln. Diese verstärken oder hemmen (je nach Art der Synapse) die elektrische Erregung des Empfängerneurons. Ist das elektrische Potential der Zelle hoch genug, so wird eine elektrische Erregung ausgelöst, die sich entlang einem bis zu einigen Zentimetern langen Fortsatz (*Axon*), fortpflanzt. Das Axon verzweigt am Ende und sein elektrischer Impuls trägt wieder zur Anregung oder Hemmung weiterer Zellen bei.

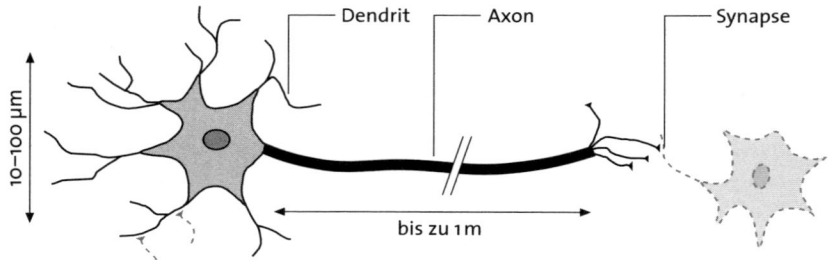

Was das Bild nur unzureichend darstellen kann: Eine Gehirnzelle empfängt Signale von ca. 1 000 anderen Zellen und sendet selbst wieder an ebenso viele weitere Zellen. Diese können in benachbarten oder auch weit entfernten Hirnregionen liegen. Dabei sind nur 0,1 % der Neuronen mit der Außenwelt verbunden und empfangen sensorische Information oder geben motorische Befehle. Das Gehirn ist also ein stark rückgekoppeltes System und zum größten Teil mit sich selbst beschäftigt. Rein rechnerisch ist jede Nervenzelle des Gehirns nach drei bis vier Schritten mit jeder anderen verbunden. Das Gehirn ist somit ein eng vernetztes System, bei dem im Prinzip alles mit allem zusammenhängen kann. Und tatsächlich ist trotz funktionaler Spezialisierung bestimmter Bereiche anatomisch eine enge Verknüpfung über alle Hirnregionen feststellbar.

Schon jetzt deutet sich an, wie einige Grundprinzipien des Lernens sich in diesem Bau unseres Erkenntnisapparates widerspiegeln:

■ Die entscheidende Bedingung dafür, was man lernt und wie man lernt, ist nicht die Qualität der äußeren Reize, sondern – schon rein quantitativ – die Struktur, die beim Lerner bereits vorliegt.

■ Das Gehirn ist kein Computer, der Information, die von außen kommt, in einer der Wahrnehmung analogen Form repräsentiert und abspeichert („Korrespondenztheorie"). Informationen werden verteilt in einem weiträumigen Netzwerk abgelegt. Die Qualität des Lernens und des Behaltens hängt davon ab, wie gut dieses Netzwerk organisiert ist.

Eine differenziertere Darstellung der neuronalen Architektur des Gehirns findet man beispielsweise bei ROTH (1997).

Wie funktionieren Neuronen?

Die vielfältigen biologischen, chemischen und physikalischen Funktionen des neuronalen Systems aufzuführen, ist an dieser Stelle weniger von Belang als sein fundamentales Funktionsprinzip zu erläutern. Dies soll im Rahmen eines mathematischen Modells, dem **neuronalen Netz** geschehen. Dieses Modell spiegelt trotz der erheblichen Komplexitätsreduktion die wesentlichen Eigenschaften biologischer neuronaler Systeme in Struktur und Funktion wider.

Jedes Neuron n in diesem Modellnetz kann nur zwei Zustände haben: inaktiv oder aktiv. Sein Output ist dann $O_n = 0$ bzw. $O_n = 1$. Diese „Digitalisierung" des Geschehens entspricht der biologischen Tatsache, dass der durch das Axon weitergeleitete Impuls nach dem Prinzip „Ganz oder gar nicht" funktioniert, also entweder eine Erregung mit gegebener

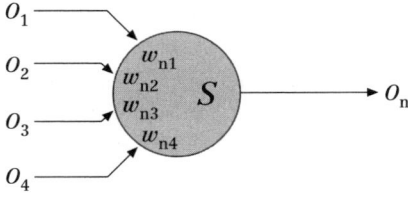

Spannung am Axon entlang läuft, oder aber das Axon inaktiv ist. Über die Dendriten eines einzelnen Neurons n laufen die Erregungen vieler Neuronen O_1, O_2, usw. ein. Ob sie in der Summe in der Lage sind, das Zielneuron n zu aktivieren, hängt von ihrer gewichteten Gesamtstärke ab. Es gibt erregende ($w_{ni} > 0$) wie auch hemmende Verbindungen ($w_{ni} < 0$). Nur wenn die Gesamtstärke einen Schwellenwert S überschreitet, also bei

$\Sigma\, w_{ni}O_i > S$, wird das Neuron n aktiv ($O_n = 1$).

Hier werden bereits die wesentlichen Unterschiede zwischen der Funktionsweise herkömmlicher Computer und der unseres Gehirns deutlich:

■ Neuronale Netze verarbeiten Information massiv parallel, jedes Neuron hat bzw. ist sein eigenes *central processing unit* (CPU) mit einem simplen Programm: „gewichtet summieren und gegebenenfalls feuern".

■ Informationen sind in einem neuronalen Netz sowohl statisch in Form der bestehenden Verknüpfungsmuster als auch dynamisch in den zeitlichen Aktivitätsmustern codiert und dabei verteilt über das ganze Netz repräsentiert.

■ Die Verarbeitung von Information ist unpräzise und fehlerhaft, dafür aber auch stabil gegenüber Ausfällen einzelner Elemente – es sterben unentwegt Gehirnzellen ab, ohne die Funktion des Gehirns zu beeinträchtigen.

Man erkennt also deutlich: Das Bild des algorithmisch ablaufenden Computerprogramms ist für menschliche Denkprozesse in jeder Hinsicht unangemessen.

Wie lernt das Gehirn?

Während beim Menschen bis zum Alter von einem Jahr noch viele Synapsen neu gebildet werden, werden diese Verknüpfungen während der folgenden Kindheit sukzessive ausgedünnt. Im Modell ausgedrückt verschwinden viele der Verbindungsstärken w_{ni}. Gerade dieses Ausdünnen ist wesentlicher Bestandteil des Lernens und der hohen Plastizität des Gehirns in jungen Jahren. Aber auch der Erwachsene kann noch lernen. Das Gehirn bleibt bis zu einem gewissen Maße plastisch, verändert Synapsenstärken und bildet sogar neue Verbindungen aus. Unserem oben skizzierten neuronalen Netz fehlt also offensichtlich noch eine wesentliche Ingredienz: Es muss noch spezifiziert werden, *wer* das Gehirn programmiert, also welcher Prozess die Verbindungsstärken (w_{ni}) einstellt und verändert – einen außenstehenden Programmierer gibt es ja nicht.

Diese Anforderung an das Modell lässt sich allerdings erstaunlich leicht erfüllen. Der amerikanische Psychologe DONALD HEBB hat bereits 1949 die Regel benannt, nach der sich die Verbindungsstärken beim Lernen verändern: Immer dann, wenn ein Neuron feuert ($O_i = 1$) und dabei das Neuron, bei dem dieses Signal ankommt, aktiviert wird ($O_n = 1$), wird die Verbindungsstärke (w_{in}) der Synapse zwischen den beiden Neuronen verstärkt („those who fire together, wire together"). Diese so genannte HEBBsche Regel erkärt, wie das Gehirn autonom und selbstorganisierend, d. h. ohne „externen Programmierer" lernt. Sie ist zudem kein theoretischer Kunstgriff, sondern lässt sich im biologischen System nachweisen: Zwischen Neuronen, die parallel feuern, verstärken sich innerhalb von Minuten und Stunden synaptische Verbindungen oder bilden sich gar neue.

Was bedeutet das für das Bild vom Lernen?

An dieser Stelle erwachsen aus der Neurobiologie tatsächlich Ansätze für ein modernes Verständnis von Lernen. Dieses geschieht auf mehreren Ebenen:

■ Ganz allgemein entwickelt sich aus der neurobiologischen Perspektive ein Bild vom aktiven Lerner, der individuell sein Wissen konstruiert. Wir erhalten hier naturwissenschaftliche Indizien für ein konstruktivistisches Menschenbild.

■ Bereits lange bekannte und bewährte pädagogische Prinzipien des Lernens werden biologisch plausibel (z. B. die Bedeutung von Wiederholung oder Fragen der Motivation).

■ Auch neue spezifische Mechanismen und Strukturprinzipien des Lernens schälen sich heraus und können Anregungen für eine adäquate Konstruktion von Lernumwelten und für den Umgang mit dem lernenden Menschen geben.

In diesem Sinne möchte ich einige Beispiele für die pädagogische Relevanz neurowissenschaftlicher Erkenntnisse, zunächst für das Lernen im Allgemeinen und dann für das Lernen von Mathematik im Speziellen anführen.

a) Vernetztes Wissen
Dass deklaratives, begriffliches Wissen nicht ordentlich abgepackt und abrufbar an einem Speicherort bereit liegt, sondern eine netzartige Struktur besitzt, ist kein lerntheoretisches Novum. Auf der hirnbiologischen Ebene findet dieses Bild nun aber eine physiologische Entsprechung. Die HEBBsche Regel lehrt, dass die gleichzeitige Aktivität unterschiedlicher Bereiche des Netzes, die bestimmte Prototypen, Situationen, Gegenstände, Begriffe oder Eigenschaften repräsentieren, zu einer stärkeren Verbindung der beteiligten Neuronengruppen führt. Die so zusammenhängenden Neuronengruppen müssen nicht notwendig räumlich nah beieinander liegen, sondern können über verschiedene Regionen verteilt sein (Sehen, Hören, Geruch, Erinnerung, Gefühle, …). Je stärker die Vernetzung ist, desto leichter wird der gesamte Zusammenhang wieder aktiviert, wenn ein Teil angeregt wird. Mit Simulationen von neuronalen Netzen konnte bereits gezeigt werden, dass solche assoziativen, **semantischen Netzwerke** selbstorganisierend entstehen[1].

Die Bezeichnung „semantisches" Netz macht deutlich, dass es hier um das Entstehen von subjektivem *Sinn* geht. Sinnhaftes Lernen bedeutet also, dass ein Begriff mit bestehenden Netzen verknüpft wird. Die Abrufbarkeit und Verwendbarkeit von (mathematischen) Begriffen und Ideen lässt sich also dadurch befördern, dass dem Lernenden vielfältige Angebote gemacht werden, einen Begriff in seine vorhandene kognitive Struktur einzubauen. Diese Forderung klingt in den folgenden altbekannten Prinzipien des Lernens an:

■ Dem Lerner sollten Informationen auf verschiedenen Wahrnehmungskanälen (visuell, auditiv, haptisch) also ein möglichst ganzheitliches Angebot zur Verfügung gestellt werden. Auch der „emotionale Kanal" spielt hier eine Rolle (s. u. „Motivation").

---

1   Eine populäre Darstellung findet man z. B. bei SPITZER (2000), eher mathematische Details bei HERTZ, KROGH und PALMER (1991).

■ Je vielfältiger die Zusammenhänge sind, in denen ein mathematischer Begriff oder Sachverhalt behandelt wird, desto leichter fällt später die Aktivierung. Es sollte daher immer geprüft werden, ob ein intensives Einüben formaler Fertigkeiten (z. B. in der Bruchrechung oder beim Gleichungslösen) durch eine Einbettung in verschiedene Kontexte angereichert werden kann.

■ Wichtiger als die Qualität des Lernangebots ist angesichts der beschriebenen starken Rückkopplung des Gehirns die bestehende individuelle kognitive Struktur. Wenn man auf diese etwa wegen der Größe der Lerngruppe nicht spezifisch eingehen kann (z. B. durch individuelle Diagnosen), sollte man zumindest alternative Angebote bereitstellen, aus der die Lernenden individuell und aktiv (wenn auch nicht unbedingt bewusst) auswählen können.

b) Mustererkennung

Ein neuronales Netz besitzt eine ausgeprägte Fähigkeit zum **Erkennen von Mustern**. Bei technischen Netzen wird dies zur Bild- oder Schrifterkennung genutzt. Im menschlichen Erkenntnisapparat lässt sich diese Fähigkeit auch physiologisch festmachen: Schon auf dem Weg von der Netzhaut zur Sehrinde finden in hintereinander liegenden neuronalen Ebenen zahlreiche Verarbeitungsschritte des Netzhautbildes statt. Was im Gehirn ankommt, sind bereits Abstraktionen: Farbe, Form, Bewegung und Räumlichkeit, die in den folgenden neuronalen Schichten weiter verarbeitet und abstrahiert werden. Das Gehirn „sieht" also kein Spiegelbild der Wirklichkeit, sondern eine vielschichtige Musteranalyse. Hier finden die oben bereits erwähnten Prinzipien der Gestaltpsychologie eine physiologische Begründung. Gestaltwahrnehmung lässt sich also durchaus auffassen als Mustererkennung. Gerade diese Mustererkennung ist eine der Stärken eines neuronalen Systems gegenüber einem algorithmisch arbeitenden Computer. Sie kann und sollte man sich im Mathematikunterricht zu Nutze machen:

■ Grafische Darstellungsformen kommen dem menschlichen „Mustersinn" besonders entgegen. Daher sollte man auch die vielfältigen Visualisierungsmöglichkeiten der neuen Technologien nutzen, z. B. bei der Entdeckung von geometrischen Zusammenhängen oder bei der explorativen Datenanalyse.

■ Das Erkennen von Mustern und Strukturen ist das „Kerngeschäft" mathematischen Arbeitens (vgl. Kap. 2.1). Gerade hier können die kognitiven Fähigkeiten *aller* Menschen und nicht nur ausgebildeter Mathematiker zum Zuge kommen. Dies spricht für eine intensivere Beschäftigung mit Entdeckungsprozessen im Mathematikunterricht und für eine ausgeprägtere Berücksichtigung induktiven Arbeitens.

Einige Beispiele für die mathematische Bedeutung der Gestaltwahrnehmung respektive Mustererkennung, sollen dies illustrieren:

1. Wie groß ist die Fläche eines gleichseitigen Achtecks mit einer Kantenlänge von 2 cm? Wer die geschlossene Gestalt des umschreibenden Quadrates und der kleinen Quadrate, die aus den Eckdreiecken zusammengesetzt sind, erkennt, hat bereits die Lösung gefunden.

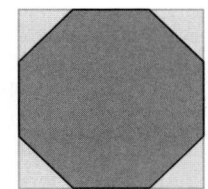

2. Auch bei numerischen Strukturen kann die Gestalt der Symbole („Wieso sind 12 und 21 oder 81 und 18 jeweils Vielfache von 3?") oder die Gestalt einer grafischen Anordnung (→ Abb: „Wieso liegen die Vielfachen von 3 auf diagonalen Achsen?") Anlass für mathematische Erkenntnisse sein.

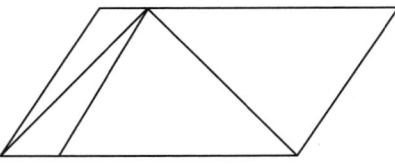

Auch bei Argumentationen mit dem Permanenzprinzip (etwa bei der Multiplikation mit negativen Zahlen $(-1)\cdot 2 = -2$, $(-1)\cdot 1 = -1$, $(-1)\cdot 0 = 0$, $(-1)\cdot(-1) = 1$) beruft man sich weniger auf formalmathematische Konsistenz als auf das ästhetische Gesetz der guten Gestalt.

3. Die Bedingungen unserer Gestaltwahrnehmung können aber auch ungünstig interferieren. Dies geschieht bei so genannten optischen Täuschungen besonders frappierend: Die beiden Diagonalen in der Abbildung sind tatsächlich gleich lang, das von ihnen aufgespannte Dreieck ist ein gleichschenkliges! Man erkennt hier vor allem deutlich, dass man seinem Wahrnehmungsapparat (Auge *und* Gehirn) nicht entkommen kann. Wahrnehmung ist nicht belehrbar.

c) Zahlensinn und Sprachfähigkeit

Das mathematische Denken ist eine sehr junge menschliche Fähigkeit. Die Evolution des Gehirns war vor 10 000 Jahren bereits abgeschlossen, nachweislich erste Zeichen symbolischer Mathematik sind wenig mehr als 2 500 Jahre alt. Woher kommt also unsere Fähigkeit zur Mathematik? DEHAENE (1997) und DEVLIN (2000) unterscheiden hier verschiedene Aspekte der mathematischen Kompetenz.

Zum einen scheint ein **Zahlensinn** bereits biologisch angelegt zu sein. Die Fähigkeit, Mächtigkeiten von Mengen zu erkennen, zu akkumulieren und zu vergleichen, ist nachweislich in bestimmten Arealen des Gehirns lokalisierbar und z. T. auch schon bei Tieren nachweisbar. Unser Zahlensinn funktioniert allerdings nicht präzise, sondern nur näherungsweise: Je näher Zahlen beieinander liegen, desto länger braucht das Gehirn, um festzustellen, welche größer ist. Man spricht auch von „analoger Repräsentation". Zahlensymbole können zudem direkt in Größenvorstellungen umgewandelt werden, ohne erst sprachlich decodiert zu werden. (DEHAENE 1997, S. 220)

Wenn wir genauere mathematische Aussagen über Zahlen machen wollen, so bedarf es einer symbolischen Sprache. Hier bedienen wir uns derselben Gehirnregionen, die auch für unsere **Sprachfähigkeit** zuständig sind. Die Abstraktionsvorgänge, die der sprachlichen Begriffsbildung zugrunde liegen, ermöglichen auch das Manipulieren von abstrakten Zahlensymbolen. Die Multiplikation einstelliger Zahlen wird von derselben Hirnregion bewerkstelligt, die auch das Auswendiglernen von Wortfolgen unterstützt (ebd., S. 220). Gewisse mathematische Kompetenzen müssen und können offensichtlich wie Routinen auswendig gelernt werden. Mit einem arithmetischen Prozessor, der einfache Rechnungen durchführt, ist das Gehirn aber offensichtlich von der Evolution nicht ausgestattet worden. Hier muss es vielfältige andere, vor allem sprachliche Bereiche nutzen. Das exakte Rechnen, das Operieren mit formalen Symbolen und das fehlerlose Befolgen von Algorithmen, also die wesentlichen Charakteristika formaler Mathematik, sind erst relativ neue kulturelle Erfindungen, die der grundlegenden Funktionsweise des Gehirns nicht entgegenkommen (ebd., S. 233). Man bedenke allerdings, dass diese Fähigkeiten, wie bereits mehrfach angeklungen, nur Teilkomponenten des mathematischen Denkens und Arbeitens sind.

d) Motivation

Die Bedeutung emotionaler Aspekte für das Lernen, insbesondere die **Motivation,** ist lange schon pädagogisches Standardthema. Aber auch neurobiologische Erkenntnisse geben Auskunft über die enge Wechselbeziehung zwischen Emotion und Kognition. Das Abrufen von Gedächtnisinhalten, die emotionale Bewertung von Wahrnehmung und die Entscheidung über Verhalten wird auf vielfältige Weise durch das so genannte limbische System, ein tief liegendes Teilsystem des Gehirns, gesteuert (ROTH 1997, S. 194 ff.). Auf diese Weise bestätigt und unterstreicht die Hirnbiologie noch einmal die Bedeutung emotionaler Faktoren für das Lernen: Leichter, anregender Stress, Belohnungserwartung und Konzentration fördernde Atmosphäre sind förderliche Bedingung für die Verankerung von Erfahrungen im Langzeitgedächtnis. Gerade für das Fach Mathematik, das die Emotionen der Menschen besonders in Angst und

Begeisterung zu polarisieren scheint und das oft mit Selektionsdruck und Leistungsstress konnotiert wird, sind solche Erkenntnisse ein erneuter Hinweis auf die Bedeutsamkeit einer lernfördernden Unterrichtskultur.

e) Gedächtnis

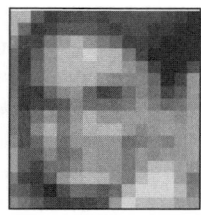

Neuronale Netze, denen man mehrfach hintereinander Muster anbietet, passen ihre synaptischen Verbindungsstärken mittels der oben beschriebenen HEBBschen Regel sukzessive so an, dass schließlich nur eine sehr fragmentarische Darbietung eines Musters ausreicht, um dieses innerhalb des Netzes wieder vollständig zu aktivieren. Wie gut dies funktioniert, ist an der nebenstehenden Abbildung zu erkennen. Den größten Teil der Arbeit zum Wiedererkennen des bekannten Porträts steuert unser Gedächtnis und nicht unsere Wahrnehmung bei. Das neuronale Modell ist somit erstmals ein „mikroskopisches" funktionales Modell für die Leistung unseres (Langzeit)Gedächtnisses. Es ist nicht nur gehirnphysiologisch plausibel, sondern kann auch in technischen Anwendungen genutzt werden! Aufschlussreich ist auch, zu sehen, dass Information im Gehirn nicht etwa in lokale Speicherzellen verpackt wird, sondern in den Verbindungsstärken des gesamten beteiligten Netzwerkes codiert ist. Phänomene wie das Vergessen (durch langsamen Umbau bei Darbietung anderer Muster) oder Interferenz (die Störung durch ähnliche Muster, z. B. beim Erlernen verwandter Fremdsprachen oder ähnlicher mathematischer Regeln: $(a + b) \cdot 2 = a \cdot 2 + b \cdot 2$, $(a + b)^2 = a^2 + b^2$) sind im Rahmen dieses Modells leicht zu verstehen. Während das Langzeitgedächtnis offensichtlich durch einen physischen Umbau des neuronalen Netzes entsteht, wird das Kurzzeitgedächtnis eher als ein vorübergehend stabiler elektrischer Anregungszustand einer untereinander verbundenen Neuronengruppe angesehen.

f) Umgang mit Fehlern

Der sukzessive Umbau eines neuronalen Netzes lässt uns auch verstehen, welche Rolle Fehler beim Verstehensprozess spielen. Eine fehlerhafte Strategie wird nicht aus Nachlässigkeit oder wider besseres Wissen verwendet, sondern weil sich diese Strategie einmal als nützlich, man sagt auch als *viabel* (d. h. als situationsgemäß funktionierend) für das Individuum erwiesen hat. Daher reicht es nicht aus, den Fehler zu benennen und zu zeigen, dass man es anders machen muss. Eine solchermaßen vorgeführte fremde Strategie wird dann allenfalls ohne Überzeugung und nicht nachhaltig übernommen. Hierin liegt übrigens der Kardinalfehler gut gemeinten, aber laienhaften Nachhilfeunterrichts.

Ein für den Mathematikunterricht bedeutsames Beispiel für solche viablen Strategien ist *das zählende Rechnen* (vgl. LORENZ/RADATZ, S. 116). Schülerinnen und Schüler mit Rechenschwierigkeiten in den ersten Grundschuljahren sind meist *Zähler*, d. h. sie lösen Grundaufgaben der Addition und Subtraktion durch Abzählen. Diese Zählstrategie ist im familiären Kontext und in den frühen Schulmonaten äußerst effizient. Später dann aber machen sie häufiger Fehler ($12 - 5 \rightarrow 12, 11, 10, 9, 8$), verstehen und nutzen die dezimale Zahldarstellung nicht und können ihre Strategie so nicht auf größere Zahlen erweitern. Das Umlernen erfordert eine gezielte Beschäftigung mit den Möglichkeiten und Grenzen der Zählstrategie, das Nutzen und sukzessive Entfernen von Anschauungsmaterial und das explizite Thematisieren und Anwenden von Alternativstrategien (Zerlegung, Analogien).

Dieses Beispiel zeigt auch, dass es oft zu kurzschlüssig ist, bei Kindern mit Rechenschwächen Dyskalkulie als organisches Defizit zu diagnostizieren, sondern dass es hier um eine komplexe Lerngeschichte des Individuums im Unterrichtskontext, im familiären Kontext und in Abhängigkeit von seiner eigenen kognitiven Struktur geht (vgl. z. B. RÖHRIG 1996).

Für den Umgang mit Fehlern im Mathematikunterricht lernt man daraus, dass es nicht ausreicht, auf eine Regelverletzung oder auf eine formale logische Inkonsistenz hinzuweisen. Strategien, die nicht mehr viabel sind, müssen mit derselben aktiven Beteiligung vom Individuum rekonstruiert werden. Dabei können biologische Strukturen nicht nach dem Baukastenprinzip einfach von Neuem aufgebaut werden. Sie werden immer nur langsam, unter Weiterverwendung der bestehenden Struktur und in Auseinandersetzung mit der Umwelt umstrukturiert.

Fazit: Das Gehirn und das Lernen von Mathematik

Die menschliche Fähigkeit, Mathematik zu betreiben, fußt auf einer biologisch geprägten *mathematischen Wahrnehmung* (Zahlensinn, Raumwahrnehmung), auf einer allgemeinen Fähigkeit zur *Mustererkennung*, sowie auf der Fähigkeit zur *symbolischen Repräsentation* (Klassifizieren, Abstraktion, Assoziation, Begriffsbildung, Operieren mit Symbolen). Dabei unterscheiden sich die Funktionsweise des Gehirns und seine Stärken und Schwächen radikal von denen eines Computers. JOHN VON NEUMANN stellt in seiner frühen visionären Schrift „The Computer and the Brain" fest:

> ■ „Die Sprache des Gehirns ist nicht die Sprache der Mathematik. Das Gehirn ist eine gemischte digitale und analoge Maschine. Die rigorose, auf Notwendigkeit und Eindeutigkeit beruhende Sprache der Mathematik ist eine *sekundäre* Sprache, die auf der primären Sprache des Gehirns aufsetzt." (NEUMANN 1958, S. 80 f.). ■

Die Aufgabe, für die das Gehirn von der Evolution „präpariert" wurde, ist dabei der Umgang mit unklaren Informationen. Es erkennt Muster und erschließt Regeln auf eine induktive und meist unbewusste Weise. Dies alles sind Funktionen, die das Gehirn für den Umgang mit der natürlichen Umwelt und mit der menschlichen Sprache prädisponieren. Kennzeichnend dabei ist, dass verschiedene Wissensteile durchaus widersprüchlich sein können und dass Wahrnehmung sich als nicht belehrbar erweist.

Das axiomatisch-deduktive Arbeiten hingegen ist nicht der primäre Modus unseres Gehirns, sondern muss herangebildet, erlernt und in vielfältigen Kontexten erprobt werden. Regeln machen dabei keinen Sinn als Regeln über abstrakte Objekte, ihre Sinnhaftigkeit für das Individuum rechtfertigt sich nicht aus ihrem wissenschaftlichen Wert, sondern anhand ihrer Anwendung (Zum Beispiel kann $1/2 + 2/3 = 3/5$ durchaus richtig sein, wenn man die Brüche als „x km in y Stunden" versteht).

Diese Diskrepanz zwischen formaler und intuitiver Mathematik könnte auch der Grund dafür sein, dass unser natürliches Zahlkonzept nicht in Axiome zu fassen ist. Unsere besten Axiomensysteme scheinen das, was unsere Intuition unter Zahlen versteht, nicht eindeutig und vollständig erfassen zu können (vgl. Gödels Unvollständigkeitssatz, Kap. 2.1 oder DEHAENE 1997, S. 240).

Auch auf der allgemeineren Ebene des Bildes vom lernenden Menschen lehrt uns die neurobiologische Perspektive einiges: Will man das Denken und das Lernen des Menschen verstehen, so reicht das Bild einer informationsverarbeitenden Maschine nicht aus. Vielmehr spielt, wie wir gesehen haben, die konkrete Architektur und Funktionsweise eines neuronalen Systems eine wesentliche Rolle. Der Mensch ist hiernach keine einfache Maschine, die auf Input mit einem funktionalen, davon abhängigen Output reagiert. Er ist ein komplexes System, das stärker durch seine inneren Zustände als durch die äußeren Einflüsse bestimmt ist.

Dies ist auch zentrale Aussage des **pragmatischen Konstruktivismus.** Dieser stellt eine pädagogische Grundposition dar und nimmt viele der vorstehenden Sichtweisen auf, wie die Selbstbezüglichkeit des Lerners und den Prozess des aktiven Lernens in sozialer und individueller Auseinandersetzung mit der Welt.

Zu unterscheiden ist hiervon der **radikale Konstruktivismus** als philosophische Grundposition, auch wenn er in fruchtbarer Wechselbeziehung zum pragmatischen Konstruktivismus steht. Als Erkenntnistheorie klammert der radikale Konstruktivismus die Frage nach der Beschaffenheit des Seienden (Ontologie) gänzlich aus, da wir ohnehin keinen Zugriff auf die Dinge an sich haben. Er beschäftigt sich also nur mit der Art und Weise, *wie* Erkenntnis zustande kommt (Epistemologie). Statt einer externen *Realität* existieren für den radikalen Konstruktivismus also nur die individuellen *Wirklichkeiten* der Subjekte. Wirklichkeit entsteht dabei nicht willkürlich und beliebig, sondern wird sozial ausgehandelt, intersubjektive Bedeutung erwächst aus der Kommunikation. Hier wird wiederum die Verbindung zum **mathematischen Konstruktivismus** (vgl. Kap. 2.1) deutlich und der Kreis schließt sich.

Wer sich mit diesem Themenkreis und den vielfältigen philosophischen, pädagogischen und mathematikdidaktischen Aspekten des Konstruktivismus weiter beschäftigen will, dem seien für eine allgemeine Orientierung GLASERSFELD (1992) empfohlen, für eine allgemeinpädagogische Darstellung MÜLLER (2001) und für eine eher auf den Mathematikunterricht bezogene Darstellung LEUDERS (2001).

2.3 Mathematische Allgemeinbildung – Mathematikunterricht aus der Perspektive der Gesellschaft

> *„Jeder Dichter, selbst wenn er noch so allergisch auf Mathematik reagiert, muss bis zwölf zählen können, um einen Alexandriner zu ersinnen."*　*(Raymond Queneau)*

Die Gesellschaft als Träger des Schulwesens ist Auftraggeber des Mathematikunterrichtes. Umgekehrt ist sie auch Abnehmer seiner „Produkte": Der Ausbildungsstand in mathematikbezogenen Berufen, die mathematische Allgemeinbildung und die gesellschaftliche Haltung zur Mathematik sind das Ergebnis der Gestaltung von Mathematikunterricht.

Vielfältige Teilsysteme der Gesellschaft stellen Anforderungen an den Mathematikunterricht: weiterführende Bildungs- und Ausbildungsinstitutionen, in Verbänden organisierte Berufszweige, aber auch Eltern und die Schülerinnen und Schüler selbst. Die Landschaft ist vielgestaltig, viele Faktoren haben einen Einfluss auf die Normvorstellungen von gutem Mathematikunterricht, es gibt eine öffentliche Auseinandersetzung, aber ebenso unterschwellige Strömungen und unbewusste Traditionen.

In den letzten Jahren hat allerdings der Mathematikunterricht den Vorzug eines intensiven gesellschaftlichen und didaktischen Diskurses genossen, dessen Motoren in einigen prominenten Ereignissen zu suchen sind: Die von HEYMANN (wenn auch nicht vorsätzlich) eingeleitete Diskussion in den Medien „Sind sieben Jahre Mathematik genug?" hat den Mathematikunterricht zeitweise in eine produktive Legitimationsdebatte gestürzt. Das im internationalen Vergleich unerwartet schlechte deutsche Abschneiden bei TIMSS und PISA und die nachfolgenden bildungspolitischen Auseinandersetzungen haben ein weiteres Mal eine breite öffentliche Aufmerksamkeit mobilisiert. Auch wenn eine grundsätzliche Systemreform ausgeblieben ist, hat es auch hier wieder wertvolle Impulse für den Mathematikunterricht gegeben.

Komponenten mathematischer Bildung

"Algebra class will be important to you
later in life because there's going to
be a test six weeks from now."

Copyright 1997 Randy Glasbergen. www.glasbergen.com

Der gesamte Diskurs kulminiert in der Frage: „Was ist mathematische Bildung?", oder besser, da es sich um eine normative Frage handelt: „Was soll mathematische Bildung sein?" Sieht man diese Frage aus der Perspektive der genannten unterschiedlichen gesellschaftlichen Teilsysteme, so entsteht ein vielschichtiges Anforderungsprofil an ein mathematisches Bildungskonzept. Dabei treten immer wieder vier in ihrem Wesen sehr unterschiedliche Komponenten hervor.

■ **Mathematische Bildung als Vordergrundbildung:** Diese Komponente mathematischer Bildung ist keineswegs „vordergründig" im Sinne von banal. Die Bezeichnung soll verdeutlichen, dass diese Bildungskomponente beim Individuum im Vordergrund steht, jederzeit präsent und abrufbar ist. Dieser Aspekt ist gemeint, wenn von *funktionaler mathematischer Grundbildung* die Rede ist. Hierzu gehört die sichere und reflektierte Verwendung mathematischer *Kulturtechniken* und eine Mündigkeit im Umgang mit Zahlen – in angloamerikanischen Zusammenhängen wird oft der Begriff *quantitative literacy* verwendet.

■ **Mathematische Bildung als Hintergrundbildung:** Jenseits der unmittelbaren Verwendung von Mathematik in lebensweltlichen Kontexten ist ein grundlegendes Verständnis für die Mathematikhaltigkeit unserer Kultur, ihrer Wissenschaften und ihrer Technologien eine unabdingbare Komponente von Allgemeinbildung. Der Einzelne – ob er in einem mathematiknahen Kontext arbeitet oder nicht – muss auch in der Lage sein, sich in eine mathematische Weltsicht einzufühlen.

■ **Mathematische Bildung als Expertenbildung:** Jenseits einer Mathematik für alle gibt es den gesellschaftlichen Bedarf, junge Menschen, die ein Interesse an mathematischen Themen haben oder die einen mathematiknahen Berufswunsch hegen, mit spezielleren Aspekten von Mathematik vertraut zu machen. Der mathematikbezogene fachliche Qualifizierungsstand von Fachkräften ist ein wesentlicher ökonomischer Standortfaktor.

██ **Mathematische Bildung als personale Bildung:** Eine allgemeinbildende Schule hat die Aufgabe, zur Kooperationsfähigkeit und zur Verantwortungsbereitschaft, zu Selbstvertrauen und zu Mündigkeit zu erziehen. Der Mathematikunterricht darf sich bei diesen Komponenten einer über die fachliche Bildung hinausgehenden Allgemeinbildung nicht bescheiden hinter andere Schulfächer zurückziehen. Er muss sich ernsthaft fragen lassen, ob und wie er zur Bildung der gesamten Persönlichkeit des Menschen beitragen kann.

Nicht immer werden diese vier Komponenten mathematischer Bildung sauber unterschieden, z. B. wenn in politischen Diskussionen von den PISA-Leistungen einer repräsentativen Gruppe von 15-jährigen im internationalen Vergleich (Vordergrundbildung) auf die drohende wirtschaftliche Zweitrangigkeit der deutschen Forschung und Industrie (Expertenbildung) geschlossen wird. Die genannten vier Komponenten stecken nicht nur die Eckpunkte eines Konzeptes von allgemeinbildendem Mathematikunterricht ab. In ihnen realisieren sich die verschiedenen Anforderungen unterschiedlicher gesellschaftlicher Teilsysteme, wie im Folgenden näher erläutert werden soll.

Mathematik als Vordergrundbildung

Das vielleicht wesentliche Ergebnis der PISA-Studie ist, dass sie auf eine grundlegende Unstimmigkeit zwischen deutschem und internationalem Verständnis von mathematischer Grundbildung hingewiesen hat. Objekt der Studie war mathematische Grundbildung, verstanden als *mathematical literacy*, das ist nach Definition der OECD

██ „die Fähigkeit, die Rolle, die Mathematik in der Welt spielt, zu erkennen und zu verstehen, begründete mathematische Urteile abzugeben und sich auf eine Weise mit der Mathematik zu befassen, die den Anforderungen des gegenwärtigen und künftigen Lebens als eines konstruktiven, engagierten und reflektierenden Bürgers entspricht." (zit. nach KLIEME 2001, S. 141) ██

Diese Definition ist absichtsvoll offen und in weitem Maße auslegbar. Schließlich mussten sich alle 32 Teilnehmerstaaten hierin wiederfinden. Aber: Worin bestehen die „Anforderungen des gegenwärtigen und künftigen Lebens" denn im Einzelnen? Was heißt „erkennen" und „verstehen"? Und vor allem: Was genau tun Durchschnittsbürger außerhalb der Schule, die „sich mit Mathematik befassen" – im Original „be engaged in mathematics"? Die eigentliche Spezifikation des der Studie zu Grunde liegenden Bildungskonzeptes findet sich in der Auswahl und Gestaltung der Aufgabenitems: Bei ihnen ging es nicht um Reproduktion, sondern um Anwenden ganz elementarer Fertigkeiten in mehr oder weniger komplexen Anwendungssituationen. Weiterhin ungewohnt war

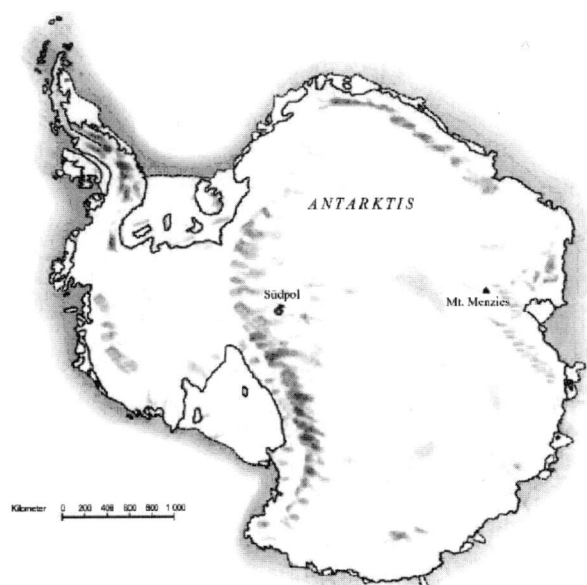

ANTARKTIS

Südpol

Mt. Menzies

Kilometer 0 200 400 600 800 1 000

PISA-Aufgabe: Hier siehst du eine Karte der Antarktis. Schätze die Fläche der Antarktis, indem du den Maßstab der Karte benutzt. Schreibe deine Rechnung auf und erkläre, wie du zu dieser Schätzung gekommen bist. (www.mpib-berlin. mpg.de/pisa)

die große Zahl von offenen Aufgaben, die man auf sehr unterschiedliche Weise und ohne Anwenden zuvor gelernter Methoden lösen konnte (siehe Beispiel, weitere Erläuterungen bei LEUDERS 2003). Bereits während der Testkonstruktion entschied sich daher das deutsche PISA Konsortium, als Konsequenz aus den Reibungen mit der deutschen Auffassung mathematischer Grundbildung, für die deutsche Testpopulation Aufgaben hinzuzufügen, in denen kontextfrei technische Kenntnisse abgefragt wurden. Allerdings hat sich bei Betrachtung der Schülerresultate auch diese Form der „Vorrats-Bildung" nicht als nachhaltig erwiesen.

Zusammenfassend könnte man sagen, dass es bei dem in angloamerikanischen Ländern einflussreicheren Konzept der *mathemematical literacy* nicht um die Reproduktion eines Korpus von Kenntnissen und Methoden geht, sondern um die Fähigkeit, mathematisches Denken und mathematische Wege der Weltbegegnung in vielfältigen Situationen zu aktivieren. Diese Kernidee kann man auch mit dem Begriff der *funktionalen Bildung* umschreiben.

Die besondere Betonung des Anwendungsaspektes von Mathematik wird in der deutschen Diskussion oft als *mathematisches Modellbilden* ausgelegt (→ Kap. 4.4, S. 157, KLIEME 2001, S. 143). Nach dieser erweiterten Auffassung ist jegliches Lösen inner- wie außermathematischer Aufgaben ein Modellbildungsprozess. Vielleicht aber muss man das Modellbilden nicht so überstrapazieren, wenn man funktionale Bildung folgendermaßen versteht:

> *Funktionale mathematische Bildung* ist die Fähigkeit, mathematische Konzepte auch in einem vom ursprünglichen Lernkontext abweichenden inner- oder außermathematischen Kontext zu aktivieren.

Geklärt ist damit allerdings noch nicht die Frage, welche mathematischen Konzepte gelernt werden und nachhaltig aktivierbar bleiben sollen. Als vornehmliches Ziel muss hier zunächst die **gesellschaftliche Teilhabe** gesehen werden. Ausgangspunkt kann die Frage sein: Wozu und in welchen Lebenssituationen benötigt man Mathematik?

Auf einer ersten, besonders pragmatischen Stufe steht der Einsatz von Mathematik mit unmittelbarer lebenspraktischer Bedeutung. Hier geht es weniger um Reflexion als um die Nutzung elementarer Fertigkeiten. Einige Beispiele:

- Eine Restaurantrechnung überschlagsmäßig unter drei Personen teilen.
- Preise und Mengen beim Einkauf vergleichen.
- Prozentsätze und Prozentwerte bei Geldgeschäften einschätzen.
- Karten und Diagramme (z. B. Fahrpläne) lesen und verstehen.
- Kochrezepte auf verschiedene Mengen skalieren.
- Kleine und große Zahlenangaben verstehen und vergleichen.

Zum Ersten geht es um den Umgang mit Zahlen und um das Beherrschen grundlegender mentaler und schriftlicher Rechenoperationen. Diese Fertigkeiten werden aber zunehmend durch die Fähigkeit der Nutzung elektronischer Hilfsmittel, wie etwa des Taschenrechners oder der elektronischen Kasse, abgelöst. Umso wichtiger werden dafür aber die so genannten „weichen mathematischen Tätigkeiten" wie Überschlagen, Schätzen und Runden. Je mehr die Zahlen auf uns einstürzen, desto wichtiger ist es, Ergebnisse einer Computerrechnung oder Zahlenangaben eines Zeitungsberichtes schnell auf Plausibilität zu prüfen. Die Entwicklung geht weg von der starren Anwendung routinemäßig beherrschter Kulturtechniken hin zu einem flexibel nutzbaren „Zahlensinn" *(quantitative literacy)*.

Zum Zweiten ist das verständige Lesen mathematikhaltiger Texte gefragt, wobei unter Texten auch und besonders grafische und tabellarische Darstellungen verstanden werden. In diesem Sinne hat mathematische Grundbildung eine erhebliche Überschneidung mit der allgemeinen Lesekompetenz.

Die Schulmathematik, die für diese Bereiche gelernt werden muss, beschränkt sich auf elementare Techniken, und ist – und nur so ist HEYMANNS Feststellung zu verstehen – bis zum siebten Schuljahr in der Regel abgehandelt. Leider ist damit noch nicht gewährleistet, dass Schülerinnen und Schüler diese Kompetenzen nachhaltig erworben haben. Dies liegt auch an der Art und Weise, wie Mathematikunterricht dazu neigt, diese Themen in zeitlich klar abgegrenzte Pakete zu verpacken.

Die Anforderungen an eine mathematische Grundbildung sind mit den geschilderten Fertigkeiten noch keineswegs erschöpft, wie das folgende Beispiel einer Zeitungsmeldung belegt:

Beispiel „In Kolumbien, so staatliche Angaben, erhält man pro Kapsel 0,05 Gramm Rohopium, auf einem Hektar mit 12 000 Mohnsträuchern pro Ernte 7 Kilo. Bei einem Preis von inzwischen 1 700 US-Dollar pro Kilogramm kann der Bauer schon nach der ersten Ernte bis zu 17 000 Dollar verdienen." (nach: KETTELER 1997)

Immer mehr Information wird heutzutage in Form von Zahlen weitergegeben. Dabei scheint schon ein „quantitatives Erscheinungsbild" eine Überzeugungskraft eigener Art zu besitzen. Wie aber rechtfertigt sich die Angabe „17 000 Dollar" aus den vorweg angegebenen Daten? Was können wir mit diesen Zahlen überhaupt anfangen? Was sollen sie uns suggerieren? Der kritische Blick auf den Umgang mit Zahlen gehört unbedingt zur Vordergrundbildung. Weitere Beispiele und Lebenssituationen für diesen Aspekt von Grundbildung sind:

- Wahrscheinlichkeits- und Risikoangaben (z. B. bei der Nutzung von Technologien oder beim Glücksspiel) verstehen und rational bewerten: „Mit einer Jahrhundertflut ist in naher Zukunft nicht mehr zu rechnen", „mehr Glück in der Tippgemeinschaft"
- Ökonomische und demographische Daten interpretieren: „24 % aller FDP-Wähler waren Männer, 17 % Frauen."
- Verschiedene Möglichkeiten der Angaben von Trends und Veränderungen verstehen und unterscheiden: „Im Vergleich zum Vorjahr ist die Arbeitslosenquote um 10 % weniger gestiegen."
- Wahlverfahren verstehen: „Bei Hinzunahme der Direktmandate der SPD ändert sich der Anteil der Oppositionssitze im Bundestag."
- Die Signifikanz von Stichproben bewerten: „66,6 % aller Befragten haben sich für das Produkt entschieden."
- Grafische Darstellungen und unklare Zahlenangaben hinterfragen (siehe obiges Beispiel).

Die Komponente mathematischer Grundbildung, die hier hinzutritt, ist der kritische und reflektierende Umgang mit Mathematik in konkreten Lebenssituationen. Man erkennt hier auch, welche ungeheure Bedeutung die Statistik hierbei gewinnt. Für eine angemessene Berücksichtigung dieses Stiefkindes des Mathematikunterrichts ist noch viel zu leisten. In den USA gibt es eine breite Bewegung der *quantitative literacy*-Initiativen, die besonders die lebenspraktische Bedeutung des verständigen Umgangs mit Zahlen betont (STEEN 2001).

Mathematik als Hintergrundbildung

Mathematische Bildung ist für das Individuum nicht nur dort bedeutsam, wo sich Mathematik unmittelbar anwenden lässt, sondern auch, wo Kenntnisse über die spezifische Form der Weltaneignung durch Mathematik von Belang sind:

- Die spezifische Art der mathematischen Weltaneignung kennen (deduktiv, symbolisch, modellhaft) und von anderen Formen (expressiv, einfühlend, hermeneutisch, diskursiv, experimentell) unterscheiden können,
- die Rolle der Mathematik in den Technologien verstehen (z. B. Computeranwendungen, Informationstechnologie, Technik),
- die Möglichkeiten und Grenzen der Mathematik bei der Bereitstellung von mathematischen Modellen für natürliche und gesellschaftliche Phänomene verstehen,
- die Bedeutung der Mathematik für die Entwicklung der modernen Naturwissenschaft verstehen,
- erkennen, wo ein mathematischer Wahrnehmungsmodus möglich ist oder gewinnbringend sein kann,
- abstrakte Probleme klar strukturieren, symbolisch darstellen, sorgfältig und logisch durchdenken, Möglichkeiten ausschöpfen.

Übersetzt man diese mathematikbezogenen Kompetenzen in Forderungen an einen allgemeinbildenden Mathematikunterricht oder gar in konkrete Unterrichtsziele, so wird klar, dass die Latte hoch liegt. Hier geht es nicht mehr um Formeln und Fertigkeiten, sondern um die Bereitschaft, die Welt (auch) mit mathematischen Augen zu sehen.

Die Mathematik wird oft als die Technologie hinter den Technologien bezeichnet. Zum einen heißt das, sie als High Tech wahrzunehmen und wertzuschätzen, zum anderen wird darin aber auch ausgedrückt, dass sie immer weiter hinter diesen Technologien verschwindet. „Diejenige Mathematik, auf der unser Lebensstandard beruht, ist in die Technik, die wir nutzen, sozusagen unsichtbar eingebaut. Sie macht sich selbst, aus Sicht des Techniknutzers, überflüssig" (HEYMANN 1996, S. 8). Der „Verbraucher von Mathematik" kann ohnehin nicht mehr en detail erfassen, welches ungeheure Maß an Mathematik hinter seinem Auto, seinem Internetshopping, seiner Kreditkarte und seiner DVD steckt. Daher gehört es zur Aufgabe des Mathematikunterrichts, an exemplarischen Beispielen eine *Weltorientierung* zu vermitteln, die Zusammenhänge zwischen Mathematik und Technologie wieder offenbar werden lässt. Das schlechte, oder vielleicht eher indifferente Image, das die Mathematik heutzutage hat, beruht auch auf der mangelnden Wahrnehmung ihrer Leistungen. Eine realistische Wahrnehmung der Bedeutung von Mathematik ist zudem unabdingbare Voraussetzung für einen gesellschaftlichen Dialog zwischen

Laien und Experten. Dieser Diskurs krankt allerdings nicht selten an der mangelnden Bereitschaft oder Kompetenz der Experten, die Interessen und Erkenntnisse der Mathematik verständlich darzustellen (Rühmliche Ausnahmen wie STEWART (1990) gibt es glücklicherweise immer wieder.).

Schließlich ist mathematische Hintergrundbildung auch der einzige Weg zu einer Überwindung der Kluft zwischen den „zwei Welten" (auch: „zwei Kulturen"). Gemeint ist hiermit die wachsende Verständigungsschwierigkeit und abnehmende gegenseitige Achtung zwischen der „geisteswissenschaftlichen Welt" und der „naturwissenschaftlichen Welt", wie sie C. P. SNOW (1959) diagnostizierte. Man bedenke, dass die mathematischen Erfahrungen aus der Schule oft die einzigen sind, die ein Geisteswissenschaftler in sein Berufsleben mitnimmt. Die reduzierte Sicht von Mathematik und die in der Schule erworbene Mathematikangst wirkt auch weiter in den Köpfen von Nichtmathematikern in gesellschaftlichen Schlüsselpositionen, wie Journalisten und Politikern. Aus dieser Perspektive ist es unverantwortlich, wenn man alle Schüler (in Leistungs- wie Grundkursen) mit einem formalistischen und verwässerten Abbild von Mathematik als formal-deduktivem Gebäude konfrontiert, statt den Versuch zu unternehmen, ein angemessenes, vielgestaltiges Bild von dem zu vermitteln, was Mathematik innerhalb unserer heutigen Kultur und Gesellschaft ausmacht.

Vielfältige Modelle einer bewussten schulischen Trennung der Komponenten Vordergrundbildung, Hintergrundbildung und Expertenbildung (s. u.) gibt es in Form der Einteilung in akademische und angewandte Mathematikkurse (z. B. in den Niederlanden, siehe z. B. WESTERMANN 2001).

Der Aspekt einer Hintergrundbildung für alle Schülerinnen und Schüler darf allerdings nicht auf die angewandte Mathematik reduziert werden. Wie soeben dargestellt ist ein angemessenes und schlüssiges Bild von Mathematik durchaus aspektreicher. Diesen Aspektreichtum mathematischer Hintergrundbildung meint auch WINTER (1995), wenn er fordert, dass Mathematikunterricht die folgenden drei Grunderfahrungen ermöglichen müsse:

(G1) Erscheinungen der Welt um uns, die uns alle angehen oder angehen sollten, aus Natur, Gesellschaft und Kultur in einer spezifischen Art wahrnehmen.

(G2) Mathematische Gegenstände und Sachverhalte, repräsentiert in Sprache, Symbolen, Bildern und Formeln, als geistige Schöpfungen, als eine deduktiv geordnete Welt eigener Art kennen lernen und begreifen.

(G3) In der Auseinandersetzung mit Aufgaben Problemlösefähigkeiten, die über die Mathematik hinaus gehen, erwerben.

Mathematische Bildung als Expertenbildung

Analog dem Sputnikschock in den sechziger Jahren, der damals als Bildungsvergleich zwischen Ost und West ausgelegt wurde, wird auch heute noch der Rückstand im internationalen Vergleich mathematischer und naturwissenschaftlicher Bildung als nationale Bedrohung empfunden. Damals nahm die OECD (eigentlich eine Wirtschafts- und keine Bildungsorganisation!) das Geschäft der internationalen Bildungserhebungen auf. Heute sehen wir mit dem alle drei Jahre wiederkehrenden PISA-Test gleichsam einem institutionalisierten Sputnikschock entgegen.

Als in den siebziger Jahren die fachliche Systematik und die begriffliche Struktur der Fachwissenschaft Pate für die „Neue Mathematik" an den Schulen gestanden hat, war es auch dieses ökonomische Denken, das die besondere Form der Wissenschaftsorientierung hervorbrachte. Inzwischen wird realistischerweise unter Wissenschaftspropädeutik und -orientierung die Anschlussfähigkeit des Schulcurriculums an die Methoden und Begriffe der Wissenschaft und nicht mehr ihre Übernahme verstanden.

Dabei darf aber nicht vergessen werden, dass nur ein Teil der Menschen, die das Bildungssystem durchlaufen haben, zu den technischen und wissenschaftlichen Erfolgen beiträgt. Man muss also präziser fragen: Welches sind die Berufsfelder, die dem Mathematikunterricht zu Recht eine fundierte mathematische Ausbildung der Schulabgänger abfordern und welcher Art ist diese mathematische Bildung?

Die Zahl der akademischen Berufe, in denen mathematische Tätigkeiten relevant sind, ist heute wesentlich größer als noch vor hundert Jahren. Waren früher mathematische Grundkenntnisse allenfalls für eine naturwissenschaftliche oder technische Tätigkeit unabdingbar, so zählen heute mathematische – vor allem statistische – Methoden zum Repertoire auch der meisten Gesellschafts- und Geisteswissenschaften. Dass viele Geisteswissenschaftler die mathematischen Aspekte ihrer Arbeit nicht schätzen, ja manchmal mit offenem Widerwillen zu umschiffen versuchen, ist auch Konsequenz einer Einstellung, die sie im Mathematikunterricht gewonnen haben.

Aber auch andere akademische Berufszweige, wie etwa die Wirtschaftswissenschaften, kommen heute ohne mathematische Spezialkenntnisse nicht mehr aus. Journalisten haben die hohe Verantwortung, Informationen sachgerecht und verständlich zu vermitteln – dazu gehört, wie oben gesehen, auch ein immer größerer Teil an zahlenmäßig repräsentierter quantitativer Information. Notwendig dafür, bei der Informationsvermittlung die richtige Balance zwischen Vereinfachung und Korrektheit zu finden, ist eine erhebliche mathematische Kompetenz im Umgang mit quantitativen Angaben, mit Modellen und Figuren und mit statistischen Aussagen. Die vielfältigen Beispiele irregegangener Zeitungsmathematik (z. B. HERGET/SCHOLZ 1998) lassen uns manchmal stirnrunzelnd, manchmal amüsiert aufmerken. Weniger humorvoll ist es, wenn wir auf die mathematische Ausbildung von Ärzten angewiesen sind, die sorgfältig Medikationen und Röntgendosen berechnen müssen.

Mit Vehemenz beklagen viele mathematikbezogene Studiengänge an Hochschulen einen mangelnden Ausbildungsstand der Schulabgänger. Gaußalgorithmus, partielle Integration und vollständige Induktion müssten zum ersten Mal oder wieder von Neuem gelehrt werden. In welchem Umfang aber soll die Schule für diese Komponente mathematischer Bildung verantwortlich sein? Sicher ist jedenfalls, dass eine fundierte Vordergrundbildung notwendige Voraussetzung für mathematische Fachkompetenz ist. Umgekehrt ist aber eine hohe fachliche Qualifikation noch keineswegs hinreichend für eine gute Hintergrundbildung: Man kann die Mathematik auch als große Formelsammlung unreflektiert und ohne Sinn für ihre Leistungen verwenden.

Versteht man unser Schulsystem als ein *allgemeinbildendes*, so muss seine Zielperspektive eine mathematische Bildung für *alle* Schülerinnen und Schüler sein. Mathematische Themen, die nur für eine Minderheit von Belang sind, dürfen nicht Orientierungspunkt bei der Gestaltung von Mathematikunterricht für alle sein. Damit ist „anspruchsvolle Mathematik" keineswegs ausgeschlossen, sie lässt sich exemplarisch und in Form reflektierter Hintergrundbildung behandeln. Ein Mathematikunterricht, der alle Schülerinnen und Schüler unreflektiert einer instrumentellen Schulung von Techniken unterzieht, die für sie später keine Bedeutung haben werden, dient allenfalls als Filter für akademische zukünftige Leistungen, aber kann sich nicht als allgemeinbildend bezeichnen. Der richtige Ort für die Komponente „Expertenbildung" ist ein differenzierender Wahl- oder Wahlpflichtbereich. Solche Modelle sind in vielen Ländern, wie etwa in Schweden, in der studienvorbereitenden Schulphase üblich.

Und welche Rolle spielt der Computer?

Die Frage, welchen Auftrag die Gesellschaft der Schule bezüglich der Nutzung von Computern gibt, ist entgegen manchem Anschein noch gänzlich offen und wird höchst kontrovers diskutiert. Alle Forderungen nach einem verstärkten Computereinsatz in der Schule beruhen auf einer der folgenden beiden Thesen:

1. Der Computer spielt eine wichtige Rolle im zukünftigen Leben der Schülerinnen und Schüler, und die Schule muss sie darauf vorbereiten.
2. Der Unterricht profitiert vom Computereinsatz, seine Qualität wird durch die Verwendung des Computers gesteigert.

Beide Thesen sind angreifbar:

Zu 1.: Die Forderung nach informationstechnischer Ausbildung kommt im Wesentlichen von Seiten der Wirtschaft (aufgegriffen durch die Politik) und wird getragen von der Furcht, Deutschland könne im *global village* in einer Seitenstraße landen. Dahinter steckt die implizite Annahme, die Bildung der Gesamtheit der Bevölkerung übersetze sich in wirtschaftliche Prosperität. Muss aber in der Schule jeder mit dem Computer umzugehen lernen, wo der Computer zu einem bequemen, immer leichter bedienbaren Werkzeug wird? Ist das Lernen mit und über den Computer nicht eher mit dem kritischen Zeitungslesen, dem unterhaltenden Fernsehen oder dem wirtschaftlich (noch) bedeutsamen Autofahren zu vergleichen? Diese Diskussion über Computerbildung soll hier nicht weitergeführt werden, kann sich aber im Prinzip an den oben aufgeführten vier Bildungskomponenten orientieren.

Zu 2.: Über die Verbesserung des Unterrichts durch den Computer gibt es nur wenige und meist nur eingeschränkt aussagekräftige empirische Studien, die den größeren Lernerfolg des Arbeitens mit dem Computer belegen. Diese Situation ist für das komplexe Handlungsfeld des Unterricht allerdings nicht neu und darf nicht zur Handlungsunfähigkeit führen. Sicher ist jedenfalls, dass die Entwicklung, die an den Schulen in Gang gesetzt ist, weiterhin hohe bildungspolitische und gesellschaftliche Bedeutung haben wird.

Aus der pragmatischen Perspektive zeigt sich hinsichtlich der Computernutzung in etwa das folgende Bild: Der Computer bietet dem Mathematikunterricht Zugriff auf moderne Inhalte, wichtiger aber noch: er eröffnet neue Wege für die Umsetzung langjähriger didaktischer Reformforderungen, wie der Abkehr von der Kalkülorientierung, der dynamischen Wahrnehmung funktionaler Beziehungen, dem experimentellen Arbeiten, der Verstärkung aktiv-entdeckenden und kooperativen Lernens, der Behandlung komplexer und realitätsnaher Modelle oder der selbstständigen Beschaffung und Aufbereitung von Information. Diese Aspekte werden in den Kap. 6.1 bis 6.3 aufgenommen und an konkreten Unterrichtsbeispielen diskutiert.

3 Mathematik kommunizieren

Oft macht das Vorurteil die Runde, sprachliche und mathematische Begabung seien natürliche Gegensätze. Manch einem, mit dessen sprachlicher Ausdrucksfähigkeit es in der Schule nicht zum Besten stand, wurde der Rat gegeben, sich mit Mathematik oder den Naturwissenschaften zu beschäftigen. Diese falsche Dichotomie zwischen Sprache und Mathematik, die sich bis in die Wissenschaft hineinzieht (vgl. SNOWS These der „zwei Kulturen" S. 55) ist aber aus vielfältigen Gründen unhaltbar. In Kap. 2.2 wurde darauf hingewiesen, wie eng die sprachlichen Funktionen des Gehirns mit seinem Potenzial zur Mathematik verknüpft sind. Kap. 2.1 hat deutlich gemacht, wie sehr sprachliche Aushandlungsprozesse das Entstehen von Mathematik bedingen. Mathematik ohne Sprache ist sinnentleerte Mathematik.

Die Bedeutung sprachlicher Aktivität für das verstehensorientierte Mathematiklernen findet in den letzten Jahren immer mehr Anerkennung. Schreibanlässe und Lerntagebücher im Mathematikunterricht sind deutliche Anzeichen hierfür, der Begriff des „dialogischen Lernens" (GALLIN/RUF 1999) bringt dies auf den Punkt. Daher werden sich die folgenden drei Kapitel mit der Frage beschäftigen, welche Rolle der Sprache beim Lehren und Lernen von Mathematik zukommt, und auf welche Weise man sprachliche Prozesse hier produktiv werden lassen kann.

3.1 Umgangssprache – Fachsprache

Stephan Hußmann

Definition: Sei α ein spitzer Winkel im rechtwinkligen Dreieck, so setzt man

$$\sin(\alpha) = \frac{\text{Gegenkathete von } \alpha}{\text{Hypotenuse}}, \text{(lies: Sinus von } \alpha).$$

So oder ähnlich wird zu Beginn der Trigonometrie der Sinus definiert. Von der Tafel notiert oder aus dem Schulbuch entnommen, findet die Definition ihren Weg in den Wissensvorrat der Schülerinnen, ein scheinbar klarer und wirkungsvoller Weg, so jedenfalls die „gängige" Auffassung. Doch warum zeigt sich in den Gesprächen mit Schülerinnen oder in Leistungskontrollen so wenig von dieser Wirkung? Dies ist eine Frage, der auf den nächsten Seiten nachgegangen werden soll.

Charakteristika mathematischer Fachsprache

Auch wenn man einer derartigen mathematischen Definition unvermittelt begegnet, ist schnell erkennbar, dass es sich um eine typische Definition aus dem Mathematikunterricht handelt. Welche Charakteristika mathematischer Ausdrücke sind für diesen hohen Wiedererkennungswert verantwortlich?

- Sie enthält Fachausdrücke,
  - die in der Umgangssprache gar nicht vorkommen (z. B. „Sinus" oder „Hypotenuse"),
  - die nur mehr oder weniger ähnlich verwendet werden (z. B. spitzer Winkel),
  - oder mit anderen Bedeutungen als in der Umgangssprache versehen werden (z. B. rational).
- Es wird eine spezielle Grammatik, Syntax und Semantik verwendet („Sei α …, so …").
- Es finden sich Konstanten und Variablen zur Substitution von Ausdrücken, Objekten, Relationen u. a. (z. B. „α" für Winkel, „sin" für Sinus).
- Die Verwendung von Symbolen verdichtet den Informationstransport und ermöglicht, mathematische Ausdrücke als solche zu erkennen (z. B. indonesisch: *„Garislurus y = ax + 3 melalui titik tetap (0;3) dengan kecereuan a"*, MAIER/SCHWEIGER 1999).
- Mathematische Definitionen beziehen sich häufig auf zuvor definierte Begriffe (z. B. Winkel, Hypotenuse), wobei der Aufbau normalerweise vom Leichten zum Schwierigen verläuft.

Funktionen mathematischer Fachsprache

Welche Intentionen werden mit dem Aufbau einer derartigen Fachsprache verfolgt?

1. Der Bedeutungsüberschuss, den die Worte und Sätze der Alltagssprache mit sich tragen, soll getilgt werden. Der mathematische Gegenstand soll möglichst exakt und eindeutig dargestellt werden.
2. Die Verständlichkeit mathematischer Argumente soll maximiert werden und zu Erkenntnisgewinn führen.
3. Der Gebrauch von Symbolen ermöglicht die Formalisierung von Sprache und gestattet damit einen operativen mechanischen Umgang mit Informationen (z. B. wird die Bestimmung des Integrals von f mit $f(x) = e^{-2x}$ auf schlichte Termumformungen reduziert).
4. Die Kommunikation soll vereinfacht und der Informationstransport verdichtet werden (z. B. statt „Gegeben ist ein rechtwinkliges Dreieck mit den Eckpunkten ABC. Bestimme die Länge der Strecke gegenüber des rechten Winkels!" reicht auch „Bestimme die Länge der Hypotenuse in Δ_{ABC}.")
5. Mathematisches Wissen kann strukturiert dargestellt und hierarchisiert werden. Relationen und Implikationen können mit Hilfe von Strukturgefügen wie „Definition – Satz – Beweis" erfasst werden.

Inwieweit werden die Intentionen durch den Aufbau einer mathematischen Fachsprache tatsächlich erreicht? Um dies zu beurteilen, benötigt man ein Verständnis von Sprache und von dem zu beschreibenden Gegenstand, der Mathematik. Der nachfolgende Abschnitt erörtert das Wesen von Sprache unter allgemeinen Gesichtspunkten. Dies ist notwendig, da – unabhängig vom Mathematikunterricht – der Aufbau von Sprachkompetenz zu den zentralen Aufgaben von Unterricht gehören muss. Je mehr wir sprechen können, desto mehr sehen wir, und je mehr wir sehen können, desto mehr verstehen wir. (vgl. auch SAINT-EXUPÉRY 2001)

Wie der besondere Beitrag der Mathematik und des Mathematikunterrichts aussehen kann, wird in den weiteren Abschnitten konkretisiert.

Das Wesen von Sprache

Sprache ist zuallererst das anthropologische Kennzeichen des Menschen. Sein Sprechvermögen grenzt ihn vom Tier ab und ist eines der größten Rätsel der Menschheitsgeschichte. *Sprache ist das Produkt sozio-kultureller Aushandlungsprozesse.* Sie liegt in historisch gewachsenen Gebilden vor, beispielsweise als türkische oder deutsche Sprache. Und drittens: *Sprache ist Sprechen.* In individuell unterschiedlichen Weisen werden Gegenstände der Welt durch den Akt des Sprechens bewusst gemacht.

> ■ „Die Sprache, in ihrem wirklichen Wesen aufgefasst, ist etwas Beständiges und ist in jedem Augenblick Vorübergehendes. Selbst ihre Erhaltung durch die Schrift ist immer nur eine unvollständige, mumienartige Aufbewahrung, die es doch erst wieder bedarf, dass man dabei den lebendigen Vortrag zu versinnlichen sucht. Sie selbst ist kein Ergon (Werk), sondern eine Energeia (Tätigkeit). […] Sie ist nämlich die sich ewig wiederholende Arbeit des Geistes, den artikulierten Laut zum Ausdruck des Gedankens fähig zu machen." (HUMBOLDT 1963, S. 418) ■

Nach Humboldt ist Sprache zugleich statisch und dynamisch. Das Subjekt wird in den historischen Prozess geworfen und mit dem Produkt Sprache konfrontiert, welche es dann im Akt des Sprechens als Mittel nutzt, sich über die wahrgenommenen Phänomene bewusst zu werden. Als Teil der sozialen Gemeinschaft gestaltet das Subjekt hierbei das Produkt Sprache mit. Insofern liegt das Werk niemals abgeschlossen vor, solange Menschen sprechen.

Als *Ergon* scheint die Sprache objektive Sachverhalte in Worte zu kleiden und aufzubewahren. Als *Energeia* ist Sprechen immer konkreter Lebensvollzug und somit mehr als der Ausdruck objektiver Sachverhalte. Dem historischen Gebilde wird die individuelle Tätigkeit gegenübergestellt.

> ■ „Jeder Mensch ist auf der einen Seite in der Gewalt der Sprache […]. Auf der anderen Seite aber bildet jeder frei denkende geistig selbsttätige Mensch auch seinerseits die Sprache". (SCHLEIERMACHER 1977, S. 45) ■

Sprechen heißt Bedeutungen zuweisen, und zwar vor dem individuellen Erfahrungshorizont. Dies wird dann offensichtlich, wenn wir Sprache reflektieren, uns über unsere Bedeutungen verständigen, oder wenn wir offensichtliche Brüche in Sprechsituationen, in denen wir den Dingen unterschiedliche Bedeutungen verleihen, erleben:

Frau zu Mann: „Das Geschirr stapelt sich wieder auf der Spüle".
Mann zu Frau: „Dann lass uns noch einen Ablagetisch in die Küche stellen."

Diese Schwierigkeit wird in der Problematik der Differenz zwischen *Zeichen* bzw. *Bezeichnendem* (signifiant) und *Bezeichnetem* (signifié) beschrieben. Der Sender einer Information kann nicht annehmen, dass mit der Mitteilung der Information auch seine damit verbundene Bedeutung übertragen bzw. verstanden wird, so „als wäre die Bedeutung ein Dunstkreis, den das Wort mitbringt und in jederlei Verwendung hinüber nimmt." (WITTGENSTEIN, 1971, S. 25) Diese Bedeutung entsteht jedoch auf der Folie der individuellen Erfahrungen und Einstellungen und wird von der Adressatin vor dem Hintergrund ihres eigenen Erfahrungsfeldes konstruiert. Bedeutungen sind niemals nur für sich da, sondern konstituieren sich mit der Zeit.

Die Sprache ist eine Gabe, mit der der Mensch die Bedeutungen, die ihm mit Hilfe der Sprache klar werden, sprachlich ausdrücken kann. „Bedeutung verstehen, ist der Beginn des Bewusstseins" (JASPERS 1997, S. 285) und der Beginn von Aushandlungsprozessen über Bedeutungen, mit denen die Differenz zwischen signifié und signifiant überwunden werden kann.

Eben in dieser Enthüllung von Bedeutung zeigt sich die **kognitive Leistung** von Sprache. Das Angesprochene tritt aus dem Rauschen des Umgebenden hervor und wird sichtbar im Gesichtsfeld des Bewussten. Die Erfindung der Null und damit die Einführung des Stellenwertsystems beispielsweise eröffneten ein breites Erkenntnisfeld in der Mathematik. Die Versprachlichung zeigt die Konturen des Gegenstandes und mit jeder sprachlichen Ausdifferenzierung werden mehr Details sichtbar. Aber auch schon bewusste Sachverhalte können ihre Bedeutung enorm erweitern, wenn sie mit „neuen" Worten beschrieben werden. In der Mathematik versucht man in den letzten Jahrzehnten verstärkt durch die Verschränkung der sprachlichen Möglichkeiten verschiedener Theorien, altbekannte Probleme zu lösen bzw. neue Theorien zu erschließen, was zum Beispiel an der historischen Genese von Algebra und Geometrie erkennbar ist.

Kognition heißt in erster Linie Erkennen und umfasst traditionell alle Prozesse, die auch als *geistig* bezeichnet werden. Das sind Prozesse des Erfassens und der Verarbeitung des Erfassten. Insofern macht Sprache die Phänomene der realen Welt sinnlich wahrnehmbar. Dieses so Erfasste wird in Tätigkeiten wie Ordnen, Vergleichen, Unterscheiden, Folgern und Deuten verarbeitet. Die Schöpfung neuer Begriffe mit den Zielen zu klassifizieren, zu abstrahieren oder zu idealisieren, bringt immer den Vorteil der Informationsverdichtung mit. Ebenso sind Speichern und Erinnern kognitive Prozesse, die wesentlich der Sprache bedürfen. Einmal erkannte Dinge, so genanntes geklärtes Wissen, lässt sich so aufbewahren und, falls notwendig, wieder aufrufen und aktivieren.

In der Verständigung über die unterschiedlichen Bedeutungen verschiedener Individuen zeigt sich die **kommunikative Leistung**[1] der Sprache. Das eigene Verständnis wird mitgeteilt und die „fremde" Deutung in die eigene Sprache übersetzt. Diese Übersetzungsprozesse setzen Kognition und Kommunikation in eine reziproke Wechselbeziehung zueinander. Dem Denken wird durch das Kleid der *Sprache für den anderen* ein anderer Ausdruck verliehen als es noch in der *Sprache für einen selbst* besaß und wirkt wieder zurück auf das Denken. Dabei ist nicht nur die Informationsverdichtung von Bedeutung, sondern durch das Verstehen der Mitteilungen Anderer entfalten bekannte Sachverhalte neue

---

1 Kommunikative Leistung ist Leistung im Sinne der Kognition. Insofern ließe sich die Differenz zwischen beiden Leistungen aufheben. Da die Kommunikation jedoch einen Verweis über die Grenzen des Individuums erhält, bietet sie eine sinnvolle Kategorie zur Beschreibung sozialer Entwicklungen.

Bedeutungen, was zu neuer Erkenntnis führt. Insofern werden Bedeutungen gemeinsam von den Sprechenden konstruiert, indem eine gemeinsame Denkebene installiert wird.

Wechselt man zwischen verschiedenen Sprachen bzw. bewegt sich vor verschiedenen kulturellen Hintergründen, eröffnen sich weitere den sozio-kulturellen Hintergrund spiegelnde Weltansichten.

> ■ „No individual is free to describe nature with absolute impartiality but is constrained to certain modes of interpretations even while he thinks himself most free. [...] All observers are not led by the same physical evidence to the same picture of the universe, unless their linguistic backgrounds are similar, or can in some way be calibrated." (WHORF, 1956, S. 214)
> „Kein Individuum kann die Natur frei und mit absoluter Unvoreingenommenheit beschreiben, sondern ist auf bestimmte Interpretationsweisen festgelegt, obwohl es sich als frei wahrnimmt. [...] Dieselben physikalischen Belege führen nicht notwendig alle Beobachter zu dem selben Bild der Welt, es sei denn, ihre sprachlicher Hintergrund ist ähnlich oder kann aufeinander abgestimmt werden." ■

Die Funktionen von Sprache für die Kognition und die Kommunikation rücken die Sprachkompetenz des Menschen in eine Schlüsselposition. Je mehr Sprachen und je mehr Worte, Begriffe und Zeichen in der jeweiligen Sprache in umfassenden, sinnreichen Bedeutungskontexten bekannt sind, desto besser lassen sich die vielfältigen Bedeutungen realer Phänomene erschließen. Für Lernende aller Fächer ist die Sprachkompetenz, die Lese-, Sprech- und Schreibkompetenz umfasst, die grundlegende Fähigkeit zur Erschließung der Welt.

Bilder von Mathematik

„Das Gegenteil von fertiger Mathematik ist Mathematik in statu nascendi."
(Hans Freudenthal)

Schon ein kurzer Blick in die Wissenschaftstheorie zeigt, dass es sehr viele unterschiedliche Auffassungen über das Wesen der Mathematik gibt (vgl. Kap. 2.1). Das Spektrum erweitert sich, je mehr auch die Vorstellungen einzelner Menschen, seien es Mathematikerinnen, Lehrer oder Schülerinnen hinzugezogen werden. Eine umfassende Darstellung ist an dieser Stelle weder möglich noch gewollt. Stattdessen ist eine Fokussierung auf Kernkategorien angestrebt, die die Leser in die Lage versetzen, die Bilder vom Wesen der Mathematik auf Grundhaltungen zuzuspitzen.

Eine sehr verbreitete Auffassung geht davon aus, dass die Welt mathematisch strukturiert ist und diese Strukturen a priori existieren, man muss sie, sie zu erfinden, nur entdecken. Ein häufig genanntes Beispiel ist die Lehrstunde eines Sklaven durch Sokrates in Platons Menon, das klassische Vorbild für den fragend-entwickelnden Unterricht. Sokrates führt den Beweis, dass sich jeder Mensch durch geschicktes Fragen an die mathematischen Ideen, die außerhalb von Raum und Zeit in einem Ideenhimmel existieren, wieder erinnern kann. Diese Denkweise, dass mathematische Objekte real und unabhängig von denen, die sie mit ihrem Verstand beobachten, existieren, nennt man **Platonismus**. Den Vertreterinnen des Platonismus zu Folge, sind diese Objekte für alle Zeiten unveränderlich.

In Abgrenzung zum Platonismus wird im **Formalismus** davon ausgegangen, dass es keine mathematischen Objekte gibt. Mathematik besteht lediglich aus Definitionen, Axiomen, Sätzen u. a. Aus der Manipulation von Formeln mit eindeutig definierten Regeln entstehen neue Formeln. Zwar lässt sich manchmal eine Entsprechung in realen Phänomenen finden, an sich haben die Formeln jedoch keine Bedeutung. Sie sind ein Minimum von Sprache, Worte ohne Bedeutung, so genannte Zeichen oder Symbole bzw. Zusammensetzungen aus Zeichen. Das Symbol $\emptyset$ bezeichnet „die leere Menge" und der Ausdruck $\exists X \forall x \, (\neg x \in X)$ lässt sich umgangssprachlich auch als „Es gibt eine Menge, die keine Elemente enthält" darstellen.

Den Prozess, Sprache einer mechanischen Bearbeitung zur Verfügung zu stellen, nennt man auch Formalisierung. Die Verknüpfung der Symbole folgt bestimmten logischen Gesetzmäßigkeiten. Ziel von Formalisierung ist es, mathematische Aussagen strenger zu formulieren und die Sicherheit der Schlussfolgerungen zu erhöhen. Einer der bedeutendsten Versuche, Mathematik in eine ausschließlich formale Form zu gießen, ist in den „Principia Mathematica" von RUSSELL und WHITEHEAD zu sehen. Sie gelten allgemein als unlesbares Meisterwerk. Unlesbar deswegen, weil der Umstand unberücksichtigt blieb, dass formale Sprache bei menschlichen Lesern, im Gegensatz zu Computern, auf häufig unüberwindbare Abneigung stößt. Selbst Menschen, die mit Leib und Seele Mathematiker sind, und am Prozess der Formalisierung individuell schöpferisch teilnehmen, erzeugen bzw. lesen selten gerne Texte ohne umgangssprachliche Rahmung.

Manchmal erweckt der Gebrauch der Fachsprache den Eindruck, als wolle man die Mathematik als eine Art Geheimwissenschaft etablieren, eine Ausrichtung, die ihrer Vermittelbarkeit kontraproduktiv im Wege steht.

Auch wenn die Formalisten die Existenz mathematischer Objekte verneinen, wird, was die *Praxis* der Mathematik betrifft, die objektive und eindeutige Existenz von Formeln und Regeln angenommen. Insofern kommt man sowohl im Platonismus als auch im Formalismus zum selben Schluss: Wer Mathematik treibt bzw. mit Mathematik konfrontiert wird, gelangt notwendig zur selben Mathematik. Das impliziert, dass Mathematik als ein fertiges Produkt existiert.

Eine Gegenposition dazu ist ein Verständnis von Mathematik als Erfindung von Mathematikern als gesellschaftliche Tätigkeit. Ihre Ergebnisse werden im kollektiven menschlichen Bewusstsein gespeichert und jede tätige Veränderung verändert auch die Mathematik, die damit abhängig von denen wird, die Mathematik betreiben. Das kann eine Gruppe von Schülerinnen sein, aber auch eine Gruppe anerkannter Forscher. Die zweite Gruppe ist maßgeblich für die Entwicklung kollektiver Theorien verantwortlich. Diese Position lässt sich als die **konstruktivistische Auffassung** von Mathematik benennen. (Anmerkung: Der Konstruktivismus in der Mathematik umfasst noch weitere Aspekte, z. B. wird nur die Mathematik anerkannt, die sich in endlichen Schritten erzeugen lässt. Damit sind so etwas wie Unendlichkeit oder der Satz vom ausgeschlossenen Dritten nicht erzeugbar und folglich auch nicht denkbar (vgl. auch Kap. 2.1).

Je nach Auffassung ist auch das Lehren und Lernen von Mathematik unterschiedlich. Mit der Idee von der fertigen Mathematik ist die Vorstellung verbunden, dass die beste Art der Mathematikvermittlung darin besteht, den Lernenden die Mathematik bereit zu stellen, die den Sachverhalt objektiv optimal darstellt. Diese Art der fertigen Mathematik lässt sich selten und nur von den wenigsten auf Anhieb verstehen. Um fertige Mathematik zu begreifen, muss man sie in Tätigkeit transponieren, d. h. man versucht, den Gedankengang hinter der fertigen Mathematik nachzuzeichnen bzw. nachzukonstruieren. Die Nacherfindung, wie FREUDENTHAL (1973) diesen Prozess nennt, führt zu tieferer Erkenntnis als das reine Konsumieren. Damit kommt der Tätigkeit für den Erkenntnisprozess mehr Gewicht zu als dem reinen Produkt. Der Weg durch das *Land der fertigen Mathematik* führt über eindeutige, optimale Pfade und verläuft im schlimmsten Fall ähnlich wie im Menon-Dialog. Die Anstrengung, die ausgetretenen Wege tätig nachzugehen, kann aber auch durch geeignete Interventionen geführt werden, die den Lernenden mehr Eigentätigkeit zugesteht als dem Sklaven zugestanden wurde. In der Sprache FREUDENTHALS wird das jeweilige Themengebiet *nacherfunden*. Die Mathematik wird folglich durch Tätigkeit erworben. Sie stellt sich aber weiterhin als Produkt dar.

Mathematik im Prozess setzt die Tätigkeit als konstituierendes Element voraus. Nicht die objektiv richtige Mathematik steht im Fokus, sondern die singuläre Erfindung, die sich frei von Führung und besten Wegen vollziehen kann. Die Lernende entwickelt Mathematik, die an ihr Erfahrungsfeld anknüpft und von ihren Fragen motiviert und gesteuert wird. In der Gruppe werden die Begriffe ausgehandelt und als soziale mathematische Theorie etabliert.

Betrachtet man die Geschichte der Mathematik, so fällt es schwer den platonischen Vorstellungen zu folgen. Die Existenz eines Ideenhimmels lässt sich momentan zwar weder beweisen noch widerlegen, zieht man jedoch das Wesen der Sprache hinzu, die das Denken und damit die Genese mathematischer

Begriffe offenbart, spricht vieles dafür, die formalistische bzw. konstruktivistische Auffassung zu favorisieren. Diese lassen sich auf rein erkenntnistheoretische Positionen reduzieren, womit die Frage nach ontologischen Aspekten unberührt bleibt. Inwieweit ein ausschließlich formalistischer Zugang möglich bzw. sinnvoll ist, hängt von den Repräsentationen von Sprache ab, die in den nächsten Abschnitten diskutiert werden.

Wenn der Weg zur Mathematik über tätige Auseinandersetzung führt, warum ist es so selten zu beobachten, dass Mathematik tätig unterrichtet wird?

Vielleicht liegt es daran, dass die deduktive, klare Struktur der Mathematik allzu sehr dazu verführt, sie auch für den Lernprozess als die geeignete Struktur anzuerkennen. Sie verläuft sich nicht in Sackgassen, sie entwickelt ihre Aussagen vom Leichten zum Schweren und stellt ein von dem Risiko der falschen Bedeutungszuweisung bereinigtes Gebilde dar. Lernprozesse hingegen sind evolutionär, schleichen gerne in Sackgassen herum, erfahren dies sogar als Erkenntniszuwachs, weisen individuelle Bedeutungen zu und werden am liebsten in Tätigkeit vollzogen.

Mathematik in der Schule ist nicht Hochschulmathematik, obwohl auch dieser die deduktive Struktur als erkenntnisleitendes Prinzip nicht immer gut zu Gesichte steht. In der Schule soll hingegen *mathematische Grundbildung* vermittelt werden, d. h. Mathematik soll als eine für das Leben relevante Tätigkeit erlebt werden, mit der man realistische Problemsituationen des gegenwärtigen und künftigen Lebens bewältigen kann (vgl. auch OECD 1999). Mathematik in der Schule hat sich jedoch an vielen Stellen zu einem lebensfernen Anwenden von Algorithmen entwickelt. Darauf hat FREUDENTHAL 1973 in seinem Buch „Mathematik als pädagogische Aufgabe" schon hingewiesen:

> ■ „Diese Entwicklung war die Folge des Zusammenstoßes zweier schlecht miteinander verträglichen Bestrebungen: Einerseits die stoffliche: Mathematik unterrichten zu wollen, d. h. da es Mathematik sein sollte, ein deduktives System, eine fertige Wissenschaft; andererseits die pädagogische: den Schüler tätig lernen zu lassen." (FREUDENTHAL 1973, S. 112) ■

Das Lehren fertiger Mathematik hat den Vorteil, dass man den Schüler die fertige Mathematik nachbeten lassen kann. Solange sie aber unverstanden bleibt, und das bleibt sie meistens solange, wie sie nicht aktiv nachkonstruiert wird, ist es nicht die Mathematik, die geprüft wird, sondern die auswendig gelernte Reihung der Symbole und Formeln. Die fertige Mathematik reduziert sich auf ihr Minimum, auf das Zeichendenken. HUMBOLDT (1963) sagte über Sprache: Sie ist „eine Welt, welche der Geist zwischen sich und die Gegenstände durch die innere Arbeit seiner Kraft setzen muss." Dieser Gedanke lässt sich auf die Mathematik übertragen. Damit Mathematik nicht zum Zeichendenken verkommt, muss sie aktiv erfunden oder zumindest nacherfunden werden.

Sprache und Mathematik in der Schule

Die enge Verbindung zwischen den Kennzeichnungen von Sprache und Mathematik erschließt sich durch die Verwendung der Worte **Produkt und Tätigkeit**. Und da Denken seine Form in der Sprache findet, ermöglicht eine Reflexion über die mathematische Sprache einen Zugang zum mathematischen Denken und damit zum Mathematik-Lernen.

PETER GALLIN und URS RUF (z. B. 1998) haben in ihrer bemerkenswerten Konzeption des Dialogischen Lernens im Sprach- und Mathematikunterricht die Unterscheidung zwischen einer *regulären* und einer *singulären Welt* vorgenommen. Der reguläre Teil der Mathematik, das ist die gegenwärtig konsolidierte Mathematik, stellt das Produkt dar. Es ist in der Sprache der Mathematik, ihrer Fachsprache, verfasst. Demgegenüber steht die Welt des Singulären. Sie umfasst die individuellen Bemühungen des Schülers, die mathematische Welt zu erkunden. Sie stellt sich in der Sprache des Schülers dar. Diese Differenzierung ermöglicht uns nicht die Trennung von Fachsprache und Umgangssprache, sind die Übergänge doch fließend, sondern erlaubt uns, gemäß der unterschiedlichen Bilder von Mathematik verschiedene Perspektiven im Mathematikunterricht einzunehmen.

Die **Perspektive der regulären Mathematik** wird in Unterrichtsarrangements eingenommen, die sich an der gegebenen Fachsprache orientieren, entsprechend der platonistischen bzw. formalistischen Vorstellung von Mathematik.

Die **Perspektive der konstruktivistischen Mathematik** wird hier so verstanden, dass die Schüler ihre eigenen Wege beschreiten dürfen bei größtmöglicher Freiheit in allen Unterrichtsdimensionen.

Für beide Perspektiven kann nun die zu Beginn aufgeworfene Frage beantwortet werden: Erfüllt Fachsprache die Intentionen, die man mit ihrer Verwendung verbindet? Oder anders formuliert: Was verstehen die Schülerinnen und Schüler von dem, was ihnen im Unterricht mitgeteilt wird?

Mathematik spachlich präzise darzustellen und von jeglichem Bedeutungsüberschuss zu befreien (→ S. 61, 1.) ist eine Zielsetzung, die aus **Sicht der regulären Mathematik** nachvollziehbar erscheint. Mathematik existiert demnach unabhängig vom Subjekt und muss somit optimal darstellbar sein. Sie widerspricht jedoch der Kennzeichnung von Sprache als Tätigkeit zur Bedeutungskonstruktion und dem evolutionären Charakter von Lernprozessen. Mathematik lässt sich nicht einfach überstülpen. Das einzelne Subjekt muss die Worte und Zeichen der jeweiligen Sprache individuell nachkonstruieren, um sie zu verstehen. Dazu verknüpft es die „neuen" Worte mit den Bedeutungen, die es schon kennt. Im Mathematikunterricht gibt es jedoch nur sehr wenige Worte, deren umgangssprachliche Bedeutungen mit der fachsprachlichen Bedeutung übereinstimmen. So ist es beispielsweise schwierig mit dem Wort „rational", das in der Umgangssprache so etwas wie „vernünftig" oder „zweckbewusst" bezeichnet, die Menge der Brüche zu verbinden. Insofern kann sich das umgangssprachliche Vorwissen für die Verwendung dargebotener Fachsprache als Hindernis erweisen. Das Vorwissen lässt sich jedoch nicht verleugnen. Es bildet die Basis für jede neue Begriffsbildung. Dementsprechend sollte Sprache selbst im Unterricht immer wieder explizit Gegenstand sein. Die Herausarbeitung von Ähnlichkeiten und Unterschieden zwischen der Verwendung der Worte im Alltag und in der Mathematik hilft, ihre Bedeutungen besser zu erfassen.

Manche Worte der Fachsprache kommen gar nicht in der Umgangssprache vor, wie zum Beispiel das Wort „Hypotenuse". Deswegen muss die Lehrperson sicher sein, dass die Schüler die verwendeten Zeichen mit Bedeutungen füllen können, sodass sie sich im Sinne der Informationsverdichtung und besseren Verständlichkeit tatsächlich bewähren. So kann zum Beispiel ein Schüler die Anweisung „Zeichne eine Hypotenuse!" nur dann ausführen, wenn er das Zeichen „Hypotenuse" verstanden hat. Das klingt trivial, ist aber angesichts der oben geschilderten Schwierigkeiten der unterschiedlichen Bedeutungszuweisungen von 30 Schülerinnen und Schülern in einer Klasse nicht selbstverständlich.

Der Aspekt der Exaktheit erfüllt im Unterricht häufig eine noch weitere wichtige Funktion. Er soll der Lehrperson die Sicherheit geben, dass bestimmte Begriffe, wie am Anfang beschrieben, tatsächlich ihren Weg in den Wissensvorrat der Schülerinnen gefunden haben. Dies setzt aber voraus, dass die Begriffe so verstanden werden wie von der Lehrperson intendiert.

So wurde beispielsweise in einer Untersuchung zur singulären Begriffsbildung in einer offenen Lernsituation bei Schülern im Geometrieunterricht des Jahrgangs 5 beobachtet, dass die Schülervorstellungen von den intendierten Vorstellungen der Lehrperson abweichen können:

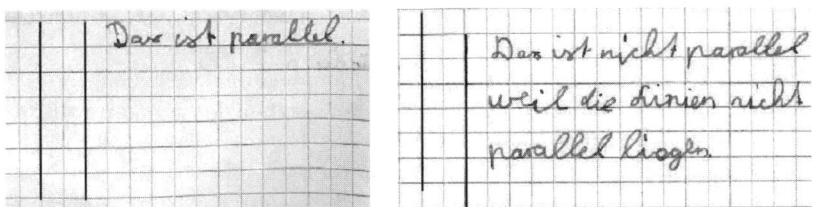

Lerntagebuchauszug (vgl. Rodeck 2002, Anhang IV)

Schmidt (1982, zit. nach Maier/Schweiger, 1999) fand heraus, dass nur 65 % der Schüler die allgemein übliche Verwendung des Begriffes „rechter Winkel" verwendeten und nur 15 % der Schüler den Abstand zwischen einem Punkt und einer Gerade in der anerkannten Weise bestimmen konnten. Von einer Sicherheit für die Lehrperson und auch für die Schüler lässt sich da kaum noch sprechen. Der Wunsch nach Exaktheit im Mathematikunterricht nimmt z. T. unverständliche Ausmaße an. In der nebenstehenden Aufgabe beispielsweise wird zwischen Winkel und Winkelmaß unterschieden. Je exakter der Sprachgebrauch, desto mehr Worte werden benötigt. Dies führt dazu, dass die Schüler sehr viele neue Begriffe lernen müssen. MAIER/SCHWEIGER (1999) schreiben, dass während eines Schuljahres 120 bis 200 neue Fachwörter, Symbole oder zusammengesetzte Terme (z. B. die binomischen Formeln) gelehrt werden. Im alltäglichen Sprachgebrauch sind die Schülerinnen jedoch gewohnt, Worte kontextabhängig mit Bedeutung zu versehen. Dies reduziert die Anzahl der Begriffe und veranlasst zur reflektierten Durchdringung eines Begriffes, womit einer mechanisierbaren Mathematik entgegen gewirkt wird. Die Schülerinnen sollten sich mit dem Bedeutungsreichtum auseinandersetzen und die unterschiedlichen Verwendungen erklären können. Das oben genannte Beispiel ließe sich wie folgt formulieren: Bestimme die Größe des Winkels α!

> Bestimme das Winkelmaß des gegebenen Winkels α!

Die Belegung eines mathematischen Objektes in verschiedenen Kontexten mit verschiedenen Ausdrücken, wie z. B. für „Variable": „Platzhalter", „Unbekannte" oder „Parameter", führt ebenfalls zu einer unnötigen Vergrößerung des Fachwortschatzes (vgl. auch MAIER 1999).

Demzufolge sollte im Unterricht darauf geachtet werden, dass neu eingeführte fachsprachliche Ausdrücke und Symbole

■ nicht nur unwesentliche Exaktifizierungen von schon eingeführten Wörtern sind (quantitative Reduktion von Fachwörtern),

■ auch mehrere Bedeutungen besitzen können (Polysemie, Kontextabhängigkeit),

■ hinsichtlich eines sicheren Umgangs mit ihnen auch im weiteren Unterricht häufig Verwendung finden (Permanenz der Nutzung),

■ tatsächlich eine Vereinfachung für die Kommunikation darstellen.

Nicht nur die verwendeten Worte und Zeichen bereiten den Schülerinnen Verständnisschwierigkeiten, sondern auch die zur Umgangssprache unterschiedliche Grammatik der Fachsprache stellt ein Hindernis für den Verstehensprozess dar. In der Alltagssprache werden beispielsweise Implikation und Äquivalenz häufig gleich verstanden, sodass Formulierungen wie „Falls…, dann …" nicht nur auf Grund ihrer ungewöhnlichen sprachlichen Konstruktion Probleme bereiten, sondern auch der logische Zusammenhang nicht erschlossen wird.

Der Prozess der Formalisierung (→ S. 61, 3.), der es gestattet, Operationen ohne Kontextbezug auszuführen, wie zum Beispiel das Lösen einer Gleichung oder die Bestimmung einer Ableitung, bringt hinsichtlich der Effizienz große Vorteile mit sich. Man muss sich während des Operierens nicht mit lästigen Interpretationen auseinander setzen. Formalisierung birgt aber auch unübersehbare Gefahren wie das Erleben von Mathematik als ein Anwenden von Algorithmen – dies wurde nicht zuletzt wieder durch die Ergebnisse der PISA-Studie offensichtlich. Algorithmen und Kalküle sind aber nur Werkzeuge, um die Phänomene der realen Welt zu erklären und Mathematik in verschiedenen Situationen flexibel einzusetzen (Grundbildung). Das Lösen von Gleichungen oder die Bestimmung einer Ableitung setzt immer das Wissen um das „Warum tue ich das?" voraus. Und zwar nicht, weil im Aufgabentext steht „Löse die Gleichung!", sondern weil es eine reale Problemsituation gibt, in der es Sinn macht, Gleichungen zu lösen. Die Symbole, Terme, Gleichungen sind alle durch den Bezug zur realen Situation mit Bedeutungen versehen. Im Kalkül und nur im Kalkül kann man sie vernachlässigen. Die Kraft der Mathematik liegt nun darin, dass die Kalküle von der konkreten Situation abstrahierbar sind und sich als ein universelles Werkzeug erweisen. Dies muss der Schüler aber selbst*tätig* erkennen.

Reguläre Mathematik lässt sich im Wesentlichen auf zwei verschiedenen Wegen darbieten: mündlich und schriftlich. Die mündliche Darbietung besitzt gegenüber der schriftlichen Darbietung deutlich mehr umgangssprachliche Elemente. Dies zeigt sich an der Unschärfe der formulierten Begriffe und hängt mit der Option zusammen, dass die Bedeutungen nachgefragt werden können und revidierbar sind. Aber gerade unter Verwendung vieler Fachwörter besteht bei der gesprochenen Sprache als Form der Darbietung von neuen Inhalten die Gefahr, dass sie Verständnishemmnisse erzeugt. Gesprochenes löst sich nach dem Aussprechen im Gehörten auf und bleibt als Rekonstruktion nur noch in den Gedächtnissen der Kommunizierenden. Die Rekonstruktion ist jedoch kein Abdruck des Gesprochenen, sondern wird mit singulären Bedeutungen versehen. Zudem macht es beim Empfänger der Mitteilung z. T. große Gedächtnisleistungen erforderlich, sodass es für den Mathematikunterricht sinnvoll erscheint, neuen Stoff immer auch schriftlich darzubieten und die gesprochene Sprache verstärkt für Aushandlungsprozesse zu verwenden.

Der geschriebene Fachtext hat jedoch auch seine Tücken. Während ein umgangssprachlicher Text flüssig gelesen werden kann, müssen fachsprachliche Texte häufig mehrmals gelesen werden. Das liegt z. T. an den oben beschriebenen Problemen mit Wortschatz und Grammatik, eine zentrale Ursache liegt aber auch in der angestrebten Informationsdichte (→ S. 61, 4.). Diese verhindert die Einbindung von Alltagserfahrung, die Verwendung von Redundanzen und die Möglichkeit, einen Text hermeneutisch zu lesen, d. h. der Fortgang der

Handlung wird antizipiert, Hypothesen werden aufgestellt, die während des weiteren Lesens überprüft und modifiziert werden können, um bei wiederholtem Lesen den Text unter einer veränderten Perspektive erneut zu erschließen. Texte lassen sich bisweilen sogar unvollständig lesen, da sich der Sinn aus dem Gesamtzusammenhang oder aus anderen Textstellen herauslesen lässt. Und ein nict zu vernachlässigender, insbesonere in Schulen, zentraler Aspekt ist: Es macht einfach keinen Spaß einen Fachtext zu lesen.

Die Darbietung mathematischer Inhalte im Mathematikunterricht sollte sich daher stärker an umgangssprachlichen Texten orientieren. Wenn möglich, sollten sie

■ Alltagserfahrungen einbinden,

■ prägnant und präzise sein, aber auch

■ Redundanzen enthalten,

■ Antizipation und hermeutisches Lesen ermöglichen.

Im nachfolgenden Beispiel (vgl. auch MAIER 1999, S. 63) zeigt sich, dass mathematische Sachverhalte in einer Weise präsentiert werden können, die das Verständnis erleichtern und deutlich weniger Fachsprache verwenden.

1. $m = \dfrac{y_2 - y_1}{x_2 - x_1} = \dfrac{\Delta y}{\Delta x}$, $x_2 \neq x_1$ bzw. $\Delta x \neq 0$ bezeichnet die Steigung einer linearen Funktion.
   Für zwei Geraden g_1 und g_2 mit $g_i : y = m_i x + b_i$, $i = 1,2$ gilt: $g_1 \parallel g_2 <=> m_1 = m_2$
   Ich habe zwei Punkte A $(x_1; x_2)$ und B $(y_1; y_2)$ auf dem Graphen einer linearen Funktion.

2. *Zum Beispiel A (10; 11) und B (30; 13). A kann zum Beispiel bedeuten, dass 10 Telefoneinheiten Kosten von 11 Euro verursachen und B gibt das Verhältnis von 30 Einheiten zu 13 Euro an. Die lineare Funktion beschreibt mir die Entwicklung des Preises, abhängig von den Einheiten.*
   Ich erhalte die Steigung der linearen Funktion, wenn ich die Differenz der y-Koordinaten durch die Differenz der x-Koordinaten teile.
   In meinem Beispiel (13 − 11) : (30 − 10). So erhalte ich 0,1. Das bedeutet, dass mit jeder Einheit die Kosten um 0,1 Euro steigen, oder anders ausgedrückt: Jede Einheit kostet 10 Cent.
   Parallele Geraden haben dieselbe Steigung.
   Die Graphen zweier Telefontarife, in denen die Einheiten gleich viel kosten, verlaufen parallel. Das bedeutet, dass bei unterschiedlichen Grundgebühren ein Tarif immer, das heißt egal, wie viel ich telefoniere, gleich viel teurer ist.

Die erste Darstellung ist kürzer, prägnanter und stellt Mathematik als ein fertiges Produkt dar. Die zweite Erklärung hingegen setzt die Mathematik ins alltägliche Leben mit der Sprache des alltäglichen Lebens. Sie vermag sogar mit Ausdrücken wie „ich habe", „ich erhalte" die Mathematik als eine Tätigkeit darzustellen, die eng mit dem schöpferischen Individuum verknüpft ist.

Für die Darbietung der regulären Mathematik lässt sich zusammenfassen: Die Verdichtung von Informationen (→ S. 61, 4.) bei gleichzeitiger Reduzierung an Bedeutung (1.) durch Fach- und Zeichensprache hinsichtlich der strukturellen Darstellung (5.), der Eindeutigkeit und der Präzision von Mathematik (1.) bringt Vorteile in Bezug auf Prägnanz, Kürze und Strenge mit sich. Die bloße Verwendung von Symbolen, Termen und Regeln ohne Kontext reduziert die Mathematik jedoch auf ein Formelgerüst. Insofern scheinen Exaktheit und Verständlichkeit zwei nicht notwendig miteinander im Einklang stehende Intentionen von Fachsprache zu sein, wenigstens aus der Perspektive der regulären Mathematik. Will Schulmathematik mehr als ein System aus Rezepten und Regeln sein, darf man sich nicht dem Postulat der Eindeutigkeit und Exaktheit mathematischer Fachsprache in Gestalt der Darbietung verschreiben. Damit würde übersehen,

■ dass ein verständiger Umgang mit Sprache nur dann möglich ist, wenn die verwendeten Worte und Zeichen einen hinreichend großen und sinnreichen Bedeutungsgehalt für das einzelne Subjekt besitzen,

■ dass bei jedem neuen Wort die Differenz von *signifié* und *signifiant* überwunden werden muss und Bedeutungen konstruiert werden müssen,

■ dass Mathematik ebenso wie die verwendete Sprache Tätigkeiten sind.

Aus **Sicht der singulären Mathematik** treten viele der beschriebenen Schwierigkeiten nicht auf. Die Lernenden erfinden selbsttätig die sprachlichen Werkzeuge, um ihren Zugang zur Mathematik sich selbst und anderen zu entfalten. Die Lehrperson begleitet und moderiert die Lernprozesse. Für die Lehrperson wird das Verstehen des Verstandenen bedeutender als das Mitteilen des Verstandenen, das Zuhören wichtiger als das Sprechen. Um dies zu verdeutlichen, seien zwei Unterrichtsarrangements vorgestellt, die singuläre Wege ermöglichen:

Beispiel 1 Selbstlernen an so genannten *Intentionalen Problemen* (HUSSMANN 2002, 2003): Die Schülerinnen erhalten Problemstellungen, deren erfolgreiche Bearbeitung die Entwicklung der zentralen Begriffe und Grundvorstellungen des jeweiligen Gebietes notwendig macht. In den Problemen werden fachsystematische Aspekte mit lerntheoretischen Erwägungen verbunden. Auf Grundlage dieser Probleme entwickeln die Lernenden Fragen an die Probleme, Hypothesen, Verfahren und Begriffe als Werkzeuge zu deren Lösung. Von den konkreten Problemen abstrahierend, erfinden sie Begriffe und entwickeln eine mathematische Theorie. Die singuläre Theorie wird im Kursverband ausgehan-

Lerntagebuchauszug

delt und mit den gesellschaftlich ausgehandelten Begriffen verglichen und gegebenenfalls modifiziert. In individuellen Aufzeichnungen, den Forschungsheften (vgl. auch Kap. 3.2), werden die Begriffsbildungsprozesse dokumentiert und reflektiert. Im Bereich der Integralrechnung wurde beispielsweise die abgebildete Definition einer Stammfunktion entwickelt.

Die Zielrichtung des Abstrahierens vom konkreten Problem hin zu einer allgemeinen Theorie macht die Bedeutung der Entwicklung und Verwendung von Fachprache in den Augen der Schüler offensichtlich. Nun sind sie selbsttätig bemüht, präzise, eindeutige Formulierungen zu erstellen. Sie entwickeln ihr eigenes Vokabular wie „Grundfunktion", das später im Kursverband zu gemeinsamen Begriffen ausgehandelt werden muss. Sie bewegen sich nicht vom Einfachen zum Schwierigen, sondern strukturieren den konplexen Lerngegenstand in eine ihnen angemessen erscheinende Ordnung um. Es zeigen sich aber auch Schwierigkeiten dieses Zugangs. Die Eigenproduktionen enthalten Unstimmigkeiten und Ungenauigkeiten. Diese müssen zum Gegenstand der Gespräche mit anderen Schülerinnen und der Lehrperson gemacht werden. So wird mit der Kommunikation über den Gegenstand zugleich über die Erkenntnisse und über die Sprache kommuniziert. Darüber hinaus liest die Lehrperson regelmäßig in den Forschungsheften und gibt den Schülern Rückmeldung (vgl. Kap. 3.2).

Beispiel 2   „Mathematische Bauanleitungen": Schüler erstellen Texte von mathematischen Sachverhalten bzw. Konstruktionsverfahren als Anleitung für andere Schülerinnen. Die Beschreibungen richten sich direkt an einen konkreten Adressaten mit dem Ziel, dass dieser den Gegenstand exakt nachkonstruieren kann. Entwickeln Schüler das erste Mal derartige Anleitungen, lässt sich beobachten, dass sie deutlich seltener Fachsprache verwenden, als sie es im Unterricht gewohnt sind. Die von ihnen verwendete Umgangssprache kann jedoch in vielen Fällen nicht so verwertet werden, dass sie eine exakte Umsetzung der Beschreibung gestattet. In dieser Situation können die Schüler die Notwendigkeit von Fachsprache erleben und zugleich geeignete Kriterien für Fachsprache entwickeln.

> *"Selbst Mathematik zu erfinden und dem Ganzen auch noch selbst erdachte Namen zu geben, hat mir total Spaß gemacht. Ich habe aber gemerkt, dass meine Definitionen häufig noch nicht ganz richtig waren. (...) Und alles so hinzuschreiben, dass es ganz genau und von allen verstanden wird, war manchmal richtig schwierig."*

Auszug aus einem Interview mit einer Schülerin

In beiden Unterrichtsarrangements lassen sich die Schüler ermutigen, Fachsprache zu erfinden, und kommen so zu vergleichbaren Intentionen wie Exaktheit und Verständlichkeit. Sie erleben, dass ihnen die Beschäftigung mit Mathematik positive Gefühle bereitet und Erfolg beschert. Sie erleben aber auch

Frustrationen, insbesondere bei der Entwicklung der Sprache, die die Erkenntnisse beschreiben soll und dann, anders als erwartet, deutlich macht, dass einiges doch noch nicht verstanden ist (vgl. Abb. S. 74). Hier ist die Lehrperson gefordert, die Schülerinnen zu unterstützen. Metakognition und Metakommunikation sind wichtige Bausteine für ein sprachlich kommunizierbares fundiertes Verständnis.

Der Aufbau einer singulären Sprache zeigt sich hinsichtlich der Individualisierung von Lernprozessen und der Stärkung der Schülerpersönlichkeit als förderlich. Die Differenz zur regulären Sprache kann möglicherweise aber auch auf Vereinzelung hinweisen, die die einzelne Schülerin negativ erlebt, da im Vergleich von singulärer und regulärer Sprache deutlich werden kann, was sie alles nicht weiß und damit, was sie noch alles wissen müsste.

Im Unterricht zeigen sich immer beide Perspektiven, die reguläre und die singuläre, ebenso wie Sprache zu jeder Zeit zugleich Produkt und Tätigkeit ist. Um die Mathematik als Tätigkeit und kulturelles Gut zu erleben, muss den Schülern Raum gegeben werden, ihre singulären Wege zu beschreiten und selbst die sprachlichen Mittel dafür zu entwickeln. Ihnen muss aber auch die gesellschaftlich konsolidierte Mathematik vermittelt werden. Orientiert man sich dabei an dem Erfahrungsfeld und der Sprache der Schülerinnen lässt sich Fachsprache nachvollziehbar und sinnvoll sowohl zur Kommunikation als auch zum Wissensaufbau einsetzen.

3.2 Lerntagebücher – Mathematik in der Sprache des Verstehens

Stephan Hußmann

„Die Schüler apportieren Merksätze."   *(Martin Wagenschein)*

Journal, Reisetagebuch, Logbuch oder Forschungsheft sind verschiedene Namen mit verschiedenen Gewichtungen für ein dahinter stehendes Konzept: *Schüler dokumentieren in der eigenen Sprache ihre Lernprozesse.* Der Begriff „Lerntagebuch" wird in diesem Beitrag als Oberbegriff verwendet.

Der Einsatz von Lerntagebüchern ist ursächlich mit der Haltung verbunden, dass Wissen kein Fertigprodukt ist und Mathematik sich nicht im Aufsagen und Anwenden auswendig gelernter Formeln erschöpft, sondern dass jeder Schüler und jede Schülerin mit individuellen Erfahrungen, Fähigkeiten und Erwartungen in ihre persönliche Lernsituation eintritt. Deswegen werden der Darstellung verschiedener Ausprägungen eines Lerntagebuchs die Grundgedanken des Lernens auf eigenen Wegen vorangestellt. Diese Art des Lernens zeichnet sich dadurch aus, dass Schüler einen Standpunkt gegenüber dem Stoff einnehmen bzw. während der gesamten Stoffentwicklung eigene Wege beschreiten. Im Gegensatz dazu lassen sich Lerntagebücher auch zur Reflexion von schon behandelten Themen einsetzen.

Auf eigenen Wegen zur Mathematik

Eines der zentralen Ziele des Mathematikunterrrichts ist der Aufbau von Fachkompetenz bei den Schülerinnen. Auf der einen Seite befindet sich der Stoff und auf der anderen Seite die Schüler. Dazwischen steht die Lehrperson mit dem Auftrag, zwischen Stoff und Schüler zu vermitteln. In traditionellen Unterrichtskonzepten bedeutet Vermitttlung in erster Linie Weitergabe des Stoffes. Unterricht wird allein aus der Perspektive der *regulären Welt*, das ist die Welt des allgemeinen Wissens und Könnens, „die durch die Lehrer und die Schulbücher repräsentiert wird" (GALLIN/RUF 1998, S. 23), geplant, durchgeführt und reflektiert. Dazu wird der Stoff sequenziert, vom Leichten zum Schweren durchorganisiert und den Schülern in kleinen Häppchen serviert. Die Lehrerin weiß um das reguläre Wissen, das die Schülerinnen sich aneignen sollen. Sie ist auf Grund ihrer Erfahrung in der Lage, das gesamte Stoffgebiet, inklusive der „heiklen" Stellen, zu überblicken und zu sequenzieren. GALLIN/RUF (1993, 1998, 1999) nennen dies die Perspektive der *Rückschau*. Die Schüler kennen den zu erarbeitenden Themenbereich noch nicht und blicken notwendig aus der Position der *Vorschau* auf diesen. Neue Problemstellungen erscheinen ihnen unstrukturiert und unüberschaubar. Sie müssen ihre *singuläre Position*, das ist eine im Privaten verankerte Welt, die sich durch individuelle Erfahrungen, Wünsche und Erwartungen auszeichnet (GALLIN/RUF 1998, S. 22), erst mit der regulären Welt des Inhalts in Beziehung setzen und verknüpfen. Auch wenn der wunderbare deduktive Aufbau der Mathematik dazu verleitet, sie als das geeignete Gerüst zur Stukturierung von Lernprozessen anzusehen, berührt dies nur selten die singuläre Welt der Lernenden.

Lernprozesse besitzen evolutionären Charakter. Lernen verläuft nicht linear und selten vom Leichten zum Schwierigen. Es wird übersehen, dass die Welt des Regulären sich grundsätzlich von der Welt des Singulären unterscheidet. In der regulären Welt wurde das Stoffgebiet schon erforscht und wird infolgedessen in der Sprache des Verstandenen vorgetragen. Die grundlegende Perspektive in der singulären Welt ist die der Vorschau. Die Lernende erkundet das neue Gebiet auf eigenen Wegen, indem sie Schritt für Schritt den beobachteten Dingen Bedeutungen verleiht, sie versteht. Dies lässt sich nur in der Sprache des Verstehens ausdrücken. Und wie die Vorschau mit jedem Schritt des Verstehens zur Rückschau wird, wandelt sich die Sprache des Verstehens Schritt für Schritt in die Sprache des Verstandenen.

Damit der Schüler tatsächlich und authentisch seine eigenen Wege gehen kann, müssen die reguläre und die singuläre Welt als gleichwertig angesehen werden. „Ein Unterricht, der sowohl dem Stoff als auch dem Lernenden gerecht werden will, muss von allem Anfang an beide Positionen als gleichwertige Pole installieren: Stoff und Mensch sind Partner" (ebd., S. 27). Deswegen darf zwischen Stoff und Schüler keine Lehrperson mehr stehen. Das Stoffgebiet muss den Lernenden ansprechen. Er muss einen direkten Bezug zu sich selbst feststellen und es eigentätig erkunden. Bindeglied für die Verknüpfung von Singulärem und Regulärem sind Fragestellungen, die dem Schüler Orientierungs- und Motivierungshilfen geben, das neue Gebiet als Ganzes wahrzunehmen und sich in ihm zurecht zu finden. Solche Hilfen nennen GALLIN und RUF **Kernideen**.

■ „Kernideen müssen so beschaffen sein, dass sie in der singulären Welt des Schülers oder der Schülerin Fragen wecken, welche die Aufmerksamkeit auf ein bestimmtes Sachgebiet des Unterrichts lenken. Sie sollen attraktiv, authentisch und handlungswirksam sein. [...] Am Anfang – und darauf kommt es letztlich an – wird nicht erklärt, sondern erzählt." (GALLIN/RUF 1998, S. 45) ■

Ruf und Gallin beschreiben, wie im Gespräch mit Lehramtstudierenden von einer Teilnehmerin die Frage aufgeworfen wurde: „Warum gibt eigentlich ‚Minus' mal ‚Minus' ‚Plus'?" In der anschließenden Diskussion wurde klar, dass niemand eine Antwort hatte, auch die beiden Lehrer nicht. Dies führte zu einer neuen Situation: Es gab keine Experten mehr. „Man musste versuchen, auf eigenen Füßen zu stehen" (ebd., S. 82). Intensive Diskussionen entstanden: „Eine Kernidee war geboren." Aus dieser Kernidee entwickelten sich weitere Fragen: Warum ist eigentlich $3 \cdot 5 = 15$? Was bedeutet $3 \cdot (-5) = -15$? Welche Vorstellungen sind damit verbunden? Versuchen Sie einmal selbst eine Antwort zu finden. Welche Kernideen entwickeln Sie?

Dies war sicher eine glückliche Situation für eine fruchtbare Kernidee, die sich in der Schule so in der Regel nicht einstellen wird. Trotzdem lassen sich Situationen inszenieren, in denen für die Schüler interessante Kernideen entstehen. Voraussetzung für eine gelungene Kernidee ist die Kenntnis über das jeweilige Gebiet. Da die Lehrperson das Gebiet bereits aus der Rückschau überblickt, weiß sie welche Fragen zum Handeln motivieren. Mit ihrer Kernidee lenkt sie das Interesse auf einen Zielpunkt. Sie kann das Gebiet aber auch so darstellen, dass es verschiedene Zugänge für die Schüler zur Verfügung stellt. So können auf Seiten der Schülerinnen weitere Kernideen entstehen, die den Forschungsprozess orientieren und motivieren. Ein Beispiel für ein Problem, das die Lernenden veranlasst, eigentätig Kernideen zu formulieren, ist das Fahrtenschreiberproblem zur Einführung in die Integralrechnung (HUSSMANN 2002, 2003).

Beispiel Der Fahrtenschreiber.

Auszug aus der Problemstellung (vgl. HUSSMANN 2002, 2003): Auf der Rückfahrt von München nach Bochum wird Frau Grat, eine Fahrerin der Spedition, von der Autobahn-Polizei angehalten. Die routinemäßige Kontrolle gilt der Verkehrssicherheit des LKW. Bei der Überprüfung der Tachoscheibe entdecken die Polizeibeamten einen relativ großen Zeitraum, in dem auf der Scheibe keine Geschwindigkeit eingetragen ist. Auf der Tachoscheibe werden Geschwindigkeiten während der gesamten Fahrt in einem Zeit-Geschwindigkeits-Diagramm festgehalten. Auf Nachfrage gibt Frau Grat an, dass sie in dieser Zeit eine Pause an einer Raststätte gemacht habe. Zum Beweis ihrer Behauptung verweist Frau Grat auf die gefahrenen Kilometer.

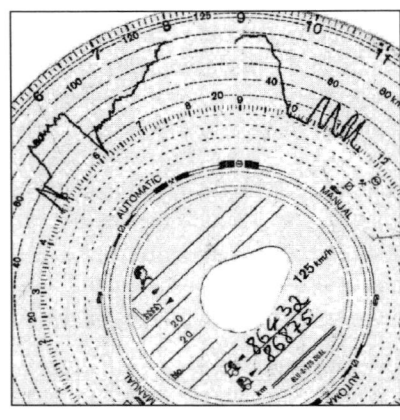

Kernideen von Schülerinnen sind zum Beispiel:

■ Hat Frau Grat gelogen?
■ Wie lässt sich die zurückgelegte Strecke möglichst genau bestimmen?
■ Wie groß ist die Differenz der auf dem Tacho angezeigten Strecke und der laut Tachoscheibe zurückgelegten Strecke?
■ Hat Frau Grat die Geschwindigkeitsbegrenzungen übertreten?
■ Wie ist der Geschwindigkeitsverlauf in der nicht auf der Tachoscheibe gemessenen Zeit?
■ Wie schnell ist Frau Grat im für sie besten Fall gefahren?
■ Wie viel Strafgebühr kostet sie diese Geschwindigkeitsübertretung?

Wichtig ist, dass die Lernenden eine eigene Perspektive zur Sache gewinnen, einen Standpunkt, von dem aus sie das Problem angehen können. Sie bewegen sich zwar in von den Curricula und der Lehrperson vorgegebenen Themengebieten, beschreiten aber eigene Wege, mit eigenen Ausgangspunkten und eigenen Zielen.

Kernideen geben die Richtung ihres Forschungsinteresses vor und sind damit grundlegend für den gesamten Lernprozess. Ausgehend von einer singulären Kernidee der Lehrerin werden sie in gemeinsamen Gesprächen und in der individuellen Auseinandersetzung mit dem Stoff gewonnen. Das Verständnis einer Sache kann aber allein durch die Sprache sehr vage bleiben, da sich die Schülerin weitgehend in der Position der Vorschau befindet. Erst die schriftliche Fixierung der Kernideen, ihrer Hypothesen, der Irrwege, der erfolgreichen Lösung usw. eröffnet der Schülerin den Zugang zu einer Metaebene des Lernprozesses, auf der sie ihren individuellen Lernweg reflektieren kann. In dieser Rückschau kann sie gegebenenfalls ihre Umwege erkennen und für zukünftige Handlungen fruchtbar machen.

Ein geeignetes Instrument für Dokumentation und Reflexion des Lernprozesses ist das Lerntagebuch. Es bildet das Hauptkommunikationsmittel zwischen Lehrperson und Schüler. So steht der Lehrer nicht mehr als Lenker und Richter zwischen Stoff und Schülerin, sondern als Berater und Supervisor begleitet er die Lernenden. Dies führt zu einer Verlagerung der Aufgaben und der Kommunikation im Unterricht.

1. „Die Pflicht, zu verstehen, wird vom Schüler auf den Lehrer übertragen." (GALLIN/RUF 1998, S. 141).

2. Die Grundlage für den Unterricht und den Ausgangspunkt für die Lernprozesse liefert nicht mehr die Fachsprache, sondern die Umgangsprache der Schüler (vgl. Kap. 3.1).

3. Die Kommunikation wird stärker in den Bereich des Schriftlichen verlagert. In der individuellen Auseinandersetzung mit dem Stoff ermöglicht die Verschriftlichung eine „Entschleunigung" des Denkens und des Fühlens und schafft damit eine stärkere Anbindung an den Stoff.

Lerntagebücher im Mathematikunterricht

Pionierarbeit auf diesem Gebiet wurde von den beiden Schweizer Lehrern und Didaktikern URS RUF (Deutschlehrer) und PETER GALLIN (Mathematiklehrer) geleistet. (Für einen Einstieg in das beeindruckende Werk von GALLIN/RUF (1998) sei auf das Buch „Sprache und Mathematik in der Schule" verwiesen.) Sie entwickelten das Reisetagebuch zur Verschriftlichung der Lernprozesse.

a) Das Reisetagebuch

„Im Reisetagebuch stellt der Lernende dar, wo er steht, was ihn bewegt, was er kann und wo seine nächsten Probleme liegen" (ebd., S. 141). Auf wenige zentrale Aspekte reduziert sind das die Kernideen der Schüler, ihre singulären Nachforschungen, Übungen, Hausaufgaben und Reflexionen. Das Heft wird von der Lehrperson regelmäßig gelesen. So erhält die Schülerin Rückmeldung über ihren singulären Lernprozess. Das Reisetagebuch begleitet den gesamten Prozess der Auseinandersetzung. Insofern existiert neben diesem Tagebuch kein weiteres Schul- oder Hausaufgabenheft.

Neben der Möglichkeit, den Lernprozess zu dokumentieren, liegt eine zentrale Aufgabe für die Lernenden in der **Reflexion** des Lernprozesses. „Sie [die Schüler, S. H.] müssen lernen, eine Metaebene zu installieren, von der aus sie das Geschehen im Unterricht und ihre eigenen Lernwege beobachten und beurteilen können" (ebd., S. 145). Erst dadurch wird das Lernen produktiv, unterstützt den Erkenntnisprozess und entwickelt sich zu einem immer mehr selbsttätigen, selbstorganisierten und selbstbestimmten Lernen. Selbstständigkeit ist aber nicht bei allen Schüler gleich ausgebildet. Ein einfaches Raster bietet Schülerinnen und Lehrerinnen eine Orientierungshilfe:

„1. **Datum** (Zu welchem Zeitpunkt habe ich diesen Abschnitt meines Lernweges beschritten?),

2. **Thema** (Welcher Titel passt zu dieser Lerneinheit?),

3. **Fragestellung oder Auftrag** (Was will ich herausfinden? Warum will ich das wissen?),

4. **Prozess** (Wie kann ich die Spuren meiner Arbeit sichern und nachvollziehbar darstellen?),

5. **Ergebnisse** (Lässt sich das, was ich herausgefunden habe, in einem prägnanten Merksatz oder einer formelhaften Wendung zusammenfassen und verdichten? Welche Probleme sind noch ungelöst)" (ebd., S. 145)

Neben der Reflexion nennen GALLIN und RUF noch drei weitere wichtige Aspekte des Reisetagebuchs. Das **Assoziieren** umfasst alle Gedanken, Ideen, Empfindungen, Wertungen, Fragen, Behauptungen und Urteile, die entstehen, wenn die Schülerin prüft, wie die von der Lehrperson eingebrachten Kernideen auf sie wirken. Die Ausdrucksformen werden vom Lehrer nicht bewertet, sie dienen allein der singulären Standortfindung. Daran schließt sich das **Verarbeiten** der Informationen an. Der Schüler übersetzt den von der Lehrperson vorgegebenen Inhalt in die eigene Sprache. Erst wenn ihm klar ist, worum es geht, womit er sich beschäftigen will, sobald der Stoff im Schüler in Form einer Kernidee wirksam wird, kann er seinen Weg durch das neue Gebiet antreten. Die einzige Bedingung, die ihm auferlegt wird, ist seine **Spuren** zu **sichern**. Das dient dazu, dass er seinen Weg nicht aus den Augen verliert und dass die Lehrperson den Schüler nicht aus den Augen verliert. Ziel ist es, dass der Schüler formulieren kann, wo er steht, was ihm klar und was ihm noch nicht klar ist. So ist eine gezielte singuläre Beratung durch die Lehrperson möglich. Das Reisetagebuch dokumentiert das „Verstandene so, wie es für den Lernenden am leichtesten rekonstruierbar ist: als Produkt des eigenen Lernprozesses" (ebd., S. 146). Damit kann es zur Prüfungsvorbereitung, aber auch als Grundlage für Leistungsbewertung dienen.

Die Reisetagebücher werden von den Schülern in erster Linie für sich geschrieben, in ihrer singulären Sprache. Die eigenen Gedanken müssen aber zugleich der Lehrperson verständlich gemacht werden, die die Aufzeichnungen regelmäßig liest und mit Kommentaren versieht. Insofern sind beide bemüht, sich gegenseitig zu verstehen. Die Lehrperson hilft, die Sprache der Lernenden Schritt für Schritt mit der regulären Sprache vertraut zu machen, damit die singulären Ideen in der regulären Welt verstanden werden. Damit lässt sich verhindern, dass sich singuläre Vorstellungen der Lernenden verfestigen und die individuelle Sprache der Singularität verhaftet bleibt. Die Erweiterung der Sprachkompetenz fördert das Vorstellungsvermögen und die Begriffsbildung (vgl. Kap. 3.1). Wie das aussehen kann, zeigen GALLIN und RUF (1998) exemplarisch an den Tagebuchaufzeichnungen von Oliver, der die Kernidee, „Ich zeichne mit dem Geodreieck einen 40-Grad-Winkel", verfolgt. Das Geodreieck war ihm zuvor nicht bekannt.

Die ersten von Oliver produzierten Fassungen seiner Bemühungen fallen in die Phase des Assoziierens. „Er braucht drei Heftseiten, um mit dem neuen Instrument einigermaßen zurechtzukommen [...]. Bald gelingt ihm eine Konstruktion; er hat aber große Mühe sie zu beschreiben. Erst die dritte Fassung ist vollständig und nach-

vollziehbar" (ebd., S. 100). Jede neue Fassung von Olivers Einträgen ist Ergeb- nis aus den Dialogen mit dem Lehrer. „Im ersten Satz der vierten Fassung hat Oliver ursprünglich das Wort ‚Linie' benützt. Er spürt, dass diese weit gefasste Bezeichnung nicht genügt und will sie

4 Fassung   Strecke
                    Gerade
Mann macht eine Linie als so

und setzt das O unten in der Mitte unten des
Geodreiecks auf der einen Anfangs der Strecke also so
und und dreht das Geodreieck so das der Strich vor der
Zahl 40% auch auf der Strecke ist.

GALLIN/RUF 1998, S. 102

durch eine Skizze erläutern. Ich schlage vor, zuerst nach einer präziseren Formulierung zu suchen und zeichne eine Wellenlinie aufs Blatt. Oliver reagiert blitzartig und ersetzt ‚Linie' durch ‚Gerade'. Bei der Formulierung des zweiten Satzes merkt er, dass wir auf dieser Geraden noch einen Punkt festlegen müssen. Er will das Wort ‚Gerade' durch ‚Strecke' ersetzen, zögert dann aber: ‚Wir brauchen ja nur einen Punkt auf der Geraden, nicht zwei.' Jetzt ist der ihm noch unbekannte Begriff ‚Strahl' fällig" (ebd., S. 104). Die Fassung wird überarbeitet und neue Beschreibungen entstehen.

An diesem kurzen Ausschnitt wird deutlich, dass sich beide, Schüler und Lehrer, gegenseitig im Dialog auf die Sprache des jeweils anderen einstellen müssen, wobei die singuläre Sprache des Schülers den Ausgangspunkt und die reguläre Sprache die Zielperspektive bildet. Der Lehrer muss die Sprache des Schülers decodieren, um ihn zu verstehen und seinen Lernprozess nicht zu stören, den der Schüler natürlich am besten in seinem ihm eigenen Wirkungskreis ausführen kann. Er kann mit Selbstbewusstsein dem Regulären entgegen treten. Dieses Selbstbewusstsein setzt natürlich nicht nur eine Beziehung zum Stoff voraus, sondern auch eine Beziehung zum Lehrer. Der Schüler muss erleben können, dass er in seinen Äußerungen ernst genommen wird.

Der Schüler erlebt in seinem Forschungsprozess die Notwendigkeit, einen neuen Begriff bzw. einen neuen Namen zu verwenden. Der Begriff „Linie" ist nicht genau genug, um einem Leser den Begriff so nahe zu bringen, wie Oliver ihn gemeint hat. Sprache ist immer kontextabhängig. Zur besseren Verständlichkeit müsste Oliver entweder eine lange Umschreibung des Gemeinten geben oder einen Namen verwenden, der das Gemeinte enger umreisst und damit besser mitteilt. Im Dialog mit dem Lehrer, der das Wort „Strahl" als Zielperspektive verfolgt, gelingt es Oliver einen Fachbegriff für sich mit Bedeutung zu füllen und zu aktivieren.

An dem Beispiel wird auch deutlich, dass das Lesen der Hefte und die Dialoge mit den Schülern Zeit und Muße in Anspruch nehmen. Letzteres ist etwas, das dem Unterricht häufig fehlt, aber notwendig gebraucht wird. Die Zeit relativiert sich angesichts des tiefen Begriffsverständnisses, der Liebe zur Sache und der Bindung zu den Mitforschenden, die die Schülerinnen erlangen. Die hohe Vergessensrate, das „träge Wissen", das immer beklagt wird, wird enorm vermindert.

Das Reisetagebuch ist ein Tagebuch über die individuelle Reise der Schülerin. Alles Erlebte und Gelernte wird in chronologischer Reihenfolge festgehalten. Das gibt den Schülerinnen die Möglichkeit, Mathematik im Entstehungsprozess zu erleben und Fachkompetenz aufzubauen, die über das Anwenden von Algorithmen hinausgeht. Voraussetzung dafür ist die Stärkung des singulären Standortes, von dem aus die Schülerinnen sich selbstbewusst dem Regulären nähern. Die Kernideen sind in der Regel durch die Lehrperson vorgegeben und die Themengebiete, auf die sie sich beziehen, „eng" begrenzt. Zudem lässt sich aus einigen Beispielen von GALLIN/RUF (1999, S. 72 ff.) herauslesen, dass der Positionierung des eigenen Standortes die Präsentation der regulären Begriffe und Theorie folgt.

b) Das Forschungsheft

Setzt man sich das Ziel, den Schülern ein Themengebiet als Ganzes erschließbar zu machen, dessen Erforschung mit unterschiedlichen Kernideen möglich sein soll, bietet es sich an, ihnen Problemsituationen zur Verfügung zu stellen, die zu Formulierungen von Kernideen veranlassen, die direkt ins Zentrum des Fachgebietes führen, es aber zugleich als Ganzes umreißen. Derartige Lernauslöser sind so genannte **Intentionale Probleme** (HUSSMANN 2002, 2003). Sie haben Orientierungs- und Motivierungsfunktion und sind der Angelpunkt zwischen den bereichsspezifischen Grundvorstellungen des zu erarbeitenden Gebietes und den Kernideen der Lehrperson auf der einen Seite und den Erwartungen, Einstellungen, Fähigkeiten und Kernideen der Schüler auf der anderen Seite. Die Probleme sind offen, weitgehend unstrukturiert und authentisch. Sie sind komplex, sodass sie soziales und kooperatives Lernen erforderlich machen. Auf Grundlage dieser Probleme entwickeln die Lernenden Fragen an die Probleme, Hypothesen, Verfahren und Begriffe als Werkzeuge zu deren Lösung. Von den konkreten Problemen abstrahierend, erfinden sie Begriffe und entwickeln eine mathematische Theorie im singulären und sozialen Erfahrungsbereich. Ein Beispiel für ein Intentionales Problem ist das Problem zum Fahrtenschreiber (vgl. S. 78), welches zusammen mit zwei weiteren Problemen die Erarbeitung des Integralbegriffs ermöglicht (ebd., 2003).

Die Steigerung des Komplexitätsgrades des Problemes und die Zielrichtung des Theorieaufbaus erfordert eine Modifizierung der Struktur des Lerntagebuchs. Im so genannten *Forschungsheft* (ebd. 2003) ist nicht mehr die Dokumentation und Reflexion des ganzen Weges Zweck des Lerntagebuchs, sondern die strukturierte Darstellung der Ankerpunkte des Lernprozesses. Diese Ankerpunkte sind eingebunden in eine erweiterte Gliederung, die je nach vorhandenem Grad an Selbstständigkeit bzw. Alter der Schüler ausdifferenziert werden kann. (Eine ausdifferenzierte Darstellung für ältere Schüler findet sich am Ende dieses Abschnittes.)

Ankerpunkte in einem Forschungsheft (Beispiele)

- **Aha-Erlebnisse**, an denen dem Lernenden etwas klar wurde,
- **typische Beispiele**, an denen ein Begriff oder eine Lösungstechnik besonders deutlich werden,
- **Wissenslücken**, die sich in der Problembearbeitung zeigten und auf „träges Wissen" aus den vergangenen Jahren hinweisen,
- **typische Fehler**,
- **offene Fragen**,
- **Definitionen, Sätze und Beweise**.

Strukturierungshilfen

1. Datum
2. Thema
3 Fragestellung/Problem
4. Erste Überlegungen
5. Tatsächliches Vorgehen
6. Verallgemeinerungen
7. Anmerkungen

Das Thema ist vorgegeben. Die Fragestellung bzw. das Problem basiert auf den zur Verfügung gestellten Intentionalen Problemen. Diese fordern die Schüler zur Formulierung eigener Kernideen heraus. Darauf basieren die ersten Überlegungen, die Exploration möglicher Wissenslücken, Vermutungen und der Plan zum weiteren Vorgehen (vgl. Abb. S. 85). Das tatsächliche Vorgehen enthält Lösungsideen, Ergebnisse, Beispielaufgaben, Aha-Erlebnisse, gemachte Fehler und Wissenslücken. Die Verallgemeinerungen sollen die im Konkreten entwickelten Begriffe auf eine abstraktere Ebene heben. Die verallgemeinerten Begriffe sollen geordnet und miteinander verknüpft werden, sodass die Schülerinnen so etwas wie eine mathematische Theorie erhalten, die auch die Bearbeitung anderer ähnlicher Fragestellungen gestattet. Ferner reflektieren die Schülerinnen das individuelle Vorgehen, was beispielsweise bedeutet, dass der eigene Standort bestimmt und offene Fragen formuliert werden. Unter den letzten Punkt, die Anmerkungen, fallen alle anderen wichtigen Anliegen der Schülerinnen, wie zum Beispiel eine Reflexion über das Lernen selbst. Einige Auszüge aus den Forschungsheften mögen dies verdeutlichen.

Die aus der Problembearbeitung gewonnenen Erkenntnisse führen zu ersten Definitionen und Sätzen (vgl. Abb. S. 73 und 86), die später weiter modifiziert werden. Anders als bei den Dokumentationen von Oliver wird bei einer strukturellen Darstellung nur die jeweils aktuelle Fassung im Forschungsheft festgehalten. Die anderen Fassungen gehen, gegebenenfalls, als typische Wissenslücken oder Aha-Erlebnisse in das Forschungsheft ein.

Die sieben Strukturierungshilfen sollen den Schülern eine Orientierung zur Führung eines Forschungshefts geben. Sie müssen nicht mechanisch abgearbeitet werden, sondern die Schülerin bestimmt selbst, an welchen Stellen sie welche Schwerpunkte setzt. Schreiben die Schüler das Forschungsheft ausschließlich für sich, so bietet es sich an, die Lernenden die Strukturvorgaben nach eigenem Ermessen und in Aushandlung mit der Lehrperson modellieren zu lassen. Sind die anderen Schüler ebenfalls Adressaten der singulären Aufzeichnungen, zum Beispiel, weil jemand eine Fehlstunde nachbearbeiten möchte oder die Schüler einer Arbeitsgruppe ihre Ergebnisse zwecks gemeinsamer Begriffsbildung austauschen, so sollte gesichert sein, dass die schriftlichen Erzeugnisse verständlich sind. Diese Verständlichkeit kann durch die einheitliche Struktur der Hefte unterstützt werden. Das erleichtert erheblich ein Zurechtfinden in den Gedankengängen anderer und gibt den Schülern eine methodische Hilfe an die Hand, die beim ersten Einsatz von Reistagebüchern und Forschungsheften sinnvoll erscheint.

Die vier von GALLIN/RUF genannten Aufgaben des Lerntagebuchs – Reflektieren, Assoziieren, Verabeiten, Spuren sichern – werden um den Aspekt des **Verallgemeinerns** ergänzt. Dies dient dazu, dass die Schülerin während bzw. im Anschluss an die Problembearbeitungen das übergeordnete Ziel des Strukturen-Erkennens nicht aus den Augen verliert.

Die wichtigsten Kriterien für ein „gutes" Forschungheft sind Vollständigkeit, Darstellung, Kreativität, Fehlerbearbeitung und Schlüssigkeit der Argumentation. Der Umgang mit Fehlern ist für den Lernprozess überaus bedeutsam. Gemachte Fehler weisen die Schülerin auf Wissenslücken hin. Das schriftliche

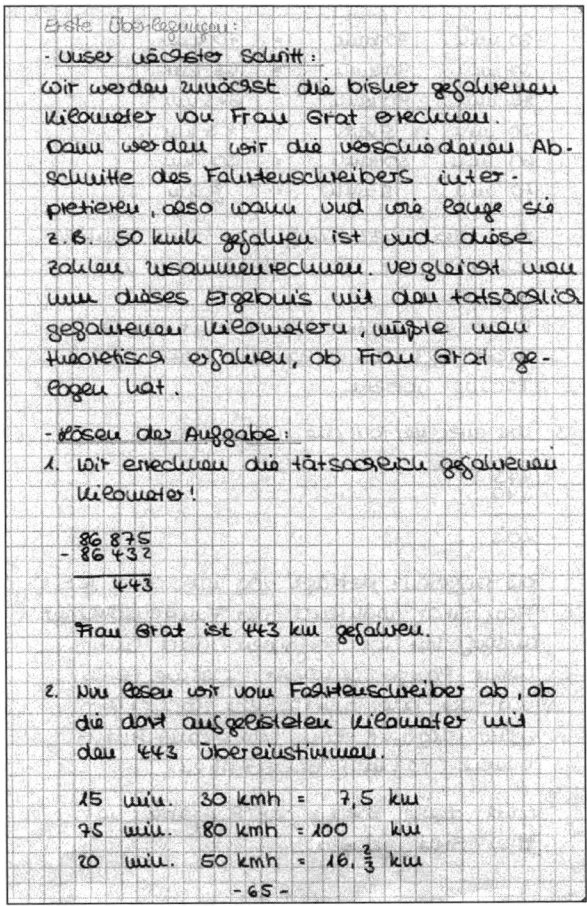

Forschungsheft – Auszug: Erste Überlegungen

Festhalten von Fehlern und die Entwicklung von Strategien, diese zu beheben und nicht zu wiederholen, ist zentraler Bestandteil von selbst gesteuertem Lernen. Denn gerade die Situationen, in denen wir erkennen, dass unsere vorhandenen Kenntnisse nicht zur Problembeseitigung ausreichen, bereichern unser Wissen. In der Rückschau sind diese „Irritationen" oder Hindernisse zudem Gelenkstellen des Lernprozesses, da sie weiterhin existieren und nicht, wie in einem „guten" Tafelbild, wieder weggewischt werden.

Durch die Strukturierungsfunktion des Forschungsheftes werden, anders als im Reisetagebuch, die Gelenkstellen als wesentlich hervorgehoben. Die Un-

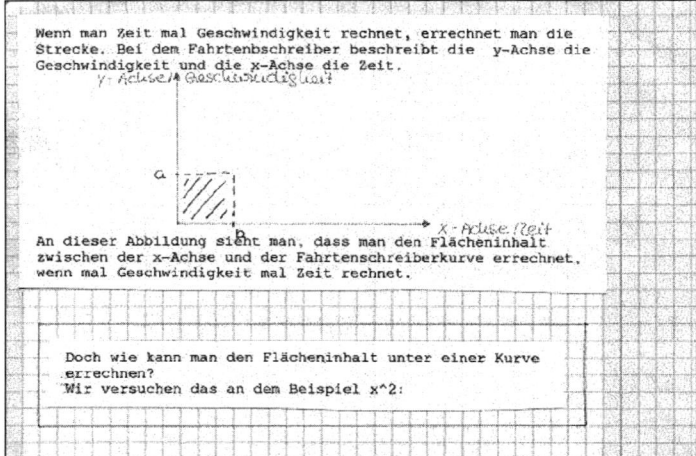

```
Wenn man Zeit mal Geschwindigkeit rechnet, errechnet man die
Strecke. Bei dem Fahrtenbschreiber beschreibt die  y-Achse die
Geschwindigkeit und die x-Achse die Zeit.
        y: Achse/ Geschwindigkeit

    a

    b                                    x - Achse  Zeit
An dieser Abbildung sieht man, dass man den Flächeninhalt
zwischen der x-Achse und der Fahrtenschreiberkurve errechnet,
wenn mal Geschwindigkeit mal Zeit rechnet.


    Doch wie kann man den Flächeninhalt unter einer Kurve
    errechnen?
    Wir versuchen das an dem Beispiel x^2:
```

Forschungsheft – Auszug: Flächeninhaltsaspekt

terscheidung von Wesentlichem und Unwesentlichen stellt zwar eine weitere Anforderung an die Schülerinnen dar, die Übersichtlichkeit wird von den Lernenden aber auch als positiv hervorgehoben. Dementsprechend ist es empfehlenswert, den Schülern von Anfang an die Verwendung einer Kladde nahe zu legen. So können nach der Kommentierung durch die Lehrperson Forschungsheftseiten ohne größeren Aufwand ausgewechselt werden. Zudem sollten die Kommentierungen durch die Lehrperson nicht in das Heft geschrieben werden, da dies die individuelle Note des Heftes zerstört. Es ist nämlich durchaus denkbar und für die Motivation der Schüler förderlich, das Heft zum Abschluss eines Themengebietes oder eines Schuljahres als Buch binden zu lassen.

Erfahrungen mit dem Einsatz des Forschungsheftes in verschiedenen Jahrgangsstufen zeigen, dass die meisten Schülerinnen nicht nur eine umfangreichere Fachkompetenz gewinnen, sondern ebenfalls Kernkompetenzen wie Problemlösen und Argumentieren intensiver ausbilden. Die Schülerinnen verfolgen ihren eigenen Lernprozess gewissenhaft, wissen die meiste Zeit, wo sie stehen, und können ihre Stärken und Schwächen besser einschätzen. Darüber hinaus geht die beklagte Vergesslichkeitsrate wesentlich zurück. Es ist aber auch anzumerken, dass die Schüler in der Regel eine gewisse Zeit benötigen, sich an diese neue Lernform zu gewöhnen. Gerade die Schüler, die auch in anderen Fächern und Lebensbereichen das selbst gesteuerte Arbeiten nicht gewöhnt sind, brauchen zu Beginn mehr Unterstützung. Als positive Rückmeldung verweisen die Schülerinnen häufig darauf, dass sie sich ernster genommen fühlen und es durchaus interessant finden, Mathematik selbst zu

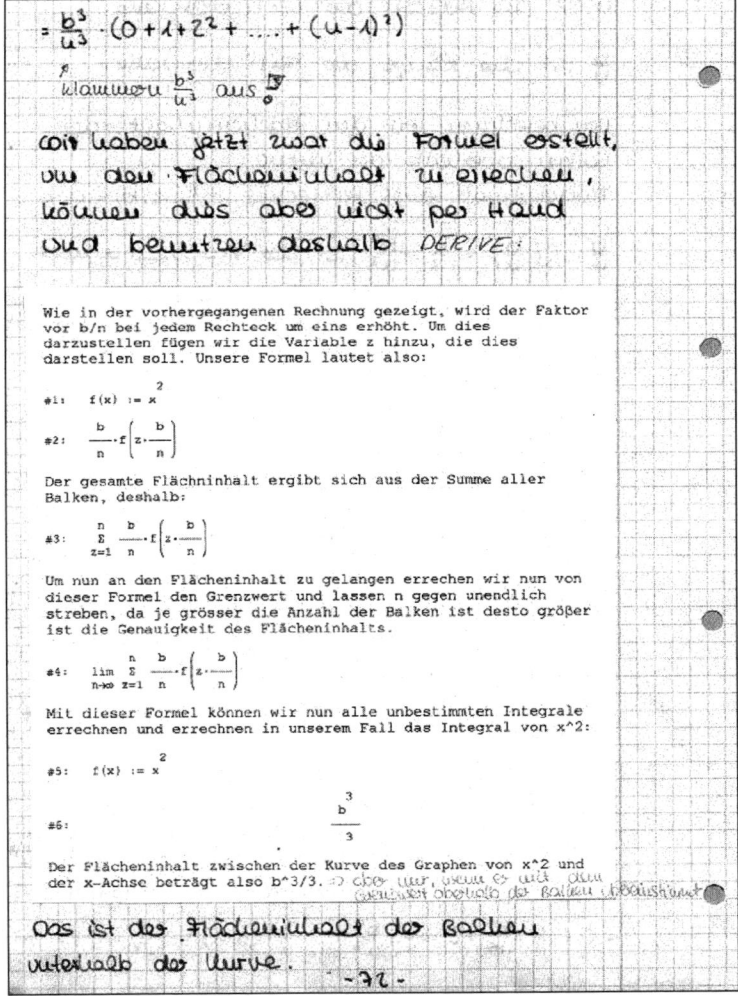

$$= \frac{b^3}{u^3} \cdot (0 + 1 + 2^2 + \ldots + (u-1)^2)$$

klammern $\frac{b^3}{u^3}$ aus

coir haben jetzt zwar die Formel erstellt,
um den Flächeninhalt zu erechnen,
können dies aber nicht per Hand
und benutzen deshalb DERIVE:

Wie in der vorhergegangenen Rechnung gezeigt, wird der Faktor
vor b/n bei jedem Rechteck um eins erhöht. Um dies
darzustellen fügen wir die Variable z hinzu, die dies
darstellen soll. Unsere Formel lautet also:

#1: $f(x) := x^2$

#2: $\dfrac{b}{n} \cdot f\left(z \cdot \dfrac{b}{n}\right)$

Der gesamte Flächninhalt ergibt sich aus der Summe aller
Balken, deshalb:

#3: $\displaystyle\sum_{z=1}^{n} \dfrac{b}{n} \cdot f\left(z \cdot \dfrac{b}{n}\right)$

Um nun an den Flächeninhalt zu gelangen errechen wir nun von
dieser Formel den Grenzwert und lassen n gegen unendlich
streben, da je grösser die Anzahl der Balken ist desto größer
ist die Genauigkeit des Flächeninhalts.

#4: $\displaystyle\lim_{n\to\infty} \sum_{z=1}^{n} \dfrac{b}{n} \cdot f\left(z \cdot \dfrac{b}{n}\right)$

Mit dieser Formel können wir nun alle unbestimmten Integrale
errechnen und errechnen in unserem Fall das Integral von x^2:

#5: $f(x) := x^2$

#6: $\dfrac{b^3}{3}$

Der Flächeninhalt zwischen der Kurve des Graphen von x^2 und
der x-Achse beträgt also b^3/3. ⇒ das nur, wenn es auf dem
gerundet oberhalb der Balken überschiesst

Das ist der Flächeninhalt der Balken
unterhalb der Kurve.

-32-

Forschungsheft – Auszug: Riemann-Integral

erforschen. Beklagt wird hingegen, dass das Forschungsheft mehr Arbeit macht als die sonst zu bearbeitenden Aufgaben im Unterricht. Die Erfahrungen mit den Lerntagebüchern belegen zudem, dass Schülerinnen und Schüler schnell in der Lage sind Leistungen zu vollbringen, die man ihnen im herkömmlichen Unterricht nicht zutrauen würde.

c) Das Logbuch

Die besondere Stärke von Reisetagebuch und Forschungsheft liegt darin, dass die Schüler individuell und kontinuierlich ihren Lernprozess reflektieren. Eine Variante dieses Zuganges ist das teambezogene Lerntagebuch, das so genannte Logbuch (Heske 1998). In festen Teams von vier bis sechs Schülern werden von Stunde zu Stunde mit wechselnden Schriftführern die Inhalte der jeweiligen Stunde notiert. „Als Leitmotiv hat sich bewährt, den Satz ‚Heute haben wir gelernt ...' fortzuführen. Zudem werden Arbeitsergebnisse und offene Fragen protokolliert." (Heske 2001b). Die Hefte werden regelmäßig gelesen und von der Lehrperson mit Lob und Kritik versehen. Bei Bedarf können sie im Fach im Lehrerzimmer eingesehen werden. Im Logbuch werden Beispiele, Merksätze und andere Inhalte niedergeschrieben, die von der Tafel oder aus dem Schulbuch übernommen wurden. Nach Heske heben die Schüler besonders hervor, dass bei krankheitsbedingten Versäumnissen von Stunden diese nachgearbeitet werden können, die Hefte eine gute Vorbereitung auf Prüfungen liefern und die Arbeit auf Wunsch durch eine Note honoriert werden kann. Es wird aber auch der höhere Arbeitsaufwand für den Schüler kritisiert. Aus der Lehrerperspektive beurteilt Heske den Unterricht wie folgt: „Mein Eindruck war, dass die ständige Konfrontation mit der Frage ‚Was haben wir heute gelernt?' zu einer fortwährenden Reflexion über den eigenen Lernprozess und den Unterrichtsgegenstand führte, die den Lernerfolg begünstigte." (Heske 1998).

Durch diesen Typ des Lerntagebuchs ist die Arbeitsbelastung der Lehrperson im Vergleich zum Forschungsheft geringer, da nicht mehr für jede Schülerin ein Heft gelesen werden muss. Die zentralen Funktionen der kontinuierlichen und vor allen Dingen individuellen Dokumentation und Reflektion eines Lernens auf eigenen Wegen und der selbst gesteuerten Entwicklung mathematischer Sachverhalte ist jedoch nicht mehr gegeben.

Versteht man diese Art des Lerntagebuchs jedoch mehr als ein Instrument, die Geschehnisse des Unterrichts im Anschluss zu dokumentieren und zu reflektieren, gewinnt das Logbuch spezielle Funktionen. Die Schüler müssen in einem stärkeren Maße als es im traditionellen Unterricht üblich ist, miteinander kommunizieren und reflektieren. Sie beziehen ihren singulären Standpunkt nicht in der ersten Begegnung mit dem Stoff, sondern übersetzen den „gelernten" Stoff in ihre Sprache. Die Einbettung dieses Prozesses in eine Gruppe fördert die Auseinandersetzung mit dem Stoff und den Mitschülern. Die Schüler müssen den Unterrichtsstoff in Relevantes und eher nicht Relevantes differenzieren.

Das Verständnis eines Lerntagebuchs, die behandelten Themen im Nachhinein singulär zu verschriftlichen und zu reflektieren, nimmt deutlich weniger Einfluss auf das Unterrichtsgeschehen als das Reisetagebuch oder das Forschungsheft. Dadurch bietet es sich als ein Instrument zur Gestaltung von Übergangsphasen vom üblichen Unterricht zu einem Lernen auf eigenen Wegen an. Lehrerinnen und Schüler können sich mit Chancen und Risiken des Lerntagebuchs vertraut machen, indem sie sich erst einmal auf einzelne Aspekte des Lerntagebuchs konzentrieren, z. B. der Formulierung von Zusammenfassungen in eigenen Worten. Schüler erhalten die Gelegenheit, ihren Mitschülern beim Verfassen von Tagebucheinträgen zuzuschauen und von ihnen zu lernen. Auf Grundlage fertiger Mathematik kann das Verhältnis von regulärer Sprache (Fachsprache) und singulärer Sprache (Umgangssprache) erfahrbar werden (vgl. auch Kap. 3.1) und Hilfestellung bei den Aushandlungsprozessen zwischen singulären Perspektiven und deren Versprachlichungen liefern.

Vergleichbar mit den Strukturierungsangeboten bei Reisetagebuch und Forschungsheft können auch hier Gliederungshilfen sinnvoll sein. WAYWOOD (1991, 1992), der in Australien die Kultur des Lerntagebuch vorangetrieben hat, nennt vier Aspekte, nach denen textliche Eigenproduktionen in so genannten Berichtsheften oder „journals" gegliedert werden können: **Zusammenfassungen, Sammlung von Beispielen, Fragen** und **Diskussion**. Zusammenfassungen beinhalten z. B. Inhaltsangaben oder Rückblicke zur Vernetzung alten und neuen Wissens; unter der Kategorie Beispiele fallen typische Beispiele, Fehler, generierende Beispiele für einen Beweis (vgl. Kap. 3.2); Fragen beschäftigen sich mit dem ‚Warum' und dem ‚Wie', es handelt sich um offene, aber auch um schon geklärte Fragen; unter die Kategorie der Diskussionen fällt beispielsweise das Argumentieren.

Die Reduktion auf Einzelaspekte bzw. die Einbettung von Lerntagebüchern in den üblichen Unterricht sind jedoch nur Optionen, keine notwendigen Voraussetzungen für das Lernen auf eigenen Wegen. Grundschulkinder, wie Berufsschüler und Schülerinnen der Sekundarstufen sind ohne größere Umwege in der Lage auf eigenen Wegen Mathematik zu erkunden, zu erfinden und in eigener Sprache zu formulieren. In diesem Sinne soll das nachfolgende Zitat noch einmal die Bedeutung der singulären Perspektive unterstreichen:

■ „Solange die spontanen Schülerprodukte nur schmückendes Beiwerk sind, solange sich der ganze Unterricht auf die Schulbücher und die Erläuterung der Lehrer konzentriert, so lange haben die Schüler kaum eine Chance, den Unterrichtsstoff in ihre eigene Welt zu integrieren. Erst wenn man das Singuläre zu einem bestimmenden Faktor des Unterrichts macht, kann man eine Verbindung herstellen zwischen dem, was jeder einzelne Schüler immer schon weiß, kann und will, und dem, was er lernen muss." (GALLIN/RUF 1998, S. 23) ■

Evaluation und Bewertung

Abschließend noch einige Anmerkungen zur Bewertung von Lerntagebüchern. Die Lerntagebücher zur Artikulierung einer singulären Perspektive und als generierendes Element des Unterrichts nehmen einen großen Platz im Unterrichtsgeschehen ein. Je nach Zielrichtung können sie eine Grundlage für Bewertung bilden. Dient das Lerntagebuch in erster Linie zum Assoziieren und Verarbeiten, also zur Einnahme eines eigenen Standpunktes, so sind freie Formulierungen der Schüler erwünscht. Insofern sollten an dieser Stelle auf keinen Fall sprachliche Kompetenzen bewertet werden, da dies dem angestrebten Ziel entgegen läuft. Ob andere Kompetenzen in dieser Phase bewertet werden sollen, möchte ich aus dem selben Grund ebenfalls in Frage stellen. In der Phase des Spuren-Sicherns im Reisetagebuch sowie in den Phasen der Dokumentation und Reflexion von Problembearbeitung und Verallgemeinerungen im Forschungsheft sollen Ergebnisse übersichtlich, verständlich und vollständig dargestellt werden. Hinzu kommen Elemente in der Lösungsfindung wie Kreativität und Schlüssigkeit der Argumentation, aber auch der Umgang mit Fehlern in der Rückschau. Insofern bilden die fünf Aspekte für ein „gutes" Forschungsheft (siehe oben) Orientierungen für geeignete Kriterien. Im Sinne des selbstständigen Lernens sollten die Kriterien mit den Schülerinnen gemeinsam entwickelt werden. Den Schülern ist ebenfalls Raum für eine Selbstevaluation zuzugestehen (→ Kap. 8.2 „Schülerselbstauswertung").

Nun wird in den Lerntagebüchern von den Schülern nicht nur ein Produkt erzeugt, sondern der Weg dorthin sollte ebenso erkennbar sein. Eine fertige Tabelle mit richtigen Ergebnissen beispielsweise sagt noch nichts darüber aus, ob der Schüler die zur Erstellung notwendige Mathematik verstanden hat.

Eine Möglichkeit, die Eigenproduktionen und die entsprechenden Lernprozesse angemessen einzuschätzen, besteht in der Differenzierung von Produkt- und Prozessbewertung. Die Bewertung eines Produktes orientiert sich in der Regel an normativen Vorgaben, also daran, was die Schülerin *nicht* geschafft hat. Produktnoten sind damit immer auch Defizitnoten. Und die Feststellung eines Defizits bezieht sich zudem auf eine punktuelle Leistung und negiert alles, was der Schüler in diesem Augenblick mit sich trägt. Prozessnoten werden über einen längeren Zeitraum erhoben und spiegeln die Entwicklung und die Entwicklungsfähigkeit des Schülers wider. Insofern erweitert das Instrument des Lerntagebuches das Blickfeld auf die Schülerleistungen erheblich.

Zusammenfassend und an einigen Stellen ergänzend seien die wichtigsten Aspekte eines Lerntagebuchs festgehalten:

Funktionen eines Lerntagebuches

Funktionen für die Lernenden	■ Dokumentation und Reflexion des Lernprozesses ■ Förderung des selbstständigen und kooperativen Lernens ■ Individuelle Standortbestimmung ■ Aufbau einer singulären (Fach-)Sprache ■ Weg entlang individueller Ankerstellen (z. B. eigene Beispiele, Aha-Erlebnisse und Wissenslücken) ■ Individuelle Kommunikation mit der Lehrperson und anderen Schülern ■ Selbstevaluation und Steigerung des Lernerfolges ■ Transparenz des Lernprozesses ■ Hilfe bei Prüfungsvorbereitungen und Nachbereiten von Fehlstunden
Funktionen für die Lehrenden	■ Individuelle Kommunikation mit den Lernenden ■ Diagnostik hinsichtlich eines Verständnisses der individuellen Dispositionen der Schüler, das sind z. B. Lernstrategien, Denkstile, Vorerfahrungen, Erwartungen, Einstellungen u. a. ■ Verständnis individueller Schülerprobleme und möglicher „Fehl"-konzepte ■ Feed-back hinsichtlich der eigenen Instruktions- und Kommunikationstechniken ■ Individuelle Förderung von Schülern ■ Förderung von kooperativem Lernen ■ Breiteres Fundament für die Leistungsbewertung
Funktionen für das Lernen	■ Versprachlichen von äußeren und inneren Handlungen ■ Verlangsamung des Denkens ■ Klärung und Fixierung von Konzepten ■ Mathematik kommunizieren ■ Aufbau singulärer Standpunkte in Abgrenzung zum regulären Wissen ■ Förderung von Fach-, Methoden-, Selbst- und Sozialkompetenz ■ Stärkere Betonung allgemeiner Bildungsziele wie z. B. Argumentieren ■ Förderung von Interesse
Einsatzmöglichkeiten	■ Individuelle Reflexionshilfe ■ Anstoß für Lehrer-Schüler- bzw. Schüler-Schüler-Dialog ■ Dokumentation ■ Begriffsbildung ■ Evaluation von Lernzuwächsen ■ Vorbereitung auf Klassenarbeiten ■ Nachschlagewerk ■ Leistungsbeurteilung

Hinweise zum Führen eines Forschungsheftes

Ein *Forschungsheft* ist ein persönliches, selbst erstelltes Schulbuch – mit Musterlösungen, Aufgaben, Sätzen, Tipps, Erklärungen, … Es hilft bei Wiederholungen, beim Nacharbeiten, bei Klausur- und Abiturvorbereitungen. Die Forschungsberichte werden regelmäßig (etwa alle zwei bis drei Wochen) eingesammelt, gelesen und mit Kommentaren und Hinweisen versehen. Dadurch werden etwaige fachliche Missverständnisse schnell geklärt. Die Formulierungen für Merksätze, Zusammenfassungen etc. können aus dem Schulbuch oder aus anderen Materialien stammen (dann bitte kennzeichnen!). Am besten ist es jedoch, wenn die mathematischen Sachverhalte mit eigenen Worten erklärt und kommentiert werden.

1. Datum:

2. Thema:

3. Problemstellung:

4. Erste Überlegungen:
- Vermutungen
- Fragen (Was hast du verstanden, was hast du nicht verstanden?)
- Wissenslücken (Was musst du wiederholen?)
- Plan zum weiteren Vorgehen (Wie teilt ihr/teilst du die Arbeit auf? In welchen Schritten geht ihr/gehst du vor? Welche Ziele habt ihr/hast du?)

5. So bin ich/sind wir vorgegangen:
- Lösungsideen
- Lösungen
- Beispiele (Wähle selbst Aufgaben aus, die dir eine bestimmte Lösungstechnik oder einen bestimmten Begriff besonders deutlich machen.)
- Aha-Erlebnisse (Wie wurde dir ein Problem o. Ä. plötzlich klar?)
- Wissenslücken (Welchen zurückliegenden Stoff musstest du wiederholen?)
- Reflexionen (Was hast du gut gemacht? Gemachte Fehler? Was hättest du besser machen können?)

6. Verallgemeinerungen:
- Begriffe: Definitionen und Sätze (Definiere selbst Begriffe oder Regeln, die dir wichtig erscheinen.)
- Standortbestimmung (Was hast du dazugelernt? Was sind die nächsten Schritte? Welche Fragen sind noch offen?)

7. Anmerkungen:
- Persönliche Anmerkungen
- Knüpfe Verbindungen zwischen dem Unterrichtsthema und dem Alltag.
- Gedanken über den Unterrichtsstil und zum Lernen allgemein

3.3 Beweisen – Argumentieren

Lisa Hefendehl-Hebeker/Stephan Hußmann

„Ein Beweis ist keine logische Folge von Aussagen, sondern eine glaubwürdige Geschichte.“ (Ian Stewart)

Am Anfang steht das „Warum?“

Eine sechste Gesamtschulklasse behandelt das Rechnen mit Dezimalbrüchen. Der Lehrer hat den Stoff systematisch aufgebaut. Das zeigen auch seine einleitenden Worte: „Wir haben gelernt, wie man Dezimalbrüche addiert, subtrahiert und multipliziert. Nun müssen wir noch lernen, wie man durch Dezimalbrüche dividiert.“

In der letzten Reihe melden sich halblaut Zweifel: „Durch eine Kommazahl dividieren – warum geht das denn überhaupt?“ Tanja ist so verdutzt, dass sie, ohne sich zu melden, in die Klasse fragt. Sie dringt jedoch mit ihrem Anliegen nicht durch. Statt dessen entspinnt sich an der Tafel eine wohlorganisierte Herleitung: $10:2$ ist, so haben wir es bereits gelernt, dasselbe wie $100:20$, denn wenn man Dividend und Divisor mit derselben Zahl vervielfacht, bleibt der Wert des Quotienten gleich. Durch Fortsetzung dieses Musters kann man auch die Division von Dezimalbrüchen erklären: $10:0{,}2 = 100:2 = 50; 0{,}1:0{,}2 = 1:2 = 0{,}5$ usw.

Sauber gedacht, doch für Tanja ist das mehr ein Zaubertrick als eine „glaubwürdige Geschichte“ (s. o.), hat sie doch wissen wollen, warum man das *überhaupt* macht, das Dividieren durch „Kommazahlen“, welchen Sinn es hat und was sie sich darunter vorstellen soll. Sie verbindet die Division in erster Linie mit der Grundvorstellung des Verteilens. Man kann 10 Euro an 2 oder 5 oder 8 Kinder, aber nicht an 0,2 Kinder verteilen. Aus dieser Sicht sind ihre Zweifel wohl begründet.

Es gibt jedoch auch noch den Vorgang des Aufteilens und Messens, an den Tanja gar nicht gedacht hat. Wer 10 Euro in 20-Cent-Stücken ausbezahlen will, braucht 50 Münzen. Etwas fachsprachlicher ausgedrückt heißt das: 10 Euro aufgeteilt in Teilbeträge zu 20 Cent ergibt 50 Teilbeträge, verkürzt als Größengleichung: $10 \, € : 0{,}2 \, € = 50$. Hieraus filtern wir schließlich den reinen Rechenausdruck $10:0{,}2 = 50$. Mit diesem Argument kann Tanja überzeugt werden. Es geht zurück auf Vorstellungen, über die Tanja verfügt und die sie als sinnvoll anerkennt. Von hier aus ließe sich auch die formale Erläuterung des Lehrers erschließen: Man kann 10 Euro in 20-Cent-Münzen und 100 Euro in 2-Euro-Stücken ausbezahlen. Jedes Mal braucht man 50 Münzen. Warum ist das so? Wie könnte man die Beispielkette erweitern?

Die Warum-Frage steht am Anfang des Erkenntnisinteresses. In der frühkindlichen Sprachentwicklung gibt es eine Phase, in der das „Warum?" exzessiv erprobt wird. Es ist die Zeit, in der Kinder entdecken, dass die Dinge nicht nur einen Namen haben, sondern auf vielfältige Weise zueinander in Beziehung stehen.

Die sprichwörtliche kindliche Neugier wird dann zum Motor einer immensen Lernleistung. In späteren Jahren entwickelt sie sich individuell unterschiedlich weiter. Manche Menschen bleiben ein Leben lang aufgeschlossen und wissbegierig, andere stumpfen im Laufe der Zeit ab.

Die geistige Entfaltung des Individuums und die Fähigkeit zum lebenslangen Lernen sind heute mehr als je zuvor wichtige Bildungsziele. Es ist ein guter Anfang für ihre schulische Umsetzung, wenn die Warum-Frage wach gehalten, gepflegt und zu ihrer Verfolgung ermutigt wird.

Argumentieren und Begründen

Die Warum-Frage ist der Beginn einer Suche nach Gewissheit. Diese bricht aus einem bestehenden Zustand individueller bzw. kollektiver Überzeugung auf, erhebt begründete Zweifel und betreibt „Forschungen", die die Anlässe der Zweifel beseitigen sollen, um zu neuen Gewissheiten zu gelangen.

Tanja brach mit ihrer Warum-Frage aus der Überzeugung auf, Division sei nur für ganzzahlige Divisoren sinnvoll. Damit erhob sie begründete Zweifel am Konzept des Lehrers. Argumente, die ihr eine andere Deutung der Division vor Augen führten, konnten den Anlass der Zweifel beseitigen. Das Handlungsschema des Aufteilens lieferte gute Gründe für die Fortsetzung der Divisionsoperation in den erweiterten Zahlenbereich. So entstand eine neue Gewissheit: Auch durch Dezimalbrüche kann man sinnvoll dividieren.

Wissen hat etwas mit Gewissheit zu tun. Es kann intuitiv, also durch unvermittelte Erfassung, entstanden sein. Es kann auch diskursiv, d. h. durch methodisch fortschreitendes, das Ganze aus seinen Teilen aufbauendes Denken oder Reden vermittelt sein (MITTELSTRASS 1996). Dann ist es – mehr oder weniger streng – überprüft und begründet.

Die Notwendigkeit des Überprüfens und Begründens als Mittel zur Erlangung von Gewissheit ist tief in unserem Bewusstsein verankert. Formulierungen wie die folgenden gehören zum festen Bestandteil unserer Alltagskommunikation: „Die Regelung wurde aus gutem Grunde getroffen." „Alle Argumente sprachen dafür." „Die Behauptungen der Gegenseite konnten der Überprüfung nicht standhalten." „Die Beweislast für die Gesetzeswidrigkeit liegt beim Kläger."

Infragestellen, Überprüfen und Begründen vollziehen sich auf dem Wege der *Argumentation*. Darunter verstehen wir eine Rede für oder gegen die Wahrheit einer Aussage bzw. für oder gegen die Gültigkeit einer Norm mit dem Ziel, die Zustimmung oder den Widerspruch wirklicher oder fiktiver Gesprächspartner zu dieser Aussage bzw. Norm zu erlangen. Dabei wird schrittweise und möglichst lückenlos auf bereits gemeinsam anerkannte Aussagen bzw. Normen zurückgegangen. Die einzelnen Schritte heißen die für bzw. gegen die zur Diskussion gestellte Aussage bzw. Norm vorgebrachten *Argumente*. Eine Argumentation heißt *schlüssig*, wenn niemand, der ihren Ausgangssätzen (Aussagen oder Normen) zugestimmt hat, irgendeinem ihrer Schritte die Zustimmung verweigern kann, ohne sich in Widersprüche zu verwickeln. Eine schlüssige Argumentation für eine Aussage bzw. Norm heißt eine Begründung derselben, im Falle einer Aussage auch ein *Beweis* (vgl. MITTELSTRASS 1995/96, Stichwort „Argumentation").

Tanja hat vielleicht in Gedanken das Argument vorgebracht: Wenn Dividieren Verteilen bedeutet, dann hat die Division durch einen echten Dezimalbruch keinen Sinn. Das Gegenargument lautet: Dividieren kann aber auch Aufteilen bedeuten. Damit kann man auch der Division durch einen Dezimalbruch einen Sinn verleihen. Dieses Argument fand Anschluss an eine akzeptierte Vorstellung und wirkte daher „schlüssig", konnte also überzeugen.

Das Argumentieren und Begründen macht einen wesentlichen Teil menschlicher Rationalität aus, wenn wir unter Rationalität die Fähigkeit verstehen, Verfahren des begrifflichen und systematisch begründend oder kritisierend vorgehenden Denkens und Redens über Geltungsansprüche (also Ansprüche auf das Zutreffen von Sichtweisen) zu entwickeln, verfügbar zu haben und sich daran zu halten (ebd.).

Rationale Kommunikation ist dadurch gekennzeichnet, dass die Kommunikationsteilnehmer grundsätzlich bereit sind, in diesem Sinne rational vorzugehen. Rationale Kommunikation ist verständigungsorientiert, wenn ein gemeinsames Bedeutungsverständnis ausgehandelt und Einverständnis erzielt wird und somit die Kommunikation letztlich auf Erzielung, Erhaltung und Erneuerung von Konsens angelegt ist (WILLE 2002).

Die Erziehung zum rationalen Denken, Handeln und Kommunizieren gehört zu den allgemeinen Bildungszielen der Schule. Wenn der Mathematikunterricht das Argumentieren pflegt, trägt er nicht nur dazu bei, mathematisches Wissen sicher zu verankern; er trägt auch auf fachspezifische Weise zu einer Haltung bei, die gedankliche Klarheit und kritische Rationalität als Werte empfindet und pflegt.

Mathematik ist eine beweisende Wissenschaft

Im engeren wissenschaftlichen Sinne ist Wissen eine von Meinen und Glauben unterschiedene Kenntnis, deren Inhalte nach strengen Kriterien überprüfbar und begründbar sein müssen (MITTELSTRASS 1995/96). Diese Kriterien sind in der Mathematik besonders streng. Das ist bedingt durch die geistige Natur ihrer Objekte. Die Mathematik bewegt sich in einer gedachten, im ursprünglichen Sinne des Wortes „Theorie" mit dem geistigen Auge geschauten Welt. Nach PEIRCE (1992) erforscht Mathematik nicht, wie die Dinge wirklich sind, sondern wie sie als möglich angenommen werden können, d. h. Mathematik erschließt einen Kosmos potenzieller Realität. Damit steht sie in der Spannung zwischen der Freiheit des gedanklichen Entwerfens und der selbst auferlegten Disziplinierung durch die Regeln der Logik. Insbesondere müssen mathematische Aussagen durch schlüssige Argumentationen belegt, d. h. bewiesen werden, damit sie intersubjektiv kommunizierbar und nachvollziehbar werden. Der Beweis ist also grundlegend für die Mathematik. Mathematik gilt als die beweisende Wissenschaft schlechthin (vgl. Kap. 2.1).

Beweise haben verschiedene Funktionen

Tanjas Warum-Frage richtete sich auf die Bedeutung einer mathematischen Operation im Zusammenspiel zwischen Realität und mathematischer Beschreibung. Andere Warum-Fragen könnten sich auf die Gründe für eine Beobachtung, die Gültigkeit einer Aussage oder die Reichweite eines Begriffs beziehen: Warum kann bei der Division durch einen Dezimalbruch der Wert des Quotienten größer werden als der Dividend? Warum gibt die Quersumme einer natürlichen Zahl Auskunft über deren Teilbarkeit durch 9? Warum sind Brüche beliebig teilbar?

Das „Warum" tritt in diesen Fragen in unterschiedlichen Ausprägungen auf und illustriert die Bedeutung des Beweisens. Es weist darauf hin, dass Beweise nicht nur zur Verifikation von Aussagen beitragen, sie dienen auch der Wissensfindung und Wissenentwicklung. Nach DE VILLIERS (1990) lassen sich fünf zentrale Funktionen von Beweisen formulieren. Ein Beweis soll Aussagen

- verifizieren,
- erklären,
- systematisieren,
- entdecken,
- kommunizieren.

Ein Beweis **verifiziert**, wenn er die Wahrheit einer Aussage sicher begründet. Dabei ist in der Regel das deduktive Schließen gemeint, das auf schon basierenden Sätzen, Axiomen und logischen Schlussregeln beruht. Diese Funktion des Beweisens ist wichtig, jedoch nicht so bedeutsam, wie es häufig den Eindruck macht. Hanna (1989) unterscheidet „Beweise, die beweisen" und „Beweise, die erklären" und ergänzt das Verifizieren damit um die wichtige Funktion des Erklärens.

Ein Beweis **erklärt**, wenn er die Einsicht vermitteln kann, *warum* eine Aussage wahr ist. Eine natürliche Zahl ist eindeutig aus Stufenzahlen (im Zehnersystem) aufgebaut, und jede Stufenzahl hat den Neunerrest 1. Wenn man nun alle Stufenbausteine einer natürlichen Zahl einzeln durch 9 teilt, summieren sich die entstehenden Reste genau zur Quersumme. Diese Beobachtung erklärt, warum die Quersumme einer Zahl Auskunft über deren Teilbarkeit durch 9 gibt. Sie kann handlungsbezogen am Rechenbrett gewonnen, aber auch in voller Allgemeinheit in der Symbolsprache der Algebra dargestellt werden. Eine erklärende Funktion kommt besonders dem inhaltlich-anschaulichen und dem handlungsbezogenen Beweisen zu.

Der nachfolgende Beweis zu der Aussage, dass der Umfang eines konvexen Vierecks größer ist als die Summe der beiden Diagonallängen, illustriert die erklärende Funktion des handlungsbezogenen Vorgehens beim Beweisen (vgl. Kirsch 1979): Gegeben sei ein Viereck mit den Eckpunkten *A,B,C* und *D*. Die Eckpunkte werden durch vier eingeschlagene Nägel repräsentiert. *A* und *C* und *B* und *D* sind jeweils durch ein Gummiband miteinander verbunden. Dehnt man das Gummiband um *A* und *C* derart, dass es auch *B* und *D* einschließt, so erweist sich der Umfang des Vierecks größer als die doppelte Länge einer Diagonale. Wiederholt man das Vorgehen für die zweite Diagonale, so erhält man die Beziehung, dass der doppelte Umfang des Vierecks größer ist als die Summe der doppelten Diagonallängen. Die durch das Dehnen bewirkte Verlängerung ist der handlungsbezogene Ausdruck der Größerrelation.

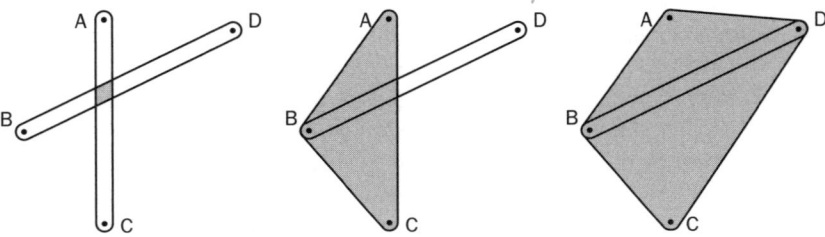

Ein Beweis **systematisiert**, wenn er im Nachhinein bekannte Definitionen, Sätze und Begriffe zueinander in Beziehung setzt. Die Beweise für die Endstellen- und Quersummenregeln stellen Begriffe und Aussagen der elementaren Teilbarkeitsregeln in Beziehung zu den Darstellungsmitteln des dezimalen Stellenwertsystems.

Ein Beweis hilft **entdecken**, wenn durch den Beweisprozess neue Phänomene oder Aussagen gefunden werden. Die Erklärung für die Quersummenregel der Teilbarkeit durch 9 führt zu einer präzisierten Aussage: Es gilt nicht nur, dass eine natürliche Zahl genau dann durch 9 teilbar ist, wenn ihre Quersumme es ist; die Zahl und ihre Quersumme haben sogar denselben Neunerrest. Viele Entdeckungen in der Geschichte der Mathematik wurden auf diese Weise gemacht. Die erste Arbeit über Graphen wurde von LEONHARD EULER 1736 veröffentlicht; sie beginnt mit dem bekannten Königsberger Brückenproblem. Es ist durchaus denkbar, dass ein solches praktisches Problem den Begriff des Graphen motiviert und die Ideen zu wesentlichen Sätzen der Theorie geliefert hat.

Ein Beweis wird **kommuniziert**, um ihn mitzuteilen und seinen Geltungsanspruch zur Disposition zu stellen. Kriterien für die Akzeptanz eines Argumentes oder eines ganzen Beweises werden im innerfachlichen Diskurs ausgehandelt. Schlüssigkeit und Strenge in der Mathematik sind zwar unabdingbare Standards, aber keine absoluten Kategorien.

Mathematik geht quasi-empirisch vor

Die sprichwörtliche Strenge des mathematischen Beweises unterliegt in der individuellen Lerngenese wie in der Wissenschaftsgeschichte einem Entwicklungsprozess. LAKATOS (1976) beschreibt den Prozess des Beweisens und der damit verbundenen mathematischen Wissensbildung als Zirkel aus den Aktivitäten des Vermutens, des Beweisens und des Überprüfens mit Gegenbeispielen. Am Beispiel des Eulerschen Polyedersatzes zeigt er, wie auf diese Weise ein Begriff fortlaufend präzisiert und eine Theorie elaboriert wird.

Mit dieser Auffassung legt LAKATOS besonderes Augenmerk auf den quasi-empirischen Charakter des Beweisens: Beweise entwickeln sich im Diskurs. Darin werden sie modifiziert, spezifiziert und durch empirische Versuche untermauert oder verworfen. Sie dienen nicht dazu, ewige Wahrheiten zu bezeugen, sondern Diskursteilnehmer zu überzeugen. Gültigkeit oder Wahrheit erhält der Beweis über die Anerkennung der jeweiligen sozialen Gemeinschaft. Diese legt bestimmte Kriterien fest, nach denen sie die Güte des Beweises oder einzelner Argumentationsschritte beurteilt (→ Kap. 2.1).

Nach Auffassung der genetischen Erkenntnistheorie beginnt mathematisches Denken damit, dass Phänomene der realen Welt gedanklich organisiert werden. Die Mathematik hat demnach ihren Ursprung in der realen Welt, geht aber in ihren Theoriebildungen darüber hinaus, indem sie zu formal definierten Begriffen und Relationen fortschreitet. Dementsprechend durchlaufen die Anforderungen an das Überprüfen und Begründen Stufen der Strenge. Der Grad der Ausformung dieser Stufen der Strenge ist beispielsweise Gegenstand der Kriterien, die die soziale Gemeinschaft formuliert.

Stufen der Strenge

Mit dreieckigen Plättchen gleicher Form und Größe kann man die Ebene parkettieren. Das ist eine praktische Erfahrung, die schon im Grundschulalter oder früher mög- 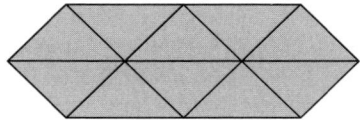 lich ist. Erfahrungen des Passens bereiten die systematische Geometrie vor (FREUDENTHAL 1973).

Gedankliches Ordnen und Strukturieren dieses praktischen Tuns führen zu der Einsicht, dass sich die drei Innenwinkel eines Dreiecks zu einem gestreckten Winkel zusammenfügen. Das ist ein präformaler Beweis für den Satz von der Innenwinkelsumme im Dreieck. Er resultiert aus Erfahrungen mit konkreten Handlungen an realen Gegenständen, hier der Erfahrung des Passens im Umgang mit Formenplättchen. Die verwendeten Begriffe werden als Beschreibungsmittel informell in Gebrauch genommen.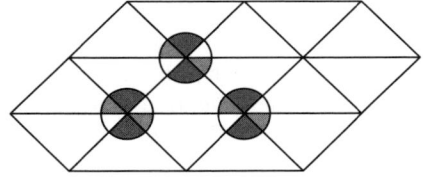

Eine so betriebene Geometrie versteht sich vorerst als eine empirische Wissenschaft, deren Aussagen beobachtend und experimentell erschlossen und zeichnerisch wie rechnerisch verwertet werden und letztlich den Charakter von Hypothesen haben. Innerhalb des empirisch erworbenen Wissens lassen sich logische Stammbäume errichten und durch logisches Schließen weitere Aussagen gewinnen.

Mit Parallelogrammen kann man ebenso wie mit Dreiecken die Ebene pflastern. Bei genauem Hinsehen merkt man, dass die Innenwinkel jedes der gezeichneten Parallelogramme zusammen einen Vollwinkel ergeben.

Wenn man schon weiß, dass die Innenwinkel eines Dreiecks zusammen 180° ergeben, hätte man die Innenwinkelsumme eines Parallelogramms auch anders erschließen können, denn jedes Parallelogramm lässt sich mit Hilfe einer Diagonale in zwei Dreiecke zerlegen. Das gilt nicht nur für Parallelogramme, sondern für alle Vierecke. Somit beträgt die Innenwinkelsumme in jedem Viereck 360°.

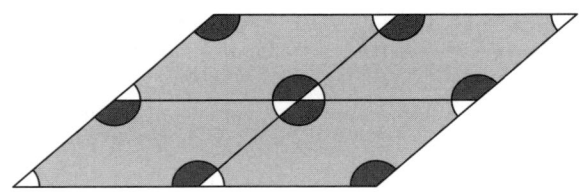

So führt „die Entdeckung logischer Zusammenhänge zwischen verschiedenen Aussagen im naiven geometrischen Weltbild zu der Einsicht, dass Gesetze der Geometrie nicht nur durch Probieren und Experimentieren, sondern auch durch logisches Schließen gefunden werden können. Die anschaulich-experimentelle Verifikation wird dadurch zwar entbehrlich, hat aber auch weiterhin, vor allem bei unerwarteten Gesetzmäßigkeiten, eine wichtige heuristische Funktion. Sie erleichtert das Auffinden neuer Sachverhalte und unterzieht sie einer ersten empirischen Überprüfung, bevor es sich lohnt, nach einer logischen Begründung zu suchen. Begründen kann hier nur heißen, einen Satz auf frühere Hypothesen und Sätze zurückzuführen, aus denen er zwangsläufig folgt" (KRATZ 1993, S. 46). Die Frage nach dem Geltungsbereich der Hypothesen, auf die sich die so gewonnenen Sätze letztlich stützen, ist im Anfangsunterricht kaum zu erwarten.

In der Mittelstufe wird das mathematische Arbeiten systematischer, das begriffliche Denken wird stärker als bisher gefordert. Dazu gehört auch, dass die begrifflichen Vorstellungen von den geometrischen Objekten im Sinne zunehmender Idealisierung präzisiert werden. So wird ins Bewusstsein gehoben, dass wir in einen Globus und einen Ball die gemeinsame ideale Form der Kugel hineinsehen, die in einer gedachten Welt der Geometrie mit Hilfe der Grundbegriffe Punkt und Punktmenge und des Maßbegriffes Entfernung als Ortsbereich exakt definiert werden kann. Zur idealisierenden Betrachtung gehört es aber auch, in Gedanken Gebilde zu konzipieren, die gar nicht oder nur andeutungsweise realisierbar sind. Ein solches Gebilde ist z. B. die Gerade.

So werden zunehmend deutlich die Welt der physikalischen (oder auch sozialen) Phänomene und die Welt der mathematischen Objekte und Relationen einander gegenübergestellt und voneinander unterschieden. Die verschiedenen Sprach- und Erfahrungswelten bleiben im Unterricht aber noch lange nebeneinander bestehen. Die gewonnenen Einsichten stützen sich somit weiterhin auf experimentelle und zeichnerische Erfahrungen.

In dieser gedachten Welt der Geometrie, die durch den Anschauungsraum und die Zeichenblattebene anschaulich gestützt wird, erscheint ein Dreieck als

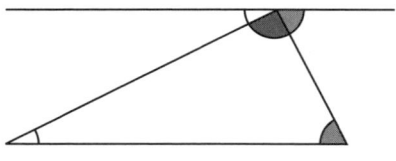

geschlossener Streckenzug. Der durch das Plättchenexperiment anschaulich motivierte Satz von der Innenwinkelsumme im Dreieck lässt sich jetzt ganz im Kontext geometrischer Begriffe und Relationen beweisen, sofern die entscheidende Beweisidee vorhanden ist. Diese verwendet die Parallele zu einer Dreiecksseite durch den gegenüberliegenden Eckpunkt als Hilfslinie und den Wechselwinkelsatz als Argument.

Den Wechselwinkelsatz kann man als anschaulich evident akzeptieren oder weiter hinterfragen. Er lässt sich zum Beispiel dadurch begründen, dass man die Geometrie aus dem Spiegelungsbegriff mit der Achsenspiegelung als Elementarbaustein aufbaut.

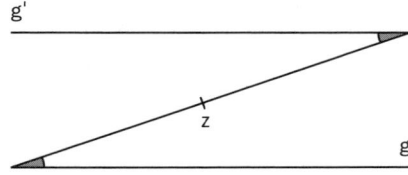

Eine Punktspiegelung kann dabei aufgefasst werden als Produkt zweier Achsenspiegelungen an zueinander orthogonalen Achsen. Dabei gehen alle Geraden durch das Zentrum in sich selbst über und für jede andere Gerade g und ihr Spiegelbild g' gilt: g und g' haben ein gemeinsames Lot. Akzeptiert man die Existenz des gemeinsamen Lotes als Erkennungsmerkmal für parallele Geraden, so erhält man die Aussage: Eine Punktspiegelung bildet jede Gerade auf eine hierzu parallele Gerade ab. Dann aber kann eine Doppelkreuzung mit parallelen Geraden aus einer Punktspiegelung entstanden gedacht werden, und der Wechselwinkelsatz folgt aus der Winkeltreue der Spiegelung.

In diesem gedanklichen Kontext erhalten wir den folgenden verfeinerten Beweis für den Satz von der Innenwinkelsumme im Dreieck:

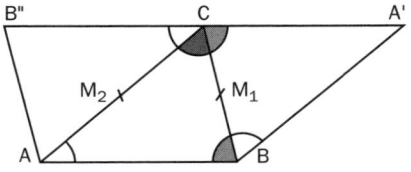

Das gegebene Dreieck werde einmal am Mittelpunkt M_1 der Seite BC und einmal am Mittelpunkt M_2 der Seite AC gespiegelt. Dabei entstehen die Bilddreiecke $A'CB$ bzw. $CB''A$. Die Seite AB wird jeweils auf eine Parallele zu AB durch C abgebildet. Die Innenwinkel bei A und B erscheinen dann wieder bei C und bilden mit ihren Urbildern je ein Wechselwinkelpaar.

Nun kann ein kritischer Geist aber weiterfragen: Wer garantiert denn, dass die beiden Spiegelungen dieselbe Gerade durch C erzeugen? Nur wenn das Ziehen einer Parallelen zu einer gegebenen Geraden durch einen gegebenen Punkt eine eindeutige Operation ist, hat man bei dem Spiegelungsbeweis die Garantie, dass sich die Innenwinkel des Dreiecks wirklich bei C zu einem gestreckten Winkel zusammenfügen. Warum ist das so?

Wie die Geschichte der Geometrie gezeigt hat, ist das Parallelenaxiom eine Annahme, die sich in bestimmten Zusammenhängen bewährt, die aber nicht denknotwendig ist und die auch nicht aus einfacheren Annahmen abgeleitet werden kann. So kann der Prozess des fortlaufenden Hinterfragens eine mathematische Argumentation immer tiefer fundieren und weiter verfeinern. Irgendwann aber ist ein Punkt erreicht, an dem eine Reihe von Grundaussagen als gültig akzeptiert werden muss.

EUKLID vollbrachte auf dieser Grundlage die erste wissenschaftliche Gesamt-
darstellung der Menschheitsgeschichte, die bis ins 19. Jahrhundert als vor-
bildlich galt. Sie folgte dem Ideal einer in sich geschlossenen mathematischen
Theorie, die ausgehend von klar umrissenen Grundlagen (Axiomen, Postulaten
und Definitionen) ein lückenloses, streng logisch begründetes System aufbaut.
EUKLID hat dieses Ideal nicht ganz erreicht. Er führt nämlich zuweilen anschauliche Bezüge in seine Beweisgänge ein, welche durch logisches Denken
allein aus den Grundsätzen nicht hergeleitet werden können. Dazu gehört die
naiv-anschauliche Verwendung der Relation „zwischen" für Punkte einer Geraden (ein Punkt auf einer Dreieckseite liegt zwischen zwei Eckpunkten), und
dazu gehören auch anschaulich evidente Aussagen wie die folgende: „Es seien
A, B, C drei nicht in gerader Linie gelegene Punkte und a eine Gerade in der
Ebene ABC, die keinen der Punkte A, B, C trifft: Wenn dann die Gerade a durch
einen Punkt der Strecke AB geht, so geht sie gewiss auch durch einen Punkt der
Strecke AC oder durch einen Punkt der Strecke BC" (HILBERT 1899/1956, Axiom
II4). Anschaulich bedeutet das: Wenn eine Gerade in das Innere eines Dreiecks
eintritt, dann tritt sie auch wieder heraus. Diese Aussage wird auch Axiom von
PASCH genannt.

Es gehört zu den höheren Anforderungen an die Strenge mathematischen
Schließens, dass man sich der verwendeten Beweismittel bewusst wird: Wo ge-

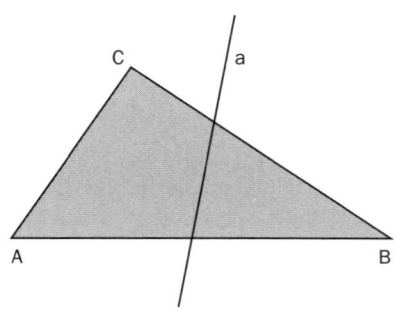

hen in eine Argumentation nicht be-
weisbare, aber ausgewiesene Grundannahmen ein? Wo werden bereits
abgeleitete Aussagen verwendet? Wo
sind Aussagen im Spiel, die vermeintlich als evident gelten, aber nicht aus
den Grundannahmen hergeleitet werden können?

Es ist Ziel einer axiomatisch aufgebauten Theorie, diesen letzten Fall
auszuschließen und zugleich einem
mathematischen Wissensbestand innere Kohärenz und Stringenz zu verleihen.

Die Stufe der formalen Strenge wird im Mathematikunterricht kaum erreicht. Wichtig ist, dass die Schülerinnen und Schüler in einem ihrer Lernstufe
gemäßen „variablen Horizont von Evidenz" (FREUDENTHAL 1973) mathematisches Argumentieren und Begründen lernen.

Das bedeutet auch, dass den Schülerinnen und Schülern die Kriterien für einen akzeptablen Beweis bekannt sind. Sie sollten in der Lage sein, über ihr Beweisen zu reflektieren. So ist es beispielsweise Ziel, dass die Schülerinnen und
Schüler selbst erkennen, welcher Grad an mathematischer Strenge und Allgemeinheit zur Beantwortung ihrer Warum-Frage angemessen ist.

Eine Reflexion auch über die unterschiedlichen Funktionen des Beweisens ermöglicht es, Argumentieren und Begründen als grundlegende mathematische Handlungen erfahrbar zu machen. Dadurch wird die Möglichkeit eröffnet, das Beweisen nicht mehr als unliebsames Intermezzo des Unterrichts, sondern als einen zentralen Bestandteil von Mathematik wahrzunehmen.

Die Beweisbedürftigkeit im Unterricht wecken

Die Frage nach dem „Warum" anzustoßen, benötigt ein Lernarrangement, in dem die Schülerinnen und Schüler sich an den mathematischen Gegenstand gemäß ihres individuellen Lernstands und ihrer individuellen Geschwindigkeit herantasten können. Sie müssen Gelegenheit erhalten, ihre eigenen Fragen und Vermutungen zu formulieren, auch wenn diese erst einmal falsch erscheinen. Mit einem Beispiel aus dem Stochastikunterricht wird dargelegt, wie die Warum-Frage bei den Lernenden geweckt werden kann.

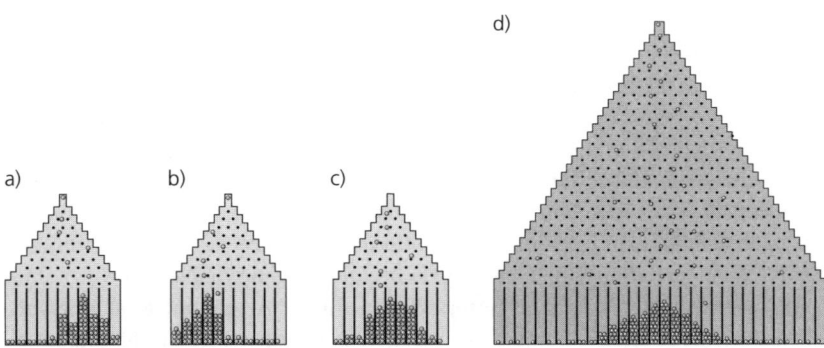

Bilddarstellungen vom Galton-Brett: a) p = 0,7; b) p = 0,3; c) und d) p = 0,5

In einer zehnten Klasse sollte die Binomialverteilung eingeführt werden. Zur Verfügung stand den Lernenden ein Java-Applet, mit dem die Funktionsweise des Galton-Bretts simuliert wurde. Das Programm besaß unterschiedliche Parameter, die variiert werden konnten:
■ die Anzahl der Zeilen,
■ die Wahrscheinlichkeit p, dass eine Kugel nach rechts fällt,
■ die Kugeldichte und
■ die Geschwindigkeit der Kugeln.
Die Schüler und Schülerinnen arbeiteten in Gruppen an dem Arbeitsauftrag, die Funktionsweise des Galton-Bretts zu deuten und mathematisch zu erklären. Für die selbstständige Bearbeitung erhielten sie ein bis zwei Wochen Zeit. Die Ergebnisse wurden in Forschungsheften (vgl. Kap. 3.2) dokumentiert.

Das erste Herangehen an diese Problemsituation war durch systematisches Probieren gekennzeichnet. Ein Teil der Schülerinnen und Schüler versuchte unter Variation der Wahrscheinlichkeit p, der Geschwindigkeit der Kugeln und der Zeilenanzahl Strukturen zu erkennen. Aus der Auseinandersetzung mit unterschiedlichen Konstellationen (vgl. Abb. S. 103) erwuchsen unterschiedliche Vermutungen und Fragen:

- In den Mitteltöpfen sammeln sich die meisten Kugeln.
- In den Außentöpfen landet niemals eine Kugel.
- Je größer die Wahrscheinlichkeit, desto weiter rechts landen die Kugeln.
- Die ersten Kugeln fallen immer in die Mitteltöpfe.
- Bei $p = 0$ landen alle Kugeln im ersten Behälter und bei $p = 1$ landen alle Kugeln im letzten Behälter.

Die sich z. T. widersprechenden Aussagen lösten intensive Diskussionen aus. Die Lernenden stritten über den Gültigkeitsbereich ihrer Aussagen und die sie stützenden Argumente. Dabei standen empirische Resultate und sachlogische Argumente einander gegenüber.

In der ersten Unterrichtsstunde beispielsweise konnte in allen Arbeitsgruppen beobachtet werden, dass mit der Voreinstellung $p = 0,5$ tatsächlich die ersten beiden Kugeln immer in einen der Mitteltöpfe fielen. Dies schien der Beobachtung zu widersprechen, dass alle Kugeln in den ersten Behälter fielen, wenn die Wahrscheinlichkeit $p = 0$ betrug.

Für die zweite Situation wurden schnell stichhaltige Argumente gefunden: „Die Kugel besitzt an jedem Nagel zwei Auswahlmöglichkeiten. Davon kann sie die nach rechts nicht nutzen, weil ihre Chance, nach rechts zu fallen, null ist. Also fällt sie an jedem Nagel nach links. Das gilt für jede Kugel."

Die empirischen Versuche unterstrichen dieses Argument eindrucksvoll. Für ihre weiteren Forschungen verließen viele Schüler die Darstellung durch den Computer zu Gunsten einer Darstellung durch Baumdiagramme auf dem Papier. Sie zogen es vor, direkt die Situation gedanklich zu ergründen. Die Analyse der wahrscheinlichen Bewegungen der Kugeln verhalf den Lernenden, die „Unsicherheiten" der empirischen Situation zu vernachlässigen.

Aus den genannten Argumenten folgerten die Schülerinnen und Schüler, dass bei $p = 0,5$ die eine Hälfte der Kugeln nach rechts und die andere nach links fallen müssten.

Diese Hälften teilen sich am nächsten Nagel wiederum in zwei Viertel auf, dann in vier Achtel usw. Bei fünf Zeilen müssen daher in jedem Topf der Anteil $0,5^5$ aller Startkugeln landen. Folglich müsste jeder Topf gleich viele Kugeln enthalten!?

„Aber da liegen doch Wege übereinander. Bei den Mitteltöpfen mehr und bei den Außentöpfen immer weniger. Das ist es!" war ein Einwand und zugleich Aha-Erlebnis einer Schülerin in einer Gruppe.

Systematisch wurden nun die Wege gezählt, die zu einem Topf führen, und unter der Annahme, dass 64 Kugeln das Galton-Brett durchwandern[1], wurde ermittelt, wie viele Kugeln durchschnittlich in dem betroffenen Topf landen:

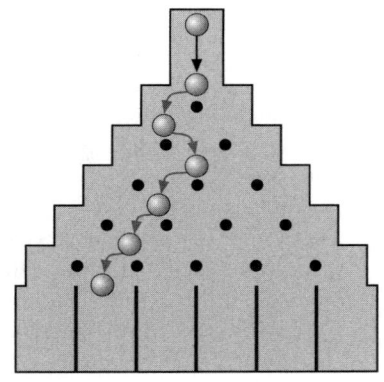

Das Galton-Brett mit fünf Ebenen

Topf 0: Die Kugel fällt fünfmal nach links und überhaupt nicht nach rechts. Nur auf diese eine Weise kann sie den ersten Topf erreichen. Multipliziert man die Anzahl 1 mit dem durchschnittlichen Anteil der Kugeln, die diesen Weg beschreiten, so ergibt das 1 · 2 Kugeln. Damit erhält man die Anzahl der Kugeln für den ersten Topf, die dort durchschnittlich zu erwarten sind.

Topf 1: Die Kugel fällt genau einmal nach rechts, ansonsten nach links. Hierfür gibt es genau fünf Möglichkeiten: (l,l,l,l,r), (l,l,l,r,l), (l,l,r,l,l), (l,r,l,l,l), (r,l,l,l,l), wie aus dem Baumdiagramm deutlich wird. Somit gelangen durchschnittlich 10 Kugeln in den ersten Topf.

Topf 2: Die Kugel fällt genau zweimal nach rechts, ansonsten nach links. Hierfür gibt es genau zehn Möglichkeiten: (r,r,l,l,l), (r,l,r,l,l), (r,l,l,r,l), (r,l,l,l,r), (l,r,r,l,l), usw. Für den zweiten Topf sind damit 20 Kugeln zu erwarten.

Bei den **Töpfen 3 bis 5** wiederholen sich die Verhältnisse der ersten drei Töpfe, nur in umgekehrter Reihenfolge. Das erkennt man leicht, indem man das r mit dem l tauscht. Insgesamt erhält man 32 mögliche Wege und wiederum 64 Kugeln.

Die Erfahrung, mathematische Beschreibungen und Erklärungen für beobachtete Phänomene selbstständig zu entwickeln, hatte eine so große Wirkkraft auf die Schülerinnen und Schüler, dass sie ihre anfänglichen Vermutungen 2 und 4 verwarfen und den sachlogischen Argumenten vertrauten. Darüber hinaus löste dieses Erlebnis den Drang aus, weitere Phänomene zu erforschen. So verallgemeinerten sie ihre Ergebnisse für eine beliebige Anzahl an Zeilen. Die empirischen Überprüfungen untermauerten ihre in der geistigen Welt gewonnenen Hypothesen. Die Binomialverteilung war gewonnen, ledig-

---

1 Diese Überlegungen führten die Schülerinnen und Schüler zuerst für 100 Startkugeln aus. Sie bemerkten aber schnell, dass schon im Topf 0 keine ganzzahlige Anzahl an Kugeln zu erwarten war. Dieses Problem lösten sie bzw. verschoben es auf später mit der Annahme von 64 Startkugeln.

lich die Formalisierung bereitete einigen Schülerinnen und Schülern Schwierigkeiten, da sie z. B. die Schreibweise des Summenzeichens oder des Binomialkoeffizienten nicht zur Verfügung hatten.

Als besonders fruchtbar für den weiteren Unterrichtsverlauf erwies sich die Entstehung neuer Fragen aus dem Forschungsprozess. Diese sahen die Schülerinnen und Schüler als ihre ureigenen Warum-Fragen an und waren um deren Beantwortung bemüht. Sie machten beispielsweise die Entdeckung, dass es immer $2^{\text{Zeilenzahl}}$ mögliche Wege gibt.

Auf diese Weise erlebten die Schülerinnen und Schüler Beweisen und Argumentieren nicht als zähe Pflichtübung im Kampf mit Symbolen und deren richtiger Anordnung, sondern als ein durch Interesse an der Problemsituation entfachtes Suchen nach Erklärungen. Dabei entwickelte sich ein ambitioniertes Streiten um die besten Argumente und ein Suchen nach geeigneten Mitteln, um diese zu erhärten. Es entfaltete sich eine genuine Beweisbedürftigkeit, die nur durch eine schlüssige Argumentation zu befriedigen ist.

4 Mathematik betreiben

Was ist der Kern mathematischen Denkens und Handelns? Die oft anzutreffende Populärmeinung, Mathematik sei im Wesentlichen das Rechnen, oder etwas differenzierter ausgedrückt das algorithmische, quasi-maschinelle Befolgen präziser Handlungsanweisungen, rührt wohl nicht zuletzt von einseitigen Lernerlebnissen im einst durchlittenen Mathematikunterricht. Schnell jedoch erliegt ein werdender Mathematiklehrer in akademischen Gefilden der entgegengesetzten Illusion, der Modus des Beweisens, des systematischen Deduzierens sei das wahre mathematische Denken.

Strenges Begründen bis hin zur formalen Deduktion sind zwar prägende Besonderheiten mathematischen Erkenntnisgewinns, aber sie allein erklären nicht die Faszination der Mathematik als Weltsicht und ihre Mächtigkeit als Erkenntnisinstrument. Jeglicher „mathematische Monotheismus" verkennt die Vielgestaltigkeit dessen, was geschieht, wenn Mathematiker Mathematik betreiben, und was alles geschehen kann, wenn Schüler dies tun und zu tun lernen. Schon Kapitel 2.1 hat deutlich gemacht, wie induktive und deduktive, wie quasi-empirische und formale Denk- und Arbeitsweisen ineinander greifen und wie erst das Zusammenspiel von divergentem und konvergentem Denken mathematische Erkenntnisse entstehen lässt.

Die folgenden Kapitel beschreiben, wie all diese Prozesse im Mathematikunterricht stattfinden können und wie man sie als Lehrender herausfordern und unterstützen kann. Dazu werden verschiedene Tätigkeiten, wie das Erkunden und Systematisieren, das Modellieren und Anwenden, das Finden und das Lösen mathematischer Probleme dargestellt und auch deutlich gemacht, wie eng sie miteinander verflochten sind.

4.1 Erkenntnisgewinn in der Mathematik

Lisa Hefendehl-Hebeker

Ein Charakteristikum jeder bewussten Erkenntnis besteht darin, dass Seiendes nicht einfach als ein Bestand isolierter Phänomene unreflektiert hingenommen oder lediglich registriert wird. Stattdessen werden Beziehungen hergestellt, Relationen gestiftet, Zusammenhänge konstruiert. Auf diese Weise wird ein Ausschnitt der Welt als Gefüge dargestellt (RADBRUCH 1997). Das kann auf verschiedene, wechselseitig nicht ersetzbare Weisen geschehen: im ästhetischexpressiven Ausdruck, in der historischen Rekonstruktion, der gesellschaftlichen Analyse, der religiösen Sinnzuschreibung, der naturwissenschaftlichen Erkenntnisbildung und dem mathematischen Denken. In diesem Spektrum der Welterkenntnis erfüllen die Schulfächer unterschiedliche Funktionen, hier finden sie ihre spezifische Legitimation.

Im Folgenden soll an Beispielen dargestellt werden, welche Weisen der Erkenntnisgewinnung dem Mathematikunterricht zur Verfügung stehen und wie sie sich aufeinander beziehen.

Mathematik als Kultur des Denkens

Mathematik ist eine Kultur des Denkens, die Phänomene nach Zahl, Form und Struktur zu erfassen sucht. Maß und Zahl gelten seit mehr als zweitausend Jahren als erkenntnisleitende Prinzipien in fast allen kulturellen Bereichen. Plato betrachtete sie als Ordnungsprinzipien für eine wissenschaftliche Beschreibung der Welt, die es ermöglichen, Ungenauigkeit und Ungewissheit durch Präzision zu ersetzen und zu verlässlichem Wissen zu gelangen (RADBRUCH ebd.).

Mathematische Begriffe und Verfahren sind eine spezielle Weise, Phänomene unserer physischen, sozialen oder mentalen Welt gedanklich zu organisieren (FREUDENTHAL 1983). Dabei spielen Denkhandlungen wie Abstrahieren, Idealisieren, Präzisieren, Strukturieren, Formalisieren und Deduzieren eine wesentliche Rolle. Ein besonderes Anliegen der Mathematik besteht darin, das Formale in Gedankengängen herauszuarbeiten und damit mehr Transparenz und Einsicht in Zusammenhänge zu schaffen.

Mathematische Begriffe haben eine ideale Seinsform. HEIDEGGER (1962) schrieb ihnen den Charakter von Entwürfen zu. In der physischen Welt gibt es nur angenähert kreisförmige Gegenstände; der Kreis als ideale Figur existiert in unseren Gedanken – in einer geometrischen Begriffs- und Vorstellungswelt als Ortslinie, algebraisch als Gleichung darstellbar. Es ist ein Entwurf, durch den gesetzt wird, als was wir kreisförmige Gegenstände ansehen wollen. In diesem Sinne haben mathematische Begriffe ein beschreibendes und ein gestaltendes Moment; sie entstehen im Spannungsfeld zwischen Ablesen und Hineinlesen (zum Wesen mathematischer Objekte und Begriffe siehe auch die Gegenüberstellung von Platonismus und Konstruktivismus in Kap. 1.1).

Mathematische Theorien bilden sich in einem Prozess fortschreitender Konventionalisierung. Sie erfassen mathematische Wissensbestände in deduktiv geordneten Systemen. In der natürlichen Wissensgenese stehen solche Systeme am Ende eines Erkenntnisprozesses.

Die rein geistige Natur ihrer Objekte und die Strenge ihrer Gedankenführung machen die Mathematik zu einem Fach, das so gegensätzlich erlebt wird wie kaum ein anderes. Die Mathematik bewirkt leidenschaftlichen Einsatz wie auch angstvolle Abwehr, sie kann die Gedanken anregen wie auch lähmen, und während die einen ihre Klarheit und Reinheit rühmen, beklagen die anderen ihre Rätselhaftigkeit und Sinnferne.

Der Mathematikunterricht sollte möglichst positive Erfahrungen mit dem Fach vermitteln. Er sollte Interesse wecken, die Gedanken anregen und Klarheit als intellektuellen Wert erlebbar machen. Dazu sind die Wesenszüge mathematischer Wissensbildung wie auch Erkenntnisse über das Lehren und Lernen zu berücksichtigen.

Anstöße geben und reifen lassen

Neuere Auffassungen vom Lehren und Lernen gehen davon aus, dass es keine unmittelbare Übernahme des Wissens und Könnens Anderer gibt. Vielmehr muss jedes Individuum Sinn und Bedeutung der Inhalte in Gedanken selbst konstruieren. So muss sich auch mathematische Einsicht im Kopf des lernenden Individuums herausbilden. Das ist ein empfindlicher Prozess, der von außen nicht im Detail gesteuert werden kann. Seine Förderung bedarf einer gedeihlichen Balance von Steuerung und Offenheit, die sich in Gegensatzpaaren wie Fördern und Fordern, Anspannung und Muße, Instruktion und Konstruktion weiter ausdifferenziert.

Das Problem, wie man die Reste bei Divisionsaufgaben verteilt, beschäftigt einige Kinder eines zweiten Schuljahres sehr. Es entzündet sich an der Frage „11 : 2 – da kriegt jeder noch ein Halbes dazu. Aber wie viel kriegt jeder bei 11 : 3?" Nach einigen, durch Zeichnungen und Skizzen unterstützten Überlegungen erkennen die Kinder, dass man jedes der beiden restlichen Ganzen in drei gleich große Teile schneiden muss, von denen jedes Kind noch eins bekommt. Sie suchen auch passende Bezeichnungen, denen die Lehrerin schließlich die konventionalisierten Schreib- und Sprechweisen gegenüberstellt. Von nun an arbeiten einige Kinder in den freien Arbeitsphasen an solchen Verteilproblemen. Nina und Juliane haben beide die Aufgabe 28 : 8 gerechnet und Zeichnungen dazu gemacht. Plötzlich werden sie ganz aufgeregt: „Wir haben etwas gemerkt: 4/8 ist dasselbe wie 1/2." Beide wussten: Wenn man 28 an 8 Kinder verteilt, bekommt jedes Kind zunächst 3. Beide haben die übrigen 4 Ganzen hingemalt und diese weiter zerteilt. Nina hat „alle 4 in 8 Stücke geschnitten, weil es ja 8 Kinder sind. Und dann kriegt jeder immer ein Stück. Und am Ende hat jeder immer 4/8." Julia hat auch zuerst 4 hingemalt. Und dann hat sie irgendwie gesehen, „wenn man die 4 halbiert, dann geht's auf mit 8 Leuten, dann kriegt jeder 1/2. Und dann haben wir irgendwie gemerkt: 4/8 ist dasselbe wie 1/2" (WINNING 1996).

Die Kinder hatten eine sie interessierende Frage gefunden. Die Lehrerin nahm die Frage ernst und machte sie zum Lernanlass. Mit Zutrauen zu den geistigen Möglichkeiten der Kinder schuf sie eine geeignete Lernumgebung und Freiräume, in denen die Einsicht reifen konnte. Sie hat die Erkenntnis nicht beigebracht, sondern auf den Weg gebracht.

Wenn es im Unterricht gelingt, eine so intensive Beschäftigung mit einem Thema zu veranlassen, sind Schülerinnen und Schüler zu erstaunlichen Leistungen fähig. Nina und Julia erobern aus eigenem Antrieb die Anfangsgründe der Bruchrechnung, die unsere Lehrpläne bislang erst für Klasse 6 vorsahen. HUSSMANN (2002) hat gezeigt, wie Schülerinnen und Schüler der Oberstufe eigenständig grundlegende Ideen der Integralrechnung entwickeln. Auch dieser Unterricht folgte der Leitidee „Anstöße geben und reifen lassen."

Denken als Ordnen des Tuns

Nina und Julia haben „es irgendwie gesehen." Sie erleben mathematische Erkenntnis als Einsicht, die unterschwellig wächst und dann reif wird und die auch in diesem Stadium bereits theoretischer Natur ist. Beim Nachdenken über die Handlungen des Verteilens und Zerschneidens hat es sich vor Julias geistigem Auge so konfiguriert, dass es aufgeht mit acht Leuten, wenn man die vier Ganzen halbiert.

Vorstellungen über den Ursprung, das Wesen und das Ziel des menschlichen Denkens, wie sie u. a. von den Psychologen DEWEY, PIAGET, AEBLI und WYGOTSKI ausgeprägt wurden, basieren auf der Annahme, dass der *Ursprung des Denkens im Handeln* liegt. Handeln und Wahrnehmen gelten dabei als die Urformen geistigen Lebens. Durch Prozesse der Transformation der Darstellungsform (von Handlungen zu Bildern und schließlich zu Symbolen), der Abstraktion und des Aufbaus von flexiblen Systemen entstehen geistige Operationen als verinnerlichte Handlungen. Deshalb bezeichnete AEBLI (1993) Denken als Ordnen des Tuns. An Handlungen und Anschauung gebundene Einsichten werden schließlich zu Begriffen und Begriffssystemen (z. B. natur- oder geisteswissenschaftlicher Ausprägung). Dabei wird das Denken zunehmend unabhängig von der Wahrnehmung. So lernt das Individuum, in Zeichensystemen formal zu operieren und in allgemeinen Strukturen zu denken. Nach PIAGET beginnt sich diese Disposition etwa mit dem 12. Lebensjahr herauszubilden (WITTMANN 1981).

Eine Auffassung von Mathematikunterricht, die das Handeln und den Erfahrungszugewinn der Schülerinnen und Schüler in den Mittelpunkt stellt, vertritt auch FREUDENTHAL (1973). Für Lernprozesse wird ein Stufenmodell angenommen, das wir am Beispiel des Parallelogramms (vgl. WINTER 1989) entfalten:

■ Stufe 0: *Sammeln von praktischen Erfahrungen (prämathematische Stufe)*
Praktisches Hantieren mit konkretem Material wie Zeichnen, Ausschneiden, Zusammensetzen usw.

- **Stufe 1:** *Gedankliches Ordnen der praktischen Erfahrungen (erstes theoretisches Wissen)*
  Eigenschaften am Parallelogramm entdecken, etwa die folgenden: Gegenseiten sind parallel und gleich lang; Gegenwinkel sind gleich groß; die Diagonalen halbieren sich; das Viereck ist punktsymmetrisch.
- **Stufe 2:** *Lokales Ordnen des theoretischen Wissens*
  Zusammenhänge zwischen Eigenschaften entdecken: Wenn man schon weiß, dass in einem Viereck die Paare von Gegenseiten parallel sind, dann weiß man auch, dass sie gleich lang sind und umgekehrt.
- **Stufe 3:** *Systematisieren des theoretischen Wissens*
  Entdecken, dass eine Eigenschaft zur Charakterisierung des Parallelogramms ausreicht, um alle anderen daraus abzuleiten.
- **Stufe 4:** *Globales Ordnen des theoretischen Wissens*
  Entdecken, was Definieren ist und was den Aufbau einer Theorie ausmacht, z. B. aus den Begriffen der Isometrie und der Achsenspiegelung eine Theorie der Kongruenzabbildungen zu deduzieren.

Dieses Stufenmodell hat einen rekursiven Charakter. Die Handlungen der Anfangsstufe sind auf die gegenständliche Welt gerichtet, es sind Handlungen im ursprünglichen Wortsinn und betreffen etwa das Hantieren mit konkreten Materialien. Auf der Stufe $n + 1$ werden Handlungen der Stufe n selbst zu Gegenständen höheren Handelns. Solches Handeln stellt sich dann als Ordnen von Erfahrungsfeldern dar.

Aus diesem Grunde ist das Experiment eine wichtige Quelle mathematischer Einsicht. Das Legen von Figuren und das Basteln von Körpermodellen bereiten die begriffliche Figurengeometrie vor, praktisches Zählen, Messen und Vergleichen die geometrischen Maßbegriffe. Das Experimentieren mit Zahlen und Zahlenmustern führt zur Entdeckung arithmetischer Gesetzmäßigkeiten, das stochastische Experiment stärkt die Intuition zur Einschätzung von Zufallsphänomenen. Ein Grenzprozess kann geometrisch an einer Folge von Figuren beobachtet und nummerisch erlebt werden durch die Erfahrung, dass sich eine Folge von Dezimalzahlen auf immer mehr Nachkommastellen stabilisiert. Der Computer eröffnet dem Mathematikunterricht ein Experimentierfeld von noch viel größerer Reichweite als herkömmliche Methoden (→ Kap. 6.1 und 6.2).

Das gedankliche Ordnen von Erfahrungsfeldern ist also eine grundlegende Tätigkeit in der Mathematik. Es ist eine geistige Technik, die in zunächst unüberschaubar und verwirrend erscheinenden Problembereichen Übersicht und Einsicht vermittelt und zur Ausbildung formaler Fähigkeiten beiträgt. Oft führt das Herstellen einer sinnvollen Ordnung bereits zur Lösung eines Problems oder ist Keim einer Entdeckung. Das Ordnen von Handlungsmöglichkeiten in einem Baumdiagramm kann die günstigste Version eindeutig ausweisen;

das Ordnen von Viereckstypen nach Symmetrieeigenschaften kann Begriffshierarchien erschließen; das systematische Ordnen der Ergebnisse eines Zufallsversuchs kann die Entdeckung einer kombinatorischen Zählregel auf den Plan rufen. Das Auffinden passender Ordnungsgesichtspunkte kann selbst eine kreative Leistung sein. Die Abzählbarkeit der Menge der Bruchzahlen erschließt sich, wenn statt der vertrauten Größenordnung der Zahlen eine Anordnung der Schreibfiguren in einem zweidimensionalen Schema gewählt wird.

Die natürliche Stufenfolge

Wenn das Lernen von Mathematik durch ineinandergreifende Stufen erfolgt, dann darf der Unterricht diese natürliche Stufenfolge nicht missachten. Man kann nicht ungestraft Stufen überspringen oder untereinander vertauschen. So gibt es z. B. bei der Kreismessung auf dem Weg vom praktischen Messen zum theoretischen Durchdringen drei Stadien, die je für sich eine sinnvolle Abrundung liefern:

1. *Praktische Berechnung:* In einem naiv-anschaulichen Verständnis wird der Begriff der Kreisfläche nicht problematisiert und der Flächeninhalt als existent und wohldefiniert angenommen. Eine Folge von einbeschriebenen regulären Vielecken mit wachsender Seitenzahl liefert hierfür immer genauere Näherungswerte. Die zu beobachtende Stabilisierung der Maßzahlen auf immer mehr Nachkommastellen ist eine nummerische Vorerfahrung zum Grenzwertbegriff.

2. *Begriffliche Präzisierung:* Zum Präzisionsanspruch der Mathematik gehört es, dass die anschaulich gegebene Größe „Flächeninhalt eines Kreises" auch in der Theorie als wohlbestimmtes Objekt existiert. Da man sie durch das beschriebene Messverfahren nicht in endlich vielen Schritten mit absoluter Genauigkeit erfassen kann, beschreibt man sie als den idealen Wert, der gemeinsamer Grenzwert aller denkbaren Näherungsprozesse ist: als Supremum der Flächeninhalte aller dem Kreis einbeschriebenen Polygone.

3. *Theoretische Absicherung:* Auf dieser Stufe werden grundlagentheoretische Fragen wie die folgenden geklärt: Ist die Existenz dieses zu einer Kreisfläche gehörenden idealen Wertes gesichert? Warum haben alle Näherungsfolgen tatsächlich denselben Grenzwert? Diese Fragen führen auf die Vollständigkeit der reellen Zahlen.

Ideen als Erkenntnisträger

Mathematik wird getragen von spezifischen Ideen, deren Ausarbeitung zu Theorien führt. Ein einfaches Beispiel für eine wirkungsvolle mathematische Idee ist der Beweis des Satzes von der Winkelsumme im Dreieck, der die Parallele zur Grundseite durch den gegenüberliegenden Eckpunkt einführt und dann die Winkelsätze an Parallelen nutzt. Hier zeigt sich bereits, wie antizipierende Gestaltungskraft Zusammenhänge erschließen kann, manchmal sogar auf höchst überraschende Weise. Die Idee des Stellenwertsystems macht es möglich, Zahlsymbole algorithmisch zu erzeugen und Zahloperationen algorithmisch auszuführen. Ihre Genese beginnt mit der Ablösung des Zählens von den gezählten Gegenständen, ihre Wirkung reicht bis zu den Grundlagen der Computerkonstruktion.

Mathematische Begriffe sind spezielle Ideen, die das Verständnis schärfen und organisieren. Es gibt Schlüsselbegriffe, die ganze Wissenszweige begründen. Der Zahlbegriff und die geometrischen Grundbegriffe bilden die Fundamente der Mathematik; ein wichtiger Begriff der neuzeitlichen Mathematik ist der Funktionsbegriff zur Erfassung von Abhängigkeit und Veränderung. Grundlegende Ideen artikulieren sich auch in den zugehörigen Begriffen Ableitung und Integral. Die Ableitung beschreibt die lokale Änderungsrate, das Integral die globale Kumulation. Die Teilhabe an solchen Ideen und ihre Würdigung ist ein Bildungsziel des Mathematikunterrichts.

Dabei ist der Ideengehalt eines Stoffes keine absolute Kategorie. Eine Idee kann auch Ausdruck einer bestimmten Sichtweise oder einer persönlichen Beziehung zu einem Thema sein. Jedenfalls aber setzt die Formulierung von Ideen Umrisse für ein ganzes Stoffgebiet, rückt provozierende Eigenheiten in den Vordergrund, bringt so zum Ausdruck, was der „Witz der Sache" ist und lädt ein zum Dialog (GALLIN/RUF 1998). Ein für Schülerinnen und Schüler zunächst auffälliges bis provozierendes Charakteristikum der Bruchrechnung ist die Inversion der Größenverhältnisse, exemplarisch beschreibbar durch die Feststellung „Geteilt durch ein Halbes gibt mehr." In einem erweiterten Verständnis von Zahlen und Zahloperationen wird diese Eigenheit durch die Idee der Division als Multiplikation mit dem Inversen relativiert und in einen größeren strukturellen Zusammenhang gestellt.

Die Ideenvielfalt, durch die sich ein Stoffgebiet aufschlüsseln lässt, zeigt dessen Aspektfülle und verhindert die Reduktion auf schematische Darstellungsweisen und Regelanwendungen. Wenn Schülerinnen und Schüler durch eine Vielfalt von Betrachtungsweisen an ein Thema herangeführt werden, dient dies auch dem immanenten Wiederholen und Vernetzen von Gegenständen. So hat zum Beispiel die Anordnung der Zahlen auf der Zahlengeraden einen symmetrischen und einen homogenen Aspekt. Der symmetrische Aspekt bringt zum Ausdruck, dass die reellen Zahlen als relative Zahlen bezüglich einer fest gewählten Vergleichsmarke aufgefasst werden können. Eine Zahl und ihre Gegenzahl liegen auf der Zahlengeraden spiegelbildlich zum Ursprung. Der homogene Aspekt betont die einheitliche Orientierung und löst die Zentrierung auf den Ursprung. Das bedeutet aber auch – für Schülerinnen und Schüler durchaus gewöhnungsbedürftig – dass die Kleinerrelation die negativen Zahlen entgegengesetzt zu ihren Beträgen ordnet: „Bei minus, da geht's anders herum" (Maike; 13 J.).

Lernanstöße zu geben bedeutet deshalb, die Schülerinnen und Schüler an erkenntnisleitende Ideen heranzuführen oder noch besser, sie selbst solche Ideen generieren zu lassen. GALLIN/RUF (ebd.) wählen den Begriff „Kernidee" als Inbegriff dessen, was unserem Tun Antrieb und Richtung gibt. Die Kinder des zweiten Schuljahres (s. o.) haben das Teilen mit Rest zu ihrer Kernidee gemacht. Kernideen können auch in Fragen oder Aufträgen enthalten sein. Die Frage „Von wie vielen Personen kennst du die Namen, von wie vielen Zahlen kennst du die Namen?" führt unmittelbar zur Leistungsfähigkeit unseres Zahldarstellungssystems. Der Auftrag „Finde einen Punkt, der von allen Eckpunkten eines Dreiecks gleich weit entfernt ist", führt zu dem Satz vom Mittelsenkrechtenschnittpunkt und seiner Begründung.

Informelle und standardisierte Methoden

Es gehört zu den Bestrebungen mathematischer Wissensentwicklung, möglichst weitreichende Verfahren der Problemlösung aufzustellen. Ein Verfahren von einer geradezu unerschöpflichen Anwendungsvielfalt ist die algebraisch-analytische Methode, die darin besteht, ein Problem auf eine Lösung einer einzigen Gleichung oder eines Systems von Gleichungen zu reduzieren. POLYA (1979) diskutiert hierzu ein einfaches, aber lehrreiches Beispiel (ebd., S. 48 ff.):

Beispiel Ein Bauer hat Hühner und Kaninchen. Diese Tiere haben zusammen 50 Köpfe und 140 Füße. Wie viele Hühner und wie viele Kaninchen hat der Bauer?

Wer Routine in der Anwendung der algebraisch-analytischen Methode hat, sieht schnell den folgenden Lösungsansatz: Bezeichnet man die Anzahl der Hühner mit x und die Anzahl der Kaninchen mit y, so führen die Aufgabenbedingungen auf das System der beiden Gleichungen $x + y = 50$ und $2x + 4y = 140$ mit der Lösung $x = 30$ und $y = 20$. Wer noch mehr Erfahrung im Gebrauch der algebraischen Sprache hat, analysiert das Problem sogleich in seiner allgemeinsten Form:

Beispiel Ein Bauer hat eine gewisse Anzahl von Hühnern und eine gewisse Anzahl von Kaninchen. Diese Tiere haben zusammen k Köpfe und f Füße.

Die entsprechenden Gleichungen lauten $x + y = k$ und $2x + 4y = f$ und für die Lösung gilt: $x = (4k - f) : 2$, $y = (f - 2k) : 2$. Diese Formeln geben Auskunft darüber, wie sich die Lösung aus den Aufgabendaten zusammensetzt. Insbesondere erhält man die Anzahl der Kaninchen, wenn man die doppelte Anzahl der Köpfe von der Anzahl der Füße subtrahiert und das Ergebnis halbiert.

Die Sprache der Algebra und Analysis ist ein effizientes und zugleich ökonomisches Werkzeug für Geübte: Man braucht sich zur Lösung des Problems gar nicht weiter in die spezielle Situation hineinzuversetzen; es genügt, die Aufgabe in geeigneter Weise in die Symbolsprache zu übersetzen und mit diesen Symbolen richtig zu operieren. Man erhält auf diese Weise nicht nur die Lösung, sondern auch noch einen Einblick in die Lösungsstruktur. Das liegt daran, dass die algebraische Methode mit formalen Mitteln arbeitet (siehe dazu den nächsten Abschnitt).

Gleichwohl ist es möglich, das vorliegende Problem auch informell zu lösen. Das erfordert eine kreative, auf die Situation bezogene Idee, etwa die folgende: Es handelt sich um 50 Tiere, von denen jedes entweder zwei oder vier Füße hat. Von den 140 Füßen sind 100 vergeben, wenn man jedem Tier zunächst zwei Füße zuteilt. Damit sind die Zweibeiner, in diesem Fall also die Hühner, bereits komplett ausgestattet, mit den restlichen 40 Füßen muss die Unterversorgung der Vierbeiner, also der Kaninchen, behoben werden. Sie reichen für 20 Tiere. Also gibt es 20 Kaninchen und 30 Hühner. Führt man diese Lösung für eine variable Anzahl von Köpfen und Füßen durch, so erhält man eine situationsspezifische Erklärung für den oben hergeleiteten allgemeinen Strukturzusammenhang.

Die beiden Lösungsverfahren haben ihre je eigenen Vorzüge und Anforderungen: Das standardisierte Lösungsverfahren hat ein breites Anwendungsspektrum, ist dafür aber auch abstrakter; es verwendet elaborierte Hilfsmittel und erfordert entsprechende Vorkenntnisse, erlaubt aber eine weitgehend routinierte Verwendung. Das informelle Verfahren ist ursprünglicher und spezieller, erfordert aber eine situationsbezogene kreative Lösungsidee. Ist diese vorhanden, kann sie helfen, die auf formalem Wege gewonnene Lösung inhaltlich zu deuten. Das standardisierte Lösungsverfahren uniformiert die Gedankengänge auf abstraktem Niveau, das informelle verankert sie in der speziellen Situation. Die beiden Wege ergänzen sich im Spannungsfeld von ursprünglichem Verstehen und methodenspezifisch vorgehendem Denken.

Beide Lösungsprinzipien sollten im Mathematikunterricht einen wohl bestimmten Platz haben und sich gegenseitig ergänzen und stützen. Informelle Zugänge sind auf jeder Stufe des Lernprozesses möglich; sie sind offen für individuelle Lernwege, vermitteln Vertrautheit mit einer speziellen Problemsituation, trainieren auf ihre Weise die mathematische Beweglichkeit und helfen, die systematische Mathematik vorzubereiten, zu verstehen und zu deuten.

Standardisierte Methoden geben einen Einblick in die Reichweite und Ökonomie formaler Verfahren und die Effizienz von Routinen.

Man mache sich das Verhältnis von informellen und standardisierten Methoden noch an zwei weiteren Beispielen klar:

Beispiel 1 „Um 10.40 Uhr läuft aus dem Emder Hafen ein Frachter aus. Er fährt mit einer Durchschnittsgeschwindigkeit von 15 Meilen pro Stunde. Um 11.15 Uhr wird der Zoll benachrichtigt, dass der Frachter Schmuggelware an Bord hat. Um 11.20 Uhr nimmt ein Zollkreuzer die Verfolgung auf. Der Kreuzer erreicht durchschnittlich 25 Meilen pro Stunde. Der Kapitän des Zollkreuzers weiß dies alles und fragt sich, ob er den Frachter noch innerhalb der 30-Meilen-Grenze einholt." (SJUTS 2002). Man löse dieses Problem durch eine informelle situationsbezogene Überlegung, wie auch mit Hilfe linearer Funktionen.

Beispiel 2 Unter allen umfangsgleichen Rechtecken hat das Quadrat den größten Flächeninhalt. Man beweise diese Aussage mit Hilfe elementargeometrischer Überlegungen wie auch mit Mitteln des Differentialkalküls.

Zu den informellen Methoden gehören auch Techniken des Schätzens und Überschlagens. Sie haben nicht nur die Funktion einer Lösungskontrolle hinsichtlich der Größenordnung des Ergebnisses. Der Überschlag zwingt auch zu einer Vertiefung in die Struktur der Aufgabe und wirkt gegenüber der Anwendung von schematischen Lösungsverfahren und dem mechanischen Einsatz des Taschenrechners als Korrektiv.

Formalisierung und Deduktion

Die Symbolsprache der Algebra ist eine formale Sprache. Zusammenhänge, die zwischen Zahlen und Größen bestehen, werden durch rein syntaktische Strukturen zwischen Symbolen abgebildet. Man verfährt mit ihnen nach Regeln, die nicht mehr Bezug nehmen auf das, was die Zeichen bedeuten, sondern ausschließlich auf ihre syntaktische Gestalt. Inhaltsgebundene logische Argumentationen werden weitgehend durch inhaltsinvariante Denkoperationen ersetzt (COHORS-FRESENBORG 2001).

Die Idee der Formalisierung, also der Möglichkeit, einen Vorgang oder Zusammenhang formal zu beschreiben, ist für die neuzeitliche Wissenschaft kennzeichnend. Sie ist nach KRÄMER (1988) an drei Bedingungen gebunden: die des schriftlichen, des schematischen und des interpretationsfreien Symbolgebrauchs. Das Operieren mit Gegenständen, Begriffen und Gedanken wird ersetzt durch das Operieren mit Zeichen, die an die Stelle dieser Gegenstände, Begriffe und Gedanken treten.

Die Wurzeln dieser Idee, deren Entwicklung KRÄMER (ebd.) eindrücklich geschildert hat, reichen weit zurück bis in die Anfänge eines kalkülhaften Umgangs mit symbolisierten Zahlenrepräsentanten. Ziffernsysteme sind die geschichtlich frühesten Formen einer formalen Sprache. Unser dezimales Stellenwertsystem erlaubt symbolische Rechenverfahren oder Kalküle. Beim schriftlichen Addieren, Subtrahieren, Multiplizieren und Dividieren braucht man sich nicht mehr vorzustellen, welche Mengen von Gegenständen gezählt und zusammengefügt, getrennt oder eingeteilt werden. Rechnen wird zum Formen und Umformen von schriftlichen Zeichen. Voraussetzung für eine solche Entwicklung ist ein Ablösungsprozess: die Ablösung der Zahl von den gezählten Gegenständen und die Ablösung der Zahloperationen vom Handeln mit Gegenständen.

Das Entdecken von Gesetzmäßigkeiten des Zahlenrechnens führte zum algebraischen Denken. Dieses artikulierte sich in der Antike und im Mittelalter überwiegend in verbal-begrifflichen Erläuterungen repräsentativer Beispiele, häufig auf der Grundlage eines mitgedachten geometrischen Hintergrundes, bis sich in der frühen Neuzeit die Formelsprache der symbolischen Algebra entwickelte. Die mathematische Formel war „eine für die neuzeitliche Wissenschaft konstitutive und vorbildlose Neuerung" (ebd.). Sie dient nicht nur dazu, Probleme zu lösen, sondern auch dazu, die Allgemeingültigkeit der Lösungsverfahren zu demonstrieren.

Dabei stehen Zeichen nicht mehr ausschließlich für ihnen eindeutig zugeordnete Objekte, so wie ein Ziffernausdruck eine wohlbestimmte Zahl beschreibt. Zeichen können auch für alle möglichen Objekte stehen, die man an die Stelle der Zeichen in einen formalen Ausdruck setzen kann, sodass sich eine wahre Aussage ergibt. Variable fungieren dann als Rollenzuschreibungen in einem Beziehungsgefüge bzw. als Platzhalter für beliebig austauschbare Objekte. Es wird sogar möglich, mathematische Objekte symbolisch zu konstituieren, z. B. die Quadratwurzel aus -2.

Auch diese Entwicklung erfordert einen Ablösungsprozess, nämlich die Ablösung vom numerischen Einzelfall zugunsten des Denkens in Mustern und Strukturen.

So wie in der Grundschule der Weg von einem gegenstandsbezogenen zu einem symbolisch eigenständigen Zahlbegriff mit sorgfältiger Behutsamkeit begangen wird, muss in der Sekundarstufe die Entwicklung zum formalen Denken behutsam vollzogen werden. Sonst besteht die Gefahr, dass der mathematische Formalismus nicht als effizientes Werkzeug erkannt, sondern als sinnleeres Spiel erlebt wird.

Auch das Denken selbst kann formalen Regeln folgen. Das ist dann der Fall, wenn eine methodische Ordnung der Gedankenschritte entwickelt wird, die keinen Bezug mehr auf konkrete gedankliche Inhalte nimmt, sondern allein nach logischen Schlussregeln verfährt. Eine solche Schlussregel ist die so genannte „Abtrennungsregel" (lat. *modus ponens*), die besagt: Wenn A wahr ist und *B* aus *A* folgt, dann ist auch *B* wahr. Die Ableitung einer Aussage aus anderen Aussagen kraft logischer Schlussregeln nennen wir *Deduktion*. In axiomatischen Theorien bilden Deduktionen das einzige Beweisverfahren.

Zur mathematischen Denkerziehung gehört auch die Erfahrung, dass mathematisches Wissen durch logisches Schließen gefunden werden kann. Hierzu verweisen wir auf Kap. 3.3.

Metakognition

Das Wissen und Denken über das eigene kognitive System sowie die Fähigkeit, das eigene kognitive System zu kontrollieren und zu steuern, nennen wir *Metakognition*. Ziele der Metakognition sind eine verbesserte Selbstbeobachtung und -beurteilung und eine daraus resultierende bewusste und effiziente Regulierung der eigenen geistigen Aktivität. Die Wirksamkeit von Metakognition ist empirisch gesichert (SJUTS 2003). Hohe Sachkenntnisse gehen häufig einher mit wirkungsvollen Methoden der Planung, Überwachung und Regulierung der Lern- und Denkprozesse. Metakognitive Fähigkeiten werden gefördert, wenn der Unterricht neben der inhaltlichen Komponente des Lernens auch die methodische thematisiert, indem er Lernerfahrungen, Lernstrategien und Fehleranalysen zur Sprache bringt. Als metakognitive Elemente sind zu nennen: Zielbestimmung, Planung, Konzentration auf das Wesentliche, Innehalten, Fragetechniken, Fehlersuche, Rückversicherung, Vergewisserung, Standpunktwechsel, Unterscheiden von Verstandenem und Unverstandenem, Prüfen und Bewerten des jeweiligen Standes.

Dabei kommt einem verständigungsorientierten Vorgehen eine Schlüsselrolle zu. Der Unterricht sollte geprägt sein von der Bereitschaft, sich mit den Unterrichtsinhalten tiefgehend und gründlich auseinander zu setzen, durch Diskursivität hinsichtlich Verstehen und Verständigung – d. h. durch Austausch der individuellen Vorstellungen der Beteiligten und durch Abgleich der vorgebrachten Argumente – sowie durch geeignete Aufgabenstellungen zum Denken und Wissen (ebd.; vgl. auch FAUSER 2002). Die Akzeptanz der Individualität lernender Personen ist eine wichtige atmosphärische Voraussetzung.

Somit steht das authentische Erleben mathematischer Wissensbildung im Spannungsfeld zwischen der Nutzung effizienter Strategien und der Unverfügbarkeit des individuellen Einfalls und damit auch in der Balance zwischen der Erfahrung geistiger Autonomie und dem Angewiesensein auf Unterstützung.

4.2 Problemlösen

Timo Leuders

„No idea is really bad, unless we are uncritical. What is really bad, is to have no idea at all."
(George Polya)

Was ist Problemlösen?

Niemand wird bestreiten, dass der Begriff *Problemlösen* in enger Beziehung zu unserem Verständnis von Mathematik steht. Weniger Einigkeit herrscht darüber, was alles unter den Begriff Problemlösen fällt und wie Problemlösen im Mathematikunterricht genau aussieht. Hier herrscht eine durchaus produktive Meinungsvielfalt. Anhand der folgenden Definitionen kann man sich einen guten Überblick über wesentliche Vorstellungen in diesen beiden Fragen verschaffen.

a) Problemlösen = Lernen?

Vom lerntheoretischen Standpunkt aus ist jedes Lernen ein Problemlöseprozess. Ein „Problem" ist schlichtweg eine Diskrepanz zwischen der Erwartung eines Individuums und der von ihm wahrgenommenen tatsächlichen Situation, oder unpersönlicher ausgedrückt: zwischen vorliegendem Ausgangszustand und erwünschtem Zielzustand. Der Wunsch, die Barriere zwischen Ausgangs- und Endzustand zu überwinden und so diese Diskrepanz aufzuheben, führt zu kognitiven Konstruktionsprozessen. Die wahrgenommene Situation wird entweder in die bekannten Denkstrukturen eingepasst (*Assimilation*) oder, wenn dies nicht zum Erfolg führt, werden neue Strukturen aufgebaut (*Akkomodation*). Diesen Prozess des unentwegten Herstellens einer Balance zwischen Vorstellung und Wahrnehmung hat PIAGET als *Äquilibration* bezeichnet und man erkennt hier durchaus eine enge Beziehung zu dem, was wir in der Mathematik, aber auch in anderen Bereichen, als Problemlösen verstehen. Dennoch ist diese Auffassung zu weit, um die Spezifität mathematischen Problemlösens zu erfassen.

b) Problemlösen = (Text)Aufgaben bearbeiten?

Nicht selten begegnen wir der Auffassung, *jegliches* mathematisches Arbeiten von Schülerinnen und Schülern sei bereits Problemlösen. Diese Auffassung ist sicherlich richtig im Sinne des oben beschriebenen Vorgangs der Überwindung einer Barriere. Sie spiegelt insofern die gängige Praxis wider, als im Mathematikunterricht allzu häufig vorgegebene Aufgaben abgearbeitet werden, meist durch Anwendung zuvor erarbeiteter Verfahren. Ausgangspunkt, Weg und Ziel solcher Aufgaben sind oft unzweideutig und im Voraus festgelegt. Für Schülerinnen und Schüler bleiben nur wenig Gelegenheiten, individuelle Ideen einzubringen. Ein solches Aufgabenlösen soll hier nicht als Problemlösen verstanden werden.

c) Problemlösen = Beweisen von mathematischen Aussagen?

Auch wenn das Beweisen eine der wesentlichen Tätigkeiten eines Mathematikers ist, so erschöpft sich seine Arbeit keineswegs darin. Mindestens ebenso bedeutsam ist das Auffinden mathematisch interessanter Sachverhalte (→ Kap. 2.1). Ein beweisendes Problemlösen in der Schule setzt zudem voraus, dass Schülerinnen und Schüler bereits über ein grundlegendes Verständnis formaler argumentativer Methoden der Mathematik verfügen. Da ein solches Verständnis aber erst über die Schuljahre hinweg erworben werden kann, ist es notwendig, auch und gerade mit jüngeren Schülern die mathematische Welt behutsam zu betreten und dazu Problemlöseprozesse auf progressivem Abstraktionsniveau in Gang zu setzen und zu begleiten. Es darf auch nicht übersehen werden, dass Problemlösen nicht nur in innermathematischen Zusammenhängen stattfindet, sondern durchaus auch im Bereich des Modellierens außermathematischer Kontexte.

d) Problemlösen = Rätsellösen?

In den achtziger Jahren wurde in den USA und anderen Staaten – weniger allerdings in Deutschland – das *problem solving* als Kerntätigkeit für den Mathematikunterricht entdeckt. Die Curricula dieser Länder machen seitdem das Problemlösen zur einer zentralen Komponente des Mathematikunterrichts (vgl. z. B. NCTM 2000). Das Problemlösen erschöpfte sich jedoch allzu oft in „trickreichen Lösungen zu trickreichen Aufgaben" (SCHOENFELD 1991). Solche Aufgabentypen sind vor allem deswegen nicht zu rechtfertigen, weil sie unverbunden und unreflektiert bleiben. Erst dadurch, dass ein Problem über sich hinausweist, indem es zu tragfähigen mathematischen Ideen hinführt, wird es unterrichtlich produktiv. Zwei ähnliche, aber doch grundverschiedene Beispiele (→ S. 121) sollen dies illustrieren:

Der Vorzug von Problem 1 ist, dass man an ihm arbeiten kann, indem man Handlungen (ggf. nur in Gedanken) vollzieht. Ohne weitere Zielsetzung ist dieses Problem, wenn es einmal gelöst ist, aber unproduktiv. Dem kann man abhelfen, wenn man z. B. nach der geringsten Zahl von Schritten fragt. Dann nämlich muss die Vorgehensweise reflektiert, systematisiert, ggf. symbolisiert werden (z. B. als Graph). Ziel der Aufgabe wäre dann die Entwicklung eines neuen Begriffes, z. B. „Graph", „Algorithmus" oder „Heuristik".

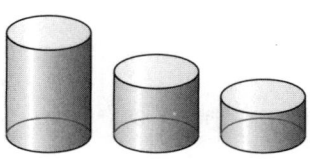

Problem 1:
Die drei Gefäße haben keine Markierungen. Sie fassen 8, 5 und 3 Liter Wasser, das größte ist voll.
Wie kann man durch Umschütten 4 Liter abmessen?

Problem 2:
Zwei Gläser sind mit der gleichen Menge Rotwein bzw. Weißwein gefüllt. Nun entnimmt man ein Zehntel des Rotweines und mischt ihn in den Weißwein.

Dieselbe Menge des vermischten Weins füllt man wieder in den Rotwein zurück. Ist nun mehr Rotwein im Weißwein oder umgekehrt?

Problem 2 fordert dazu auf, über Bruchteile von Bruchteilen und deren Addition und Subtraktion nachzudenken. Damit ist es geeignet, zu neuen Konzepten und Begriffen in der Bruchrechnung überzuleiten.[1]

e) Problemfinden & Problemlösen = Mathematik betreiben!

Die vorstehenden Abgrenzungsversuche haben bereits wesentliche Aspekte des Problemlösens im Mathematikunterricht umrissen. Dabei ist deutlich geworden, dass das Lösen eines einzelnen Problems nicht für sich steht, sondern eingebettet ist in die Aktivitäten der Problemfindung und Begriffsentwicklung. Ein umfassenderes Bild vom Prozess des Problemlösens im Mathematikunterricht gibt daher die Defintion auf der folgenden Seite (→ Abb. S. 122)

Dieser Problemlösungszyklus zeigt nicht nur, wie Problemlösen im Unterricht in die Entwicklung mathematischer Begriffe und mathematischen Denkens eingebettet ist (vgl. Kap. 4.1 „Erkenntnisgewinn"). Es spiegelt auch den authentischen Prozess mathematischer Erkenntnisprozesse wieder. Daher kann das Finden, Lösen und Weiterentwickeln von Problemen auch als Prozess des **Mathematik Betreibens** bezeichnet werden.

Problemlösender Mathematikunterricht ist keine Erfindung der achtziger Jahre. Viele der genannten Aspekte werden bereits seit Beginn des letzten Jahrhunderts propagiert und finden sich unter verschiedenen Bezeichnungen wieder. Das **entdeckenlassende Lernen** betont vor allem die Bedeutung der Problemfindungsphase und den Übergang von (1) nach (2). Der Lerner soll hier in die Entdeckung mathematischer Zusammenhänge aktiv involviert sein und

---

1 Nebenbei hat es aber auch eine triviale Lösung, auf die man i. A. aber schwerlich kommt: Da beide Gläser nach den Umfüllschritten gleich viel Wein enthalten, muss jeweils die gleiche Menge eines Weines durch den anderen ersetzt worden sein.

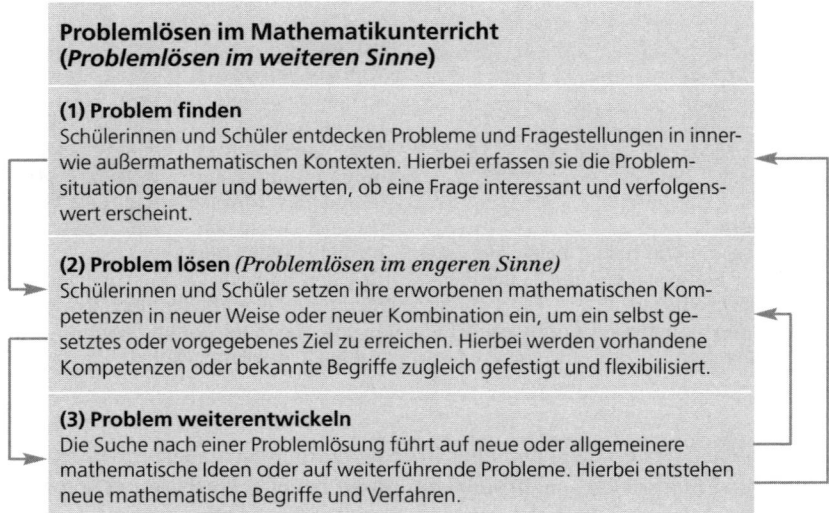

Problemlösen im Mathematikunterricht
(*Problemlösen im weiteren Sinne*)

(1) Problem finden
Schülerinnen und Schüler entdecken Probleme und Fragestellungen in inner- wie außermathematischen Kontexten. Hierbei erfassen sie die Problemsituation genauer und bewerten, ob eine Frage interessant und verfolgenswert erscheint.

(2) Problem lösen (*Problemlösen im engeren Sinne*)
Schülerinnen und Schüler setzen ihre erworbenen mathematischen Kompetenzen in neuer Weise oder neuer Kombination ein, um ein selbst gesetztes oder vorgegebenes Ziel zu erreichen. Hierbei werden vorhandene Kompetenzen oder bekannte Begriffe zugleich gefestigt und flexibilisiert.

(3) Problem weiterentwickeln
Die Suche nach einer Problemlösung führt auf neue oder allgemeinere mathematische Ideen oder auf weiterführende Probleme. Hierbei entstehen neue mathematische Begriffe und Verfahren.

nicht von außen vorgegebene Aufgaben abarbeiten. Das **problemorientierte Lernen** unterstreicht die Bedeutung von Problemen als Ausgangspunkt für die Entwicklung mathematischer Begriffe, also den Übergang von (2) nach (3).

Warum also Problemlösen im Mathematikunterricht?

Die folgende (selbstverständlich unvollständige) Liste liefert nicht nur Argumente für das Problemlösen, sondern zugleich schon erste Hinweise darauf, wie Problemlösephasen im Unterricht organisiert sein können.

■ Probleme bieten Gelegenheiten, **Mathematik individuell und aktiv zu konstruieren** und nicht passiv zu rezipieren. Mathematik wird entwickelt und nicht fertige Mathematik genutzt, um Probleme zu lösen. Damit vermittelt problemlösender Unterricht auch ein angemessenes Bild von Mathematik.

■ Probleme sind Kontexte für das Erfinden von Mathematik. Solche Kontexte füllen die mathematischen Konstrukte mit **Sinn**, indem sie zahlreiche Anknüpfungspunkte für das **Behalten** und **Erinnern** von Mathematik schaffen. Sie besitzen somit **Motivation**swirkung und machen nachhaltiges Lernen wahrscheinlicher.

■ Problemlösekompetenz ist eine so genannte Schlüsselkompetenz im Sinne einer Grundlage für **lebenslanges Lernen**. Schule kann nicht für alle erdenklichen realen Probleme abgepackte Methoden bereithalten. In seinem späteren Berufsleben wird der Schüler eher gefordert sein, eigene Lösungsansätze und Strategien zu entwickeln und dabei mit uneindeutiger Information klar zu kommen. Es gibt dann keinen Experten (Lehrer) mehr, der letzte Instanz und Garant für Gelingen und Richtigkeit mathematischer Lösungsansätze ist.

■ Problemlösen vermittelt auch **ästhetische** und **emotionale Erlebnisse**. Es erfordert Durchhaltevermögen und das Aushalten von Widerständen und belohnt dafür mit Durchbrüchen und Aha-Erlebnissen.

■ Kritisch ist die Frage nach dem **Transfer** der im Mathematikunterricht erworbenen Problemlösefähigkeiten. Hier sind die beim Lösen mathematischer Probleme entwickelten allgemeinen Haltungen, wie etwa der Umgang mit unbekannten Situationen und allgemeine Arbeitstechniken wie das Sammeln und Strukturieren von Informationen wahrscheinlich bedeutsamer als spezielle mathematische Praktiken des Beweisens.

„Gute" Probleme für das Problemlösen

Wie sehen „gute" Probleme für den Unterricht aus? Einige Kriterien, die ein Problem von einer einfachen Aufgabe unterscheiden, die aber nicht immer alle zugleich erfüllt sein müssen, sind die folgenden:

Einige Kriterien für gute Probleme

1. Ein Problem führt auf allgemeinere **mathematischen Ideen** und macht übergreifende Zusammenhänge verständlich. Dabei macht es gegebenenfalls neue Begriffsbildungen nötig und zugleich einsichtig.

2. Ein Problem gibt Anlass zu **divergentem** Arbeiten und individuellen Erkundungen. Dabei sollte es vor allem unterschiedliche Ansätze – auch auf unterschiedlichem Niveau – erlauben.

3. Ein Problem bietet einen (inner- oder außermathematischen) **Kontext** für ein mathematisches Konzept. Dabei sollte es vor allem **leicht zugänglich** sein, die Problemsituation muss den Lernenden unmittelbar verständlich sein.

4. Ein Problem besteht aus einer Situation, in der Schülerinnen und Schüler erst die **Strategien selbst entwickeln** müssen. Dabei können sie aus vorhandenen Kenntnissen schöpfen und diese neu kombinieren.

Einige Beispiele sollen diese Kriterien verdeutlichen. Zunächst seien drei Aufgaben (→ Abb. S. 124) für das problemlösende Arbeiten aus Japan vorgestellt (NOHDA 1991). Die besonders offene japanische Variante des Problemlösens wird auch *open-ended-approach* genannt. Die Offenheit ist aber nicht allein Eigenschaft der Aufgabe, sondern wird vor allem durch das Unterrichtsarrangement erreicht, das im Idealfall etwa so verläuft:

1. Der Lehrer oder die Lehrerin stellt das Problem vor und klärt im Gespräch die Situation, bis alle Schülerinnen und Schüler das Problem grundsätzlich verstanden haben.

2. Schülerinnen und Schüler erarbeiten in Gruppen verschiedene Lösungsansätze. Die Lehrerin beobachtet die Gruppen bei der Arbeit.

3. Schüler überprüfen, soweit möglich, ihre Ergebnisse untereinander.

4. Die Lehrerin wählt mehrere Schüler aus, die unterschiedliche Ansätze vorstellen und lässt die anderen Schüler die Vorgehensweise bewerten.

Die Tatsache, dass es hierbei keine „richtige" oder im Voraus feststehende einzige Lösung gibt, ermöglicht auch beim Problemlösen einen differenzierenden Unterricht: Jeder Schüler kann im Prinzip Lösungsansätze oder Teillösungen entwickeln (Beim linken Beispiel z. B. durch einfaches Abzählen.), fortgeschrittene Schüler haben jedoch die Gelegenheit, auch eigene, kreative Ansätze zu entwickeln (Zählen in Paaren, in Fünfergruppen, etc.).

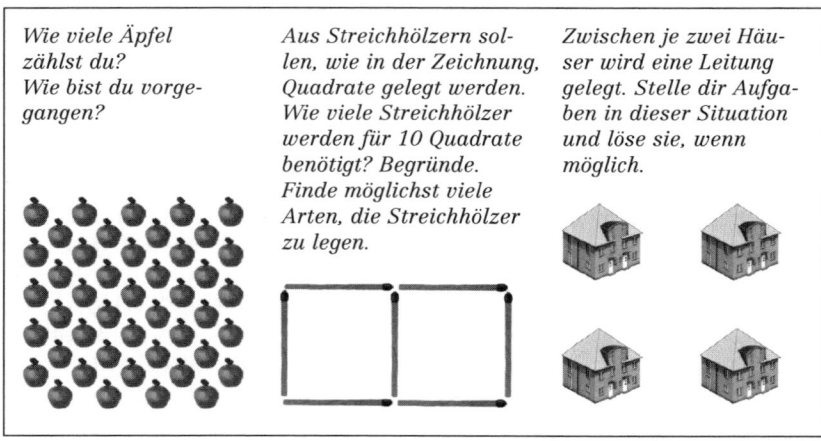

Wie viele Äpfel zählst du? Wie bist du vorgegangen?

Aus Streichhölzern sollen, wie in der Zeichnung, Quadrate gelegt werden. Wie viele Streichhölzer werden für 10 Quadrate benötigt? Begründe. Finde möglichst viele Arten, die Streichhölzer zu legen.

Zwischen je zwei Häuser wird eine Leitung gelegt. Stelle dir Aufgaben in dieser Situation und löse sie, wenn möglich.

Beim zweiten Beispiel handelt es sich um ein komplexeres Problem:

Wie lassen sich räumliche Figuren realistisch auf zweidimensionalen Medien (Papier, Computerbildschirm) darstellen?

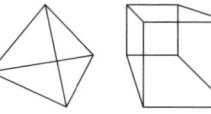

Diese Aufgabenstellung ist zwar leicht einsichtig, aber wiederum so offen, dass Ziel und Arbeitsweg nicht unmittelbar vorgegeben sind. Wie muss ein Objekt auf einem Blatt Papier aussehen, damit wir es als realistisch akzeptieren? Welche Techniken gibt es, um eine solche Darstellung auf Leinwand oder Film zu bannen? Welche Angaben benötigt ein Computer über das Objekt, welche kann er berechnen, um es auf dem Bildschirm darzustellen? Wie geht diese Berechnung vor sich?

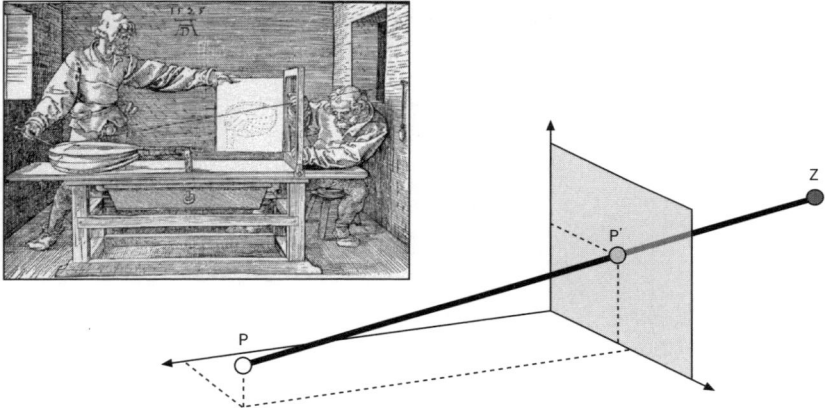

Hier können Schüler in Gruppen unterschiedliche Strategien entwickeln und stoßen dabei auf eine mathematische Idee: die Projektion. Dabei werden benötigte mathematische Begriffe (Projektionszentrum, Projektionsebene) erfunden und verwendet. Die mathematische Aufgabe kann auf unterschiedlichen Niveaus gelöst werden: durch Kombination einfacher elementargeometrischer Methoden, aber auch mit vektoriellen Mitteln, wobei die Notwendigkeit entsteht, eine algebraische Darstellung einer Geraden im Raum (nach) zu erfinden. Der Kontext des Problems kann so den entstehenden mathematischen Konstrukten Sinn verleihen. Sicherlich muss ein derart reichhaltiger Problemkontext für den Unterricht sinnvoll in Teilprobleme gegliedert und vom Lehrer begleitet werden. Eine ausführliche Beschreibung dieses Beispiels und seiner unterrichtlichen Umsetzung findet sich bei LEUDERS (2003).

Offene Aufgaben

Alle vorgenannten Kriterien, die gute Probleme von herkömmlichen Aufgaben unterscheiden, haben eines gemeinsam: Ein *Problem* sollte einen Mindestgrad von Offenheit aufweisen. Eine *Aufgabe* hingegen ist gewöhnlich mit ihrer Lösung abgeschlossen. Ein Problem öffnet den Blick für weitere Fragestellungen und neue Erkenntnisse. Nach der obigen Definition können in einer Problemsituation der *Ausgangszustand*, der *Endzustand* oder der *Weg* zwischen diesen offen sein. Dieses einfache Klassifikationsschema führt zu einer Reihe von unterschiedlichen Aufgabentypen:

Ausgangs-zustand	Weg	End-zustand	Aufgabentyp	
X	X	X	vollständig gelöste Aufgabe	
X	X	–	Grundaufgabe	
–	X	X	Umkehrung einer bekannten Grundaufgabe	⎫
X	–	X	Begründungsaufgabe, Beweisaufgabe Strategiefindungsaufgabe	offene Aufgaben i. w. S.
X	–	–	Problemaufgabe	
–	–	X	Umkehrung einer Problemaufgabe	
–	X	–	Aufforderung zum Erfinden einer Aufgabe zu einem mathematischen Thema	
–	–	–	Problemsituation (offene Aufgabe i. e. S.)	⎭

nach BRUDER *(2000)*

In dieser Darstellung lässt sich nachvollziehen, dass man gelegentlich von offenen Aufgaben im engen oder weiten Sinne spricht. Der Übergang ist hier jedoch fließend. Wichtiger als diese Unterscheidung ist jedoch, die Vielfalt von Typen anzuerkennen und im Unterricht produktiv zu nutzen. Einige Beispiele sollen die verschiedenen Dimensionen von Offenheit illustrieren und weiter ausführen.

Beispiel 1 Bei manchen Aufgaben besteht die Offenheit darin, dass es kein eindeutiges Ergebnis gibt. Schülerlösungen lassen sich nicht in richtig und falsch einteilen **(mehrwertige Aufgaben)**. Man sieht, dass auch Grundaufgaben offen sein können. Bei den folgenden Optimierungsaufgaben ergibt sich beinahe automatisch eine große Vielzahl von Lösungswegen.

Nach welchem System kann man ein Warenlager (siehe Abb.) durchlaufen, sodass man möglichst kurze Wege zurücklegt?

oder:

Nach welcher Strategie muss sich ein Zusammenschluss aus 15 Läden anrufen, um einander vor einem Ladendieb, der soeben in einem Geschäft zugeschlagen hat, zu warnen? Jeder Anruf soll 2 Minuten dauern. (ohne Abb.)

oder:

Gib ein System an, nach dem bei Glatteis die Straßen einer Ortschaft möglichst schnell gestreut werden können. Die Geschwindigkeiten der Streuwagen auf

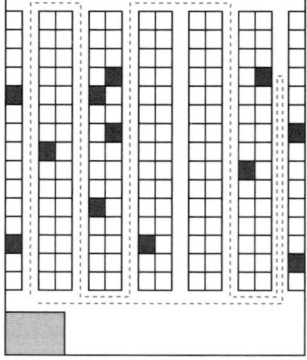

Autobahn, Haupt- und Nebenstraße beim Streuen und bei der leeren Rückfahrt zum Salzlager sind bekannt. (ohne Abb.)

Die Beispiele stammen aus der niederländischen A-lympiade. Die detaillierten Aufgabenstellungen finden sich unter www.alympiade.de. Günstig ist bei diesen Aufgaben, wenn die Ausgangssituation nicht bereits fertig mathematisiert vorliegt, sondern auf verschiedene Weise und auf unterschiedlichen Komplexitätsniveaus modelliert und bearbeitet werden kann.

Beispiel 2 Man kann auch zu einem kontextfrei dargestellten mathematischen Problem einen realen Kontext oder eine Interpretation suchen, wie im folgenden Beispiel:
Gib eine Situation an, bei der die folgende Gleichung zur Lösung führt: 3x + 2 = 15

Beispiel 3 Schüler haben vor allem dann eine echte Wahl zwischen verschiedenen Lösungsansätzen, wenn nicht ein favorisierter Ansatz kurz zuvor im Unterricht thematisiert wurde (**methodenoffene Aufgaben**).
Bestimme die Länge aller möglichen Diagonalen in einem regelmäßigen Sechseck, welches die Kantenlänge s = 5 cm hat.[2]

Hier lassen sich konstruktive, elementargeometrische aber auch vektorgeometrische Methoden erfolgreich einsetzen.

Auch die folgende Ausgangssituation kann auf verschiedene Weise und auf unterschiedlichen Komplexitätsniveaus bearbeitet werden.

Gib eine Methode an, mit der man die Fläche der nebenstehenden Figur ermitteln kann.[3]

Beispiel 4 Offen sind auch solche Aufgaben, bei denen so gennante **weiche mathematische Tätigkeiten**, wie Schätzen, Überschlagen und Runden verlangt werden. Diese Aspekte finden sich besonders ausgeprägt bei so genannten **Fermiaufgaben**. Viele weitere Beispiele für Fermiaufgaben findet man bei LEUDERS (2001).

---

2 vgl. www.learnline.de/angebote/m-aufgaben
3 aus der PISA-2000 Vorstudie

Wie schwer ist die Schule?
a) das Gebäude
b) der gesamte „Lehrkörper"

Die vorstehenden Probleme zeigen vor allem: Offene Aufgaben müssen nicht komplex sein, dann ist es nicht schwierig, offene Aufgaben zu erstellen. Es gibt eine vielfältige Zahl von Prinzipien, wie man als Lehrer geschlossene Aufgabenstellungen, wie sie sich in einer großen Zahl in Mathematikbüchern finden, aktiv öffnen kann. Das wohl einfachste Prinzip ist das **Öffnen durch Weglassen.** Hierdurch werden

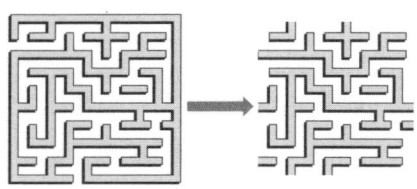

Probleme, die ursprünglich nur einen Startpunkt, eine richtige Lösung und einen einzigen Weg dazwischen zuließen, offen für verschiedene Interpretationen, Lösungswege und Ergebnisse.

Aus der Aufgabe: *Ein Kinobesitzer will am ruhigen Montag Kunden anlocken. Daher bietet er an diesem Tag alle Karten zu 3 € statt zu 8 € an. Statt der üblichen 30 Besucher kommen 50. Hat sich die Aktion gelohnt?* wird durch Weglassen: *Ein Kinobesitzer will am ruhigen Montag Kunden anlocken. Üblicherweise kommen nur ca. 30 Besucher. Was kann er tun?*

Offene Aufgaben bereichern den Mathematikunterricht auf vielfältige Weise. Sie erlauben nicht nur kreativeres, sondern auch individualisiertes Lernen und Arbeiten. Damit sind sie auch ein Weg für einen differenzierenden Unterricht. Verschieden komplexe Schülerlösungen können bei der Präsentation nebeneinander stehen und so auch schwächeren Schülern verständliche Lösungsansätze bieten. Zudem repräsentieren offene Aufgaben ein realistisches Bild von der Mathematik: Nicht jedes Problem besitzt eine mathematisch eindeutige Lösung. Reale Probleme sind nicht immer schon „mundgerecht" mathematisiert. Schließlich stellen offene Aufgaben mathematische Fertigkeiten auf die Probe. Erst bei der Anwendung außerhalb des unmittelbaren Unterrichtskontextes zeigt sich, ob mathematische Kenntnisse und Fertigkeiten nachhaltig verfügbar sind. Das bedeutet allerdings auch, dass man als Lehrer – anfangs vielleicht losgelöst von der Leistungsbewertung – Fenster für solche offenen Problemlösephasen einrichten muss.

Viele weitere Beispiele und Hilfestellungen zum Öffnen von Aufgaben finden sich bei Bruder (2000), Herget (2000), Leuders (2001), Zimmermann (1991), in Mathematik lehren (6/2000) und unter www.schul-mathematik.de.

Wie verläuft Problemlösen?

Problemlösen ist immer auch ein kreativer Prozess (vgl. Kap. 4.3). Dieser Prozess individuellen Erkenntnisgewinns wird oft als Schrittfolge oder Stufenschema, mal mit zwei, mal mit fünf, aber auch mit anderen Anzahlen von Schritten dargestellt. Meist finden sich aber die im Folgenden kurz dargestellten Elemente wieder. Auf eine detaillierte Darstellung wird hier verzichtet. (Eine vergleichende Übersicht über die verschiedenen Ansätze von Osborn, De Bono, Polya u. a. findet sich bei Neuhaus 2002).

- **Begegnung** mit dem Problem: Auslöser für einen kreativen Arbeits- und Denkprozess kann z.b. ein kognitiver Konflikt sein, es kann ein Problemdruck herrschen (Ein Problem drängt zur Lösung, z.b. Bestimmung eines Wahlverfahrens für eine Klassenfahrt.), es kann aber auch eine allgemeine produktive Unzufriedenheit sein („Das muss noch besser gehen.").

- **Verständnis** des Problems: Durch Präzisierung, Lokalisierung der Schwierigkeit, Beobachtung, Konstruktion von Beispielen oder Verbalisieren kann geklärt werden: Wie ist das Problem überhaupt zu verstehen?

- **Vorbereitung:** Bei der Vorbereitung einer Problemlösung (Sammeln divergenter Ideen und Ansätze, Deduktion aus den Voraussetzungen, Induktion aus Beispielen, Entwerfen eines Lösungsplans) kann es sich herausstellen, dass man nur gewisse Verfahren abarbeiten muss. Ist dies nicht der Fall, so sind hier Kreativitätsmethoden und divergentes Denken gefragt.

- **Entfernung** vom Problem: Ein besonderes Kennzeichnen des kreativen Problemlösens ist es, dass Phasen der Frustration ausgehalten werden müssen, es muss auch erlaubt sein, sich von dem Problem spielerisch zu entfernen (Regression), zu trivialisieren, fantasievoll zu kombinieren oder das Problem vorläufig ruhen zu lassen. In solchen so genannten Inkubationsphasen ergeben sich oft unerwartete Beziehungen und Ideen.

- **Lösungsidee:** Mit der Phase der Inkubation und der Illumination sind viele Mythen verbunden. Tatsache ist, dass das Erkennen von Zusammenhängen oft unerwartet kommt und mit einer hohen positiven emotionalen Valenz verbunden ist. Solche „Aha-Erlebnisse" sind auf jedem Niveau möglich und sollten keinem Schüler verschlossen bleiben.

- **Synthese:** Gute Ideen müssen ausgearbeitet und geprüft werden. Dies geschieht beispielsweise durch verbale Elaboration: Was ist deine Idee? Welche Konsequenzen hat sie? Wie steht sie zum ursprünglichen Problem?

Diese Schritte sowie ihre Abfolge sind nicht als starres Schema zu verstehen, nach dem Problemlösen notwendig ablaufen muss. Aber man kann aus ihnen lernen, wie sich Problemlösekompetenz aus verschiedenen Teilkompetenzen zusammensetzt und wie man diese im Unterricht fördern und anregen kann. Hierzu sollen die abschließenden Abschnitte einige Anregungen geben.

Wie gestaltet man einen problemlösenden Unterricht?

Offene und ansprechende Aufgaben allein sind kein Garant dafür, dass Schülerinnen und Schüler wirklich problemlösend denken und arbeiten. Entscheidend ist neben der Auswahl guter Probleme, dass der Lehrer einen Unterricht gestaltet, in dem sie wirksam werden können. Dabei kann man insbesondere die folgenden begünstigenden Rahmenbedingungen beachten:

■ Es muss **ausreichend Zeit** für die individuelle Beschäftigung mit einem Problem eingeräumt werden. Ein vermeintlich effizientes Problemlösen im fragend-entwickelnden Unterrichtsgespräch aktiviert immer nur wenige Schüler und lässt schwächeren Schülern keine Möglichkeit, Kompetenzen zu entwickeln.

■ Günstig für das individuelle Problemlösen ist der **Austausch mit Mitschülern** und ggf. auch mit dem Lehrer. Die Möglichkeit zur Rückfrage und Vergewisserung gibt Sicherheit auf dem Weg zu einer Lösung. Das Argumentieren vor einem „begrenzten Publikum" schafft Gelegenheit zum „lauten Denken" und hilft bei Problemdefinition und Problemlösung.

■ Schülerinnen und Schüler müssen die nötigen **Vorkenntnisse besitzen** oder wieder erarbeiten können (z. B. durch Recherche in einer „Handbibliothek" der alten Schulbücher) – nicht aber durch einfaches Zurückblättern im Heft („Wie haben wir das vorgestern gemacht?"). Der Lehrer kann auch **gestufte Hilfen** vorbereiten, die Schülerinnen und Schüler nach Bedarf und eigener Entscheidung hinzuziehen können.

■ Die Problemlösephase sollte unter der Bedingung des **Bewertungsaufschubs** ablaufen – Leistungsdruck hemmt Kreativität. Hierzu gehört auch, dass den Schülern klar sein muss, dass sie sich auch entscheiden dürfen, nur Teilprobleme zu lösen oder das Problem umzudefinieren. Dabei ist es wichtig, Schülerinnen und Schüler auch zu eigenen, abweichenden Ideen zu ermutigen – auch wenn diese nicht unbedingt zielführend sind.

■ Die affektive Komponente des Problemlösens ist nicht zu unterschätzen: Das Unterrichtsarrangement muss so beschaffen sein, dass Schülerinnen und Schüler **Erfolgserlebnisse** haben. Die richtige Balance aus Anregungsniveau und Lösungshoffnung bei einer Aufgabe ist dabei durchaus nicht immer leicht zu finden. Einen Beitrag zur Motivation liefert aber auch die Teilhabe der Schülerinnen und Schüler am Problemstellen (z. B. durch die Methode der „Aufgabenvariation", → Kap. 4.3). Auch spielen hier differenzierende Aufgaben eine wichtige Rolle. Sie erlauben Lösungsansätze auf verschiedenen Abstraktions- und Komplexitätsniveaus und geben damit allen Schülern die Gelegenheit zu aktivem Tun.

■ Schließlich müssen Schülerinnen und Schüler fortschreitend auch effektive **Problemlösestrategien** und hilfreiche **Arbeitstechniken** entwickeln. Diese können sukzessive im Unterricht angereichert und bewusst gemacht werden. Insbesondere muss man sie ermutigen, solche Strategien *bewusst* zu benutzen. Beispielsweise ist vielen Schülern keineswegs klar, dass man in der Mathematik auch mit Versuch und Irrtum und Spezialfällen arbeiten darf.

Man erkennt hier, dass es im Wesentlichen drei Bereiche sind, in denen die Lernenden notwendige Voraussetzungen für das Problemlösen entwickeln müssen. Ihnen entsprechen jeweils Verantwortungsbereiche der Lehrenden hinsichtlich der Unterrichtsgestaltung.

Bereich	Voraussetzung des Lernenden	Verantwortung des Lehrenden
Wissen	im Unterricht (und auch in anderen Fächern oder im Alltag) erworbene Kenntnisse und Fähigkeiten	richtige Balance aus zu erwartendem Vorwissen und Neuheit des Problems
Problemlöse-haltung	Frustrationstoleranz, Durchhaltevermögen, Erkundungsfreude	günstige Motivationslage fördern, Lehrer als Modell des Problemlösers
Problemlöse-kompetenz	Informationsbeschaffung, Arbeitstechniken, heuristische Strategien	Gelegenheiten für Reflexion schaffen

Wie können Schüler das Problemlösen lernen?

Die vorstehende Aufstellung macht deutlich, dass neben den inhaltsbezogenen Voraussetzungen *(Wissen)* auch prozessbezogene Kompetenzen *(Können)* und *Haltungen* vorhanden sein müssen. Auch diese letzteren beiden Kategorien müssen in der Auseinandersetzung mit Problemen erworben werden. Hier gibt es im Wesentlichen zwei unterschiedliche Vorstellungen darüber, welche Rolle das Problemlösen im Unterricht einnehmen soll. Beim Lehren **über** Problemlösen werden Problemlösestrategien (Heurismen) reflektiert und explizit unterrichtet. Solche Heuristiken hat beispielsweise POLYA (1945) ausführlich beschrieben. Beim Lehren **durch** Problemlösen bleiben diese Heurismen implizit. Hier kann man auch vom problemorientierten Lernen sprechen. Die Fähigkeit, kognitiv erlernte Strategien auch tatsächlich anzuwenden, unterscheidet sich allerdings individuell sehr und wird durch viele weitere Faktoren, wie allgemeine Vorstellungen, Vorerfahrungen und affektive Dispositionen beeinflusst (PEHKONEN 1991). Fest steht aber wohl, dass eine gewisse Form der Metakognition, d. h. des reflektierten Arbeitens nicht nur unabdingbare Voraussetzung für das Problemlösen ist, sondern immer schon ein erklärtes Ziel allgemeinbildenden Mathematikunterrichts. Daher sollen im Folgenden einige Dimensionen des reflektierenden Problemlösens bei Schülerinnen und Schülern beschrieben werden. Hilfreich ist dabei, zwei Bereiche zu unterscheiden, die freilich kontinuierlich ineinander übergehen: die allgemeinen Arbeitstechniken und die spezielleren Problemlösestrategien.

1. Arbeitstechniken

Hiermit sind einfache Techniken gemeint, die im Mathematikunterricht, aber auch in anderen Fächern angewendet werden können, um den Arbeitsprozess zu organisieren und zu reflektieren. Sie werden oft auch zu den Arbeitshaltungen (*good habits*) gezählt. Auch sie müssen eingeführt und in vielfältigen Situationen eingeübt werden. Zu den Arbeitstechniken zählen z. B. die folgenden:

Aufzeichnungen (*writing up*, STACEY 1991) verlängern das Gedächtnis und können im Laufe des Arbeitsprozesses wieder aufgesucht werden. Es ist jedoch nicht leicht, Schülerinnen und Schüler dazu zu bewegen, auch ihre Wege und Abwege rekonstruierbar festzuhalten. Dazu müssen sie vor allem zur Überzeugung gelangen, dass ihnen diese Zusatzarbeit Nutzen einträgt. Lerntagebücher sind hier beispielsweise ein exzellentes Werkzeug (für detaillierte Anregungen vgl. Kap. 3.2).

Beim Aufzeichnen kann man auch **Informationen organisieren**, z. B. tabellarisch oder in Form von Mindmaps darstellen. Solche Techniken können am Beispiel eingeübt werden und zum obligatorischen Arbeitsschritt gemacht werden: *„Mache zunächst eine tabellarische Darstellung, z. B. nach dem Kriterium: Was ist bekannt/was gesucht? oder indem du alle möglichen Fälle strukturiert aufschreibst."*

Unter **intuitiven Strategien** werden meist nichtformale Strategien verstanden, die nicht allein auf die Mathematik beschränkt sind. Solche Strategien sind in der Mathematik nicht nur nicht verboten, sondern gehören ausdrücklich zum Repertoire eines jeden Mathematikers. Sie helfen sowohl bei der Problemdefinition als auch im Verlauf des Problemlösungsprozesses. Hierzu gehören z. B.: Muster und Ähnlichkeiten suchen, ein Schaubild zeichnen, eine Tabelle anlegen, raten und prüfen.

Zu den intuitiven Strategien zählen u. a. auch die **Notfallstrategien** *(back up strategies)*. Auf diese kann man zurückfallen, wenn man im Prozess feststeckt. Dann ist es hilfreich, wenn man auf einfache Ersatzstrategien zugreifen kann, wie z. B. das Raten und Probieren nach der Devise „Versuch und Irrtum", das rigorose Vereinfachen eines Problems, z. B. durch Betrachtung eines Spezialfalls.

2. Problemlösestrategien

Strategien und Techniken, die man zum Problemlösen im engeren Sinn einsetzt, werden **Heurismen**, gelegentlich auch **Heuristiken** genannt. Mit Heuristik meint man aber auch die Kunst oder Lehre vom Problemlösen generell. Seit POLYAS schon als zeitlos-klassisch zu bezeichnendem Band „How to Solve It" hat es immer wieder Aufstellungen von Strategien zu den unterschiedlichsten Bereichen und Phasen des Problemlösens gegeben (vgl. auch oben „Wie verläuft Problemlösen?"):

- **Problemfindungsstrategien** und **Produktionsstrategien** zur Erzeugung neuer Probleme und Lösungsansätze, z. B. durch systematische Aufgabenvariation. Diese werden im folgenden Kapitel („Kreativität") näher in Augenschein genommen.

- **Ordnende Strategien** zum Problemverständnis und zur Lösungsplanung. Diese erweitern die oben bereits beschriebenen Aufzeichnungstechniken um mathematische Methoden: Darstellung als Diagramm, Tabelle oder Graph, systematisches Aufzählen aller Fälle.

- **Lösungsstrategien im engeren Sinne**: Vorwärts- und Rückwärtsarbeiten, Zerlegen, Analogisieren, Wechsel der Darstellung, Beispiele suchen. Eine umfassendere Aufzählung findet sich in untenstehender Tabelle.

- **Kontrollstrategien** (während man auf dem Weg ist): Festhalten des Arbeitsstandes, Checklisten, Rückbesinnung auf das Ausgangsproblem.

- **Überprüfungs- und Reflexionsstrategien** (wenn man am Ziel angekommen ist): Plausibilitätsprüfung, Rechenprobe, Reflexion des Weges, Suche nach Alternativen, Herausarbeiten der Kernidee.

Viele weitere Beispiele für Prolemlösestrategien findet man bei (TIETZE S. 91 ff.) und im Themenheft „Heuristik" (MATHEMATIK LEHREN 6/2000).

In vielen Abhandlungen wird man eine starke begriffliche Überschneidung zwischen Kreativitätstechniken und Problemlösetrategien finden. Das ist schlichtweg darauf zurückzuführen, dass ein Heurismus eben kein Algorithmus ist, welcher nach strengen Regeln zum Lösungsziel führt, sondern nur grobe und unterschiedlich auslegbare Handlungsmaximen angibt. Die Anwendung von Heurismen geschieht flexibel und situationsabhängig und ist also mit kreativen Entscheidungen verbunden.

Trotz ihrer relativen Vagheit sind Strategien und Routinen für den kreativen Umgang mit Problemen durchaus erlernbar. Der Lernfortschritt bei Schülerinnen und Schülern in dieser Hinsicht ist jedoch nur gering, wenn man erwartet, dass Problemlösekompetenz gleichsam implizit mitgelernt wird. Stattdessen muss man Verfahren des Problemlösens an die Oberfläche holen, explizit machen und reflektieren. Dies sollte mit wachsender Erfahrung in mehreren Schritten geschehen: (weiter auf S. 135)

Analogien bilden, übertragen: Kann ich ein Objekt/eine Situation/einen Zusammenhang übertragen auf eine andere Situation?	**Kombination:** Was passiert, wenn ich Idee 1 und Idee 2 zusammenführe? Lassen sie sich irgendwie kombinieren? Muss ich dazu etwas weglassen oder verändern?
Aufteilen: Besteht eine Situation aus mehreren Teilen? Kann man sie einzeln betrachten und unabhängig verändern? Wie wirkt sich das auf den anderen Teil/auf das Gesamtproblem aus?	**Spezialfälle/Extremfälle finden:** Sind unter allen Beispielen bestimmte besondere Fälle? Welche Beispiele scheinen besonders untypisch? Was kann man daraus lernen?
Darstellungswechsel: Kann ich dasselbe als Bild/durch Zahlen oder Formeln darstellen?	**Überschreiten:** Was ist alles noch möglich? Was wäre, wenn es ganz anders wäre?
Variation der Voraussetzungen: Welche Voraussetzungen kann ich verändern? Welche Bedingung kann man erst einmal weglassen? Kann ich versuchsweise irgendetwas an den Voraussetzungen/dem Gegebenen ändern?	**Variieren des Weges:** Was passiert, wenn ich einmal an einer Stelle anders vorgehe, verschiedene andere Objekte einsetze, verschiedene andere Zahlen/Objekte/Annahmen wähle?
Alternativen: Was, wenn es anders wäre? Gibt es einen ganz anderen Weg, hierüber nachzudenken?	**Unterscheiden:** Welche Zahlen/geometrische Verhältnisse/logischen Beziehungen spielen hier eine wesentliche Rolle, welche sind nebensächlich?
Systematisches Vergleichen: Welche Gemeinsamkeiten oder Unterschiede stecken in zwei Situationen? Was kann man daraus lernen?	**Ausschöpfen:** Welches sind alle Möglichkeiten/Beispiele? Wenn man nicht alle einzeln darstellen kann, wie müsste man wenigstens prinzipiell vorgehen?
Ungerichtetes Probieren: Kann ich einmal alle Zahlen/Wege/Darstellungen durchprobieren? Wann komme ich weiter/wann nicht? Geht es immer? Was ergibt sich daraus, wenn es nicht geht?	**Muster suchen:** Gibt es Wiederholungen, Regelmäßigkeiten, Auffälligkeiten? Ist es nahe liegend/notwendig, dass die Muster so aussehen, oder könnte es auch anders sein? Unter welchen Bedingungen?
Anwenden: Welche Beispiele/Anwendungssituationen gibt es für eine Regel/eine Situation/ein Objekt? Unter welchen Bedingungen funktionieren sie? Wann funktionieren sie nicht? Kann man in diesen Fällen sagen, warum?	**Beispiele finden/Spezialisieren:** Welche (weiteren) Beispiele gibt es für einen Zusammenhang/eine Situation? Gibt es einige unterschiedliche Beispiele für einen Zusammenhang? Gibt es besonders einprägsame Beispiele? Wie sieht das typische Beispiel aus?
Vereinfachen: Was kann man erst einmal außer Acht lassen, welche Bedingungen einfacher machen? Was ergibt sich dann? Was passiert, wenn man nun wieder die schwierigere Bedingung wählt? Wenn man nicht weiterkommt, warum?	**Fehler nutzen:** Wo habe ich in Gedanken oder auf dem Papier einen Fehler gemacht/etwas zunächst nicht richtig verstanden? Woran lag es – etwa am Problem? Ließe sich hieraus vielleicht etwas Sinnvolles machen? Welche Voraussetzungen müssten dafür anders sein?

1. Zunächst sollte der Lehrer oder die Lehrerin durch **konkrete Fragen** zur Reflexion anregen: „Welche Möglichkeiten haben wir? Warum ist dieses Ergebnis herausgekommen? Haben wir so etwas Ähnliches schon einmal gemacht?"
2. Einzelne solcher Fragen sollten auch von Schülerinnen und Schülern in ihr Repertoire aufgenommen werden. Hierfür eignen sich z. B. die Überprüfungsstrategien. („Kann dieses Ergebnis richtig sein?")
3. Schülerinnen und Schüler erweitern ihr Handlungsrepertoire sukzessive und systematisch. Wurde im Unterricht eine Problemlösestrategie angewendet und reflektiert, so kann sie in Form eines **Strategiekärtchens** explizit benannt, durch schülernah formulierte Fragen umschrieben und durch eine Musteraufgabe (z. B. auf der Rückseite) belegt werden.
4. Schülerinnen und Schüler können eine eingeführte Strategie an einigen vom Lehrer vorbereiteten Beispielen konkret üben und so die Tragweite der Strategie erkennen **(Problemlösestunden)**.
5. Die Strategiekarten können in Form eines regelmäßig zu erweiternden **„Strategiebaukastens"** gesammelt werden. Sie dienen dann als Erinnerung und Unterstützung bei zunehmend selbstständigen Problemlösephasen.

Die auf S. 134 dargestellten Strategiekarten sollen nur als Anregung dienen. Modifizieren Sie die Texte nach eigenen Vorstellungen, drucken Sie sich Kärtchen mehrfach aus und notieren Sie sich auf den Rückseiten Beispiele, die Sie immer wieder ergänzen können, oder lassen Sie Schüler dies tun.

4.3 Kreativitätsfördernder Mathematikunterricht

Timo Leuders

> *„Als Kind ist jeder ein Künstler. Die Schwierigkeit liegt darin, als Erwachsener einer zu bleiben."*
> *(Pablo Picasso)*

Wenn wir das Wort „kreativ" im Munde führen, ob nun im Zusammenhang mit Kunst und Technik oder in der Schule, so tun wir dies in dem Gefühl, dass wir einen natürlichen Maßstab dafür besitzen, wann ein Mensch schöpferisch ist und wann seine Hervorbringungen als kreativ zu bezeichnen sind. Dabei treffen meist zwei Kriterien zusammen: Zunächst erscheint uns etwas *neu* oder *ungewohnt*, darüber hinaus sprechen wir ihm auch eine *positive Valenz* zu, akzeptieren es als sinnvoll oder nützlich. Hier sieht man aber schon, warum sich der Begriff der Kreativität so sehr gegen präzise Definitionsversuche sperrt: Die beiden genannten Aspekte sind zutiefst subjektiv und kontextabhängig.

Seitdem in den fünfziger Jahren die Kreativitätsforschung in den USA sich zu einem eigenen Zweig der Psychologie entwickelt hat, ist eine kaum zu überblickende Zahl von Kreativitätsmodellen vorgestellt worden, von denen in diesem Abschnitt nur einige wesentliche Aspekte aufgegriffen werden können. Wer sich einen größeren Überblick über den Stand – bezogen auf den Mathematikunterricht – verschaffen will, lese z. B. NEUHAUS (2002).

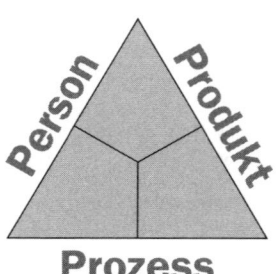

Aus der Sicht des Mathematikunterrichts geht es hier allerdings *nicht* um die Frage: „Was ist Kreativität?" sondern eher hierum: „Welcher Kreativitätsbegriff erweist sich für das Gestalten von Mathematikunterricht als produktiv und nützlich?" Dabei ist es hilfreich, wechselweise drei Perspektiven einzunehmen, die auch in der psychologischen Diskussion immer wieder eine Rolle spielen: Die Perspektive des **kreativen Produktes**, der **kreativen Person** und des **kreativen Prozesses**.

1. Das kreative Produkt – Erfindung und Wiedererfindung

Von kreativen Produkten sagt man, sie seien originell, einzigartig oder sogar genial. Dies gilt vor allem für technische Erfindungen oder Kunstwerke. Bezogen auf Produkte, die im Rahmen von Unterricht entstehen, kann der Vergleich mit genialen Schöpfungen allerdings den Blick auf die individuellen Leistungen von Schülerinnen und Schülern verstellen. In der Schule kann es also zumeist nur darum gehen, ob ein Produkt von denen, die am Entstehungsprozess aktiv oder passiv beteiligt sind, *subjektiv* als neu erlebt wird. Dies kann in den folgenden Abstufungen geschehen:

■ Schüler können eine eigene Erkenntnis (z. B. den Winkelsummensatz im Viereck) oder ein eigenes Produkt (z. B. die Zeichnung der Figur, bei der ein Kreis von sechs Kreisen gleicher Größe umschlossen ist) bewusst als neu erleben. Ob sie diesen Akt als kreativ empfinden, hängt entscheidend von der „Inszenierung" der Lernsituation ab. Sie müssen dazu ihre Idee mit einem hohen Maß an Eigenaktivität formen können und dabei erleben, dass diese Idee (einschließlich ihrer Unzulänglichkeiten) akzeptiert und gewürdigt wird. Eine Lehrerreaktion wie „Toll, genau so hat Pythagoras das herausgefunden!" ist sicherlich gut gemeint, aber in dieser Hinsicht kontraproduktiv.

■ Auch für einen erfahrenen Lehrer gibt es immer wieder Schülerideen, die ihm neu erscheinen und deren Konsequenzen nicht sofort durchschaubar sind. Hier gilt es, nicht auf Konvergenz, also z. B. auf Unterordnung oder Anpassung der Idee an aktuelle Fragestellungen des Unterrichts zu drängen, sondern *Divergenz* zu unterstützen und produktiv zu machen. Fachliche

Souveränität des Lehrers definiert sich hier eben nicht darin, dass er „über den Dingen steht", sondern dass er mit den Lernenden „in die Dinge eintaucht".

■ Auch im Mathematikunterricht und nicht nur in der mathematischen Forschung kann objektiv Neues entstehen! Dabei kann es natürlich nicht um das Formulieren von in der Wissenschaft bislang unbekannten Definitionen, Sätzen oder Beweisen gehen. Kreative, objektiv neuartige Produkte im Mathematikunterricht können auch sein:

a) Neue mathematische Begriffe, die durch Variation aus bekannten Begriffen entstehen (s. u.: „kreative Begriffsbildung").

b) Neue (oder bislang so nicht formulierte) Fragestellungen und Vermutungen, auf die man auch durch Variation einfacher Aufgaben stoßen kann (s. u.: „Aufgabenvariation").

c) Individuelle Lösungsansätze und Algorithmen zu offenen Problemen, die mitunter gar keine zugängliche exakte Lösung haben oder bei denen diese nicht relevant ist (→ Kap. 4.2 unter „offene Aufgaben").

d) Schöpferische Darstellungen oder Transformationen, besonders im zeichnerischen Bereich. Hier geht es nicht nur um objektive Wahrheit, sondern auch um persönlichen Ausdruck und subjektiven Sinn (s. u.: „expressive Kreativität").

2. Die kreative Person – Ideenreichtum statt Genialität

Oft machen wir unser Bild von Kreativität an außergewöhnlichen Personen fest. So beschreibt etwa GARDNER (2002) unter dem Titel „Kreative Intelligenz" vier Prototypen kreativer Menschen am Beispiel von historischen Personen: *Neuerer* (Sigmund Freud), *Beeinflusser* (Mahatma Gandhi), *Selbstbeobachter* (Virginia Woolf) und *Meister* (W.A. Mozart). So faszinierend und fruchtbar eine solche Betrachtungsweise ist, für die Schule erweist sie sich als problematisch. Durch den verzerrten Maßstab der Leistung außergewöhnlicher Persönlichkeiten wird Kreativität für den Durchschnittsmenschen unerreichbar, zu einer Facette von Genialität und zu einem Ergebnis unzugänglicher Inspiration und Intuition. Zudem besteht die Gefahr, dass Kreativität als ein unveränderliches Persönlichkeitsmerkmal wahrgenommen wird.

Problematisch ist es auch, Kreativität auf den Faktor Intelligenz zu reduzieren. Es gibt Forschungsresultate, die belegen, dass Kreativität und Intelligenz (oder zumindest diejenigen Aspekte dieser beiden Konstrukte, die man in Tests gemessen hat) nur schwach korrelieren (BEER/ERL 1972). Das gibt Anlass zur Vermutung, dass der Mathematikunterricht auch bei solchen Schülern, die keine besondere mathematische Begabung zeigen, kreative Reserven mobilisieren kann. Hilfreich für den Lehrenden ist hier eine differenziertere Auffassung von mathematischer Kreativität, wie sie weiter unten dargestellt wird.

Um den Persönlichkeitsaspekt von Kreativität für das pädagogische Handeln fruchtbar zu machen, kann man fragen: Welche Persönlichkeitsfaktoren und Verhaltensmuster zeigen kreative Personen und wie kann man diese im Unterricht fördern? Einige Aspekte, die sich quer durch die einschlägige Literatur ziehen, sind die folgenden:

■ *Kombinationsvermögen, Flexibilität, Flüssigkeit, divergentes Denken* beschreiben im Wesentlichen die Fähigkeit, vielfältige Ideen hervorzubringen.

■ *Neugier, Expressivität, Durchhaltevermögen, Ambiguitätstoleranz* sind motivationale Faktoren, die den kreativen Prozess positiv beeinflussen.

■ *Nonkonformismus, Autonomie, Risikobereitschaft* sind eher überdauernde Persönlichkeitsmerkmale und Ausdruck einer kreativititätswirksamen Ich-Stärke.

■ *Erfahrung, Orientierungswissen* sind Ausdruck der Tatsache, dass es einen sicheren Zugriff auf Wissen und Fertigkeiten, also ein Mindestmaß an Expertise braucht, um kreativ zu sein.

Liest man diese Persönlichkeitsfaktoren einmal unabhängig von der Kreativitätsfrage, so erkennt man hier eben nicht nur Kriterien für eine besondere Begabung, sondern allgemeine Persönlichkeitsmerkmale, zu deren Entwicklung Schule per se und bei *allen* Schülerinnen und Schülern beitragen soll. Der Schluss hieraus ist:

> Kreativität kann und muss auch im Fach Mathematik erworben und weiterentwickelt werden. Der Mathematikunterricht kann hierzu beitragen, indem er Gelegenheiten für eine individuelle kreative Entfaltung gibt und verstärkt zu kreativitätsfördernden Tätigkeiten anleitet.

Kreativitätserlebnisse sind zudem ein Fundament für die lebenslange Einstellung zur Mathematik. Ein jeder sollte sich eben nicht nur im kreativen Schreiben, sondern auch im kreativen Mathematikbetreiben einmal probiert haben.

3. Der kreative Prozess – drei Modi der Kreativität

Für den Mathematikunterricht kann es nur befruchtend sein, wenn er sich hinsichtlich der Kreativitätsfrage von der oben beschriebenen Produkt- und Personenperspektive löst, und sich fragt: Wie können kreative Prozesse im Mathematikunterricht aussehen? Welche Arbeitstechniken und welche Lernarrangements können hier förderlich wirken?

Häufig wird Kreativität in der Mathematik auf ihr „deduktives Kerngeschäft" reduziert und auf heuristische Kreativität eingeschränkt, d. h. auf die Fertigkeit, Probleme zu lösen und mathematische Vermutungen zu finden und zu beweisen. Hier möchte ich bewusst zwischen **drei Modi der Kreativität** unterscheiden: der **expressiven**, der **explorativen** und der **heuristischen** Kreativität.

▓ Expressive Kreativität

Als Ergebnis eines Projektes „Kachelungen mit dem Computer" schrieb eine Schülerin: *I decided to make fish in this project because they fit together well. (Fish are rather symmetrical creatures.) The fish named humuhumunukunukuapuaa is the Hawaiian state fish, and is often called „the little fish with the big name" (it is a very small fish!). This fits my picture, because although the one fish is small, it is important, and is colored so brightly. (Beth)* Aus: mathforum.org/sum95/suzanne

Das Fach Mathematik wird meist nicht zu den schöpferischen Fächern gezählt. Während es im Deutsch- oder Kunstunterricht selbstverständlich ist, dass Kinder und Jugendliche ihre Kreativität an individuellen Hervorbringungen erproben, scheint der Mathematikunterricht solche expressiven und synthetischen Tätigkeiten gänzlich zu vernachlässigen. Es gibt *creative writing,* aber kein *creative maths.* Dabei bieten sich gerade bei solchen kreativen Tätigkeiten die Chance,

- ▣ die individuelle Ausdrucksfähigkeit zu erweitern,
- ▣ erlernte Fähigkeiten oder mathematische Kenntnisse in sinnstiftenden Kontexten als nützlich zu erleben,
- ▣ Mathematik mit subjektiver Bedeutung zu erfüllen und mit der eigenen Persönlichkeit zu verknüpfen und
- ▣ zu erleben, dass Persönlichkeit und Individualität gefragt ist und nicht nur das logische Funktionieren der „Maschinerie Mathematik".

Auch wenn sich das spezifische Welterleben von Mathematik im Kanon der Wissenschaften nicht primär durch Subjektivität und Expressivität definiert, ist dies doch kein hinreichender Grund, die Mathematik als Schulfach von dem Erlebens- und Erkenntnismodus der singulären Produktion gänzlich abzukoppeln. Das hieße auch, die Bedeutung emotionaler und motivationaler Bedingungen für das Lernen zu leugnen.

Die naheliegendsten Themen für solche expressive Unterrichtsphasen stammen wohl aus dem Feld der Geometrie. Hier kann man z. B. Schülerinnen und Schüler auffordern, mit den erlernten Konstruktions- und Zeichenmethoden originelle Bilder zu gestalten, diese mit einer Geschichte, einem bedeutsamen Erlebnis oder einer individuellen Wahrnehmung zu verbinden und diesen Zusammenhang dem Betrachter zu erläutern (siehe obige Abb.).

Ein weiteres Beispiel, wie sich Mathematik und individuelle Gestaltungsfreiheit vereinbaren lassen, ist der „Primzahlweg": Die Klasse legt auf dem Schulhof einen Weg aus Quadraten an, der bei jeder Primzahl um 90° abknickt (BÖER 1997). Die zusätzliche Vernetzung mathematischer Begriffe mit Erlebnisepisoden ist zudem für Behaltensprozesse ausgesprochen vorteilhaft.

▌ Explorative Kreativität

Eine populäre Wahrnehmung von der schöpferischen Tätigkeit eines Mathematikers ist, dass er eine hohe Kreativität beim Beweisen von Sätzen und beim Lösen von Problemen haben muss. Oft wird dabei übersehen, dass ein vielleicht noch höheres Maß an Kreativität nötig ist, um sinnvolle Probleme überhaupt zu finden, mögliche Zusammenhänge aufzudecken und fruchtbare Begriffe zu konstruieren. Die deduktive Darstellung von Mathematik täuscht darüber hinweg, dass der mathematische Arbeitsprozess oft von induktiven Argumenten und explorativen Tätigkeiten geprägt ist. Diese Dimension mathematischer Kreativität lässt sich auch im Unterricht entfalten. Einige Ansätze sind auf den folgenden Seiten weiter ausgeführt (Erkunden mathematischer Situationen, offene Aufgabenstellungen, Modellierungsprobleme, Variation von mathematischen Problemen und Begriffen.). Das Beweisen entdeckter Zusammenhänge, das Lösen gefundener Probleme ist dann ein weiterer Schritt, bei dem wiederum Kreativität eine Rolle spielt.

Explorative Aufgaben – wieder am Beispiel des Parkettierens – können etwa so lauten:
Mit welchen Buchstaben kann man die Ebene ohne Lücken pflastern?
Welche Bedingungen (z.B. für Breite oder Höhe) müssen die Buchstaben dazu erfüllen?
Wie muss man andere Buchstaben verändern, damit auch sie funktionieren?
Welche Pflasterungen sind einander ähnlich?

▌ Heuristische Kreativität

Die Aktivität, die am häufigsten mit kreativem mathematischen Tun in Verbindung gebracht wird, ist das Lösen von Problemen, insbesondere das Beweisen von Behauptungen. Unabhängig davon, ob diese Probleme von Schülerinnen und Schülern selbst gefunden, selbst ausgewählt oder vom Lehrer vorgegeben wurden: Das Problemlösen fordert und fördert wiederum kreative Tätigkeiten. Dem Problemlösen ist das gesamte vorstehende Kapitel 4.2 gewidmet.

Kreativitätsfördernde Rahmenbedingungen

Wie weit kreative Phasen im Unterricht Erfolg haben, hängt von Rahmenbedingungen ab, auf die man wiederum als Lehrender Einfluss hat. Neben der Bereitstellung von kreativitätsfördernden Materialien sind hier wohl wesentliche Kriterien:

■ **Bewertungsaufschub**: Individuelle Leistungen dürfen nicht sofort als falsch oder richtig, als nützlich oder unnütz bewertet werden. Ein produktiver Umgang mit Fehlern, eine vertrauensvolle Atmosphäre des Förderns und eine transparente Trennung von Lernen und Leistungsbewertung sind hier unabdingbar.

■ **Förderung von Divergenz:** Experimentierfreude und Fantasie kann man u. a. durch bewusste Würdigung abweichender Ideen erreichen.

■ **Selbstreguliertes Lernen:** Schülerinnen und Schüler, die gewohnt sind, ihre Arbeitsprozesse selbst zu steuern, ohne kleinschrittige Fremdbewertung einzuholen, entwickeln eine höhere Frustrationstoleranz und erleben weniger Konformitätsdruck.

Zusammenfassend kann man sagen: Das kreative Problemlösen ist nicht einzelnen, besonders kreativen Personen vorbehalten. Es gibt Techniken und Strategien, die der Einzelne lernen und weiterentwickeln kann. Und es gibt Unterrichtsarrangements und motivationale Rahmenbedingungen, die dem kreativen Prozess besonders zuträglich sind. Eine Auswahl konkreter Unterrichtsansätze soll im Folgenden dargestellt werden.

Kreativitätstechniken und kreativitätsfördernde Arrangements

Die nachfolgend näher beschriebenen Arbeitsweisen des Infragestellens und Variierens sind zutiefst mathematische Denkweisen. Mathematischer Fortschritt entsteht nicht dadurch, dass kluge Mathematiker sich daran machen, Sätze, die vom Himmel fallen, zu beweisen. Kreativität besteht eher darin, die Welt auch anders zu sehen, als sie für gewöhnlich angesehen wird, und sich so auf eine mathematische Entdeckungsreise zu machen.

1. Aufgabenvariation

Im Kunstunterricht – wie auch in der Kreativitätsforschung – gibt es eine simple Methode, kreative Handlungen auszulösen: Eine Zahl gleicher Figuren (hier: Kreise im Quadrat) sollen auf möglichst vielfältige Weise ergänzt werden. Eine solche Aufgabe kann Auskunft über Kreativitätsmerkmale des Probanden geben: Ideenfülle, Umdeutung (Kreis als Loch), Entweichen (Überschreiten des Einzelbildes).

Man kann diese Methode aber auch verwenden, um Kreativität herauszufordern oder um hieraus bereichsspezifische und bereichsübergreifende Strate-

Vgl. auch den Artikel von Weth *in* Mathematik lehren *6/2001*

gien zu entwickeln („Gehe über den gegebenen Rahmen hinaus! Kombiniere!").
Dieses Prinzip der freien, individuellen Schöpfung durch Variation lässt sich
auf die Mathematik übertragen: Seit mehreren Jahren zeigt sich an einer wachsenden Zahl von konkreten Unterrichtsbeispielen, dass die Unterrichtsmethode der Aufgabenvariation erfolgreich das kreative Umgehen mit Mathematik
fördert (SCHUPP 2000, VOLLRATH 1987). Die Kernideen dieser Methode seien hier
in wenigen Worten zusammengefasst:

Merkmale der Methode „Aufgabenvariation"

- Schülerinnen und Schüler variieren ausgehend von einem vorgegebenen Problem verschiedene Aspekte der Problemstellung: Begriffe, Bedingungen, Behauptungen, Fragen, etc.

- Es gibt bereichsspezifische und bereichsübergreifende Strategien, die eine solche
Variation ertragreicher machen kann, und die man erlernen kann (Beispiele folgen
weiter unten.).

- Erfolg definiert sich zunächst nur über die Vielfalt der Ideen. Die Lösung der Probleme
steht erst an zweiter Stelle. Sicherlich gehört zur Variation aber bereits eine erste Einschätzung dazu, ob die variierte Aufgabe ein mathematisch sinnvolles Problem definiert.

- Lehrerinnen und Lehrer können zwar vorab ausloten, welche Variationen zu erwarten
sind. Eine detaillierte Planung wird jedoch dadurch vereitelt, dass Schülerinnen und
Schüler immer wieder Naheliegendes unbeachtet lassen, dafür aber auf Unerwartetes
stoßen.

- Die variierten Probleme können sehr unterschiedliche Schwierigkeitsgrade aufweisen,
wenn man sich an ihre Lösung macht. Viele erweisen sich als trivial lösbar (aber be-
gründungsbedürftig), andere sind mit Mitteln der Schulmathematik nicht lösbar oder
besitzen nur Näherungslösungen. In den seltensten Fällen werden sich aber alle Pro-
blemvarianten mit vorab erarbeiteten, sorgfältig eingeübten Verfahren lösen lassen.

Der Kern der Methode besteht darin, dass die Schüler (und nicht die Lehrer!) aktiv und kreativ werden und Aufgaben variieren. Während jüngere Schülerinnen
und Schüler erfahrungsgemäß unbefangener an das Variieren herangehen, helfen für den Einstieg bei älteren konkrete Strategien. An einem Beispiel aus der
Geometrie seien solche Elementarstrategien vorgestellt. Der Leser ist aufgefordert, sie an einem beliebigen Aufgabenbeispiel eigener Wahl auszuprobieren.

Beispiel Bei welchem Punkt in einem gleichseitigen Dreieck ist die Summe der
Lotabstände von den drei Seiten maximal?[1]

---

[1] in Weiterführung eines Problems, an dem TIETZE (1997, S. 102) lokale Heuristiken des Problemlösens beschreibt.

Strategien zur Aufgabenvariation

1. Analogien bilden (Ersetze ein Element durch ein anderes.)

   ... in einem Rechteck, einem Trapez, ... oder

   ... ist die Summe der Lote minimal?

   ... ist die Summe der Verbindungen zu den Ecken ...

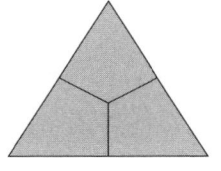

2. Verallgemeinern (Lasse eine Bedingung weg.)

   ... in einem beliebigen Dreieck ...

3. Spezialisieren (Füge eine Bedingung hinzu.)

   Bei welchem Punkt auf einer Seite eines gleichseitigen Dreiecks ...

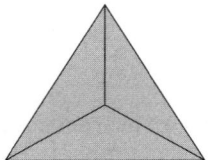

4. Zerlegen (Trenne in Teile auf.)

   ... ist die Länge eines Lotes maximal?

5. Kombinieren (Füge Verschiedenes zusammen.)

   Wie sieht das Problem aus, wenn man statt eines Vielecks einen Kreis betrachten möchte?

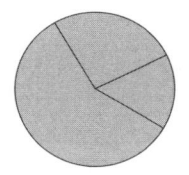

6. Umkehren (Wechsle die Richtung der Aussage.)

   Wie müssen drei Strecken mit gegebener Länge zusammengestellt werden, damit sie die Lote eines möglichst kleinen/möglichst großen Dreiecks bilden?

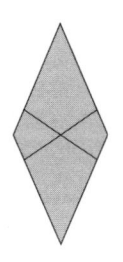

7. Kontext ändern (Formuliere in einem anderen Rahmen.)

   Wann ist bei einem Tetraeder ...

8. Überschreiten (Wechseln von impliziten Bedingungen.)

   Wie lautet die Aufgabe mit Punkten außerhalb des Dreiecks?

9. Iterieren (Mache in dieselbe Richtung weiter.)

   Wie sieht das Problem aus, wenn man zwei Dreiecke zusammensetzt?

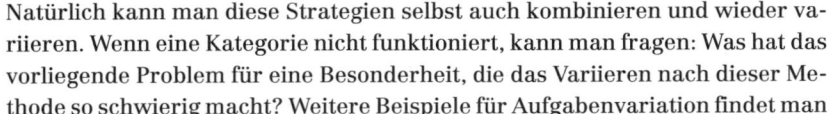

Natürlich kann man diese Strategien selbst auch kombinieren und wieder variieren. Wenn eine Kategorie nicht funktioniert, kann man fragen: Was hat das vorliegende Problem für eine Besonderheit, die das Variieren nach dieser Methode so schwierig macht? Weitere Beispiele für Aufgabenvariation findet man vor allem bei Schupp (2000).

2. Kreative Begriffsbildung

Ein mathematischer Begriff entsteht im Unterricht meist durch die Beschreibung eines oder mehrerer Beispiele (z. B. der Begriff „senkrecht"), beim Durchspielen von Operationen (z. B. der Begriff „Spiegelung") oder durch Angabe von

Eigenschaften (z. B. der Begriff „Quadrat"). Eine (mehr oder weniger) strenge Definition des Begriffs sollte am Schluss der Erarbeitung stehen und nicht, wie von mathematischen Abhandlungen suggeriert, an deren Anfang.

Ein Begriff wird dann besonders klar, wenn man ihn gegen verwandte Begriffe abgrenzt. In der Schule geschieht dies leider an manchen Stellen nur unzureichend: Wir lehren, wie die Graphen linearer und quadratischer Funktionen aussehen und räumen den vielen, nicht algebraisch beschreibbaren Funktionen (und den Nicht-Funktionen) nur wenig Raum ein.

Will man erreichen, dass Schülerinnen und Schüler einen Begriff bewusst und flexibel verwenden können, so sollten sie bei der Findung und Eingrenzungen eines Begriffs aktiv beteiligt sein. Den Umfang und Gehalt eines Begriffes können Schülerinnen und Schüler umso besser verstehen, je mehr sie sich mit dem Begriff kritisch auseinandersetzen. Zu jedem mathematischen Begriff in der Schule kann man fragen *„Was wäre, wenn nicht …?"* und erhält so die Gelegenheit, Varianten eines Begriffs abzutasten und damit auch den ursprünglichen Begriff zu verstehen. Dabei können Strategien, die oben für die Aufgabenvariation angeführt wurden, auch für die Begriffsbildung eingesetzt werden. WETH (1999) führt eine Reihe weiterer Begriffsbildungsroutinen ein.

Die Begriffsbildung kann angeregt werden durch eine vom Lehrer vorgegebene Bezeichnung, die eine Vielzahl unterschiedlicher mathematischer Auslegungen zulässt. Klassisch ist schon das Beispiel der *teilerarmen Zahl* (VOLLRATH 1987). Dies kann z. B. sein: eine Zahl mit nur einem echten Teiler, eine Zahl mit nur einem Primfaktor oder eine Zahl mit höchstens drei (oder vier) verschiedenen Teilern. Im Anschluss an die Begriffsdefinition folgt die Erkundung der Begriffe: *„Gibt es solche Zahlen überhaupt? Wie sehen sie aus? Haben sie besondere Eigenschaften?"* Weitere Begriffe könnten z. B. sein: *Fastquadrat, brave Funktion, pythagoreisches Viereck, zerlegbarer Bruch, gleichmäßige Folge,* etc.

Viele solcher Begriffsvariationen lassen sich auch schon mit sehr jungen Schülerinnen und Schülern durchführen, wie das folgende Beispiel zeigt. Durch Variation und Kombination bekannter Rechenvorschriften können Schülerinnen und Schüler neue Operationen erfinden, ihnen einen fantasievollen Namen geben und ihre Eigenschaften erkunden (LUDWIG 1997), so z. B. die von einem Schüler erfundene und „Quersummenattributetik" getaufte Operation 36 ႘ 37 = 9 · 10 = 90, die sich dann beispielsweise als kommutativ herausstellt.

Das Erfinden geläufiger, aber auch neuer mathematischer Begriffe kann somit Anlass für schöpferische Schülertätigkeit werden. Begriffsbildung findet dabei nicht en passant statt, sondern wird zum ausdrücklichen Thema von Mathematikunterricht.

3. Spiele

Es liegt nahe, mit dem Spielen im Mathematikunterricht den Regelcharakter des Faches auszuloten. Formalisten begreifen die Mathematik ohnehin als ein Spiel mit willkürlichen, aber konsistenten Grundannahmen und Regeln (Axiomen und Schlussweisen). Überlässt man bei Spielen jedoch die Erfindung und Veränderung von Regeln den Schülerinnen und Schülern und legt das Gewicht weniger auf Regelkonformität als auf Kreativität, so entfalten solche spielerischen Situationen ein ungeheures Potenzial der Förderung von Divergenz und Expressivität im Mathematikunterricht.

Beispiel (Partnerarbeit)
Beim Spiel werden zwei Würfel geworfen. Stelle eine Regel auf: Wann gewinnst du, wann dein Partner? Schreibe deine Regel möglichst genau und verständlich auf ein Blatt Papier und stelle sie deinem Partner vor: Er soll entscheiden, ob er sich auf das Spiel einlässt. Er soll seine Begründung auf dem Blatt notieren.

Beispiel (Gruppenarbeit, 5 Schüler)[2]
Fünf Schüler hocken sich sich mit verschränkten Beinen in je ein Feld (siehe Abb.). Beim „Startschuss" muss jeder eine der folgenden Positionen einnehmen:
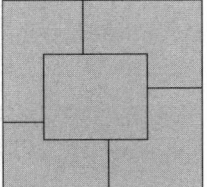
a) In der Hocke sitzen,
b) auf einem Bein stehen,
c) auf beiden Beinen stehen,
d) ständig auf und ab springen.
Das Spiel ist beendet, wenn keine zwei Schüler auf benachbarten Feldern dieselbe Position haben.
Nun heißt es: Spielen – Überlegen und Vermutungen aufstellen – Spielregeln verändern – Weiter spielen. Als interessante Fragen können sich u.a. ergeben: *Gibt es ausweglose Situationen ohne Lösung? Was ändert sich am Spiel, wenn man andere Landkarten probiert? Wenn man eine andere Zahl von Stellungen wählt?*
Hier ist ein graphentheoretisches Problem in ein Aktionsspiel verpackt. Viele weitere Spielideen und eine systematische Übersicht über Spielen im Mathematikunterricht findet man z. B. bei LEUDERS (2001).

4. Basteleien

Expressive Kreativität kann sich am besten gestalterisch entfalten. Auch im Mathematikunterricht gibt es vielfältige Gelegenheiten, mathematische Objekte zu erstellen. Nahe liegend ist hier beispielsweise, das Blatt Papier, sonst eher Träger symbolischer Aufzeichnungen, umzufunktionieren und als Material zu benutzen, aus dem man z. B. Figuren und Körper bastelt. Auch hier kann man Kreativitätsspielräume schaffen, indem man Schülerinnen und Schüler nicht nur die „nackten" Modelle erstellen, sondern diese ganz individuell ausgestalten lässt.

---

2 Viele weitere solcher Ideen findet man unter <u>www.c3.lanl.gov/mega-math.</u>

Das Objekt kann Endpunkt einer mathematischen Auseinandersetzung sein („Wie sieht das Netz eines Oktaeders aus?") oder auch Anfangspunkt von vielen mathematischen Fragestellungen. Stellvertretend seien hier die *Pentominos* genannt. So heißen die 12 Figuren, die man aus fünf Quadraten

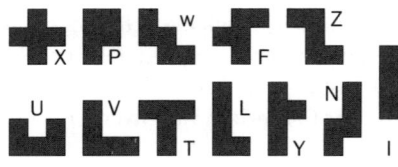

bilden kann. Nachdem man sie aus Pappe oder Holz gebastelt hat, kann man sich z. B. an die folgenden Fragestellungen machen: *Welchen Umfang haben die Pentominos? Welcher ist am größten/am kleinsten? Warum? Wie sieht's bei Hexominos aus? Wie sehen die möglichen räumlichen Pentominos (Pentawürfel) aus? Wie kann man die Ebene mit Pentominos pflastern? Welche unterschiedlichen Typen gibt es?*[3]

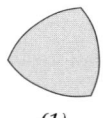
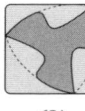

(1)   (2)

Ein interessantes „Kreisteil", d. h. eine aus Kreisbögen bestehende Figur ist das REULEAUXsche Dreieck (1). Baut man aus diesem wohl bekanntesten *Gleichdick* Räder, so kann man auf diesen „eckigen" Rädern erschütterungsfrei rollen! Sofort tut sich eine Vielzahl von Fragen auf:

Wie funktioniert das?
Wie konstruiert man ein solches Dreieck?
Gibt es noch andere gleich Dicke?
Welche Fläche und welchen Umfang hat das „Dreieck" (verglichen mit einem entsprechenden Kreis)?
Wieso hat die Plattform des Wiener Fernsehturms diese Form?
Wie funktioniert ein Bohrer, der quadratische Löcher macht (2)? Ausprobieren kann man dies unter: perso.wanadoo.fr/zero/perceuse2.html

Solche Objekte gehören in die mathematische Sammlung jeder Schule. Besser noch: Schülerinnen und Schüler aller Klassen können am Aufbau einer solchen „Mathematikausstellung" mitarbeiten (vgl. Kap. 5.2). Viele weitere Anregungen kann man sich beim *Mathematicum* in Gießen abschauen (www.math.de).

---

3 Viele weitere mathematische Basteleien findet man bei KOELLER (www.mathematische-basteleien.de), z. B. zum Thema „Kreisteile".

5. Offene Aufgaben

Schülerinnen und Schüler müssen nicht gleich Neues erfinden, gestalterisch tätig sein, oder anspruchsvolle Beweise finden, um im Mathematikunterricht kreativ zu sein. Einen ersten Schritt hin zu einer größeren Kreativitätsentfaltung hat man schon dann getan, wenn man ihnen häufiger die Gelegenheit gibt, beim Lösen von Aufgaben eigene Wege zu gehen. Dies ist der Fall bei offenen Aufgaben. Vielfältige Beispiele für den Einsatz und die Konstruktion offener Aufgaben finden sich im vorangegangenen Kapitel 4.2.

6. Brainstorming & Co.

Zu den schon klassisch zu nennenden Kreativitätstechniken gehört das *Brainstorming* (OSBORN 1953). Hierbei wird die Ideenfülle und -vielfalt einer Gruppe genutzt und dabei hemmende Faktoren, wie vorschnelle Bewertung oder Kritik ausgeschaltet. Die Anwendungsbereiche sind vielfältig: Das Ausloten eines Themenfeldes *(Was hängt alles hiermit zusammen? Was könnten wir noch tun?)*, oder die kreative Lösungssuche bei Problemen oder Namensgebungen. Damit es funktioniert, sollten sich alle an die folgenden vier Grundregeln halten („AKUT").

> **Die Grundregeln des Brainstorming**
> **(A)**lle Assoziationen äußern.
> **(K)**ritik vermeiden.
> **(U)**mnutzen von scheinbar Unpassendem.
> **(T)**empo verhindert hemmende Reflexion und führt zu einer großen Ideenmenge.

Es kann ein Moderator, der auf die Einhaltung der Regeln achtet und ein Schriftführer, der die Ideen festhält, gewählt werden. An die Assoziationsphase schließt sich eine Sammlungs- und Auswertungsphase an. Hier können z. B. Techniken wie das *Mindmapping* (vgl. Kap. 8.2) herangezogen werden. Das Brainstorming kennt viele Variationen: Neben dem mündlichen gibt es auch ein schriftliches Brainstorming (*Brainwriting, Methode 635*), Brainstorming kann in kleinen Gruppen, aber auch individuell durchgeführt werden. Viele Anregungen und Hinweise finden sich hierzu bei BUGDAHL (1995), auf den Mathematikunterricht bezogene Beispiele bei LEUDERS (2001).

4.4 Anwendungen und Modellbildung

Bernd Westermann

„Mathematik wäre nicht, wenn sie nicht nützlich wäre."   *(Hans Freudenthal)*

Mathematik ist auch Hilfswissenschaft.

Diese einfache Weisheit darf in der Schule bei aller Schönheit reiner Mathematik nicht vergessen werden. Der Anwendungsaspekt hatte im deutschen Mathematikunterricht ein wechselndes Gewicht: Er wurde betont zum Ende des 19. Jahrhunderts beim Aufschwung von Technik und Industrie (siehe auch die Meraner Lehrpläne 1905) und später wieder während des Dritten Reiches. Nach der Phase der anwendungsarmen *New Math* hat sich die fachdidaktische Diskussion seit den späten 70er Jahren weltweit wieder zunehmend der Einbeziehung von Anwendungen in den Mathematikunterricht zugewandt. In Deutschland hat diese Diskussion allerdings weitaus mehr die Fachdidaktik als den konkreten Unterricht beeinflusst. TIMSS und PISA haben gezeigt, dass unsere Schüler bei Aufgaben, die die Anwendung von Mathematik auf außermathematische Kontexte verlangen, international relativ schwach abschneiden. Es besteht also Anlass, darüber nachzudenken, welchen Wert wir Anwendungen in unserem Unterricht beimessen wollen.

Die aktuellen Bemühungen um Anwendungen

1. Eine Vielzahl von unterschiedlichen **Begründungen** unterstützt die Forderungen nach mehr Anwendungen im Unterricht.

   - *Gründe der Allgemeinbildung:* Die Welt um uns wird von der Mathematik auf spezifische Art beschrieben, gedeutet und beeinflusst. Die Mathematik trägt damit wesentlich zum Verstehen und zum Gestalten unserer komplexen Welt bei. Der Mathematikunterricht muss diese Bedeutung deutlicher als bisher vermitteln.

   - *Pragmatische Gründe:* Anwendungen sollen einer besseren Vorbereitung auf Beruf, Studium und Alltag dienen. PISA legte auf Verfügbarkeit von Mathematik im Alltag Wert (‚Mathematical Literacy'). Dabei zeigte sich: Wer die Theorie gelernt hat, kann sie noch nicht unbedingt anwenden.

   - *Innermathematische Gründe*: Anwendungen können zu einem tieferen Verständnis von Begriffen und Verfahren führen. Daher schrieb LIETZMANN in seiner Methodik (1968, S. 24), „dass die Anwendungen im Schulunterricht nicht um ihrer selbst willen, sondern um der Mathematik willen da sind."

   - *Lernpsychologische Gründe:* Manch einer hofft durch Anwendungen die fachliche Motivation der Schüler zu verbessern. Das erweist sich aber leider häufig als Irrtum. Schülermotivation wird wohl mehr durch gutes Unterrichtsklima und durch das Erleben eigener fachlicher Kompetenz gefördert.

● *Emanzipatorische Gründe:* Die Behandlung von Anwendungskontexten soll als Hilfe dienen zur „Orientierung für Entscheidungen und Handlungen, sowohl für die Entwicklung und Veränderung privater Lebenssituationen als auch ... gesellschaftlicher Praxis. ... Schlüsselprobleme sind z. B. Umwelt, Rollenfixierungen, Nord-Süd-Konflikt, Verkehr". (MUED 2002)

● *Verbesserung des Bildes von Mathematik:* Bisher ist das Bild von Mathematik bei vielen Abiturienten geprägt durch die Behandlung nutzlos erscheinender innermathematischer Kalküle mit komplizierten Funktionenscharen, Geraden, Ebenen usw. Manchem Akademiker fällt es daher leicht, sich schlechter Leistungen in Mathematik zu rühmen. Ein Schüler muss aber erkennen können, warum er auf einer allgemeinbildenden Schule so viel Mathematik lernen muss. Der Anwendungsaspekt kann mit dazu beitragen, ihn von Sinn, Bedeutung und Nutzen mathematischer Inhalte zu überzeugen.

2. Der **Modellbegriff** hat sich inzwischen bei Anwendungen durchgesetzt (ebenso die Begriffe Modellbildung, Modellbildungsprozess usw.). Die Vorgänge beim Modellieren sollen bewusst gemacht werden.

3. Die Anzahl der **Kontextbereiche**, aus denen die Anwendungsbeispiele für den Unterricht genommen werden, hat sich deutlich ausgeweitet. Es gibt inzwischen Beispiele aus Wirtschaft, Verkehrsplanung, Umwelt, Musik, Sport, Demographie usw. Früher hatten sich hingegen Anwendungen in den höheren Klassen weitgehend auf die Naturwissenschaften beschränkt, insbesondere auf die Physik. Durch die Ausweitung der Anwendungsbereiche sind nun auch viele Anwendungen ohne naturwissenschaftliche Vorkenntnisse möglich, die Mathematik erfasst auch den Schülern vertrautere Bereiche, der schöne Satz „Mathematik ist überall" wird für den Schüler glaubwürdiger.

4. **Modelling** (Modellieren als Prozess) und nicht nur *models* (Modelle nutzen) – Schüler sollen Anwendungen nicht nur in Textaufgaben mit weitgehend vorgegebenen Modellen kennen lernen. Sie sollen lernen, den Modellbildungsprozess auch selbst durchzuführen. Durch solche Aktivitäten werden Schüler auch besser auf Anwendungssituationen vorbereitet, die sie außerhalb der Schule und im späteren Leben erwarten. Es gibt daher viele Bemühungen, Anwendungsaufgaben zu entwickeln, die offen, komplex und wenig vorstrukturiert sind.

5. Möglichst **authentische Kontexte und Problemstellungen** sind ein Ziel bei der Entwicklung von Anwendungsaufgaben. Authentizität ist aber oft nur

schwer zu erreichen und kann zu komplexen Aufgabenstellungen führen, die längere Unterrichtsreihen oder Projekte erfordern.

6. Zunehmend findet man ,**Idealisierungsaufgaben**' (auch: Scheinanwendungen) in Schulbüchern, im Unterricht oder als Prüfungsaufgaben.

> **Beispiel** *$K(x) = x^3 - 8x^2 + 40x + 384$ gibt die Gesamtkosten K eines Herstellers von Disketten an. Die Umsatzfunktion ist $U(x) = 120x$.*
> *a) Ermittle die Gewinnzone.*
> *b) Für welche Produktionsmenge ergibt sich der maximale Gewinn? usw.*

Diese Aufgaben sind umstritten, da sie die Realität in starkem Maße idealisieren und daher häufig kein authentisches Bild der Verwendung von Mathematik vermitteln. Die zunehmende Einbeziehung nichtnaturwissenschaftlicher, variablenreicher Kontexte (Wirtschaft, Umwelt usw.) führt aber zwangsläufig zu dieser Problematik.

Einige Kennzeichen der aktuellen Situation in der Schule

Nach *TIMSS-III* wurde zu den Leistungen der deutschen Schüler festgestellt: „Defizite liegen weniger, aber auch im Bereich der Beherrschung grundlegender Routineverfahren … Insbesondere sind anspruchsvollere Aufgaben, die den durchgenommenen Stoff auf lebenspraktische Situationen beziehen, für die meisten deutschen Schüler unlösbar." (Baumert u. a. 1997, S. 71). Es dominiert bei uns offensichtlich ein Unterricht, der weitgehend innermathematisch bleibt und Verfahren einübt.

Es gibt zahlreiche Versuche, dem Mathematikunterricht mehr Realitätsbezug zu geben (z. B. Mued 2002). Verbindlich vorgeschrieben sind Anwendungen bisher aber nur in geringem Umfang.

In den **Mathematiklehrplänen** finden sich Bemerkungen zum Anwendungsaspekt bisher vorwiegend in Präambeln und allgemeinen Lernzielkatalogen. Der Einfluss dieser Lehrplanabschnitte ist aber gering, da sich die Lehrer im konkreten Unterricht weitgehend an den aufgeführten mathematischen Inhalten orientieren. Um die Behandlung von Anwendungen im Unterricht zu erreichen, hat der neue Lehrplan Mathematik für die Sekundarstufe II in Nordrhein-Westfalen (1999, S. 13) erstmals einen anderen Weg eingeschlagen. Er fordert verbindlich, dass bei der Behandlung eines jeden Themas Aspekte aus drei Bereichen *zugleich* berücksichtigt werden sollen:

- Bereich 1: Fachliche Inhalte,
- Bereich 2: Lernen in Kontexten,
- Bereich 3: Methoden und Formen selbstständigen Arbeitens.

Es reicht danach nicht mehr, dass ein Lehrer nur den fachlichen Inhalt (Bereich 1) bei seiner Unterrichtsplanung beachtet. Der Lehrplan präzisiert, dass insbesondere in Grundkursen die „Auseinandersetzung mit Mathematik in realen Kontexten intensiviert" werden soll. Auch die NRW-Lehrpläne für die Sekundarstufe I an Gesamtschulen betonen außermathematische Kontexte sehr stark.

Lehrerbefragungen zeigen, dass die meisten Lehrer eine stärkere Einbeziehung außermathematischer Kontexte durchaus für sinnvoll halten (HUMENBERGER 1997, S. 3; FÖRSTER 2002, S. 48). Die Untersuchungen zeigen aber auch die Gründe auf, warum das in der Praxis so wenig geschieht:

1. Die *Lehrer* sind *hierfür nicht ausgebildet*. In ihrer Ausbildung an der Universität haben sie jahrelang fast ausschließlich die reine Mathematik kennen gelernt. Das hat ihr Bild von Mathematik nachhaltig geprägt. Es kommt hinzu, dass die heutige Lehrergeneration zum großen Teil in der Phase der abstrakten Strukturmathematik Universität und Seminare durchlaufen hat.

2. Den Lehrern stehen *häufig keine geeigneten Materialien* zur Verfügung. Es gibt zwar viele geeignete Vorschläge und Materialien in Fachzeitschriften, Büchern, Tagungsberichten usw., aber diese erreichen die Lehrer im Normalfall nicht.

3. Der *Vorbereitungsaufwand* ist *relativ groß* für einen Lehrer, dem es an der erforderlichen Ausbildung und an Materialien fehlt.

4. *Anwendungen kosten Unterrichtszeit*. Stofffülle und Zeitdruck führen dazu, dass zunächst die von den Lehrplänen geforderten Inhalte innermathematisch behandelt werden. Außermathematische Kontexte werden allenfalls als Ergänzung eingeplant, d. h. sie fallen meistens weg.

5. Die Einbindung von außermathematischen Kontexten bringt manche *Unsicherheiten* mit sich: Der Unterrichtsablauf ist nicht so gut planbar, der Kontext enthält Überraschungen, es gibt nicht nur eine richtige Lösung, die Leistungsbewertung wird problematischer usw.

Folgerung: Wenn der Anwendungsaspekt im Unterricht stärker zur Geltung kommen soll, dann müssen die genannten Schwierigkeiten verringert werden. Das ist z. B. möglich durch Lehrerfortbildung, Vorlesungen für Lehramtsstudenten in angewandter Mathematik, Verbesserung des Informationsflusses über Materialien, höherer Grad an Verbindlichkeit im Lehrplan.

RME – ein Beispiel für anwendungsorientierten Unterricht

In den Niederlanden nehmen Anwendungen seit den achtziger Jahren nicht nur in der Diskussion, sondern auch in den Lehrbüchern und im konkreten Unterricht eine zentrale Stellung ein. Diese Entwicklung hat weltweit Beachtung gefunden, und sie hat auf die Konzeption von PISA Einfluss genommen. Eine genauere Betrachtung dieser Entwicklung lohnt sich auch für uns in Deutschland, da sie beispielhaft Auskunft gibt über einen stärker anwendungsorientierten Unterricht.

Die **Realistic Mathematics Education (RME)** wurde vor allem vom Freudenthal-Institut an der Universität Utrecht seit den siebziger Jahren entwickelt. Ihr liegt eine Auffassung vom Lernen und Lehren von Mathematik zugrunde, die JAN DE LANGE (2002, www.fi.uu.nl/en) so umreißt:

■ „Die Prinzipien, die dieser Auffassung zugrunde liegen, sind stark von Hans Freudenthals Konzept der ‚Mathematik als einer menschlichen Aktivität' beeinflusst. Er war der Ansicht, dass Schüler nicht als passive Empfänger von fertiger Mathematik betrachtet werden sollten, sondern dass der Unterricht ihnen zunehmend die Gelegenheit bieten sollte, Mathematik wieder neu zu erfinden. Lernsituationen können viele Probleme darstellen, die die Schüler als bedeutungsvoll erfahren." ■

Das heißt: Es sollen dem Schüler Probleme in Kontexten geboten werden, die ihn zur Bearbeitung reizen, die seiner Erfahrungswelt entnommen sind und die er für bedeutend hält. Dadurch sollen Schüleraktivitäten ausgelöst und neue mathematische Konzepte, Begriffe und Verfahren entwickelt werden (*conceptual mathematics*, DE LANGE 1987, S. 37). Anschließend lassen sich diese Konzepte einüben, anwenden und verbessern. Die Kontexte sollen also letztlich den Zugang zu den mathematischen Inhalten verbessern.

RME hat dazu geführt, dass in den Niederlanden viele außermathematische Kontexte in die Lehrbücher und damit auch in den Unterricht Eingang gefunden haben. Erstmals umgesetzt wurde RME 1985 bei der **Einführung von Wiskunde A** (Mathematik A) für die Schüler des 11. und 12. Schuljahres. Wiskunde A ist mit dem deutschen Mathematik-Grundkurs vergleichbar, denn sie wird von Schülern gewählt, die ihren schulischen Schwerpunkt nicht in Mathematik setzen. Der HEWET-Report (1980) gibt mathematische und pragmatische Ziele vor:

■ „Wiskunde A ist für Schüler bestimmt, die in ihrem Studium wenig Weiterbildung in Mathematik haben werden, die aber dennoch Mathematik in gewissem Umfang gebrauchen müssen. Vor allem wird an diejenigen gedacht, die sich darauf einstellen müssen, dass die Mathematik immer mehr in Fachgebiete außerhalb der Naturwissenschaften vordringt. Das bedeutet, dass die Schüler in ihrem Unterricht die Bedeutung einer mathematischen Darstellung beurteilen lernen müssen. Daher sollen sie vertraut gemacht werden mit einem mathematisch korrekten Umgang mit Zahlen, mit Darstellung in Formelsprache und unterschiedlichen Formen mathematischer Darstellung. Außerdem müssen sie lernen, mit mathematischen Modellen zu arbeiten und die Relevanz dieser Modelle zu beurteilen." ■

Der Lehrplan für Wiskunde A enthält daher auch vorwiegend anwendungsreiche Gebiete wie diskrete dynamische Modelle, lineares Optimieren, Matrizenrechnung, Einführung in die Graphentheorie und (sehr umfangreich) Stochastik. Das Zentralabitur von Wiskunde A enthält nur Aufgaben mit außermathematischen Kontexten. Die Kontexte sind sehr vielfältig, einfallsreich und interessant zu lesen (Aufgabensammlung von MAK, 2000). Ein Beispiel:

Beispiel **Die Atmosphäre** Zentralabitur 1998/1. Aufgabe
Der Luftdruck und die Temperatur in der Atmosphäre hängen von der Höhe ab. In der Abbildung sind die Höhe h (in Kilometern) und der zugehörige Luftdruck p (in Millibar) auf den vertikalen Achsen eingetragen. Auf der horizontalen Achse ist die Temperatur T (in °C) eingetragen.

In der Abbildung ist zu sehen, dass die Temperatur zunächst abnimmt, je weiter man sich von der Erdoberfläche entfernt, anschließend wieder zunimmt und von einer Höhe von ungefähr 50 km an wieder abnimmt.

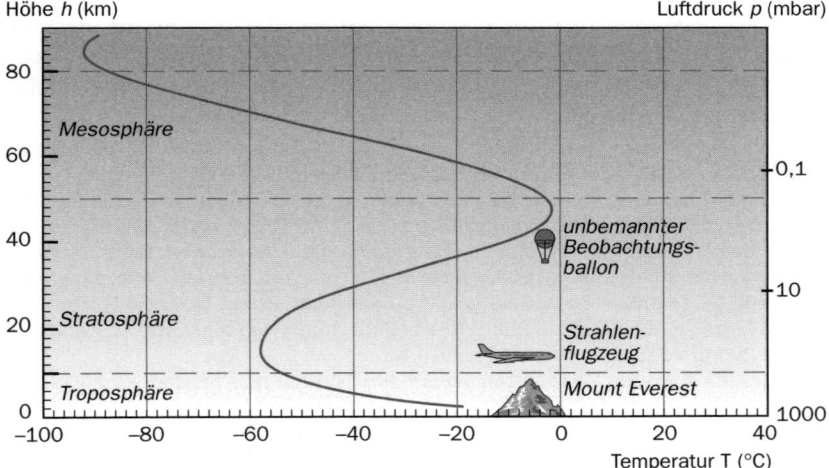

Frage 1: In einer Höhe von ungefähr 40 km nimmt die Temperatur mit der Höhe zu. Wie groß ist diese Zunahme in Grad Celsius pro km? Erläutere deine Antwort mit Hilfe der Abbildung.

Frage 2: Je mehr man sich von der Erdoberfläche entfernt, desto niedriger wird der Luftdruck. Zwischen h und p besteht näherungsweise der Zusammenhang $p = 1000 \cdot 0{,}86^h$. Leite diese Gleichung durch Vergleich der Maßstäbe in der Abbildung her.

Bergwanderer verwenden häufig einen Höhenmesser. Der Höhenmesser benutzt den Zusammenhang zwischen Höhe und Luftdruck. Dabei kann aber nicht ohne weiteres obige Gleichung verwendet werden, denn bei schönem Wetter ist der Luftdruck überall einige Prozent höher und bei schlechtem Wetter einige Prozent tiefer als die Formel angibt. Darum wird zu Beginn einer Bergtour der Höhenmesser geeicht, indem er auf die Höhe eines Punktes, dessen Höhe bekannt ist, eingestellt wird. Eine Bergwanderin eicht ihren Höhenmesser auf einen Punkt in 2000 m Höhe. Nach einer langen Wanderung scheint sie nach der Wanderkarte auf einem höher gelegenen Punkt angekommen zu sein. Die Wanderin sieht zu ihrer Überraschung, dass der Höhenmesser immer noch eine Höhe von 2000 m angibt.

Frage 3: Deutet das auf eine Verbesserung des Wetters hin? Begründe deine Antwort.

<u>Frage 4:</u> Nimm an, dass, während die Wanderin geklettert ist, der Luftdruck überall um 6 % zugenommen hat. Berechne, um wie viele Meter die Wanderin dann gestiegen ist.

Bei den Zentralabituraufgaben mag man offene Fragestellungen und Modellbildungsprozesse vermissen, die RME eigentlich gerade anstrebt. Mit der *Wiskunde-Alympiade* und den *Wiskunde B-Tagen* hat das Freudenthal-Institut Wettbewerbe geschaffen, in denen sehr komplexe, offene Aufgaben mit realitätsnahen Problemen gestellt werden. Es ist sehr interessant, die umfangreichen Aufgaben im Internet nachzulesen (unter <u>www.fi.ruu.nl</u> oder <u>www.alympiade.de</u>). Die Aufgaben eignen sich durchaus auch für eine Bearbeitung im Unterricht. Ein Beispiel:

Beispiel **Mobil telefonieren mit Mercuur** Wiskunde B -Tag 1999
Die Firma Mercuur will ein neues Mobilfunknetz in den Niederlanden aufbauen. Dazu müssen Türme und Masten errichtet werden. Die Türme kosten fünfmal so viel wie die Masten. Für die Sende- und Empfangsqualität gilt: Die Chancen für das Zustandekommen einer Verbindung betragen bei den Türmen unter 20 km Entfernung vom Turm 100 %, zwischen 20 und 40 km 75 % und über 40 km unter 10 %. Bei den Masten betragen die Chancen unter 10 km Entfernung vom Mast 100 %, zwischen 10 und 20 km 75 %, über 20 km unter 10 %.
<u>Theoretische Aufgabe:</u> Welche Aufstellung von Türmen und Masten ist günstig in einem gleichmäßigen, flach ausgestreckten Gebiet?
<u>Praktische Aufgabe:</u> Schlagen Sie eine Verteilung für die Niederlande vor und begründen Sie diese. Benutzen Sie dazu eine Karte mit dem Maßstab 1:100000.
<u>Anmerkungen:</u> Der Text ist stark verkürzt. Die Aufgabe ist ein Beispiel dafür, wie sich theoretische und angewandte Mathematik ergänzen. Die Aufgabe ist fachübergreifend, da auch außermathematische Aspekte wie Bevölkerungsdichte, Küstenformen usw. berücksichtigt werden müssen.

Bisherige Erfahrungen mit Realistic Mathematics Education
Die Ideen von RME wurden in den 90er Jahren auch in der Grundschule, in den Klassen 7 bis 9 und in Wiskunde B (dem ‚Leistungskurs') verwirklicht. Die Niederlande haben also inzwischen breite Erfahrungen zur Anwendungsorientierung.

Die Niederlande zeigen auch beispielhaft, wie eine so umfassende Lehrplanänderung durchsetzbar ist: Die Lehrer wurden umfangreich unterstützt durch die Fachdidaktiker des Freudenthal-Institutes (mit Fortbildungsangeboten und Unterrichtsmaterialien), durch neue Schulbücher mit vielen Kontextbeispielen, durch Fachzeitschriften und durch das Prüfungsinstitut CITO (mit vielen Aufgabenbeispielen).

Die Lehrer beurteilen das Konzept – vor allem im Grundkurs (Wiskunde A) – überwiegend positiv. Kritisch wird von manchen Lehrern gesehen, dass durch die Betonung des Anwendungsaspektes teilweise zu wenig Gewicht auf algebraische Fertigkeiten und auf Beweisen gelegt wird. Die neuen Lehrpläne für den Leistungskurs (Wiskunde B) legen aber wieder stärkeres Gewicht auf Begründen und Beweisen. Zugenommen hat durch RME die Bedeutung der Schulbücher für den Unterricht, da es für die Lehrer sehr mühsam ist, selbst gute Kontexte zu entwickeln.

Die niederländischen Schüler landeten bei TIMSS 1995 und 1999 in Europa ganz weit vorn. Analysen zeigen, dass sie bei Kontextaufgaben, aber auch bei neuartigen Aufgabenstellungen relativ gut abschneiden. Diese höhere Flexibilität der Schüler wird in den Niederlanden auch auf das häufige Arbeiten mit Kontexten zurückgeführt.

■ „In den Niederlanden sind wir bemüht, Mathematik so mit Kontexten anzubieten, dass sie für den Schüler sinnvoll sind, und zwar nicht erst für später, sondern schon während des Lernprozesses. Niederländische Schüler bekommen Mathematik anders dargeboten als in vielen anderen Ländern. Die internationalen Vergleichsuntersuchungen schließen sich nur teilweise an unseren Lehrplan an (ungefähr zu 70 %). Unsere Schüler sind sehr unbefangen und geben korrekte Antworten in Aufgaben, die sie vorher noch nicht gesehen haben. Wenn sie eine Aufgabe sehen, dann denken sie nicht ‚Die kenn ich nicht, die kann ich nicht.', sondern ‚Lass es mal probieren.'" (Vos/Bos 2001, S. 227) ■

Weniger zufrieden stellend sind die Erfolge von RME bei der Entwicklung heuristischer Fähigkeiten zum Lösen komplexer Probleme:

■ „Auch taktische und strategische Kenntnisse und Fertigkeiten sind hierbei (d. h. beim Lösen komplexer Probleme) von Bedeutung. Seit Polya spricht man hier von heuristischem Mathematikunterricht. Wie solcher Mathematikunterricht aussehen soll, ist noch nicht deutlich. Anfänglich ging man beim realistischen Mathematikunterricht davon aus, dass die Schüler durch die Mathematik das Lösen von Problemen von selbst lernen würden. Inzwischen ist klar, dass davon keine Rede sein kann. Das zeigen zum Beispiel Dissertationen von Zwaneveld (2000, S. 418). ■

Ein Orientierungsrahmen für den Unterricht

Was kann ein Lehrer tun, der den Anwendungsaspekt mehr als bisher berücksichtigen möchte?

Es geht zunächst um eine Sichtweise von Mathematik, die Anwendungen nicht losgelöst von der ‚eigentlichen' Mathematik sieht:

■ „Wir verstehen unter Angewandter Mathematik nicht einen Zweig von Mathematik, sondern ... eine Haltung, eine Einstellung, eine Sichtweise bzw. eine Betreibungsart von Mathematik, die dadurch gekennzeichnet ist, dass Theorien nicht nur Selbstzweck sind, sondern auch zur Lösung von außermathematisch gestellten Problemen beitragen sollen." (Humenberger 1995, S. 16) ■

Der Anwendungsaspekt sollte folgerichtig immer wieder einmal im Unterricht angesprochen werden in Randbemerkungen, in Hinweisen, in kleinen und großen Aufgaben und vielleicht auch mit einem offenen, komplexen Sachproblem. Es wäre nicht sinnvoll, dafür einen detaillierten Vorschlag zu geben, der die Anwendungen für alle Schuljahre ausgearbeitet auflistet. Die außermathematischen Kontexte, die ein Lehrer behandeln kann, hängen von zu vielen situativen Faktoren ab: von den Interessen und Vorkenntnissen des Lehrers, von der Klassensituation, von der Aktualität, von den verfügbaren Materialien usw.

Die folgenden Lernziele könnten als ein Orientierungsrahmen dienen, der im Laufe der Sekundarstufe I und II zunehmend ausgefüllt wird.

Orientierungsrahmen: Lernziele für anwendungsorientierten Unterricht

Die Schüler sollen
(1) den Modellbildungsvorgang beschreiben können,
(2) die einzelnen Schritte des Modellbildungsprozesses an vielen Beispielen kennen lernen und selbst durchführen,
(3) an Beispielen erfahren, dass in einer realen Situation zunächst auch verschiedene mathematische Modelle sinnvoll sein können,
(4) von überzeugenden mathematischen Anwendungen in vielen unterschiedlichen Bereichen etwas erfahren,
(5) für zentrale Begriffe des Oberstufenunterrichtes Anwendungsbeispiele angeben können,
(6) den gesamten Modellbildungsprozess für eine komplexe reale Situation im Unterricht selbst durchführen,
(7) lernen, mit sehr umfangreichen Aufgabentexten umzugehen (Lesekompetenz!),
(8) erkennen können, welche Genauigkeit sinnvoll und nicht sinnvoll ist,
(9) an Beispielen erfahren, dass Mathematik sich nicht nur am unmittelbaren Nutzen orientiert, sondern dass auch reine Mathematik sinnvoll ist und viel Freude bereiten kann.

Wünschenswert wäre noch,
(10) beispielhaft einige Modelle als Realitätsersatz bei Simulationen zu verwenden.
(11) einiges über die Anwendung von Mathematik im Laufe der Geschichte zu wissen.
(12) einiges über die Verwendung von Mathematik im Berufsleben zu wissen.

Es gibt viele Gelegenheiten im Verlauf der Schulzeit, bei denen die oben genannten Lernziele Schritt für Schritt umgesetzt werden können. Bei der mittel- und langfristigen Vorbereitung lassen sich Beiträge zum Anwendungsaspekt sofort mit einplanen. Dabei sollte man vermeiden, die Anwendungen stets als Anhängsel an die Theorie einzuplanen, denn dann fallen sie zu leicht der Zeitnot zum Opfer. Ab und zu könnte man sich dann im Rückblick fragen, inwieweit der Unterricht bisher die oben genannten Lernziele verwirklicht hat.

Einige Hinweise zum Orientierungsrahmen

▪▪ Zu (1): den Modellbildungsvorgang beschreiben können

Sobald im Unterricht komplexere außermathematische Kontexte auftreten, bietet es sich an, die Vorgehensweise der Mathematik bei der Lösung realer Probleme zu thematisieren. Die Schüler sollen dabei schrittweise Grundbegriffe, Ablauf und Zielsetzung von Modellbildungsprozessen kennen lernen.

Der Modellbildungsprozess beim Anwenden von Mathematik in realen Situationen besteht aus folgenden Schritten: Zunächst wird die reale Situation durch Weglassen von Eigenschaften *(Abstrahieren)* bzw. Hinzufügen und Annehmen von Eigenschaften *(Idealisieren)* vereinfacht. Dieses reale Modell wird in ein mathematisches Modell umgesetzt *(Mathematisieren)*, wodurch Mathematik anwendbar wird. Innerhalb dieses Modells wird eine mathematische Lösung ermittelt *(Deduzieren)*, die in die Realität übertragen *(Interpretieren)* und in der Realität überprüft *(Validieren)* wird. Ein Modell ist gut, wenn es in der Realität brauchbare Ergebnisse liefert, ansonsten müssen die einzelnen Schritte mit einem geänderten Modell wiederholt werden.

Mit Modellbildung bezeichnet man heute i. A. den gesamten Modellbildungskreislauf. Modellbildung i. e. S. bedeutet dagegen nur die Ermittlung des mathematischen Modells (das Mathematisieren).

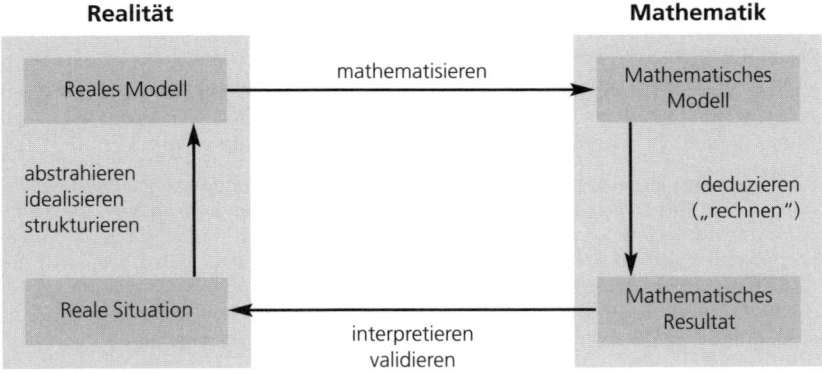

Bei Anwendungen hat man es meistens mit *deskriptiven Modellen* zu tun, die durch eine vereinfachende Beschreibung der Realität entstehen. Davon zu unterscheiden sind *normative Modelle*, die durch eine Vorschrift gesetzt werden und die bei der Anwendung auf die Realität vorgegebene Ziele erfüllen sollen. Beispiele hierfür sind Modelle für die Einkommenssteuer, die Sitzverteilung bei einer Wahl (z. B. nach NIEMEYER oder D'HONDT) oder die Festsetzung des Preises einer Ware (linear, in Preisstufen, mit Rabatten usw.).

Zu (2): die einzelnen Schritte des Modellbildungsprozesses an vielen Beispielen kennen lernen und selbst durchführen

Bei den meisten schulischen Anwendungsaufgaben ist nur ein einziger Teil des Modellbildungsprozesses zu bearbeiten – der Rechenvorgang!

Bei **Einkleidungsaufgaben** ist das mathematische Modell stets im Aufgabentext deutlich vorgegeben. Die Aufgabe lässt sich ohne große Mühe ihres ‚Anwendungsmäntelchens‘ entkleiden. Solche Aufgaben stehen zwar bei Didaktikern nicht hoch im Kurs, aber sie sind sicher wichtig zum Einüben von Standardmodellen. Bei vielen **Textaufgaben** kann das Anwendungsproblem durch ein den Schülern nahe liegendes Modell gelöst werden. Solche Aufgaben helfen, unterschiedliche Anwendungsbereiche der Mathematik kennen zu lernen.

Gelegentlich sollte man bei Textaufgaben die Anwendungssituation und das vorgegebene **Modell** ausführlich und **kritisch betrachten**. Man kann dabei z. B. fragen: Ist das vorgegebene Modell brauchbar? Welche Informationen brauche ich bei diesem Sachkontext für eine gute Modellierung? Wie kann ich mir Informationen beschaffen? Wie lässt sich das Ergebnis überprüfen? Wie genau ist das Ergebnis? Was ergibt sich, wenn Werte geändert werden? usw.

Beispiel 1 *Acht Arbeiter brauchen zum Ausheben der Baugrube zwölf Tage. Wie viele Tage brauchen fünf Arbeiter?* (Anmerkung: Zum Einüben des Dreisatzes gibt es oft seitenlang Übungsaufgaben. Es ist sicher sinnvoll, gelegentlich zu fragen, ob das mathematische Modell „Dreisatz" sinnvoll ist.)

Beispiel 2 *Nico legt am 29. Januar ein Sparbuch mit 235 Euro an. Der Zinssatz beträgt 1,5 %. Wie viel Zinsen erhält er zum Jahresende?* (Anmerkungen: Wozu gibt es Zinsen? Seit wann? Warum können sich Zinsen ändern? usw.)

Beispiel 3 *Die Anzahl der Surfer, die zu einem bestimmten Zeitpunkt x zwischen 4 Uhr und 16 Uhr die Internetseiten eines Unternehmens besuchen, lässt sich näherungsweise beschreiben mit dem Term $f(x) = -x^3 + 30x^2 - 225x + 520$. An einem bestimmten Tag sind um 9 Uhr bereits 240 Besucher auf den Seiten, weil sich die Anzahl der Internetanschlüsse erhöht hat. Geben Sie eine begründete Prognose, mit wie viel Surfern um 10 Uhr zu rechnen ist.* (Anmerkungen: Wie erhält man f? Könnte man anders modellieren, wenn man eine Prognose haben will? usw.)

Beispiel 4 Die so genannte *„Konservendosenaufgabe"* bei den Extremwertaufgaben. Ein klassisches Beispiel – diese Aufgabe ist inzwischen vielfältig analysiert worden.

Beispiel 5 *In einer Kleinstadt gibt es die Supermärkte A, E und L. Ein Marktforschungsinstitut ermittelt, in welchem Supermarkt die Einwohner vorzugsweise einkaufen. Nach einem Monat wird die Untersuchung wiederholt. Es ergibt sich die Anfangsverteilung x = ... und die Übergangsmatrix A = ... Ermitteln Sie die Verteilung nach 2, 3 und 12 Monaten unter der Annahme, dass die Übergangswahrscheinlichkeiten gleich bleiben.* (Anmerkung: Ähnlich problematische Einkleidungen findet man vielfach bei den Markoff-Ketten. Es sollte den Schülern klar sein, dass wegen der starken Idealisierung der Prognosewert gering ist. Es gibt sicher stabilere Übergangswahrscheinlichkeiten, wie z. B. zwischen Versicherungsklassen in der Kfz-Versicherung.)

Es gibt viele Aufgaben, bei denen der **Modellbildungsprozess weitgehend im Unterricht durchlaufen** werden kann und die nicht zu schwierig sind. Einige Beispiele:

Unterstufe: Ermittlung einer möglichst genauen Maßzahl für die Länge eines Weges bzw. der Fläche des Schulhofes, Beschreibung des Verlaufs der Temperatur an einem Tag, der persönlich günstigste Handytarif (übersichtlicher Tarifvergleich, Nutzerprofile).

Mittelstufe: Ermittlung der Höhe des Schulgebäudes durch seinen Schatten, theoretische Sichtweite von einem bestimmten Aussichtsturm, Bremsweg eines Autos in Abhängigkeit von der Geschwindigkeit, Kosten in Abhängigkeit von der Menge (Graphen, Wertetabellen, Funktionsgleichungen).

Oberstufe: Ermittlung ,gerechter' Treffpunkte (Zehn Verwandte aus zehn Städten wollen sich treffen), Modelle zur Beschreibung von Zufallserscheinungen (Urnenmodell), Schätzung des Mädchenanteils an der eigenen Schule während einer kleinen Pause (validieren durch Nachfrage im Schulsekretariat).

Alle Stufen: so genannte ,Fermi-Aufgaben'. Es handelt sich um Aufgaben, für die zunächst zu wenig Informationen vorzuliegen scheinen, für die man sich aber dann doch Näherungslösungen überlegen kann. (Historisches Beispiel: Wie viel Klavierstimmer gibt es in Chicago?) Beispiele für den Unterricht: Wie viel Wasser verbraucht unsere Schule pro Schuljahr? Wie viel km Schulweg legen alle Schüler unserer Schule pro Jahr mit dem Fahrrad zurück?

In den Schulbüchern sind heutzutage viele **Idealisierungsaufgaben** (auch: ,Scheinanwendungen') zu finden, die die Realität sehr stark idealisieren. Man sollte trotz aller Bemühungen um authentische Probleme nicht verkennen, dass auch solche Aufgaben sehr hilfreich sein können: Kontexte können das Verständnis neuer Begriffe erleichtern und vertiefen, verschiedene Kontexte lassen das Wesentliche eines Begriffes besser erkennen, die Fragestellungen sind oft motivierend, die Schüler lernen u. U. einiges über den Sachkontext, der Rechenaufwand tritt hinter qualitativen Überlegungen zurück usw.

Beispiel Man nehme die viel erörterte Apfelbaum-Aufgabe aus PISA 2000. „Ein Bauer pflanzt Apfelbäume an, die er in einem quadratischen Muster anordnet. Um diese Bäume vor dem Wind zu schützen, pflanzt er Nadelbäume um den Obstgarten herum. Er pflanzt die Bäume in einem bestimmten Muster an…usw." (KLIEME u. a. 2001, S. 148) Es wird wohl keinen Bauern geben, der das Problem dieser Aufgabe hat. Aber diese Aufgabe kann motivieren, mathematische Arbeitsweisen verdeutlichen und beim Entwickeln heuristischer Strategien helfen.

Man darf bei solchen Aufgaben nicht den Eindruck erwecken, als ob ein reales Problem gelöst wird. Lehrer und Schüler sollten wissen, dass diese Aufgaben stark idealisieren und wie man das rechtfertigen kann.

■■ **Zu (3): an Beispielen erfahren, dass in einer realen Situation zunächst auch verschiedene mathematische Modelle sinnvoll sein können**

Bei der Entscheidung zwischen konkurrierenden Modellen geben im Allgemeinen außermathematische Gesichtspunkte den Ausschlag. Die Schüler können daran erkennen, dass Mathematik allein nicht immer weiterhilft.

Beispiel 1 Für einen langen Tunnel wird eine Geschwindigkeitsvorschrift für die Autos gesucht, sodass in einer Stunde möglichst viele Autos den Tunnel durchfahren können. Dabei ist ein ausreichender Sicherheitsabstand und die Länge der Autos zu berücksichtigen. (Anmerkung: Ausführliche Betrachtungen hierzu gibt es z. B. bei Tietze u. a. 1997, S. 134–136)

Beispiel 2 An einem Autobahnkreuz gibt es verschiedene Möglichkeiten zur Trassierung der Übergänge zwischen Autobahnen. Ein Vorschlag hat den Flächenbedarf, die Kosten, knickfreie Übergänge usw. zu beachten.

Beispiel 3 Beim Deltaprojekt in den Niederlanden war die Deichhöhe so zu bestimmen, dass in den nächsten 10 000 Jahren höchstens einmal mit einem höheren Wasserstand zu rechnen war. Hierzu ergaben sich zwei unterschiedliche Modelle. (Mak 2000, S. 209; Westermann 2001)

Beispiel 4 Bei Prognosen zum Bevölkerungswachstum in einem bestimmten Staat sind unterschiedliche Modellbildungen möglich (siehe hierzu Schulbücher).

■■ **Zu (4): von überzeugenden mathematische Anwendungen in vielen unterschiedlichen Bereichen etwas erfahren**

In der Sekundarstufe II ist eine ausführliche Behandlung einer größeren Anzahl von Anwendungen aus Zeitgründen unmöglich. Schüler müssen aber erfahren, wie leistungsfähig und vielseitig Mathematik ist. Ein praktikabler Weg könnte so aussehen: Zu Beginn von Klasse 12 stellt der Lehrer seinem Kurs einige überzeugende Anwendungen ausführlich vor und lässt den Kurs entscheiden, welche bis zum Abitur gründlich behandelt wird. So erfahren die Schüler von einigen Anwendungen und tragen einen Teil der Verantwortung für die Auswahl. Die vorgestellten Beispiele werden von den Kenntnissen und Materialien des Lehrers abhängen. Ein Lehrervorschlag zur Verdeutlichung:

■ *Navigationssysteme*: Wie funktioniert GPS? (Haubrock 2000)

■ *Meinungsforschung*: Meinungsumfragen sind aufwändig. Warum kann man sich auf (beispielsweise) 1000 Befragungen beschränken?

■ *Finanzen*: Es sind bei einer Kreditnachfrage die Finanzierungsangebote verschiedener Banken zu überprüfen (z. B. die Angaben der Banken zur Effektivverzinsung) und zu vergleichen.

■ *Gerichtsmedizin*: Etwas makaber – wie kann die Mathematik bei der Bestimmung des Todeszeitpunktes helfen? (Müller/Haas 2002)

▨ Zu (6): den gesamten Modellbildungsprozess für eine komplexe reale Situation im Unterricht selbst durchführen

Es ist nicht erforderlich, sehr schwierige Mathematik zu verwenden, um den Ablauf des Modellbildungsprozess bewusst zu machen. Wichtiger ist, dass die Schüler möglichst selbstständig Lösungskonzepte entwickeln können:

Beispiel 1 *Eine Stadtverwaltung braucht für ihre langfristige Finanzplanung Planungsdaten dafür, wie viele Kinder in den nächsten Jahren alljährlich neu in die Kindergärten sowie in die Grundschulen der Stadt aufgenommen werden müssen. Es ist eine Prognose für die nächsten zehn Jahre zu erstellen.* (Anmerkungen: Reizvoll dürfte sein, dass die Prognose in den nächsten Jahren überprüfbar sein wird. Allerdings sollte die Stadt nicht zu groß sein.)

Beispiel 2 *Es ist ein Modell für eine Wahlhochrechnung in der Heimatstadt bzw. im Heimatlandkreis zu entwickeln. Das Modell sollte anschließend auch erprobt werden.* (Anmerkungen: Für eine Erprobung reicht eine Simulation mit den Daten der beiden letzten Wahlen aus. Reizvoller ist aber sicherlich der Ernstfall. Es sind nur Kenntnisse von Prozentrechnung und Dreisatz erforderlich, falls man auf Fehlerbetrachtungen verzichtet.)

Beispiel 3 *Der Benzinpreis kann in benachbarten Städten recht unterschiedlich sein. Eine Tageszeitung möchte ihre Leser darüber informieren, ob es sich lohnt, in eine Nachbarstadt zu fahren, um dort Benzin zu tanken. Es ist ein Vorschlag für die Zeitung zu entwickeln.*

▨ Zu (8): erkennen können, welche Genauigkeit sinnvoll und nicht sinnvoll ist

Es ergeben sich in allen Schuljahren Situationen, in denen man Schüler auf sinnlose Genauigkeit hinweisen muss. Jeder kennt Schülerergebnisse wie „Der Berg ist 362,3314738 m hoch." Das sinnvolle Runden, das Schätzen und das rasche Ermitteln eines Überschlages müssen viel geübt werden. Die Schüler sollten sich auch an Beispielen verdeutlichen, wie sich ‚Ungenauigkeiten' beim Rechnen fortpflanzen.

▨ Zu (9): an Beispielen erfahren, dass Mathematik sich nicht nur am unmittelbaren Nutzen orientiert, sondern dass auch reine Mathematik sinnvoll ist und viel Freude bereiten kann.

Die Schüler sollten erkennen, dass Mathematik nicht nur Hilfswissenschaft ist. Sie sollten gelegentlich erleben, dass mathematische Tätigkeit auch schön ist und Spaß machen kann, ohne dass ein Nutzen und eine Anwendung dahinter stehen. Das kann eintreten bei einem verblüffenden geometrischen Beweis, beim Nachweis der Nichtrationalität von Wurzel 2 usw. Viele erleben diese Freude beim Knobeln über zweckfreien Wettbewerbsaufgaben.

Wie kommt man an Anregungen und an Materialien?

Das ist eine zentrale Frage für den Lehrer bei Anwendungen im Unterricht. Ein erster Vorschlag: Das **Internet** hat neue Möglichkeiten eröffnet. Es gibt effiziente Suchmaschinen, die zu den einzelnen Themen aktuelle Materialien, Aufsätze, publizierte Facharbeiten, weiterführende Hinweise usw. liefern. Die Suche ist zwar manchmal recht mühsam, aber fast immer einen Versuch wert.

Ein zweiter Vorschlag: Weiterhelfen können vielleicht einige Anschaffungen für die **Lehrerbücherei** oder die eigene Bibliothek wie z. B.:

- *ISTRON-Materialien* für einen realitätsbezogenen Unterricht, Heft 1 bis Heft 7; Verlag Franzbecker, Hildesheim: 1990 hat sich in Istron Bay auf Kreta eine internationale Gruppe von Fachdidaktikern konstituiert, die u. a. Realitätsbezüge im Mathematikunterricht fördern will. 1991 wurde von W. BLUM (Kassel) eine deutsch-österreichische Istron-Gruppe gegründet. Diese Gruppe gibt eine Schriftenreihe heraus, die eine weite Verbreitung verdient hat und die eigentlich in jede gymnasiale Lehrerbücherei gehört. Die Hefte enthalten zahlreiche für den Unterricht ausgearbeitete Anwendungen. Im Internet liefert der Suchbegriff „Istron" ausführliche Informationen zur Istron-Gruppe und zum Inhalt der Hefte.

- *MAK, DRS. C. L. J.; Examenbundel vwo wiskunde A,* Leiden 2000: In der Reihe ‚Examenbundel' werden die niederländischen Abituraufgaben für die A-Kurse in Mathematik, die mit unserem Grundkurs vergleichbar sind, veröffentlicht. Die Aufgaben sind eine Fundgrube für Kontexte aus vielen Bereichen. Man muss sich allerdings etwas in die niederländische Sprache „einlesen".

- Die *Mathematik-Lehrbücher* der deutschen Schulbuchverlage, die in den letzten Jahren neu erschienen sind: Erfreulicherweise liefern die Lehrbücher immer mehr Anwendungsbeispiele für den Unterricht.

- *MATHEMATIK LEHREN*, Zeitschrift für den Unterricht in allen Schulstufen, Friedrich-Verlag, Seelze: Die sechs jährlich erscheinenden Themenhefte bringen viele für den Unterricht gut verwertbare Anwendungsbeispiele.

- *MUED (Mathematik-Unterrichts-Einheiten-Datei):* Die MUED-Materialien geben – ebenso wie die MUED-Tagungen – vielfältige Anregungen für anwendungsorientierten Unterricht. Im Internet finden sich ausführliche Hinweise unter www.mued.de.

Zum Schluss

Die Mathematik wird durch mehr Anwendungen für die meisten Schüler zwar nicht leichter und nicht motivierender – aber hoffentlich sinnvoller. Es geht bei den Anwendungen nicht nur um Akzeptanz, sondern auch um Legitimierung von Schulmathematik.

5 Mathematikunterricht öffnen

Matthias Ludwig

„Niemand hat gesagt, dass Unterricht in einem viereckigen Raum mit Blickrichtung nach vorne stattfinden muss".
(Hartmut von Hentig)

Mathematikunterricht muss nicht in vorgegebenen Schemata ablaufen. Es liegt zwar nahe, zu glauben, dass die Strenge der mathematischen Logik am besten durch wohlgeordnete Sitzreihen und nach dem übersichtlichen Schema: Einführung, Beispiel, Übungsaufgaben den Kindern nahe gebracht würde, aber die Realität zeigte in den letzten Studien (TIMSS und PISA) eben, dass dies wohl nicht zufriedenstellend funktioniert hat. Auch die Mathematik selbst hat sich ganz anders entwickelt. Hier waren schon immer Umwege, Irrwege, Zufälle und „Ausflüge" in zunächst nicht zusammenhängende Bereiche wichtig für neue Entdeckungen. Man denke nur an die Entdeckung der komplexen Zahlen durch TARTAGLIA bzw. BOMBELLI. Diese Zahlen wurden nur geduldet, weil man mit ihnen so schön kubische Gleichungen lösen konnte. Ihr Potenzial wurde damals noch nicht erkannt. Auch ANDREW WILES, der Gewinner des Wolfskehl-Preises, hatte den Fermatschen Satz im Jahre 1995 dadurch bewiesen, dass er die neusten Forschungsergebnisse aus den verschiedensten Bereichen der Mathematik zusammentrug und miteinander in Verbindung brachte (mehr hierzu → Kap. 2.1).

Man sollte sich als Mathematiklehrer ins Gedächtnis rufen, dass oft erst eingestandene Missdeutungen und gegangene Irrwege des mathematischen Inhaltes zu einem tieferen Verständnis geführt haben. Fast alle haben das an der Hochschule am eigenen Leib erlebt. „Mathematikunterricht öffnen" bedeutet nicht nur eine Öffnung hinsichtlich der verschiedenen Fächer oder hinsichtlich des Klassenzimmers, sondern eben auch eine Öffnung hinsichtlich der Unterrichtsmethoden und der Perspektive, von der Mathematik aus betrachtet werden kann. In den beiden folgenden Kapiteln soll dieser Öffnungsgedanke ein wenig näher beschrieben werden.

5.1 Fächerübergreifendes Lernen

Die Perspektive der Allgmeinbildung

Ohne hier auf die Diskussion über vorgeschriebene Fächerverbünde in einigen Bundesländern einzugehen, scheint es mir wichtig, dass sich bei bestimmten Lerninhalten ein Unterrichtsfach den anderen Fächern öffnet. Auch die Fragen von anderen Fächern bzw. Fachgebieten müssen im Mathematikunterricht zugelassen sein und es muss im Unterricht untersucht werden, in wie fern sie mit den Methoden der Mathematik beantwortet werden können.

Ohne den Anspruch auf Vollständigkeit zu erheben, möchte ich hier zunächst ein paar Gründe, die für das fächerübergreifende Unterrichten sprechen, darlegen, bevor es konkrete Beispiele dazu geben wird (vgl. hierzu auch Kap. 2.3).

■ Das tägliche Leben verlangt ständig, dass man sein Wissen bei unterschiedlichsten Problemen in den unterschiedlichsten Situationen anwendet und zu einer Lösung kommt. Dabei ist die Fachzugehörigkeit dieses Wissens meist eher unerheblich.

■ Das Anwenden von Wissen und Fähigkeiten in verschiedenen Kontexten bewirkt ein tieferes Verständnis, da man hier weitere Anknüpfungspunkte bzw. eine breitere Basis für sein Wissen und seine Fähigkeiten findet.

■ In der Schule lernt der Schüler die Welt von verschiedenen Standpunkten (Fächer) her kennen. Diese Standpunkte sind in der Regel aber zeitlich (45-Minuten-Rhythmus) und personell (verschiedene Fachlehrer) getrennt. Eine mindestens punktuelle Verbindung kann das Weltbild des Schülers enorm erweitern.

■ Im späteren Berufsleben wird man darauf angewiesen sein, mit Experten von anderen Gebieten zusammenzuarbeiten. Es wäre für ein Unternehmen fatal, wenn das Wissen der Mitarbeiter nicht ineinander greift und so einen Mehrwert hervorbringt.

■ Nicht zuletzt wirkt ein fächerübergreifender Unterricht allgemeinbildend, da man dadurch in vielfältiger Weise die Welt kennen und verstehen lernt, da man die Nutzbarkeit des Wissens im Alltag erfährt, da man formale Fähigkeiten wie Analysieren, Klassifizieren, Organisieren, Argumentieren u. a. trainiert und weil man darauf angewiesen ist, seine Vernunft einzusetzen und sein Handeln ständig zu hinterfragen.

Das fächerübergreifende Unterrichten ist aus diesen Gründen in nahezu allen Bildungs- bzw. Lehrplänen auch für den Mathematikunterricht festgeschrieben:

■ „Über den Fachunterricht und fächerverbindendes Arbeiten hinaus sind fächerübergreifende und außerunterrichtliche Aktivitäten anzustreben. [...] Schüler werden
im Rahmen von Projekten [...] außerhalb der Schule und Unterricht tätig und übernehmen Verantwortung." (Bildungsplan für Realschule KM Baden-Württemberg
1994, S. 13) ■

Eine Definition bzw. ein Konsens darüber, was fächerübergreifendes Unterrichten eigentlich ist und wie es aussieht bzw. wie es stattfinden kann, wird dabei meist stillschweigend vorausgesetzt. Im Folgenden soll ein Versuch gemacht werden, den Begriff des fächerübergreifenden Unterrichts näher zu
fassen.

Zwei Typen des Fächerübergriffs

Fächerübergreifendes Unterrichten oder Arbeiten meint, wie der Name schon
sagt, Unterrichtsaktivität, welche sich über mehrere Fächer verteilt. Es sind also Lerninhalte von mindestens zwei Fächern, die die Lehrenden miteinander
verbinden sollen.

Fächerübergreifendes Unterrichten und Lernen kann man nun bzgl. eines
einzelnen Faches von verschiedenen Standpunkten aus betrachten. Ich möchte hier die zwei wesentlichen anführen:

Vom ersten Standpunkt (**„diktatorischer" Standpunkt**) aus betrachtet ist
die Mathematik bzw. eine mathematische Idee im Unterricht Kern oder Keim-
zelle für das fächerübergreifende Lernen. D. h. von den mathematischen Un-
terrichtsgedanken her lassen sich Anwendungen für andere Fächer (Erdkunde, Kunst, Physik, Sport, usw.) finden bzw. Pfade in andere Unterrichtsfächer
(z. B. Geschichte) legen.

Vom zweiten Standpunkt (**„demokratischer" Standpunkt**) aus betrachtet ist
die Mathematik als Unterrichtsfach in ein Unterrichtsgeschehen eingebunden,
bei dem mehrere Unterrichtsfächer (mehr oder weniger gleichberechtigt) an
einem vorher vereinbarten Problem arbeiten.

Der diktatorische Standpunkt ist bei allen Fächern und somit auch bei der
Mathematik bei weitem am häufigsten anzutreffen. Gründe hierfür: Beim diktatorischen Standpunkt arbeitet man als Lehrer alleine mit der Klasse und dies
entspricht der bei uns üblichen Unterrichtsorganisation. Außerdem legt man
als Mathematiklehrer fest, wie weit man den Pfad der „echten" Mathematik
verlassen möchte. Die Mathematik „diktiert" eben das Geschehen. Den Vorteil,
„Diktator" zu sein, bezahlt man aber damit, dass man keine direkten Anregungen von fachfremden Kollegen erhält, die einen doch oft über den mathematischen Tellerrand hinausblicken lassen und damit zu unerwarteten Einsichten
führen können. Die Abbildung illustriert links den diktatorischen und rechts
den demokratischen Standpunkt beim Fächerübergriff.

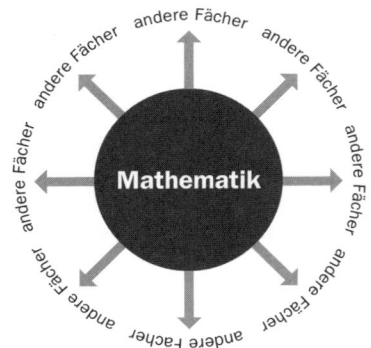 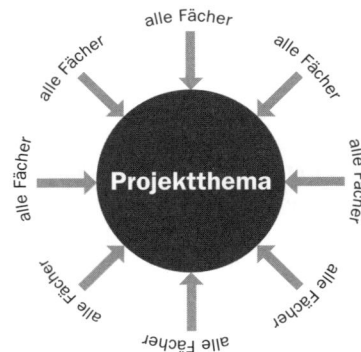

Beispiele zum Fächerübergriff

Fächerübergreifendes Unterrichten kann unabhängig vom Standpunkt auch in den unterschiedlichsten Ausprägungen stattfinden. Das Spektrum von fächerübergreifendem Unterricht reicht von ersten Anwendungsaufgaben bis zum großen fächerverbindenden Projekt, bei dem die Mathematik als ein Fach unter anderen ihren Teil zum Gelingen beiträgt. Es sollen nun einige authentische Beispiele vorgestellt werden. Mit dem Wissen, dass es viele Arten gibt, fächerübergreifend zu unterrichten, möchte ich mich hier hauptsächlich auf die Familie der Unterrichtsprojekte konzentrieren. Auch Projekte können klein beginnen und sich zu großen Dingen ausweisen.

Der vorsichtige Blick über den Tellerrand

WILFRIED HERGET gibt in seiner langjährigen Rubrik „Die etwas andere Aufgabe" in der Zeitschrift MATHEMATIK LEHREN regelmäßig Anregungen für Mathematiklehrer. Seit Jahren veröffentlicht er hier Zeitungsausschnitte, die Lehrer zu einer Aufgabe ausgebaut und eingesandt haben. Ein wirklich außergewöhnliches Beispiel möchte ich an dieser Stelle aufgreifen (HERGET 2001). Die folgende Aufgabe bezieht sich auf einen Artikel aus der Mitteldeutschen Zeitung vom 03.04.2001, in dem der damalige Bundesbankpräsident Ernst Welteke vorschlug: „Der Umtausch kleinerer Beträge soll kostenlos sein – wenn aber jemand einen Koffer voll mit 100-Mark-Scheinen hat und will die gezählt und umgetauscht bekommen, dann kann er auch eine Gebühr dafür zahlen." HERGET fragt nun: Wie viel 100-Mark-Scheine passen wohl in einen Koffer? Diese Aufgabe kann natürlich leicht an die heute gültigen Euroscheine angepasst werden.

Ein weiteres Beispiel soll diesen Ansatz verdeutlichen: Die Schüler sollen die nebenstehende Grafik genau studieren und aufschreiben, was ihnen auffällt. So könnte man beispielsweise die Steigung der Mundwinkel genauer untersuchen: Ist es nicht komisch, dass der Anstieg der Arbeitslosigkeit mit einem Lächeln beschrieben wird? Zahlreiche weitere Beispiele findet man im Buch von HERGET und SCHOLZ (1998).

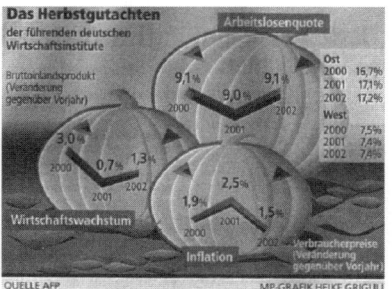

Quelle: AFP

Modellbildung und Modellierungsaufgaben

Mit Modellierungsaufgaben bzw. mit Modellbildung wird versucht, ein offeneres Bild von der Mathematik zu vermitteln – ein Bild, das der Mathematik in ihrer realen Anwendung in der Welt gerecht wird. Viele Schüler und auch deren Eltern könnten kaum Gründe dafür benennen, warum Mathematik an der Universität gelehrt wird – außer vielleicht, um Mathematiklehrer auszubilden. Modellierungen sind eine Chance für den Mathematikunterricht, dieses Missverständnis auszuräumen.

Mathematik durch Modellierungen zu unterrichten, bedeutet einerseits zu zeigen, wie die Mathematik in die Umwelt kommt, andererseits aufzuspüren, wo uns die Mathematik im täglichen Leben gute Dienste leisten kann. Außerdem wird deutlich, dass man sich bei Modellierungen von realen Problemstellungen nicht auf passende vorgefertigte Formeln verlassen kann, sondern dass man das vorhandene mathematische Wissen geschickt vernetzen muss, um zu einem Ergebnis zu gelangen. Es findet ein ständiges fächerübergreifendes Arbeiten statt. HENN (2000) denkt bei Modellbildung an vier Kategorien.

- Modelle, die vorhersagen (z. B. wann Sonnenfinsternisse eintreten),
- Modelle, die etwas beschreiben (z. B. die Flugbahn eines Balles),
- Modelle, die etwas erklären (z. B. warum ein Flugzeug fliegt),
- Modelle, die etwas vorschreiben (z. B. das Preismodell der Deutschen Telekom).

Mit der Frage der Anwendung von Mathematik und der Modellbildung beschäftigt sich auch das Kap. 4.4.

Das Stauproblem

Dieses Beispiel aus der Kategorie „erklärendes Modell" lässt sich gut im Bereich der Grundbegriffe der Differenzialrechrung ansiedeln und wurde so wie beschrieben im Unterricht erprobt. Es geht um die Frage: Wann bzw. wodurch entsteht ein Stau auf der Autobahn? Die Schüler nennen verschiedene Gründe: Unfall, Baustelle und zu viele Fahrzeuge. Durch kurze Überlegung kann man auch die Staugründe Unfall und Baustelle auf das Grundproblem der zu vielen Fahrzeuge zurückführen. Die Frage, die sich die angehenden jungen Autofahrer im Kurs nun stellen mögen, ist: Wie viele Fahrzeuge können überhaupt maximal auf einer Autobahn fahren. Wir vereinfachen das Problem, indem wir eine Autobahn mit nur einer Spur definieren und keine Überholvorgänge zulassen. Es gilt also Kolonnenverkehr. Kolonnenverkehr heißt aber auch, dass jedes Fahrzeug annähernd gleich viel Platz p braucht und alle Fahrzeuge mit der gleichen Geschwindigkeit v fahren. Man sieht, dass wir viele vereinfachende Modellannahmen gemacht haben. Dies ist aber ein typisches Vorgehen für eine Modellierung, um erst mal einen einfachen mathematischen Zugang zum Problem zu gewinnen. Nun ist aber zunächst einmal zu klären, was wir unter „maximal" verstehen. „Maximal" heißt in diesem Zusammenhang wohl: Möglichst viele Autos sollen pro Zeiteinheit an einem Zählposten vorbeikommen.

Diese Größe *Anzahl der Fahrzeuge pro Zeiteinheit* nennen wir n. An dieser Stelle müssen einige Betrachtungen zu dem Verhältnis der Größen n, p und v angestellt werden. Offenbar hängen sie voneinander ab. An einigen rechnerischen Beispielen und durch grafische Veranschaulichung erkennt man schließlich die Art dieses Zusammenhangs:

$$n = \frac{v}{p}$$

Diese Überlegungen lassen sich ganz analog auf jede Art von Strom (Wasser, elektrischer Strom) anwenden und solche Beispiele geben der Formel zusätzliche Überzeugungskraft.

Die Größe n, die maximal werden soll, hat somit auch wirklich die Einheit s^{-1}. Nun sind Größen, die von zwei Variablen abhängen, schwierig zu handhaben. Folgende Überlegungen führen zu einer Vereinfachung: Der Platzbedarf eines Autos hängt zwar zunächst einmal von seiner Länge L ab, aber dann auch von seiner Geschwindigkeit v. Es gilt:

p = Bremsweg + Reaktionsweg + Länge des Fahrzeugs.

Bremsweg und Reaktionsweg hängen direkt mit der Geschwindigkeit des Fahrzeugs zusammen. Aus dem Physikunterricht kennen einige Schüler die Reaktionsweg- und die Bremswegformel. Man kann sie aber auch im Mathematikkurs einführen und plausibel machen. Es gilt: Reaktionsweg = $T \cdot v$ und Bremsweg = $\frac{v^2}{2a}$ wobei a der Verzögerung des Fahrzeugs entspricht und T die Reaktionszeit des Fahrers ist.

$$p = \frac{v^2}{2a} + T \cdot v + L$$

Wir erhalten dann für die Größe n also folgenden Ausdruck:

$$n(v) = \frac{v}{\dfrac{v^2}{2a} + T \cdot v + L}$$

Nun ist der erste Teil der Modellbildung abgeschlossen. Wir sind jetzt in der Lage, mit mathematischen Methoden die Funktion n auf eventuelle Extremwerte zu untersuchen. In der Tat erhält man für einen Maximalwert für $v_m = \sqrt{2aL}$ einen Maximalwert für $n(v)$. Nun muss das Ergebnis noch mit realen Werten überprüft und interpretiert werden. Für die Verzögerung kann man als gute Näherung für den Mittelwert a = 8 m/s^2 annehmen, für die Reaktionszeit $T = 1s$ und für die Fahrzeuglänge gemittelt $L = 6\,m$.

Für die maximale Geschwindigkeit erhält man $v_m \approx 35$ km/h ≈ 10 m/s. Daraus ergibt sich eine maximale Fahrzeugdichte von $n\,(v_m) \approx 0{,}5$ s^{-1}. Also können maximal ungefähr 1 800 Fahrzeuge in der Stunde einen Zählposten passieren. Dass es sich um ein sehr flaches Maximum handelt, sieht man am Graphen der Funktion.

Anzahl

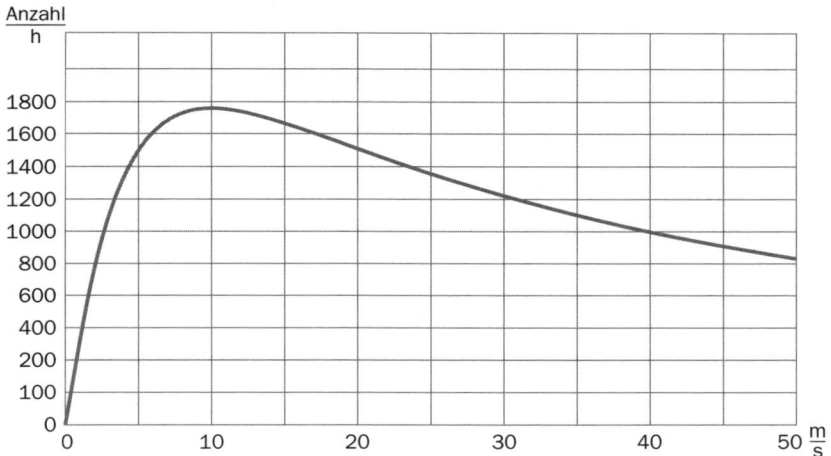

Das Diagramm zeigt den Graphen der Funktion n(v).

Als letzter Schritt der Modellbildung ist nun noch die Rückkopplung mit der Wirklichkeit zu sehen. In diesem Falle haben wir unsere Daten mit wissenschaftlichen Daten aus einer Zeitung verglichen. So berichtet F. FLESCHNER in der Berliner Zeitung vom 06.01.1999[1] von den verborgenen Gesetzen des Verkehrsstaus. Er führt Daten von der Universität Stuttgart an, die in der populären Fachzeitschrift NATURE veröffentlicht wurden. Diese Daten stimmen sehr gut mit den von uns berechneten überein. So wird dort eine maximale Fahrzeugdichte zwischen 0,44 s^{-1} und 0,55 s^{-1} angegeben. Auch wird dort beschrieben, dass der Kolonnenverkehr das optimale Verhalten der Autofahrer

1 www.bics.be.schule.de/son/verkehr/presse/1999_1/v2391_08.htm

ist. Unsere vereinfachten Modellannahmen haben sich also als durchaus angemessen herausgestellt.

Ein abschließender Hinweis: Lässt man sich als Lehrer auf das lohnende Feld der Modellbildung ein, so muss man sich bewusst machen, dass man nicht an der Realität vorbei modellieren darf. Es ist also ratsam, sich immer vorher darüber zu informieren, wie Modelle von „Profis" gemacht werden, bzw. wie gut die eigene Modellierung an der Wirklichkeit liegt. Für die Unterrichtsmethode *Modellierung* ist nichts schädlicher, als wenn sich hinterher herausstellt, dass man mit Phantasiewerten gearbeitet hat bzw. völlig unreflektiert falsche Werte berechnet. Der Realitätsanspruch sowie das Ziel, mit dem die Modellbildung angetreten ist, nämlich zu zeigen, wo die Mathematik in der Umwelt Sinn macht, wäre dann nicht haltbar. Die Schüler würden dann mit Recht glauben, dass die Mathematik doch nur für das Klassenzimmer da ist.

Man sollte keine Scheu haben, Experten anzusprechen. Mit dem Medium der E-Mail ist dies nicht besonders aufwändig. Experten antworten übrigens häufiger als man annimmt. Solche Expertenanfragen kann man übrigens auch von Schülern übernehmen lassen.

Weitere Literatur zur Modellbildung

In folgenden Themenheften und Tagungsbänden finden Sie noch eine Vielzahl von weiteren Beispielen zu Modellierungen: HENN 2000 und 2002, HENNING/ WOHLAN 1992, HISCHER 2000 und WEIGAND 2001b. Auch Kapitel 4.4 beschäftigt sich mit diesem Thema.

Beispiele für fachübergreifende Projekte im Mathematikunterricht

Bei der Vielzahl von Projektansätzen ist es aber nicht möglich, eine einheitliche Definition von Projektunterricht anzugeben (KNOLL 1991). Gemeinsam ist aber allen Ansätzen, dass sie für eine Demokratisierung des Unterrichts und damit für eine Verteilung der Verantwortung für das Lernen stehen. Diese Verantwortungsverteilung setzt gegenseitiges Vertrauen voraus. Grundstein für die Durchführung von Projektunterricht ist daher, neben einem Grundstock von Fachwissen, eine vertrauensvolle Atmosphäre in der experimentiert werden darf. Wer möglichst durchgehend Kontrolle über die Tätigkeit seiner Schüler haben möchte, ihnen also gewissermaßen misstraut und damit nichts zutraut, wird an der Projektmethode keine Freude finden.

Wer aber den Mut findet bzw. die Lust verspürt, sich auf dieses „Abenteuer" einzulassen, wird – und das beweisen zahllose Beispiele aus der Praxis – hochmotivierte Schülerinnen und Schüler vorfinden und eigentlich immer erstaunliche Projektergebnisse erzielen.

Zunächst werden einige Skizzen von durchgeführten Projekten besprochen, danach zwei Projekte aus der Mittelstufe detaillierter dargestellt.

Beispiel Symmetrie

(Klasse 7, diktatorisch mit den Fächern Kunst und Latein)
Projektauslöser war die Situation, dass das Thema Symmetrie in der Klasse 7 in verschiedenen Fächern behandelt wird. So wurde z. B. im Fach Kunsterziehung über Achsensymmetrie, im Fach Geschichte über Baustile von Kirchen, im Fach Biologie über bilaterale Symmetrien gesprochen. Um den Schülern aber einen kleinen Arbeitsrahmen vorgeben

zu können, wurden arbeitsteilige „Rahmengruppen" gebildet, welche den verschiedenen Gesichtspunkten des Themas „Symmetrie und Kongruenz" Rechnung tragen:

- **Parkettgruppe** (symmetrische oder kongruente Parkettierung),
- **Körpergruppe** (Bau von achsen- oder drehsymmetrischen Körpern einschließlich Einbau der Symmetrieachsen),
- **Symmetrie in Umwelt, Kunst und Geschichte** (Blumen, Autofelgen, Kirchenfenster, Wörter, Tempel, usw.),
- **Spiegelungen** (Unendlichkeitsspiegel, Reflexionen von Billardkugeln),
- **außergewöhnliche (nicht-geometrische) Symmetrien in der Mathematik** (binomische Formeln, quadratische Terme, Pascalsches Dreieck, $\mathbb{Z}$, $\mathbb{Q}$ Kommutativgesetz)

Für weitere Informationen zu diesem Projekt siehe LUDWIG (1997).

Beispiel Reguläre Polygone und Polyeder

(Klasse 9, diktatorisch)
Nachdem man in Klasse 9 am Ende des Schuljahres viel „griechische" Mathematik (PYTHAGORAS, HIPPOKRATES, Goldener Schnitt, usw.) betrieben hatte, war es an der Zeit, die Schüler die Faszination der regulären Polygone und Polyeder spüren zu lassen. Es wurde also über ein Projekt nachgedacht, bei dem die Schüler ihr mathematisches Wissen anwenden können. Es wurden auch hier Rahmengruppen mit verschiedenem Schwierigkeitsgrad gebildet:

- **reguläre Polygone** (Konstruktion und Berechnungen),
- **reguläre Polyeder** (Bau, Berechnungen, Sätze),
- **Durchdringungen der regulären Polyeder** (Bau, Netzentwurf),
- **Würfelschnitte des Künstlers Max Bill** (Berechnungen und Nachbau).

Weitere Informationen zu diesem Projekt siehe LUDWIG (1998).

Beispiel Unendlichkeit

(Klasse 11, demokratisch)
Das sehr Große, das Grenzenlose, das Unendliche sowie das Kleine, auch unendlich Kleine spielen in der 11. Klasse in der Mathematik (z. B. Grenzwertbegriff), in der Physik (z. B. Sonnensystem, Universum) und in der Chemie (z. B. LOSCHMIDT-Zahl) eine Rolle. Aber auch in den Fächern Deutsch, Kunst und Religion ist das „Unendliche" Thema dieser Jahrgangsstufe. Dieses Thema ist eben nicht nur aus mathe-

matischer Sicht, sondern aus einer ganzheitlichen Sicht zu betrachten. Die Kollegen der oben erwähnten Fächer stimmten in einer kleinen Klassenkonferenz zu und so konnte Projektunterricht stattfinden, bei dem sich Schülerinnen und Schüler mit einem Thema über längere Zeit (3–4 Schulstunden pro Schultag) befassen konnten. Es wurde so verfahren, dass die beteiligten Lehrer „nur" Aufsichtsfunktion bzw. beratende Funktion hatten und so die Schülerinnen und Schüler an ihrem Thema zeitlich durchgehend und weitgehend selbstständig arbeiten konnten, unabhängig davon, ob gerade Deutsch, Mathematik oder Physik auf dem regulären Stundenplan standen.

Im Kreise der Kollegen und der Klasse wurden dann Rahmengruppen zum Projektthema gebildet, um den Schülern eine Orientierung zu geben. Es gab Vorschläge von Lehrerseite und von Schülerseite. Die nachfolgende Aufzählung zeigt das Spektrum der Rahmengruppen, in dem gearbeitet werden sollte.

- **Unendlichkeit in der Lyrik** (Beschreibung des unendlich Großen und des unendlich Kleinen),
- **Unendlichkeit in der Philosophie** (Was bedeutet Ewigkeit wirklich? Was ist am ewigen Leben schön?),
- **graphische Darstellung unendlicher Mengen** (bzw. Abbildungen von Mengen),
- **Interpretation des Unendlichen in der Kunst** (Erstellen eigener Werke),
- **Sammlung sehr großer Zahlen in der Natur** (Vergleiche, Veranschaulichungen),
- **Darstellung unendlicher komplexer Iterationen** (Julia- oder Mandelbrotmengen),
- **Programmierung von komplexen Abbildungen** (Inversion, Möbiustransformation).

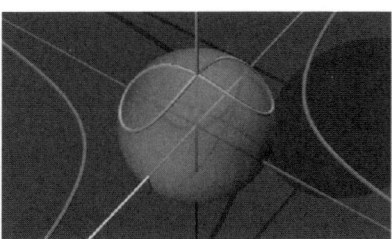

In der Abbildung ist der Graph der Funktion $f(x) = 1/x$ sowie seine stereografische Projektion auf die RIEMANNsche Zahlensphäre zu sehen. Zufälligerweise ergibt sich dabei das Unendlichkeitszeichen.

Für weitere Informationen zu diesem Projekt siehe LUDWIG (2002).

Im Folgenden werden zwei Projekte ausführlicher vorgestellt.

Beispiel **Platonische und archimedische Körper als Heißluftballons**
(Klasse 9, vgl. LUDWIG, 2001d)
Im Zuge einer Werbeaktion für eine Schule soll eine Klasse an einem fächerverbindenden Projekt (Mathematik, Physik und Kunst) beteiligt werden. Der Auftrag für die Klasse ist, die platonischen Körper in Form von (Modell) Heißluftballonen in die Lüfte steigen zu lassen.

Projektplanung
Zunächst muss die Klasse verschiedene Vorarbeiten erledigen:
- Anfrage beim Luftfahrtamt: Es ist zu klären, ob in der Region ein Modellheißluftballon steigen darf. Falls sich der zuständige Beamte nicht erweichen lässt, schlägt man ihm vor, den Ballon anzubinden.
- Sponsorensuche: Die Herstellung solcher Ballons kostet je nach Aufwand zwi-

schen 25 und 50 Euro. Viele Firmen unterstützen Schulen bei besonderen Ideen.

■ Physikalische Grundlagen erarbeiten: Ein Heißluftballon steigt aufgrund des Auftriebs, den die warme Luft im Inneren des Ballons gegenüber der kälteren Luft außerhalb des Ballons erfährt. Diese Auftriebskraft muss natürlich größer sein als die Gewichtskraft des Ballons. Es muss nun abgeschätzt werden, welchen Auftrieb man pro Kubikmeter Luft erzeugen kann und wie groß also ein Ballon mindestens sein muss, damit die Auftriebskraft größer als die Gewichtskraft der Ballonhülle ist. (Richtwert für die Auftriebsdichte $\rho_F \approx 1 \ \text{N/m}^3$)

■ Materialprüfungen: Welches Material eignet sich besonders gut für die Ballonhülle? Wie kann es verarbeitet werden? Welche Flächendichte (g/m²) besitzt es? (Richtwert: Für Seidenpapier gilt ungefähr eine Flächendichte von $\rho_A = 25 \ \frac{\text{g}}{\text{m}^2}$)

■ Mathematische Grundlagen erarbeiten: Um die Gewichtskraft und die Auftriebskraft eines Ballons bestimmen zu können, muss man die Oberfläche und das Volumen der platonischen Körper in Abhängigkeit von der Kantenlänge kennen. Dies kann durch eigene Berechnungen, Messungen, Literatur- oder Internetrecherchen geschehen.

■ Startvorbereitungen (Präsentation): Wie sollen die steigenden Ballons in Szene gesetzt werden? Welche technische Ausrüstung ist für den Start nötig? Soll man die Presse informieren, um über dieses Ereignis zu berichten?

■ Aufgabenverteilung: Es wäre völlig verfehlt, wenn all die Vorarbeiten von jedem Schüler oder Schülerin durchgeführt werden würden. Es sollten sich fünf, sechs, ungefähr gleich große Gruppen zusammenfinden und die Aufgaben arbeitsteilig bewältigen.

Bauphase

Nun wird entschieden, welche Gruppe welchen platonischen Körper bauen möchte. Bei jedem Körper werden zunächst die einzelnen Flächen hergestellt und anschließend die Flächen zum Körper zusammengefügt. Dabei ist darauf zu achten, dass die eine Einfüllöffnung für die heiße Luft eingeplant wird. Dieser Einfüllstutzen sollte an einer Ecke des Körpers angebracht sein, mit Draht verstärkt werden und eine Länge sowie einen Durchmesser von ungefähr 50 cm haben.

Präsentation

Das gleichzeitige Starten aller Ballons wurde als Kunstaktion „Volumen sichtbar" präsentiert. Der Aufwand und die Organisation dafür ist aber nicht zu unterschätzen. Vor allem darf die Erwähnung der Sponsoren nicht vergessen werden!

Ausbesserungen kurz vor dem Start   *Die Ballons sind startklar.*

Die Ballons fliegen.

Beispiel **Seevermessung**
(Klasse 8, HEIDENREICH u. a., 2001)
Zum Projektthema
Hier soll eine Kurzversion des Projektes „Seevermessung" skizziert werden. Diese
Kurzversion eignet sich hervorragend, wenn weniger Zeit zur Verfügung steht, denn

innerhalb einer Woche ist der Bau der
Messgeräte und die Vermessung mit
anschließender Auswertung durchgeführt. Schon während des normalen
Unterrichts wurde in dieser Klasse bei
der Vierecks- bzw. Vieleckslehre darauf
hingewiesen, dass als krönender Abschluss, bei der Flächenmessung von
Vielecken, an die Vermessung eines kleinen Sees gedacht war. Die Klasse war
davon recht angetan und freute sich darauf. Während des normalen Unterrichts
wurden im Klassenverband verschiede-
ne Messmethoden (Koordinatenmethode und Theodolitenmethode) erarbeitet und
besprochen.
Bis zu diesem Zeitpunkt hatte der Unterricht noch keinen Projektcharakter. Erst als
es um die Anwendung der Methoden in Bezug auf eine konkrete Aufgabe ging, wan-
delte sich der Unterricht zum Projektunterricht. Das Projektziel hieß dann auch:
Ermittle den Grundriss eines Sees (Graf-Luckner-Weiher) und bestimme seine
Fläche.

Projektdurchführung
In der ersten Projektstunde wurden vier Projektgruppen mit jeweils vier bis fünf
Schülerinnen und Schülern eingeteilt, welche alle die gleiche Aufgabe hatten, nämlich einen See möglichst genau auf das Zeichenpapier zu bringen und seine Größe
zu bestimmen. Drei Gruppen entschieden sich für die Koordinatenmethode und eine

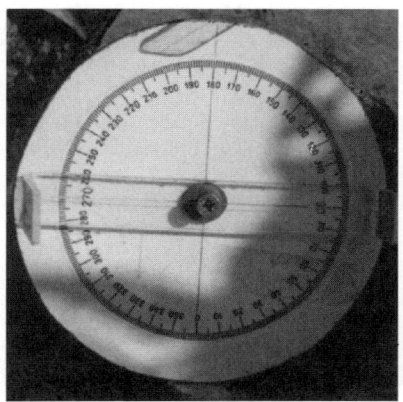 

Die zwei verwendeten Messgeräte: Theodolit und Winkelspiegel

für die Polygonzugmethode mit Theodolit. Es mussten also sechs Winkelspiegel, ein Theodolit und vier Messlatten gebaut werden. Die Grundbauteile für die Winkelspiegel hatte ich den Schülern schon zurechtgesägt. Den Rest erledigten sie in Heimarbeit. In der zweiten Unterrichtsstunde hatten fast alle Gruppen ihre selbst gebauten Winkelspiegel, den Theodoliten und ihre Messlatten dabei. Wir konnten die Geräte eichen und kleine Messübungen durchführen.

Die Seevermessung selbst wurde dann an einem Nachmittag mit anschließendem Grillen und Picknick durchgeführt. Zunächst musste das Koordinatensystem um den See herum angelegt werden. Hierfür konnten wir uns von der Fachschaft Sport mehrere Maßbänder (je zweimal 20 m und 50 m) leihen. Es mussten also keine besonderen Markierungshilfen verwendet werden. Zum Ausloten der Koordinatenachsen wurde wegen der höheren Genauigkeit ein 90°-Winkelprisma verwendet.

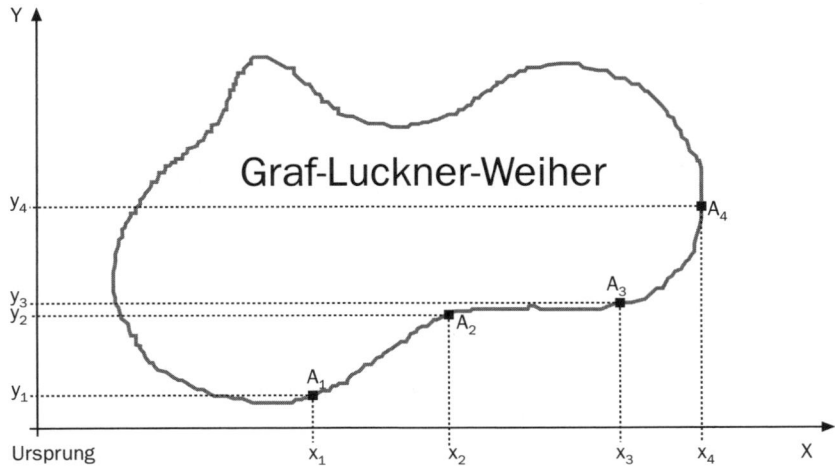

Zunächst wurde der Ursprung festgelegt und die beiden Achsen nach Augenmaß lotrecht ausgerichtet. Beim genauen Ausloten blieb eine Achse fest und die zweite Achse wurde mit Hilfe eines Winkelprismas und der Unterstützung eines Schülers ausgerichtet.

Nun konnte die eigentliche Messung beginnen. In jeder Gruppe, welche die Koordinatenmethode durchführte, gab es einen „Y-Koordinatenläufer" und einen „X-Koordinatenläufer", einen „Messpunkt", einen Schreiber sowie einen weiteren Helfer.

Für das zweimalige Messen des Graf-Luckner-Weihers (Ausmaße: 70 m mal 60 m) brauchte die schnellste Gruppe mit der Koordinatenmethode für 60 Messwerte eindreiviertel Stunden.

Die Abbildung (→ S. 175) zeigt das Prinzip der Koordinatenmethode. Je ein Schüler peilt mit seinem Winkelspiegel von x_i aus den Punkt A_i und zugleich den Ursprung an. Ebenso machte dies der Schüler auf der Y-Achse. So kann man für jede Position A_i am Seeufer die Koordinaten (x_i, y_i) ermitteln.

Die Theodolitengruppe hatte sich für die Messung mit Maßband und Kompass entschieden. Außerdem hatte sie die Aufgabe, nicht den See, sondern den Weg um den See zu vermessen. Dieses Verfahren dauerte wesentlich länger (fast doppelt so lang wie die Koordinatenmethode) und war auch sehr ungenau, was aber wohl an der Einfachheit des Theodoliten und der Kombination mit dem Kompass lag. Mit einem professionellen Gerät hätte man sicher bessere Ergebnisse erzielen können; der Zeitfaktor hätte sich aber wohl noch vergrößert.

Nachdem alle Messdaten aufgenommen waren, wurde zunächst gegrillt und das weitere Vorgehen besprochen. Über das Wochenende sollten die Messdaten ausgewertet und der See maßstabsgetreu gezeichnet werden. So konnten wir dann in der nächsten Mathematikstunde die unterschiedlichen Messungen vergleichen. Wir stellten fest, dass die Gruppen, welche das Koordinatenverfahren angewendet hatten, ähnliche Ergebnisse in Form und Größe (Seegrößen 2 548 m², 2 653 m² und 2 583 m²)

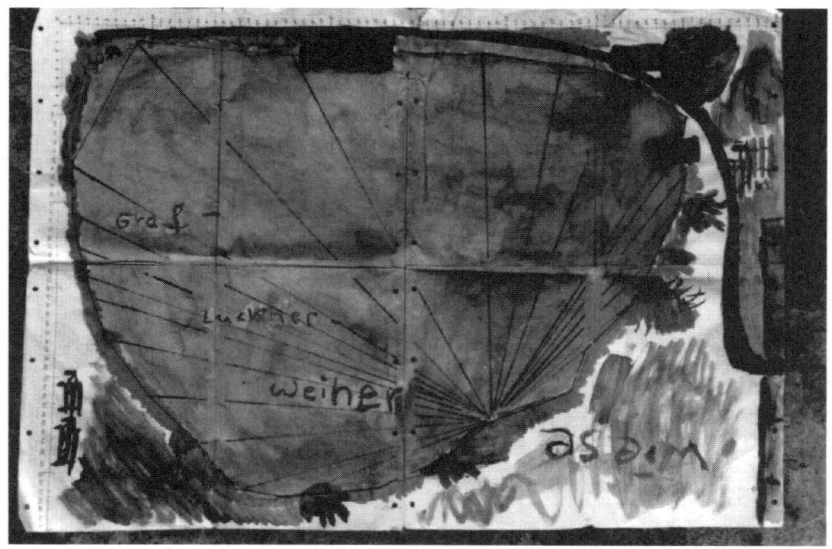

ermittelt hatten. Die Theodolitengruppe fiel mit ihrem Ergebnis völlig aus dem Rahmen und war dementsprechend unzufrieden, weil sie zudem so viel Zeit in die Messung investiert hat.
Zur Illustration ist die Seezeichnung einer Schülergruppe abgebildet (→ S. 176). Den Schülerinnen und Schülern hat dieses Kurzprojekt sehr viel Spaß gemacht. Die Ergebnisse und Messgeräte hätten schließlich auch noch in einer Ausstellung für die Schulöffentlichkeit sichtbar gemacht werden können. Bei Zeitmangel ist die beschriebene Kurzvariante nur zu empfehlen. Weiterführende Informationen findet man bei HEIDENREICH (2001).

Konsequenzen für die Unterrichtsgestaltung

Fächerübergreifendes Unterrichten insbesondere in Projektform bewirkt einige Veränderungen. Die Erfahrungen zeigen, dass sich folgende Beziehungsgeflechte positiv verändern:

Die Beziehung *Mathematiklehrer – Schüler* wird durch den starken persönlichen Kontakt vertieft. Wann kommt es denn schon einmal im Mathematikunterricht vor, dass sich ein Lehrer zu seinen Schülern während des Unterrichts an einen Tisch setzt und sie gemeinsam über ein Problem nachdenken? Die anderen Schüler genießen zu diesem Zeitpunkt ungekannte Freiheiten; Vertrauen kann sich entwickeln!

Die Beziehung *Mathematik – Schüler* wird meiner Ansicht nach stark positiv geprägt. Dem ohnehin schon guten Schüler wird nun bewusst, dass Mathematik weit mehr bedeutet als das Lernen von Definitionen und Anwenden von Rechenregeln auf bestimmte Aufgabentypen. Er kennt die Reichweite der Mathematik nun durch eigene Erfahrung. Dem schwachen Schüler öffnen sich durch die innere Differenzierung vielfältige Möglichkeiten, einfache Anwendungen der Mathematik im Alltag und in der Umwelt kennen zu lernen. Die Sichtweise, dass die Mathematik in der Umwelt Anwendung findet, ist nämlich gerade bei schwachen Schülern kaum vorhanden (TÖRNER und GRIGUTSCH, 1994). Schwache Schüler können durch die Projektarbeit im Mathematikunterricht ein mathematisches Erfolgserlebnis haben, sodass sie bzgl. der Mathematik vielleicht eher ein positives Selbstkonzept (MEYER 1984, COVINGTON 1984) aufbauen.

Die Schüler müssen verschiedene Dinge (Stellwände, Befestigungsmaterial, Bücher, usw.) im Schulhaus besorgen. Sie müssen sich Gedanken darüber machen, wo die Ausstellungsstücke präsentiert werden sollen. Sie müssen mit dem Hausmeister verhandeln. Oft werden noch Dinge von den Eltern der Schüler besorgt. Die Schüler beginnen die *Schule als Lebensraum* zu sehen. Wenn dann noch die Klassen- bzw. Abschlussfeier auf dem Schulgelände stattfinden kann, so ist die Schulfamilie wieder ein wenig enger zusammengerückt.

Auch die Eltern können spüren, dass ihren Kindern während der Projektarbeit – und vielleicht darüber hinaus – etwas an der Schule liegt. Schließlich sollen sich die Eltern auch die Präsentation ansehen. Hier kommt es dann auch wieder zum Gespräch zwischen den beteiligten Lehrern und den Eltern. Die *Lehrer-Eltern-Beziehung* kann vertieft werden.

Zwei weitere, nicht weniger wichtige Kernaussagen findet man bei LUDWIG (2001a): Zum Ersten wird der zunächst wesentlich höhere Aufwand für Projekte gegenüber traditionellem Frontalunterricht von den Projektlehrern als gerechtfertigt angesehen, weil eben dieser Aufwand voll und ganz im Verhältnis zum erzielten Nutzen dieser Unterrichtsform steht. Zum Zweiten könne das Ergebnis von Projektunterricht hochmotivierte Lehrende und hochmotivierte Lernende sein.

Wie und wo findet man Ideen für weitere Projekte?

Beschäftigen wir uns zunächst mit dem „Wie". Es ist wichtig, mit offenen Augen durch die Welt zu laufen. Ein Mathematiklehrer, der von seinem Fach begeistert ist, findet im Alltag immer wieder Anknüpfungspunkte für Projektideen oder Modellierungsaufgaben. Soweit ich bisher feststellen konnte, entwickeln sich Projektideen aus „Schlüsselerlebnissen". So kann zum Beispiel ein interessanter Zeitungsartikel über die Zahl π der Startschuss zu einem Projekt sein (LUDWIG, 1996) oder ein Besuch in einem der neuen *Sciencecenter* bzw. Mitmachmuseen (z. B. das *Mathematicum* in Gießen, → Kap. 5.2) regt dazu an, mit den Schülern selbst eine Ausstellung zu einem bestimmten mathematischen Thema zu gestalten.

Die obige kurze Darstellung von Projekten spiegelt nur andeutungsweise die existierende Vielfalt von durchgeführten und dokumentierten Projekten wieder. Weitere Projekte findet man bei ADELMEYER, 1998: KS-Flightsimulator; BETTIGNALIO/LEHMANN, 1998: Mathematisches Billard; DAVID, 1998: Parabeln; DURANDI u. a., 1998: Schullotto; DZUNG WONG/HENN, 1998: Der Regenbogen; HEPP, 1997: Pysik; HOF/SCHREYER, 1999: Die Prozentrechenbücher; HOF/MÖHRINGER, 1999: Primzahlen; JACOB, 1999: Rationale Zahlen; LUDWIG, 1998: Platonische Durchdringungen; ZAPPE, 1999: Wachstum und Zerfall. Die einzelnen Beiträge befassen sich mit konkret durchgeführten Projekten, bei denen auch näher auf Schwierigkeiten bei der Projektdurchführung eingegangen wird.

5.2 Das Klassenzimmer öffnen

Matthias Ludwig

Öffnung von Unterricht

Was bedeutet eigentlich „Öffnung von Unterricht"? Oben haben wir bereits gesehen, wie man Unterricht durch die Methodenwahl öffnen kann. Nun sollen noch weitere Öffnungsaspekte aufgezeigt werden. So kann Öffnung des Unterrichts dadurch geschehen, dass andere Personen eingeladen werden, am Unterricht teilzuhaben bzw. den Unterricht mitzugestalten. Diese Personen können Experten auf einem bestimmten Gebiet sein oder Eltern, die Besonderes in den Unterricht einbringen können.

Zum anderen bedeutet Öffnung des Unterrichts im Sinne von HENTIG (Wir erinnern uns an den Ausspruch vom Anfang des Kapitels 5), dass man alternative Unterrichtsorte bzw. anregende Lernorte aufsucht, um dort Wissen zu entdecken, zu erfahren oder zu erarbeiten (durchaus im handwerklichen Sinne). Dieses Wissen, welches nun auf die verschiedensten Arten aufgenommen wurde, soll dann im Klassenzimmer nachbearbeitet werden.

1. Expertenbesuch

Experten in der Schule zu haben, ist etwas Lohnendes. Viele Universitäten bieten zurzeit an, dass Mathematikdozenten die Schulen besuchen. Auch andere Fachbereiche an den Universitäten bieten dies an. Ein Beispiel, wie das konkret aussehen kann, möchte ich kurz skizzieren.

Beispiel **Kryptologie**

2001 kam der Film „Enigma" in die deutschen Filmtheater. Der Film war recht erfolgreich und bekam gute Kritiken. Im Film geht es um die Entschlüsselung des Geheimcodes der deutschen Armee im zweiten Weltkrieg. Die *Enigma* war ein schreibmaschinenähnlicher Kasten. Sie galt als ein Wunderwerk der damaligen Kryptologie. Bis zu 100 Billiarden unterschiedlicher Verschlüsselungsmöglichkeiten eines Buchstabens waren möglich und mit jedem benutzten Buchstaben änderte sich die Verschlüsselung. Die Entschlüsselung war deswegen so wichtig, weil das deutsche Militär damals mit dem Code der *Enigma* die Positionen der U-Boote im Atlantik übermittelte. Wer den Code kannte, wusste wo die U-Boote waren und konnte sie gezielt angreifen. Den Briten fiel ein Exemplar der *Enigma,* nachdem sie ein deutsches U-Boot aufgebracht hatten, in die Hände. So konnten sie die verschlüsselten Funksprüche decodieren. Eines Tages aber waren die Codes auch mit der erbeuteten *Enigma* nicht mehr entschlüsselbar. An dieser Stelle beginnt der Film.
In der Schule wurde der Film vorgeführt und anschließend berichtete der Experte von der Universität in einem interessanten Vortrag über die verschiedensten Verschlüsselungsverfahren vom altertümlichen, aber leicht verständlichen *Caesarverfahren* und bis zu den modernen *RSA-Verfahren*. Auch machte er klar, dass der Enigma-Code heutzutage wegen der schnellen Computer kein Problem mehr dar-

stellen würde. Der große TURING hatte damals mit einem simplen, aber einen ganzen Saal füllenden Computer die Enigma geknackt. Die Mathematik als Geheimdienstwaffe! Welcher Schüler hätte das gedacht? Wie lässt sich an diese Initialzündung durch Film und Experte in der Schule anknüpfen? Es bieten sich verschiedene Möglichkeiten an. Von der Projektarbeit zum Thema „Verschlüsselungen", über Schülerreferate, die die einzelnen Verschlüsselungstechniken noch einmal aufgreifen, bis zu lehrerzentriertem Unterricht ist natürlich alles möglich. Entscheidend ist aber, dass alle Schüler und Lehrer ein gemeinsames Erlebnis bzw. eine gemeinsame Basis, nämlich den Film und den Expertenvortrag haben und hierauf immer wieder zurückgegriffen werden kann.

2. Outdoormathematik – Mathematik im Freien

Diese wörtliche Öffnung des Klassenzimmers ist wohl die „wahre" Öffnung von Unterricht. Man verbindet hier die Mathematik per Definition mit der erlebten Umwelt als Gegenstand des Unterrichts. Die Umwelt wird mit mathematischen Methoden untersucht. Meistens denkt man hier an Geometrie und an Vermessung (vgl. die Projektidee im vorangehenden Kap. 5.1). In der Tat bestimmt die Vermessung unser tägliches Leben. Grundstücke werden vermessen, Wohnungen werden vermessen, Straßen werden vermessen. Neben der Geometrie spielen aber auch immer algebraische Probleme bei der Lösung von „Outdooraufgaben" eine Rolle. An einem Vermessungsbeispiel soll aufgezeigt werden, wie Geometrie und Algebra sich in einem Outdoorproblem ergänzen.

Beispiel **Vermessung des Erdumfangs**

Wir alle kennen das geniale Verfahren zur Erdumfangsbestimmung bzw. zur Erdradiusbestimmung nach ERATOSTHENES. Er maß am Tag des Sonnenhöchststandes mit Hilfe eines Gnomon den Winkel, unter dem die Sonne in Alexandria schien. Zum gleichen Zeitpunkt spiegelte sich die Sonne in Syene (heutiges Assuan) in einem tiefen Brunnen. Die Sonne stand also lotrecht über Syene. Der gemessene Winkel α in Alexandria stimmte nun mit dem Mittelpunktwinkel μ, den Alexandria, der Erdmittelpunkt und Syene einschließen, überein. Bei Kenntnis der Entfernung zwischen Alexandria und Syene (Kreisbogen b_{AS}) kann man den Erdumfang berechnen.

$$U_{Erde} = \frac{360°}{\alpha} \cdot b_{AS}$$

In den deutschen Breiten wird die Sonne aber nie im Zenit stehen und somit nicht die Möglichkeit haben, sich in einem tiefen Brunnen zu spiegeln. Man wird also, um dieses Verfahren nachzustellen, nach Alexandria oder Assuan (dem damaligen Syene) fahren müssen. Dies ist natürlich nicht möglich – wir wollen ja die Mathematik im Freien nicht mit Mathematik in den Ferien verwechseln. Ein abgewandeltes Verfahren, welches aber die Grundidee von ERATOSTHENES aufgreift, möchte ich kurz darstellen.

Man wählt zwei gegenseitig gut einsehbare Beobachtungspunkte, welche 1,5 km bis 2 km voneinander entfernt sind und ungefähr auf gleicher Meereshöhe liegen. Besonders geeignet sind benachbarte Brücken wie in unserem Beispiel. Auf jeder Brücke wird ein automatisches *Nivelliergerät* aufgebaut (→ Abb.).

Mit Nivelliergeräten ist es möglich, selbst über sehr große Entfernungen hinweg Punkte anzupeilen, welche auf einer echten mathematischen Ebene liegen. Die Punkte haben dann aber aufgrund der Erdkrümmung nicht mehr dieselbe Meereshöhe. Den gemessenen Unterschied zwischen der Meereshöhe und der „wahren" Höhe kann man nun ausnutzen, um den Erdumfang bzw. den Erdradius zu berechnen. In der Abbildung ist solch ein Vermessungsgerät zu sehen. Man kann sich Nivelliergeräte bei den örtlichen Vermessungsämtern ausleihen. Sie werden heute eigentlich nicht mehr benutzt, da fast nur noch mit lasergesteuerten Messgeräten gearbeitet wird. Die Vermessungsämter sind in der heutigen Zeit sehr öffentlichkeitsfreundlich und würden sogar beim Vermessen helfen.

Auf der rechten Brücke wird im Punkt A das Nivelliergerät N_1 aufgebaut. Auf der linken Brücke wird im Punkt B das Nivelliergerät N_2 so aufgebaut, dass mit N_1 genau die Spitze D von N_2 anvisiert wird. Anschließend wird N_2 ausnivelliert und die Messlatte bei N_1 angepeilt. Dies ergibt Punkt E. Die Strecke s wird abgelesen.

Zur Kommunikation zwischen den Messtrupps werden Handys oder kleine Funkgeräte eingesetzt. Es ergibt sich nun nach den Ähnlichkeitssätzen:

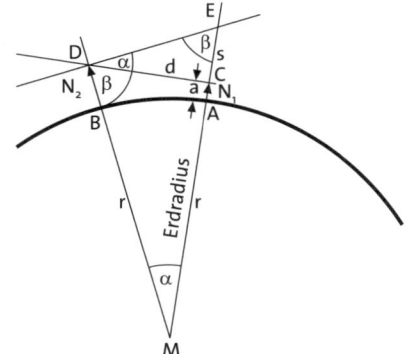

$$\frac{s}{d} = \frac{d}{r+a} \Rightarrow r + a = \frac{d^2}{s} \Rightarrow r \approx \frac{d^2}{s}$$

Da a gegenüber r sehr klein ist, kann es vernachlässigt werden (Hier tritt wieder eine Modellierungseigenschaft zu Tage). Entscheidend für die Messgenauigkeit ist die Strecke s, da diese in Relation zur Entfernung d zwischen den Nivelliergeräten viel stärker das Messergebnis beeinflusst.

Beispielmessung: Die Entfernung zwischen den markierten Brücken in Würzburg (Löwenbrücke und Alte Mainbrücke) beträgt $d = 1\,450$ m $\pm\ 10$ m, die Abweichung s wurde mit 35 cm $\pm$ 3 cm festgestellt.

Das Bild zeigt die beiden Brücken (Alte Mainbrücke und Löwenbrücke) in Würzburg. (Bild: Hans-Georg Weigand)

Daraus ergibt sich ein Mittelwert für den Erdradius

$$r = \frac{(1\,450 \text{ m})^2}{0{,}35 \text{ m}} = 6\,007 \text{ km}.$$

Dies ergibt einen Erdumfang von 37 740 km. Dieses Messergebnis liegt knapp 6 % unter dem wahren Wert.

3. Museumsbesuch

Dass Museum und Mathematik besser zusammenpassen, als man sich dies zunächst vorstellen kann, zeigen die in den letzten Jahren neu eröffneten Mathematikmuseen. So wird das 1999 in Bonn eröffnete *Arithmeum* mit folgenden Worten auf der Begrüßungswebsite[1] beschrieben: „Das Arithmeum soll ein Gesamterlebnis vermitteln: Hierzu gehört nicht nur das Lernen, Erfahren und Verstehen von wissenschaftlichen und technischen Fakten, sondern auch der ästhetische Genuss von Architektur, Ausstellungsdesign und die Vermittlung von Kunst. Der Besuch des Arithmeums soll zeigen, dass Wissenschaft nicht nur spannend und faszinierend, sondern auch schön, ja sogar lustvoll sein kann."

Im November 2002 wurde von Bundespräsident Rau das erste reine Mathematikmuseum, das *Mathematicum* in Gießen eröffnet. Diese Museumsidee

---

1 www.arithmeum.uni-bonn.de

Farbfeld 1964/66 von MAX BILL, © *VG Bild-Kunst, Bonn 2003*

wurde von BEUTELSPACHER auf Grundlage der überaus erfolgreichen Wander-ausstellung „Mathematik zum Anfassen" ins Auge gefasst und nach langjähriger Vorbereitung realisiert. Das Museum zeigt viele Exponate, an denen Mathematik unmittelbar erfahrbar wird[2].

Solche Museen sind darauf ausgerichtet, dass Schüler auch ohne große Lehrerbetreuung die Exponate betrachten und mit ihnen arbeiten können. Nun gilt aber wie bei allen anderen Museen, seien es nun Kunstmuseen oder Heimatmuseen, dass man erst richtig alles versteht und begreift, wenn man eine Führung erhält. Es macht ja auch mehr Spaß, wenn einem das eine oder andere erklärt wird. Man würde auf manche Dinge sonst gar nicht aufmerksam.

Neben diesen Mathematikmuseen gibt es auch eine Reihe von anderen Museen, die auf dem ersten Blick vielleicht wenig mit Mathematik zu tun haben. Hier wäre z. B. die Sammlung RUPPERT im Kulturspeicher in Würzburg zu nennen. Die Sammlung zählt zu den bedeutendsten deutschen Sammlungen konkreter Kunst. Auch ohne dass man ein großer Kunstkenner und Mathematiker ist, erkennt man, dass sehr vielen Bildern dieser Ausstellung eine mathematische Idee zu Grunde liegt. Befasst man sich näher mit diesen Kunstwerken, so stellt man fest, dass neben der optischen Täuschung vor allem der Begriff der Symmetrie und der Iteration ein große Rolle bei der „Konstruktion" der Bilder gespielt haben. Dieses Konstruktionsprinzip wieder herauszuarbeiten, war die Aufgabe der Schüler, welche das Museum besucht haben. Die Schüler bekamen konkrete Arbeitsaufträge zu einigen ausgewählten Bildern und konnten sich so intensiv mit den Kunstwerken beschäftigen. Es sollen nun kurz zwei Beispiele skizziert werden.

---

2 Viele der Exponate sind auf der Webseite des Museums www.math.de beschrieben.

Das „Farbfeld mit weißen und schwarzen Akzenten" von 1964/66 vom jüdischen Künstler MAX BILL (→ S. 183) liefert den Anlass zur Frage, wie viele Quadrate bzw. wie viele Dreieck man auf dem Bild sieht. Es wurde auch nach deckungsgleichen Teilen in der Zeichnung gefragt. So erkennt man z. B., dass der rechte Teil des Bildes der oberen Mitte entspricht. Genauso ist der linke Teil mit der unteren Mitte identisch. Wenn man das nicht weiß, dauert es sehr lange, bis man diese Kongruenz sieht. Verzichtet man bei weiterer Analyse auf die Betrachtung der Farbgebung und unterscheidet nur noch Schwarz, Weiß und Farbe, so ergeben sich noch weitere Symmetrien innerhalb des Bildes. Man merkt schon, wie viel Potential in solch einem auf den ersten Blick „einfachen" Bild liegt.

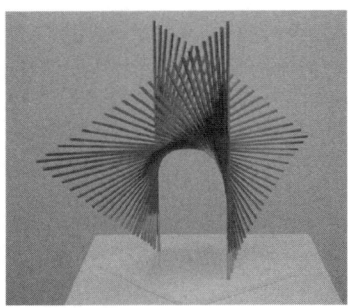

Un Rhombe (Rhombus) 1977 von
ANDREU ALFANO
© VG Bild-Kunst, Bonn 2003

Eine Frage, die sich zur Plastik „Un Rhombe" (Rhombus) von ANDREU ALFANO im Jahre 1977 stellt, war zunächst, warum das Kunstwerk so heißt, wie es heißt. Als Nächstes wurde gefragt, wie man das Kunstwerk ansehen muss, damit es seinen Namen verdient? Eine weitere Frage, die sich allerdings nur von Schülern mit trigonometrischen Kenntnisse beantworten lässt: Wie ändert sich die Länge der Metallstäbe in Abhängigkeit des Winkels zur Horizontalen. Diese Frage muss sich auch der Künstler beantwortet haben. Sonst hätte er den Rombus nicht herstellen können.

Abschluss

„Mathematikunterricht öffnen" bedeutet mehr als nur die Klassenzimmertür zu öffnen. „Mathematikunterricht öffnen" ist äußerst vielschichtig und beginnt vor allem und zuerst im Kopf des Mathematiklehrers. Der Mathematiklehrer muss sich öffnen. Er muss bereit sein, neue Wege zu gehen und Kooperationen mit Kollegen einzugehen. Mit Fantasie und Fachwissen findet man in der Umwelt genug mathematische Anknüpfungspunkte, welche sich für den Unterricht fruchtbar machen lassen. Dieser Buchabschnitt sollte ein wenig Anregungen und Beispiele aufzeigen, wo überall solche Anknüpfungspunkte liegen können.

5.3 Ganzheitliches Lernen

Henning Heske

„Ich höre und ich vergesse. Ich sehe und ich erinnere mich. Ich tue und ich verstehe."
(Konfuzius ca. 500 v. Chr.)

Die Erkenntnis, dass eine rein kognitive Vermittlung nur sehr eingeschränkt zu Verständnis und nachhaltigen Kompetenzen führt, ist alles andere als neu und war auch in anderen Kulturkreisen schon lange bekannt, wie das Zitat von Konfuzius belegt. In der heutigen Zeit, in der Zahlenangaben glaubwürdiger erscheinen, heißt es: Der Durchschnittsmensch behält von dem, was er selber tut 90 %, was er sagt 70 %, was er sieht, liest und hört 50 %, aber von dem was er nur sieht lediglich 30 %, was er nur hört 20 % und was er nur liest nur noch 10 %. Dies gilt auch für das Erlernen von Mathematik. Nur weil es sich hier um eine besonders abstrakte Wissenschaft handelt, ist eine einseitig kognitive Vermittlung nicht unbedingt effektiver.

Mit Kopf, Herz und Hand – Ansprüche eines ganzheitlichen Lernens

Traditioneller Mathematikunterricht ist zweifellos „verkopft". Diese kognitive Dominanz wird oft mit der rein theoretischen Struktur des Faches begründet. Doch sind die axiomatische Grundlegung einer Wissenschaft und der allgemein bildende Auftrag eines Schulfaches zwei grundsätzlich verschiedene Dinge. „Unterrichtsmethodisches Theoriewissen sollte so präsentiert werden, daß es in einem ganzheitlich-erfahrungsbezogenen Lernprozess mit Kopf, Herz und Hand angeeignet werden kann", lautet die grundsätzliche Forderung von MEYER (1987a, S. 33), die hier noch einmal nachdrücklich für den Mathematikunterricht erhoben wird. Diese Forderung geht auf Thesen von PESTALOZZI (1746–1827) zurück und wurde später vor allem von der Reformpädagogik dezidiert vertreten.

Vermutlich beruhen sowohl das schlechte Image des Mathematikunterrichts als auch die Schwierigkeiten zahlreicher Schülerinnen und Schüler speziell mit diesem Fach zu einem Großteil auf seiner einseitig kognitiven Ausrichtung. Doch wie muss ein Mathematikunterricht aussehen, der dieses Defizit zu vermeiden sucht? Ein Konzept bietet der **handlungsorientierte Mathematikunterricht**. „Handlungsorientierter Unterricht geht davon aus, daß Lernen grundsätzlich ganzheitlich, also mit Kopf, Herz, Händen und allen Sinnen abläuft" (MEYER 1987b, S. 403). Es handelt sich um einen ganzheitlichen und schülerorientierten Unterricht, in dem die vereinbarten Handlungsprodukte gewährleisten, dass Kopf- und Handarbeit in ein ausgewogenes Verhältnis zueinander gebracht werden. Diese Ganzheitlichkeit des handlungsorientierten Unterrichts besteht aus drei Aspekten (JANK/MEYER 1991, S. 355):

- Personaler Aspekt: Im Unterricht soll die *ganze* Lernperson angesprochen werden, sie soll mit allen Sinnen dabei sein.
- Inhaltlicher Aspekt: Die Unterrichtsinhalte werden nicht aufgrund einer Fachsystematik, sondern aufgrund von Frage- und Problemstellungen bearbeitet.
- Methodischer Aspekt: Auch die Unterrichtsmethoden müssen ganzheitlich sein, d. h. Gruppenarbeit, Projektarbeit u. a. statt Frontalunterricht.

In der Praxis des Mathematikunterrichts lassen sich diese Kriterien u. a. mit zahlreichen Lernspielen leicht verwirklichen (vgl. LEUDERS 2001, S. 191 ff.). Gemeint ist aber vor allem die Organisation komplexer Lernsituationen, wie sie beispielsweise in Klasse 5 mit dem Thema „Wie kommen wir am besten, am schnellsten zu unseren Freunden?" gegeben ist (MSWWF-NRW 1998, S. 92 f.). Hier werden aktuelle Interessen (neue Mitschülerinnen und Mitschüler kennen lernen) mit authentischen Problemstellungen (Wo und wie weit? – Stadtplan, wann und wie lange? – Fahrpläne, wie teuer? – Fahrtkosten) und jahrgangsgerechten mathematischen Inhalten (Orientierung im Gitternetz, Koordinatensystem, Lesen und Auswerten von Tabellen, Umrechung von Längen- und Zeitmaßen, Runden, Schätzen, maßstabsgerechtes Zeichnen u. a.) im Sinne eines ganzheitlichen Lernens verknüpft.

Ganzheitliches Lernen strebt ein Zusammenfließen von kognitivem und affektivem Lernen an. Es berücksichtigt dabei die unterschiedlichen **Lerneingangskanäle** und **Lerntypen**. Die Lernbiologie differenziert aufgrund der Erkenntnis, dass äußere Ereignisse in unserem Bewusstsein analog der fünf Sinnesmodalitäten – visuell, auditiv, kinästhetisch, olfaktorisch und gustatorisch – repäsentiert sind, zwischen den entsprechenden Grundformen der Informationsaufnahme. Da diese Sinneswahrnehmungen individuell unterschiedlich ausgeprägt sind, existieren unterschiedliche Lerntypen, wie z. B. der visuelle Lerntyp, der am besten über das Sehen lernt. Auch wenn eine solche Unterscheidung sehr grob erscheint und die meisten Menschen vermutlich eher Mischtypen zuzurechnen sind (z. B. audiovisuell), ist es sinnvoll sich diese Unterscheidung bei der Planung von Unterricht stets vor Augen zu halten, um durch die Bereitstellung eines entsprechend aufbereiteten Lernangebots möglichst viele verschiedene Lerneingangskanäle anzusprechen und damit den unterschiedlichen Lerntypen gerecht zu werden.

Aus fachdidaktischer Sicht von besonders großer Bedeutung für einen ganzheitlichen Mathematikunterricht ist die Berücksichtigung der drei verschiedenen **Repräsentationsformen** für die Darstellung und Erschließung von Wissen: **enaktiv** (durch Handlungen), **ikonisch** (durch Bilder) und **symbolisch** (durch Zeichen und Sprache). Auf BRUNER (geb. 1915) geht die Forderung zurück, die

Darstellung eines Gegenstandes auf allen drei Repräsentationsebenen zum Unterrichtsprinzip zu erklären (E-I-S-Prinzip). Die Reihenfolge E-I-S entspricht der Bedeutung der einzelnen Repräsentationsformen für das Lernen und deckt sich dabei mit den Aussagen über die Lerneingangskanäle. Gleichwohl lautet die Reihenfolge im traditionellen Mathematikunterricht genau umgekehrt: Die Darstellung von Mathematik erfolgt schwerpunktmäßig und oft einseitig auf der symbolischen Ebene, die ikonische Ebene wird häufig zumindest noch anhand von Planfiguren berücksichtigt, während eine Erarbeitung auf der enaktiven Ebene nur äußerst selten erfolgt.

Die drei Repräsentationsformen am Beispiel des Satzes des Pythagoras

symbolisch	ikonisch	enaktiv
$a^2 + b^2 = c^2$ oder „Im rechtwinkligen Dreieck ist die Summe der Flächeninhalte der beiden Kathetenquadrate gleich dem Flächeninhalt des Hypotenusenquadrats."	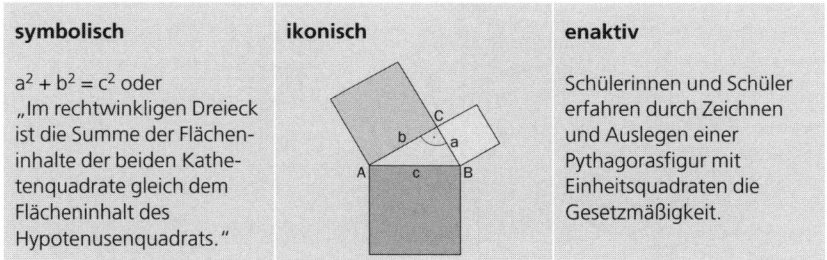	Schülerinnen und Schüler erfahren durch Zeichnen und Auslegen einer Pythagorasfigur mit Einheitsquadraten die Gesetzmäßigkeit.

HOLE (1998, S. 221 ff.) hat das BRUNERsche Unterrichtsprinzip durch die Einbeziehung des Computers, dem er eine eigenständige Bedeutung zumisst, zum Ankermodell C-E-I-S erweitert. Seine didaktischen Überlegungen machen deutlich, wie die Verankerung mathematischer Unterrichtsinhalte auf den vier Ebenen mathematisches Denken fördern. Zusätzliche Qualität wird vor allem durch Animierung und Simulierung gewonnen.

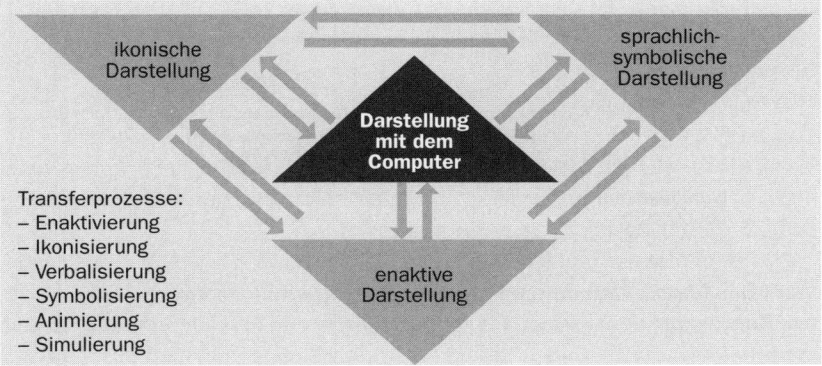

Das Ankermodell C-E-I-S (aus: HOLE 1998, S. 224)

Ein spezielles ganzheitliches Lehr-Lernkonzept bildet die **Suggestopädie**, die neben der Effizienz auch Lernfreude und kreative Aneignung von Lerninhalten betont (HAUN-JUST 1998). Daraus leitet sich ihre Forderung ab, dass neben dem Denken auch Fühlen und Handeln im Lernprozess berücksichtigt werden sollen. Dazu ist zunächst eine entspannte und positive Lernatmosphäre zu schaffen. Weitere suggestopädische Elemente für einen solchen Unterricht sind in der Mindmap (Abb. unten, s. a. Kap. 8.1) dargestellt. SENSENSCHMIDT (1995) hat dargelegt, wie einige dieser Elemente, speziell die Einbettung mathematischer Inhalte in ansprechende Kontexte, im Analysisunterricht zu positiven Lernerfolgen führten.

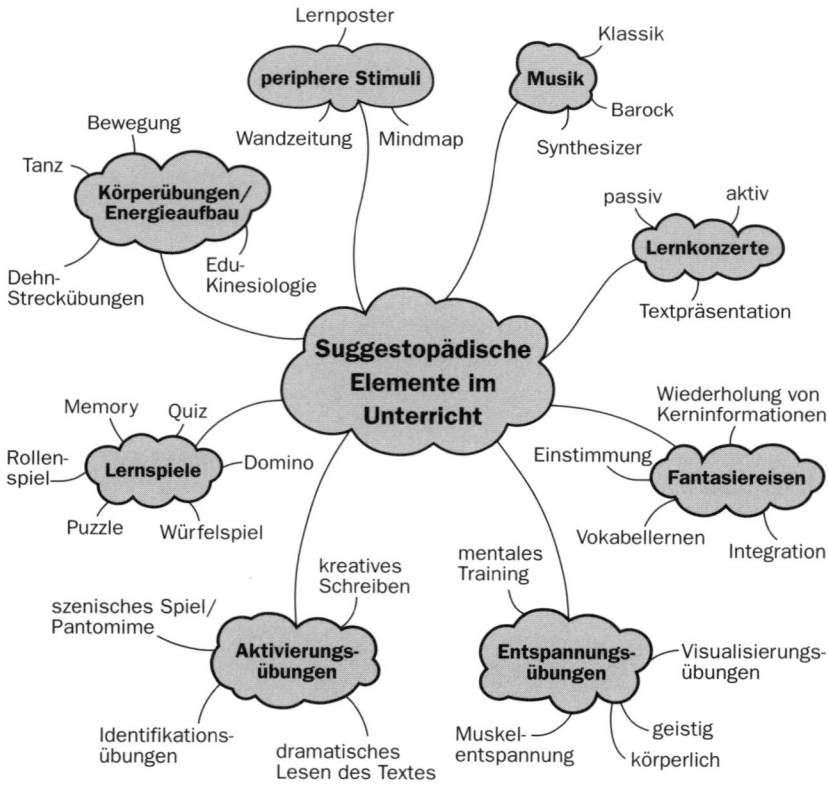

Suggestopädische Elemente im Unterricht (nach: HAUN-JUST 1998, S. 241)

Lernen an Stationen als ganzheitliches Unterrichtskonzept

Lernen an Stationen (synonym auch *Stationenlernen, Stationenzirkel* und *Lernzirkel*) ist eine offene Unterrichtsform, die aus dem Grundschulbereich stammt und inzwischen Eingang in die Sekundarstufe I (BAUER 1997a) auch der Gymnasien gefunden hat, in der Sekundarstufe II aber noch wenig erprobt ist. Diese Form des ganzheitlichen Lernens berücksichtigt unterschiedliche Lernvoraussetzungen, unterschiedliche Zugänge und Betrachtungsweisen sowie unterschiedliches Lern- und Arbeitstempo in besonderer Weise. Den Schülerinnen und Schülern wird ein vielfältiges Angebot an Aufgaben angeboten, sodass ein Lernen mit allen Sinnen möglich ist. Die Auswahl und Bearbeitung der Aufgaben, einschließlich Kontrolle und Korrektur, erfolgt weitgehend selbstständig und eigenverantwortlich. Vergleicht man das Stationenlernen mit anderen Unterrichtsformen, so kann man sie bezüglich der Offenheit hinter Freiarbeit und Projektarbeit und vor die Wochenplanarbeit einordnen.

Ideal ist diese Unterrichtsform, wenn es möglich ist, einen Unterrichtsgegenstand so aufzubereiten, dass er auf verschiedenen Wegen ganzheitlich erschlossen werden kann. Ziel ist es, möglichst viele Lerneingangskanäle anzusprechen. Auf diese Weise wird der Unterricht auch den unterschiedlichen Lerntypen gerecht, die in einer Lerngruppe vorhanden sind. Für den Mathematikunterricht verlangt dieses Vorgehen eine Präsentation des Gegenstandes auf der enaktiven, der ikonischen und der symbolischen Ebene. Darüber hinaus ist auch eine interaktive Darstellung durch einen Computereinsatz im Sinne von HOLE (1998) anzustreben.

Es sind verschiedene Zielrichtungen für einen solchen Unterricht denkbar. Besonders geeignet ist diese Methode für vertiefendes, individuelles Üben. Aber auch das Erschließen eines neuen Unterrichtsgegenstandes oder Mischformen sind möglich.

Die Organisation dieser Unterrichtsform, die mindestens über drei Stunden – angemessen sind aber eher vier und mehr Doppelstunden – ablaufen sollte, ist aufwändig, da etwa 12–25 Stationen vorbereitet werden müssen. Sie werden in der Regel in einem geeigneten Klassenraum an den Wänden aufgebaut. Gearbeitet wird entweder an den Stationen oder die Schülerinnen und Schüler nehmen sich die Materialien (z. B. Arbeitsblätter) mit an ihren Arbeitsplatz. Es ist sinnvoll, Stationen mit unterschiedlichen Sozialformen anzubieten, damit sich dieser Unterricht nicht in Einzelarbeit erschöpft, sondern auch Partner- und Gruppenarbeit berücksichtigt. Die Stationen sollten nummeriert und farbig markiert sein. Die Farbe könnte Auskunft über den thematischen Schwerpunkt, die Sozialform oder den Zugang geben. Da nicht alle Schülerinnen und Schüler alle Stationen bearbeiten sollen, ist es auf diese einfache Weise möglich, das Lernen trotzdem zu strukturieren, indem man gewisse Vorgaben macht bezüglich eines Wahl- und Pflichtpensums, z. B.: Jeder muss wenigstens drei blaue, eine rote und zwei gelbe Stationen bearbeiten.

Die Einbindung der Unterrichtsmethode Lernen an Stationen in einen eher traditionell gestalteten Unterricht kann ohne Schwierigkeiten erfolgen, sie muss allerdings sorgfältig vorbereitet werden. Zunächst muss geklärt werden, ob der Stationenzirkel nur zur Vertiefung bereits behandelter Inhalte und/oder zur Erarbeitung neuer Inhalte dienen soll.

Selbstverständlich kann eine vorliegende Konzeption ohne größeren Aufwand auf die eigene Lerngruppe zugeschnitten werden, indem bestimmte Stationen weggelassen werden, die Aufgabenstellung der einen oder anderen Station umformuliert wird oder einige wenige zusätzliche Stationen hinzugefügt werden.

Da in der Regel mehr Stationen angeboten werden, als von den Schülerinnen und Schülern in der zur Verfügung gestellten Zeit bearbeitbar sind, können Stationen, an denen außer Arbeitsblättern keine weiteren Materialien bereit gehalten werden auch als Fundus für Hausaufgaben genutzt werden. Sie müssen dann in der folgenden Stunde von den Schülerinnen und Schülern anhand der an den Stationen oder anderswo deponierten Lösungen selbst kontrolliert werden.

Selbstverständlich kann die Arbeit an den Stationen wie im traditionellen Unterricht als „Sonstige Mitarbeit" bewertet werden. Denkbar ist auch, dass das Stationenlernen mit einer Leistungsüberprüfung in Form einer schriftlichen Übung oder einer Klausur abschließt.

Zumindest ist die inhaltliche Zusammenführung der Lerngruppe und der Anschluss an den weiteren Unterricht überlegt zu organisieren. Da nicht alle Schülerinnen und Schüler dieselben Stationen bearbeiten, ist es empfehlenswert durch die Ausweisung von Pflichtstationen eine inhaltliche Grundlage zu schaffen, an die angeknüpft werden kann. Beispielsweise muss die Erarbeitung wichtiger neuer Inhalte selbstverständlich Pflicht sein. Es ist zudem möglich und sinnvoll, der Lerngruppe während der Arbeit an den Stationen (z. B. in der zweiten Doppelstunde) eine umfangreiche Hausaufgabe zu stellen, die zur ersten Stunde nach Beendigung der Arbeit an den Stationen anzufertigen ist. Diese Hausaufgabe verlangt die Bewältigung aller wichtigen (vor allem der neuen) Aspekte des Themas. Ihre Besprechung dient dann als Zusammenführung der Lerngruppe und als Übergang in eine traditionelle Unterrichtsform.

In den letzten Jahren sind eine ganze Reihe von Materialien erschienen, die speziell für den Einsatz von Lernen an Stationen im Mathematikunterricht der **Sekundarstufe I** konzipiert sind. Neben grundlegenden Themen wie Geometrische Körper, Bruchrechnen, Satz des Pythagoras und Trigonometrie werden auch übergreifende Lernzirkel angeboten (vgl. Heske 2001a). Dadurch wird der Einsatz dieser Methode im alltäglichen Unterricht enorm erleichtert. Die

Anforderungen an Stationenlernen im Mathematikunterricht

- Die Vielfalt der Aufgaben soll ganzheitliches Lernen mit allen Sinnen ermöglichen.

- Der Unterrichtsgegenstand soll möglichst auf allen Repräsentationsebenen (symbolisch, ikonisch, enaktiv) dargestellt werden.

- Das Angebot der Lernstationen sollte verschiedene Lerneingangskanäle berücksichtigen, sodass möglichst viele verschiedene Lerntypen angesprochen werden.

- Das Angebot an Lernstationen ist binnendifferenzierend zu gestalten. Es fördert so lernschwächere und fordert leistungsstarke Schülerinnen und Schüler.

- Das Angebot an Lernstationen ermöglicht eine eigenverantwortliche Auswahl und Selbstkontrolle der Schülerinnen und Schüler.

Materialien können ohne große Schwierigkeiten auf die eigene Lerngruppe abgestimmt werden. Da es sich jedoch fast ausschließlich um Kopiervorlagen handelt, begünstigen diese Materialien visuelle und intellektuelle Lerntypen. Durch das Besprechen von Kassetten, die über einen Walkman abgehört werden können, kann der auditive Lerneingangskanal ohne großen Aufwand zusätzlich berücksichtigt werden. Lediglich die notwendigen Materialien für das haptische Lernen, das „Begreifen" des Gegenstandes im wahrsten Sinne des Wortes, sind oft nicht einfach zu erstellen bzw. zu beschaffen. Sie sind für ein ganzheitliches Lernen jedoch unabdingbar. Zum Teil enthalten die veröffentlichen Materialien auch entsprechende Bastelanregungen (z. B. BAUER 1997b).

Im Prinzip ist der Einsatz der Unterrichtsmethode „Lernen an Stationen" in allen Jahrgangsstufen der Sek. I in allen Unterrichtsreihen denkbar. Einige Themen eignen sich deutlich besser, so z. B. Bruchrechnung und Stochastik, die viele Anknüpfungspunkte für die Berücksichtigung der unterschiedlichen Lerneingangskanäle liefern, als eher abstrakte wie Termumformungen und Lösen von Gleichungen.

Während BAUER (1997a) in seinem grundlegenden Konzept diese Unterrichtsmethode besonders für die Hauptschule und für lernschwache Schülerinnen und Schüler einfordert und davon ausgeht, dass Gymnasiasten „Grundlagen, die unserem Denken und Lernen eher entsprechen" (ebd., S. 54), besitzen, haben neuere Untersuchungen gezeigt, dass gerade auch im Gymnasium diese Unterrichtsmethode den Schülerinnen und Schüler besonders gerecht wird, weil dort damit neben den leistungsschwächeren auch die leistungsstärkeren Schülerinnen und Schüler besser gefördert und gefordert werden (HESKE 2001a).

Unterrichtsbeispiel aus der Sek. I: Lernen an Stationen zum Thema „Geometrische Körper" (BAUER 1997b)

■ **Inhalt:** Einführung in die Untersuchung geometrischer Körper (31 Stationen)
■ **Positionierung:** Jg. 5
■ **Stationengruppen:**
  Körper herstellen (3 Stationen)
  Verschiedene Körperformen (4 Stationen)
  Körpernetze (7 Stationen)
  Begriffe-Namen-Anzahlen (4 Stationen)
  Mit Würfeln bauen (6 Stationen)
  Eckenlaufen und Kantenlaufen (2 Stationen)
  Unterschiedliche Körperformen: Wozu? (3 Stationen)
  Basteln und Knobeln (2 Stationen)
■ **Medien/Material:** Arbeitsblätter, Kantenmodelle, Trinkhalme, Tastkiste, Knetmasse, Zeitschriften, Verpackungen, Pappe, Körpermodelle, Miniwürfel aus Holz
■ **Ziel:** Wiederholung und Vertiefung der Kenntnisse aus der Grundschule, Erarbeitung neuer Inhalte
■ **Zeitrahmen:** 8–15 Stunden

Erst in den letzten Jahren ist verschiedentlich gezeigt worden, dass ein ganzheitliches Lernen an Stationen auch im Mathematikunterricht der **Sekundarstufe II** Gewinn bringend einsetzbar ist. Als mögliche Schwierigkeiten für die Adaption dieser Methode für die Sek. II wurden zunächst das deutlich höhere Abstraktionsniveau, die Exaktheit und formale Sprache sowie die größere Komplexität mathematischer Sachverhalte angesehen. Die stärker auf einer abstrakten Ebene agierende Unterrichtspraxis der gymnasialen Oberstufe steht der Methode Lernen an Stationen jedoch nur scheinbar entgegen. Ganzheitliches Lernen, Anschaulichkeit, Handlungsorientierung und Anwendbarkeit haben dort ebenso eine Berechtigung und sind im traditionellen Oberstufenunterricht meist zu kurz gekommen. Zudem entspricht das eigenständige Erkunden eines Gegenstandes eher den Ansprüchen eines oberstufengemäßen, wissenschaftspropädeutischen Unterrichts als der stark auf Instruktion ausgerichtete Frontalunterricht. Dies wird auch von den Schülerinnen und Schülern ausgesprochen positiv bewertet. Der Unterschied zur Sek. I liegt vor allem darin, dass die Stationen in der Sek. II notwendigerweise komplexer aufgebaut sind und die durchschnittliche Verweildauer dort entsprechend länger ist. Dadurch, dass alle Schülerinnen und Schüler aktiv sind und sie in relativ kurzer Zeit viele verschiedene Inhalte bearbeiten, ist Lernen an Stationen auf die Unterrichtszeit bezogen eine sehr ökonomische und effiziente Methode.

Als günstig hat sich dabei auch die Einbeziehung neuer Technologien erwiesen (GABRIEL/HESKE 2001). So liegen die im Rahmen des BLK-Modellversuchs SelMa entwickelten Stationenzirkel „Ganzrationale Funktionen" und „Matrizenrechnung" komplett als HTML-Dateien vor und können online oder nach dem Herunterladen vom Bildungsserver *learn-line*[1] offline bearbeitet werden. Bei einigen Stationen ist der Einsatz eines Computers mit Browser zwingend notwendig, da sie entsprechende Lern- und Animationsprogramme (*Live Math* mit dem entsprechenden Plugin) beinhalten. Andere Stationen lassen sich ausgedruckt auch problemlos als Arbeitsblatt oder Karteikarte auslegen. Die Schülerinnen und Schüler können wählen, welche Stationen sie in welcher Reihenfolge bearbeiten. Es empfiehlt sich jedoch insbesondere neue Inhalte als Pflichtstationen auszuweisen. Die Schülerinnen und Schüler erhalten zur Orientierung einen so genannten *Laufzettel* (Abb. S. 194), auf dem alle Stationen aufgeführt sind (Nummer, Titel, Themenbereich, Pflicht- oder Wahlstation, Sozialform). Der Lehrer übernimmt bei dieser Unterrichtsform im Wesentlichen die Funktionen des Beraters, da die Lösungen der Aufgaben an den jeweiligen Stationen ausliegen bzw. angeklickt werden können. Rechnungen und Ergebnisse notieren die Schülerinnen und Schüler in ihrem Heft. Der Unterricht wird durch eine umfangreiche Hausaufgabe, die über den gesamten Zeitraum begleitend gestellt wird, ergänzt. Dadurch wird auch eine zusätzliche Lernerfolgskontrolle erreicht, an die der weitere Unterricht anknüpfen kann.

Unterrichtsbeispiel aus der Sek. II: Lernen an Stationen zum Thema „Matrizenrechnung" (GABRIEL/HESKE/TEIDELT 2002)
- **Inhalt:** Matrizenrechnung (21 Stationen)
- **Positionierung:** Jg. 12 oder 13 (LK; evtl. gekürzt GK)
- **Stationengruppen:**
  Einführung in die Matrizenrechnung (6 Stationen)
  Geometrie der Matrizen (8 Stationen)
  Prozesse und Matrizen (5 Stationen)
  Begriffe und Zusammenhänge (2 Stationen)
- **Medien/Material:** LiveMath-Animationen am PC, Videosequenzen, Mathcad-Grafiken, Excel-Programm, Java-Applets, TI-89 (oder anderes Computeralgebrasystem), Dominospiel, Karteikarten, laminiertes Koordinatensystem
- **Ziel:** Erarbeitung neuer Inhalte
- **Zeitrahmen:** 10–14 Unterrichtsstunden

Zusammenfassend lässt sich feststellen: Lernen an Stationen ist eine viel versprechende Unterrichtsmethode für den Mathematikunterricht in allen Schulformen und in allen Schulstufen – eben auch in der Sekundarstufe II. Sie ermöglicht und fördert in besonders geeigneter Weise das ganzheitliche, selbstständige Lernen und eine schülergerechte Binnendifferenzierung. Die Schwierigkeiten für einen häufigeren Unterrichtseinsatz liegen in der äußerst aufwändigen Erstellung der einzelnen Stationen und in dem organisatorischen Problem, einen geeigneten Raum in der Schule für längere Zeit entsprechend

---

1 Angebote der Autorenschule EBGS Dinslaken unter www.mathe-selma.de

Laufzettel

Lernen an Stationen in der Sekundarstufe II: Matrizenrechnung

Aufgabengruppen

Einführung in die Matrizenrechnung
Geometrie der Matrizen
Prozesse und Matrizen
Begriffe und Zusammenhänge der Matrizenrechnung

Die einzelnen Stationen

Nr.	Pflicht	Arbeits-form	Vorausgesetzte Station	Persönliche Bewertung	Kurzbeschreibung
1		👤		🕐 👆 👓 🙂	Produktions- und Auslieferungsplanung
2	○	👤		🕐 👆 👓 🙂	Fit for life
3		👤		🕐 👆 👓 🙂	Mehrstufige Produktionsprozesse
4		👥		🕐 👆 👓 🙂	Auch für Matrizen gelten Gesetze
5		👤		🕐 👆 👓 🙂	Gauß'scher Algorithmus
6	☐	👥	2	🕐 👆 👓 🙂	Codierung von Nachrichten
7	☆	👤		🕐 👆 👓 🙂	Geometrische Abbildungen in der Ebene
8	☆	👥	2	🕐 👆 👓 🙂	Elementare Abbildungen in der Ebene
9		👥	8 und 5	🕐 👆 👓 🙂	Eine Drehung im Raum
10		👥	7 oder 8	🕐 👆 👓 🙂	Elemente der Computergrafik
11	○	👤	7 oder 8	🕐 👆 👓 🙂	Matrixproduktion und Abbildungen
12	☐	👤	11	🕐 👆 👓 🙂	Umkehrabbildungen
13		👤	7 oder 8	🕐 👆 👓 🙂	Animation durch Matrizen
14	☾	👥	11	🕐 👆 👓 🙂	Potenzen von Matrizen
15	☆	👤	2 oder 11	🕐 👆 👓 🙂	Markoff-Kette
16		👤	2 oder 11	🕐 👆 👓 🙂	Biesbosch
17	☾	👨‍👩‍👦	2 oder 11	🕐 👆 👓 🙂	Marktforschung
18		👥	2 oder 11	🕐 👆 👓 🙂	Schulfest
19		👨‍👩‍👦		🕐 👆 👓 🙂	Evolutionäre Algorithmen
20		👥		🕐 👆 👓 🙂	Mindmap-Matrizenrechnung
21		👨‍👩‍👦		🕐 👆 👓 🙂	Matrizen-Domino

Die einzelnen Stationen

Arbeitsform		Einzelarbeit 👤	Partnerarbeit 👥	Gruppenarbeit 👨‍👩‍👦
🕐	nicht bearbeitet	👆 kaum etwas verstanden	👓 nicht einfach, aber verstanden	🙂 vollständig gelöst

Es müssen je eine Station mit ○ , mit ☾ , mit ☐ , und eine Station mit ☆ bearbeitet werden.

Laufzettel zum Stationenlernen „Matrizenrechnung" (aus: GABRIEL/HESKE/TEIDELT 2002) einzurichten. Andererseits liegt inzwischen eine Vielzahl geeigneter Materialien vor – wie z. B. kostenlos zum Downloaden bereit stehende Stationenzirkel –, sodass ein Einsatz im alltäglichen Mathematikunterricht durchaus praktikabel ist.

Projektunterricht – Chance für ganzheitliches Lernen

Der Projektunterricht bietet die Chance, neben der rationalen Wissensvermittlung, auch praktisches Arbeiten, Emotionalität und Ästhetik mit einzubeziehen und stellt damit ein weiteres Lernarrangement für ganzheitliches Lernen im Mathematikunterricht dar. Das ganzheitliche Lernen bildet neben der **Selbsttätigkeit** und dem **Gesellschaftsbezug** jedoch nur eines der drei Fundamente des Projektunterrichts (LUDWIG 2001b). Es gibt keine eindeutige Projektdefinition, vielmehr unterscheidet man zwischen Verlaufsdefinitionen und Merkmalsdefinitionen:

Unterschiedliche Definitionen von Projektunterricht

Merkmalsdefinition (EMER/HORST 1991)	**Verlaufsdefinition** (SYLVESTER 1995)
Ganzheitliches Lernen	Motivationsphase
Selbstbestimmtes Lernen	Konzeptionsphase
Lebenspraxisbezug	Aktionsphase
Gesellschaftsbezug	Dokumentationsphase
Kommunikabilität	Reflexionsphase (inkl. Bewertung)
Produktorientiertes Arbeiten	
Interdisziplinäres Arbeiten	

Als Orientierung für den zeitlichen Rahmen seien etwa 9–12 Unterrichtsstunden genannt. Allerdings findet Projektunterricht an den einzelnen Schulen in sehr unterschiedlichen Ausprägungen statt (z. B. Projekttage, Projektwochen), sodass der Zeitrahmen deutlich differieren kann. Unabdingbar ist aufgrund der genannten Kriterien für Projektunterricht, dass große Phasen in Gruppenarbeit durchgeführt werden (Stichwort: Teamfähigkeit). Das Gelingen eines solch komplexen Unterrichtsvorhabens wie Projektarbeit oder Projektunterricht hängt in besonderer Weise von der Projektvorbereitung ab (vgl. auch LEHMANN 1999).

Checkliste für die Durchführung von Projektunterricht

✓ **Themenstellung:** Ist das Thema offen genug, aber auch nicht zu offen? Lässt es sich sinnvoll in Teilprobleme untergliedern? Ist die Einordnung und Relevanz der Thematik in den bisherigen und den nachfolgenden Unterricht transparent?

✓ **Gruppeneinteilung:** Sind die einzelnen Gruppen teamfähig? Besitzen sie ausreichende fachliche Kenntnisse zur Bearbeitung ihres Teilproblems?

✓ **Material:** Lässt sich passendes Material in ausreichender Menge bereitstellen? Soll die Recherche und Materialbeschaffung Teil des Projekts sein?

✓ **Zeitplanung:** Reicht die Zeit für eine ansprechende Realisierung des Projekts aus? Ist die Zeitplanung den Schülerinnen und Schülern bekannt?

✓ **Dokumentationsmöglichkeiten:** Stehen genügend Medien (Digitalkamera, Computer mit entsprechender Software u. a.) und Materialien (Plakate, Stifte etc.) zur Verfügung? Ist eine Veröffentlichung z.B. auf der Schulhomepage im Internet möglich und sinnvoll?

Im Folgenden wird ein Beispiel aus der Sek. I ausführlich vorgestellt. In der Literatur sind zahlreiche weitere Projektbeispiele dokumentiert (LUDWIG 2001a, DER MATHEMATIKUNTERRICHT 6/1999).

Unterrichtsbeispiel aus der Sek. I: Kryptologie

Im Zeitalter der Chipkarten und elektronischen Datenübertragung eignet sich das Thema „Kryptologie" in besonderer Weise für einen anwendungsorientierten, teilweise fächerübergreifenden (Technik, Informatik, Geschichte) Projektunterricht. Der mathematische Schwierigkeitsgrad lässt sich dabei quasi in jeder gewünschten Höhe erreichen (vgl. LEIBIG/BRENNER 2001). Daher ist dieses Thema auch für die Sekundarstufe I geeignet, obwohl sich aktuelle Verschlüsselungsalgorithmen in der Regel dort nicht behandeln lassen.

In einem bayrischen Gymnasium wurde das Projekt zu Beginn des Schuljahres in einer 8. Klasse über einen Zeitraum von 9 Unterrichtsstunden durchgeführt (ebd., S. 96 ff.). Nach einer Einführungsstunde mit einem Brainstorming zur Thematik erhielten die Schülerinnen und Schüler zwei Hausaufgaben. Zum einen sollten sie sich überlegen, mit welchem Aspekt sie sich näher beschäftigen wollten, und zum anderen sollten sie mit Hilfe einer Kopiervorlage eine Cäsarscheibe basteln. In der zweiten Stunde wurden in Partnerarbeit damit Texte codiert und decodiert. Zudem lernten sie mit der „Skytale von Sparta" ein weiteres Verfahren der Antike kennen. Fachbegriffe wie Klartext, Geheimtext, Verschlüsselung, Schlüssel, chiffrieren und dechiffrieren wurden gemeinsam besprochen. Die Lehrerin präsentierte Vorschläge für eventuelle Arbeitsgruppen, die von der Lerngruppe noch ergänzt wurden. Am Ende der Stunde waren sieben Gruppen mit je 3–5 Schülerinnen und Schülern entstanden, die in den folgenden vier Stunden an ihren Themen arbeiteten:

Gruppe 1: Übermitteln einer Botschaft (Morse- und Flaggenalphabet)
Gruppe 2: Verschlüsseln mit einfachen Verfahren (antike Verfahren, Transpositionen)
Gruppe 3: Verschlüsseln mit monoalphabetischen Verfahren (Schriftzeichen anderer Kulturen, Blindenschrift, Freimaurerchiffre)
Gruppe 4: Verschlüsseln mit polyalphabetischen Verfahren (Vignère-Chiffre)
Gruppe 5: Knacken der Vignère-Verschlüsselung
Gruppe 6: Kyrillisches Alphabet und Verschlüsseln von E-Mails (asymmetrische Kryptosysteme)
Gruppe 7: Prüfziffern (u. a. EAN-Strichcode, Fehlererkennung und -korrektur)

Ein Austausch der Gruppen untereinander war ausdrücklich erwünscht und aufgrund von Themenüberschneidungen teilweise sogar notwendig. In den letzten drei Stunden des Projekts erfolgte eine Präsentation der Gruppenergebnisse mit Hilfe eines Plakats und eines selbst entworfenen Arbeitsblattes, das jeweils eine Hausaufgabe enthielt.

In einem thüringischen Gymnasium mit Spezialschulteil, wo die Projektarbeit fester Bestandteil des Unterrichts und der außerunterrichtlichen Arbeit ist, wurde das Projekt mit zwei besonders interessierten Schülergruppen eines 9. Jahrgangs (zwei Schüler und drei Schülerinnen) durchgeführt. Die Arbeit wurde von den Schülerinnen und Schüler im Laufe eines Halbjahres neben dem normalen Unterricht geleistet. Die Mädchengruppe beschäftigte sich mit der Geschichte der Kryptologie sowie der Entwicklung, Herstellung und Funktionsweise der Chipkarte. Eine Fülle von Informationen erhielten sie aus dem Internet. Im Laufe der Arbeit kontaktierten sie einen Chipkartenhersteller, führten eine öffentliche Umfrage zur Chipkarte durch und werteten diese mit Hilfe von Schülern aus höheren Klassen am Computer aus. Die Jungengruppe untersuchte anspruchsvolle mathematische Grundlagen der Kryptologie und erstellte eigene Softwareprogramme zur XOR-Verschlüsselung, die am Ende des Projekts im Internet veröffentlicht wurden.

Die beiden sehr unterschiedlichen Ausprägungen dieses Projekts erfüllen die oben formulierten Ansprüche an ganzheitliches Lernen umfassend. Es erfolgte insbesondere eine Darstellung des Gegenstandes auf der enaktiven, ikonischen und symbolischen Ebene. In der zweiten Durchführung wurde durch die Einbeziehung des Computers sogar die Forderung des C-E-I-S-Modells umgesetzt.

6 Mit neuen Medien lernen

Das Thema „Neue Medien" gehört wohl zu den mathematikdidaktischen Themen mit dem größten Aufmerksamkeitszuwachs in den letzten Jahren. Dabei
scheinen die technischen Entwicklungen die Unterrichtsforschung und Unterrichtspraxis beständig zu überholen, sodass keine Mediendidaktik sich an-
maßen kann, in Kürze den Status quo angemessen zusammenzufassen. Eine
umfassende Schilderung der Ansätze und Erfahrungen soll daher auch den ein-
schlägigen Spezialpublikationen überlassen bleiben, von denen einige wichtige im Laufe der folgenden Seiten zitiert werden.

Im Rahmen der folgenden Kapitel sollen statt dessen wesentliche Entwick-
lungslinien angedeutet und mit unterrichtspraktischen Beispielen belegt werden. Nach den grundsätzlichen Überlegungen in Kapitel 6.1 werden in Kapitel
6.2 die wichtigsten aktuellen Systeme beispielhaft vorgestellt und ihre Möglichkeiten und Grenzen im konkreten Unterrichtseinsatz reflektiert. Kapitel 6.3
beschäftigt sich dann besonders mit unterrichtsorganisatorischen Aspekten
des Einsatzes neuer Medien, Kapitel 6.4 mit dem selbstständigen Lernen mit
neuen Medien.

6.1 Chancen und Risiken des Computereinsatzes im Mathematikunterricht

Timo Leuders

> *„Zwei Drittel aller Elementarmathematik wird mit dem Ziel gelehrt, Computer und Ta-
> schenrechner überflüssig zu machen."* (Henry Pollack)

Der Rolle des Computers im Mathematikunterricht geht in den letzten Jahren
erkennbar von der eines Spezialwerkzeugs zur der eines **universellen Mediums** über, was auf die besondere Kapazität des Computers bei der Speicherung,
Verarbeitung und Weitergabe von symbolischer Textinformation sowie digitaler Bild- und Klanginformation in zunehmender technischer Qualität und beständig wachsendem Umfang zurückzuführen ist. Die Wahrnehmungen und
Hoffnungen, die sich mit dem Computereinsatz im Mathematikunterricht verbinden, lassen sich wohl in der folgenden These zusammenfassen:

Neue Technologien und neue Medien (gemeint ist meist: Computer) bieten für den Mathematikunterricht – mehr noch als für die meisten anderen Schulfächer – die Chance zu einer grundlegenden inhaltlichen und methodischen Reform. Sie ermöglichen eine Entlastung von Routinearbeiten und bahnen daher exploratives und kreatives Arbeiten, ebenso wie die Behandlung realistischer Anwendungssituationen und das Vernetzen von Inhalten.

Dieser Befund ist nicht mit unkritischer Medieneuphorie zu verwechseln, sondern soll im Folgenden anhand einiger Thesen zu den Chancen und Risiken des neuen Mediums Computer belegt werden.

These 1: Der Computer öffnet den Weg zu globaler Information und Kommunikation

Die elektronische Schaltstelle, oder wie man heute gerne sagt, das „Interface" zwischen Individuum und Welt, ist nicht der einzelne Computer, sondern seine Einbindung in ein globales Netz. In seiner populärsten Form ist dieses Netz das **Internet** mit all seinen Funktionen und Diensten (*world wide web, e-mail, newsgroups, chats* etc.). Man kann das „Medium Internet" als weltumspannenden Ozean der Information und Kommunikation umschreiben und trifft mit dieser Metapher gleich mehrere seiner Charakteristika: Es handelt sich um ein globales Medium, das ständig im Fluss ist, und in dem man sich ohne Navigationshilfen schon einmal verlieren kann. Die Schwierigkeiten, die Jugendliche beim Umgang mit hypertextueller Information im Netz, kurz: beim *browsing* und *searching* haben, sind gar nicht allzu verschieden von denen Erwachsener (DUBI/RUTSCH 2001).

Das Internet ergänzt alte Informations- und Kommunikationskanäle (z. B. Bibliothekskataloge), schafft aber auch gänzlich neue Möglichkeiten und Bedürfnisse (z. B. *online shopping*). Gerade diesen neuen Angeboten gegenüber sind jüngere Nutzer besonders aufgeschlossen.

Eine der wichtigsten Einflussfaktoren des Internets auf Schule und Unterricht ist wohl, dass das Lernen und Lehren eine zusätzliche Perspektive über den Tellerrand der eigenen Schule hinaus findet. Durch sein Angebot an externem Expertenwissen, durch seine Publikations- und Kommunikationsmöglichkeiten leistet das Internet einen praktischen Beitrag zur **Öffnung von Schule**.

Ein weiterer Öffnungsaspekt macht hier zunehmend auf sich aufmerksam: Das Lernen als Fernlernen (*distance learning*), bei dem der Lernort teilweise bis völlig in die virtuelle Welt hinüberwechselt. Diese Lernform wird für das lebenslange Lernen im Erwachsenenalter an Bedeutung gewinnen. Für Schule muss dieser Lernmodus Ausnahme und Ergänzung bleiben, wenn sie ihren ganzheitlichen Erziehungsauftrag nicht aus den Augen verlieren will.

In vielerlei Hinsicht sind die Vorzüge des Internets janusgesichtig – und das nicht nur aus der didaktischen Perspektive. Globalität und Offenheit werden mit Unübersichtlichkeit bezahlt, die breite Zugänglichkeit von Information mit dem Problem ihrer Filterung und Bewertung. Diese Aspekte definieren neue pädagogische Herausforderungen, von denen eine der grundlegendsten sicherlich die Frage sein wird: Wie versetzt man Schülerinnen und Schüler (und sich selbst als Lehrenden) in die Lage, das Übermaß an zugänglicher Information zu selektieren und in individuell verfügbares, vernetztes und flexibel anwendbares Wissen umzuwandeln? Das dringliche Einfordern einer **integrativen Medienpädagogik** für den Mathematikunterricht, die Medienerziehung, Mediendidaktik und Medienkunde vereint (HISCHER 2002) scheint vor diesem Hintergrund verständlich.

Des Weiteren gilt es zu bedenken, dass Erfahrungen aus dem Internet immer nur medial vermittelte Erfahrungen aus zweiter oder dritter Hand sind. Multimedialität (z. B. durch *streaming video*) und Kommunikativität (z. B. in *chatrooms*) versuchen zwar ihr Bestes, dem Medium einen lebendigen und interaktiven Atem einzuhauchen. Eine Auseinandersetzung in persona mit der wirklichen Welt kann aber durch kein digitales Klassen- oder Spielzimmer ersetzt werden. Beispiele für virtuelle Klassenzimmer, wie man sie insbesondere in den USA findet[1], stimmen hinsichtlich der Substitution primärer Welterfahrung durch digitale Surrogate bedenklich. Das Internet verschafft den Mahnungen eines VON HENTIG (2002) noch einmal ein besonderes Gewicht: „soviel Zeit wie für die Zeitung, das Internet, [...] soviel Zeit auch für Gespräch und Begegnung, für Anschauung und körperliche Arbeit" und: „prüfen, wo der unmittelbare Umgang mit den Menschen [...] möglich und befriedigender ist als der vermittelte" (ebd. S.95).

Auf diese neu auferlegte Verantwortung verweist auch BECK (1987) in seiner Diagnose unserer Gesellschaft als **Risikogesellschaft**. In gewisser Hinsicht trägt der Umgang des Individuums mit dem Internet alle Züge des Lebens in dieser modernen Risikogesellschaft: Traditionelle (Wissens)Milieus (Bücher, Schule, Konversation), die die Möglichkeit sozialer Integration und personaler Indentifikation geboten haben, verschwinden zunehmend hinter schwer durchschaubaren institutionellen (Informations)Mustern (Internet, Fernsehen), und ein jeder muss seine eigene (Lern)Biografie selbst konstruieren.

Für Lehrerinnen und Lehrer in ihrer pädagogischen Verantwortung ist es daher doppelt wichtig, kritisch und konstruktiv mit den gesellschaftlichen und technologischen Bedingungen von Lernen umzugehen.

---

1 z. B. www.jayzeebear.com

These 2: Der Computer ermöglicht auch Laien professionelle mediale Gestaltung und Präsentation

Die Verarbeitungs- und Darstellungskapazitäten des Computers haben in den letzten Jahren, wenn man dies einmal kulturpessimistisch formuliert, zu einer „Inflation des Scheins" geführt. Positiv ausgedrückt ist es jedem Laien nun im Prinzip möglich, mit quasi-professioneller Software, Informationen ein ansprechendes Layout zu verleihen. Man ist geneigt, von einer „breiten medialen Partizipation" und „Demokratisierung" zu sprechen – und vergisst darüber nur allzu leicht, dass das Problem, das Medium allen Teilen der Bevölkerung gleichermaßen zugänglich zu machen, bislang ungelöst ist. Hiermit ist auch die schulische Frage verbunden, wie man bei unterschiedlichen technischen Voraussetzungen und Vorerfahrungen der Schülerinnen und Schüler den Gebrauch solcher Medien bei der Bewertung von Schülerarbeiten berücksichtigen soll.

Zu den wesentlichen Gestaltungswerkzeugen, die z. T. weit in den Bereich professionellen Layoutens hineingehen, zählen unter anderem:

- Textverarbeitungssysteme,
- Systeme zur grafisch aufbereiteten Darstellung von Daten,
- Bildbearbeitungssysteme,
- Webdesigner, mit deren Hilfe man mit nur geringen technischen Vorkenntnissen ansprechende Internetseiten erzeugen kann,
- Präsentationssysteme, die es erlauben, multimediale Folienvorträge zu gestalten und zu organisieren.

Zu den für den Mathematikunterricht attraktiven Nutzungsszenarios gehören hier u. a. die folgenden:

- Beim Anfertigen einer **Facharbeit** kann Text-, Bild- und Datenmaterial ästhetisch und inhaltlich ansprechend aufbereitet und dargestellt werden.
- Das ansprechende und sachadäquate **grafische Darstellen von Daten** durch Tabellenkalkulationen und ähnliche Werkzeuge befreit von kalkülhaften und langwierigen Berechnungen und erlaubt einen flexibleren Zugriff auf realistisches Zahlenmaterial – stellt aber auch erhöhte Anforderungen (vgl. Kap. 6.2).
- Schülerinnen und Schüler können als Abschluss zu einem umfangreicheren Arbeitsauftrag eine **Ergebnispräsentation** gestalten, etwa für einen fiktiven Auftraggeber aus der Wirtschaft.
- Die Ergebnisse eines Projektes oder einer Gruppenarbeit werden für die **Veröffentlichung** in der Schule (z. B. als Poster) oder im Internet auf der Schulhomepage aufbereitet. Solche Arbeiten können auch an Teilgruppen delegiert oder im Rahmen einer Hausarbeit durchgeführt werden.

Zu den Risiken, die es hierbei zu bedenken gilt, zählen besonders die folgenden drei:

■■ **Die Verlockung des schönen Scheins:** Schüler tendieren nicht selten dazu, die äußere Form einer Arbeit überzubewerten, übermäßig Energie in die Aufbereitung und Darstellung zu stecken und darüber die Arbeit an Inhalten zu vernachlässigen. Hier gilt es die Anforderungen an das Produkt früh transparent machen und einen längeren Arbeitsprozess wie etwa eine Facharbeit mit Zwischengesprächen begleiten.

■■ **Die Verführung durch das technisch Einfache:** Die intuitiv steuerbare Automation von Arbeitsprozessen mit elektronischen Gestaltungswerkzeugen kann bei mangeldem Know-How dazu führen, dass man nahe liegende Lösungen, die der Computer anbietet, eventuell angemesseneren Darstellungsformen vorzieht. So entstehen beispielsweise Schülerarbeiten, wie die abgebildete. Aus der Messung eines beschleunigenden Autos soll die funktionale Abhängigkeit von Strecke und Zeit modelliert werden. Eine Tabellenkalkulation liefert mit nur wenigen Knopfdrücken einen schönen, aber leider inadäquaten Graphen. Ein nettes Clipart ist schnell eingefügt, wertet das Ergebnis aber leider auch nicht auf. Die Qualität der äußeren Erscheinung steht in keinem Verhältnis zur inhaltlichen Angemessenheit.

	A	B	C	D	E	F	G
1	**Zeit in s**	1,4	2,2	2,8	3,5	4,4	5,3
2	**Strecke in m**	2	5	8	12	20	30

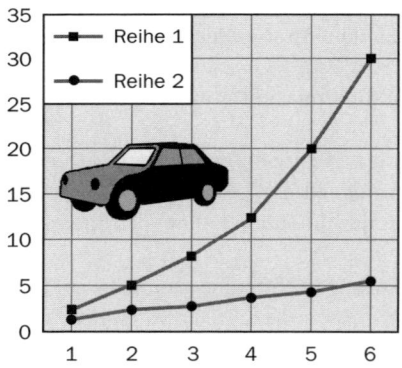

■■ **Die lähmende Wirkung des Perfekten:** Vom Computer erstellte Materialien haben die Aura des Abgerundeten und Abgeschlossenen. Sie sind denkbar ungeeignet als Medium des Vorläufigen und des Nachdenkens. Ruf und Gallin (1998) unterscheiden hier die „Welt des Regulären" und die „Welt des Singulären". Das Reguläre, die fertige Mathematik, bedient sich einer externen Sprache, einer *Sprache des Verstandenen*. Das Singuläre, die mathematischen Wege und Irrwege der einzelnen Schüler hingegen bedürfen einer internen Sprache, einer *Sprache des Verstehens*. Hier müssen auch vorläufige Ideen formuliert werden können, ohne formal oder ästhetisch sanktioniert zu werden. Zu den Medien des internen Sprachgebrauchs zählen beispielsweise auch Notizzettel, Handskizzen oder Stichpunktlisten. Durch eine frühzeitige Fixierung auf den Computer geraten solche traditionelle Medien von unbestrittenem heuristischen Wert aus dem Blick. Ein geeignetes Arbeitsmedium, das u. a. zur Ergänzung computerorientierter Lernphasen hinzugezogen werden kann, ist das Lern- oder Reisetagebuch (vgl. Kap. 3.2).

Alle drei Punkte verweisen auf die Bedeutsamkeit einer in den Unterricht aller Fächer organisch integrierten Medienerziehung.

These 3: Der Computer ersetzt und ergänzt herkömmliche audiovisuelle und textbasierte Medien

Der Computer als universelle Maschine zur Speicherung, Übertragung und Verarbeitung großer digitaler Datenmengen übernimmt viele Funktionen, die bislang technisch an andere Spezialgeräte gebunden waren. Ob er dies zu Recht und wirkungsvoll tut, muss man im Einzelfall prüfen.

Der Computer als digitales Multimediagerät macht Videorekorder, Schneidegeräte, Fotolabors und viele andere kostspielige Spezialeinrichtungen überflüssig und zugleich ihre Funktionen dem Laien zugänglich. Über eine entsprechende Peripherie (Beamer, Fernseher) können Lehrerinnen und Lehrer selbst erstelltes und aufbereitetes oder zentral übers Internet angebotenes **audiovisuelles Demonstrationsmaterial** nutzen. So muss nicht für jeden authentischen Modellierungsvorgang im Unterricht ein „Außentermin" durchgeführt werden. Die Gefahr besteht allerdings, dass dabei Gelegenheiten zu einer echten und nicht nur virtuellen Öffnung der Schule nach außen verpasst werden. Die Besichtigung eines Großrechenzentrums und Gespräche mit den Mitarbeitern sind etwas gänzlich anderes als die Betrachtung eines Videos oder einer Website (vgl. Kap. 5.2).

Viele Arten von **Demonstrationsmodellen** können in Form von computerbasierten Simulationen interaktiv bedient werden und ersetzen und erweitern angestaubte mathematische Sammlungen. Eine interaktiv veränderbare, dynamische Darstellung des Sonnensystems im Internet (z. B. der Halleysche Komet bei der NASA unter neo.jpl.nasa.gov/orbits) kann beispielsweise das Thema „Winkel zwischen Ebenen" einleiten. Das eigenhändige Manipulieren und Erstellen mathematischer Objekte ist aber weiterhin für mathematische Primärerfahrungen unabdingbar (wie etwa Exponate des Mathematikmuseums Gießen – www.mathematikum.de).

Die herkömmliche Overheadfolie lässt sich durch professionelle **Präsentationssoftware** ersetzen und multimedial beträchtlich erweitern. Die Gefahr besteht allerdings, dass die geschickte Handhabung der Software viel Mühe und Einarbeitung benötigt und somit Ressourcen von der eigentlichen mathematischen Arbeit der Lernenden abzieht. Kurzvorträge und Stundenzusammenfassungen (insbesondere solche mit Formeln) lassen sich immer noch effizienter und didaktisch angemessener mit Folien durchführen. Solche Folien haben insbesondere den Vorläufigkeitscharakter, der ihnen als Hilfsmittel zur Kommunikation zukommt.

Datenbestände für den Mathematikunterricht, wie statistische Datenbanken (etwa die des Statistischen Bundesamtes www.destatis.de) oder Formelsammlungen und Fachlexika (www.mathe-online.at/mathint/lexikon) im Internet und auf elektronischen Datenträgern sind schnell zugänglich und flexibel zu handhaben. Eine Recherche in den verschiedensten Online-Katalogen kann den Gang zur Bibliothek und das Stöbern in Buchseiten zwar nicht gänzlich ersetzen, sicher aber effektiver machen.

Das elektronische Medium kann die klassische Form des linearen Textes zum vielfach vernetzten **Hypertext** erweitern. Dies ermöglicht eine Individualisierung von Lese- und Lernwegen, verlangt aber zugleich eine gewisse Navigationsfähigkeit beim Nutzer. Die Konstruktion geeigneter Hypertexte ist zudem eine didaktisch hoch anspruchsvolle Tätigkeit.

These 4: Der Computer kann interaktiver Lernpartner sein

Die Möglichkeit der Interaktivität, d. h. des direkten Feed-backs und der Bahnung und Verfolgung individueller Lernwege lässt den Computer als ideales Medium für individualisierbare **Lernumgebungen** erscheinen. Traditionelle Übungssoftware für den Nachmittagsbereich (*drill & practice*) und simple Konzepte des programmierten Lernens können diesen Anspruch jedoch nicht erfüllen. Neue Lehr- und Lernparadigmen fordern wesentlich weiter entwickelte Instrumente: Werkzeuge zur selbstständigen Gestaltung eines individuellen Lernplans, Diagnoseinstrumente mit Fehleranalysekapazität, Materialsammlungen mit unterschiedlichem Didaktifizierungs- und Offenheitsgrad, die zum geleiteten Explorieren anregen und die differenzierendes Lernen ermöglichen. Bei der Konstruktion einer solchen „elektronischen Lernumgebung" darf nicht der Fehler begangen werden, den gesamten Lernprozess auf das digitale Medium zu übersetzen. Das Verhältnis zwischen individuellen und kooperativen Lernphasen mit und ohne das Medium Computer muss sorgsam erwogen werden.

Die Entwicklung steht hier noch am Anfang und erste Ansätze und Modelle werden erprobt (z. B. www.mathe-selma.de). Die Chancen, die das computerunterstützte Lernen für eine Stärkung des Selbstständigkeitsaspekts und für eine stärkere Differenzierung im Unterricht bieten, sind hier nicht zu verkennen.

Die vorangegangenen Aspekte des „neuen Mediums" Computer ließen sich noch ohne wesentliche Abstriche auf andere Schulfächer übertragen. Die oben geäußerte These der besonderen Bedeutung des Computers für den Mathematikunterricht sollen die nun folgenden Argumente belegen und konkretisieren.

These 5: Der Computer entlastet vom Kalkül und schafft neue Freiräume

Der Begriff **Kalkül** leitet sich bekanntlich vom lateinischen *calculus*, dem Kieselstein her. Die *calculi* dienten Kaufleuten als Rechensteine, die auf einem Tischchen (lat. *tabella*) verschoben wurden und so das „blinde Rechnen" erlaubten. Insofern bedeutet ein Kalkül damals wie heute eine Entlastung des

Bewusstseins durch Routinen und Werkzeuge. In moderner Terminologie würde man von einer „Benutzeroberfläche" sprechen, die es dem Anwender erlaubt, Manipulationen unreflektiert aber korrekt und effektiv durchzuführen.

Die Verfügbarkeit des neuen Werkzeugs Taschenrechner hat zu ihrer Zeit die Frage nach der Bedeutung des Kalküls „schriftliches Rechnen" und der Kopfrechenfähigkeiten aufgeworfen. In ganz derselben Weise übernimmt der ungleich leistungsstärkere Computer Aufgaben, die Schülerinnen und Schüler bislang „zu Fuß" erledigen mussten, und wirft somit dieselben Fragen in verschärfter Weise auf. Nicht wenige Tätigkeiten, die bislang im Mathematikunterricht zentral waren, müssen so neu bewertet werden.

Der wohl gewaltigste Schritt wurde hier von den Computeralgebrasystemen (CAS) getan. Die Fähigkeit zur symbolischen und nicht nur numerischen Manipulation von Daten erlaubt es, so gut wie alle schulrelevante Algebra dem Computer zu übertragen: das Lösen von Gleichungssystemen, die Berechnung von Lagebeziehungen in der analytischen Geometrie, die Diskussion differenzierbarer Funktionen, die beurteilende Statistik – die Liste ließe sich mühelos fortsetzen. Während in fast allen anderen Schulfächern der Computer eher didaktisch komplementäre Funktionen erfüllt, ist ein Mathematiklehrender mit der Frage einer grundsätzlichen curricularen Neuorientierung konfrontiert:

> Welche der traditionellen Inhalte und Verfahren sollen überhaupt noch Gegenstand des Mathematikunterrichts sein? Und: Wenn sie behandelt werden, zu welchem Zweck soll dies geschehen?

Die folgenden Abschnitte sollen die wichtigsten Argumentationslinien für eine Neuorientierung von Mathematikunterricht nachzeichnen. Sie geben zugleich eine Orientierung für eine reflektierte Integration neuer Medien in den Unterricht. Die ersten drei Aspekte, die sicherlich nicht überschneidungsfrei sind, lassen sich dabei – cum grano salis – mit den drei Grunderfahrungen von Mathematik, wie sie WINTER (s. S. 55) anführt, verknüpfen.

Mathematik als	Der Computer als Werkzeug zum
(G1) deduktiv geordnete Welt	(These 6) epistemischen Arbeiten
(G3) heuristisches Betätigungsfeld	(These 7) heuristischen Arbeiten
(G2) Anwendungswissenschaft	(These 8) Modellieren

Anhand der folgenden Beispiele wird deutlich werden, dass der Computereinsatz nicht nur als ein lästiges Additum angesehen werden darf, sondern einen Platz im Herzen des Bildungsauftrags des Mathematikunterrichts verdient hat.

These 6: Der Computer ist ein dynamisches Werkzeug für das Gewinnen mathematischer Erkenntnisse (epistemisches Werkzeug)

Kalküle sind, wie schon geschildert, nicht Selbstzweck, sondern mathematische Strategien, einmal Bekanntes und Bewährtes so einzupacken, dass es, sobald es wieder benötigt wird, nicht wieder erfunden werden muss, sondern effizient genutzt werden kann. Wenn man beispielsweise einmal eine Strategie erarbeitet hat, um lineare Gleichungssysteme zu lösen, Extremstellen ganzrationaler Funktionen zu bestimmen oder einen Kreis aus drei Punkten zu konstruieren, kann man diese Aufgabe späterhin routinemäßig lösen oder an einen Computer delegieren. Umso besser, wenn dieser die „mechanische" Aufgabe auch noch schneller und fehlerloser ausführt.

Mit solchen Hilfen kann man sich wieder der eigentlichen Aufgabe von Mathematik zuwenden, nämlich Strukturen und Muster zu entdecken, zu erforschen und deren allgemeine Eigenschaften nachzuweisen. Und dies ist auch die Art und Weise, in der Mathematiker beispielsweise ein Computeralgebrasystem gebrauchen oder in der Schüler ein Dynamisches Geometriesystem (DGS) nutzen sollten.

Aber das „Werkzeug Computer" geht noch einen Schritt weiter. Durch seine hohe Verarbeitungsgeschwindigkeit liefert er **instantane Rückmeldung** über das Ergebnis einer Berechnung. Man kann so möglicherweise fehlerhaften Vorannahmen (z. B. einen falschen Matrixeintrag oder einen unberücksichtigt gebliebenen Parameter einer Modellfunktion) verändern und unmittelbar die Konsequenzen dieser Variation in Augenschein nehmen.

Zu den bedeutsamen Folgen für den Mathematikunterricht gehört hier zum Ersten eine Stärkung des **funktionalen Denkens,** da der Zusammenhang von Ursache und Wirkung von den Schülerinnen und Schülern nicht nur in Gedanken vollzogen, sondern auch „augenscheinlich" erlebt werden kann. Zum Zweiten besitzt der Mathematikunterricht mit dem Computer erstmals ein **universelles Experimentierwerkzeug.** Das sorgfältig geplante (numerische, geometrische oder algebraische) Experiment als Bestandteil des Mathematiklernens und Mathematikbetreibens stellt eine neue und bedeutsame Komponente im Baukasten mathematischer Methoden zur Erzeugung von Erkenntnis dar. Diese epistemische Funktion ist nicht scharf zu trennen von dem folgenden wichtigen Aspekt.

These 7: Der Computer ist ein Werkzeug für das Lösen mathematikhaltiger Probleme (heuristisches Werkzeug)

Der Mensch benutzt immer schon Werkzeuge, um die ihm von der Natur zuerkannten Fähigkeiten zu erweitern oder auszulagern. Werkzeuge können eine funktionelle Erweiterung des Körpers darstellen (Hammer, Auto) oder der Sinne (Fernglas), sie können die Reichweite des Menschen erhöhen (Radio) oder eben, wie der Computer dies tut, das menschliche Denken erweitern. Wer einen Computer nutzt, delegiert Denkprozesse, insbesondere solche, die routinemäßige Tätigkeiten verlangen. In diesem Sinne kann der Computer als epistemisches und heuristisches Werkzeug genutzt werden, also als eine Erweiterung der menschlichen Fähigkeit, Wissen zu erzeugen und Probleme zu lösen.

Durch die unmittelbare und dynamische Reaktion auf eine Parametervariation durch den Nutzer entsteht ein Zyklus wechselseitiger Beeinflussung von Gerät und Bediener. Hier schlägt die reine Quantität, das Mehr an Rechengeschwindigkeit, in eine neue Qualität um und es entsteht ein **heuristischer Kreislauf** zwischen dem Mensch und seinem Auftragnehmer Maschine.

Eine Stärke des Computers liegt hierbei auch darin, dass er die Integration und den schnellen Wechsel von unterschiedlichen mathematischen Darstellungsformen (numerisch, grafisch, symbolisch) ermöglicht. Gerade die grafische (visuelle) Präsentationsform ist wie keine andere geeignet, den Menschen dazu anzuregen, Zusammenhänge zu entdecken und auszukundschaften. Das klassische Beispiel ist wohl der Zugmodus und Spurmodus bei dynamischen Geometriesystemen. Das Beobachten von Veränderungen einer Figur bei manueller Verschiebung von Konstruktionspunkten regt Vermutungen über Gesetzmäßigkeiten (Invarianzen, Verhältnisse, Symmetrien) an, die man in statischen Figuren nie entdeckt hätte. Lässt man bei Variation der Ursprungspunkte einer Figur die Spur abhängiger Punkte nachzeichnen, so entdeckt man weitere reichhaltige Zusammenhänge. Beispiele für ein solches Wechselspiel zwischen Begriffsbildung und Interaktion mit dem Werkzeug gibt das Kapitel 6.2.

These 8: Der Computer ist ein universelles Modellierungswerkzeug

Neben der bisher beschriebenen eher analytisch-beweisenden Tätigkeit, gibt es weitere Modi mathematischen Arbeitens, bei denen ein Computer den Menschen unterstützen kann, die er ihm aber nur schwerlich abnehmen kann: den **konstruktiv-kreativen** und den **interpretativen Prozess**. Der Computer hilft beim Manipulieren mathematischer Modelle der Wirklichkeit. Aufstellen und auf ihren angemessenen Bezug zur Realität prüfen muss man diese Modelle selbst. Hier aber kann der Computer wieder ein Werkzeug sein, das einen dabei unterstützt, realistische Daten zu verarbeiten und komplexe Systeme darzustellen.

Diese Entlastung vom Kalkül schafft neue Freiheit, und dies bedeutet nicht nur eine Freiheit *von* etwas, sondern auch eine Freiheit *zu* etwas, nämlich die Freiheit zu einer Realitätsorientierung und zu einer Behandlung authentischerer Probleme, an denen die Papier-und-Bleistift-Mathematik scheitern würde.

Computeralgebrasysteme (CAS) erlauben hier die Manipulation und Untersuchung von komplexeren Funktionen, und so geraten authentische Modelle von realen Gebilden wie etwa Autobahnkreuzen und Kirchenglocken in den Horizont des Mathematikunterrichts. Statistikprogramme erlauben die explorative Untersuchung echter lebensweltlicher Daten. Dynamische Modellierungssoftware macht eine numerische Simulation einer Vielzahl von Prozessen aus Natur und Technik möglich (siehe z. B. www.modsim.de).

Die Universalität des Computers führt hier auf natürliche Weise zu einer **interdisziplinären** Perspektive. Verschiedene Fächer (Mathematik, Naturwissenschaften, Sozialwissenschaften) können auf dasselbe Werkzeug zurückgreifen, und Modelle (z. B. Wachstumsmodelle, stochastische Zufallsprozesse) explizit auf ihre fächerübergreifende Bedeutung untersucht werden.

Nach den vorangehenden Ausführungen über die Chancen des Mathematiklernens mit dem Computer soll dieses Kapitel nicht ohne eine kritische Betrachtung der Risiken und pädagogischen Herausforderungen, die ein solcher Medieneinsatz mit sich bringt, schließen.

These 9: Der Computereinsatz erfordert eine neue Balance zwischen altem und neuem Strategiewissen

Der Computer kann die Lernenden von der Mühe entheben, immer wiederkehrende Routinearbeiten sorgfältig durchzuführen und deren Korrektheit zu prüfen. Dadurch werden **Kontroll-** und **Validierungsstrategien** aber nicht überflüssig, im Gegenteil wachsen die Anforderungen an Schülerinnen und Schüler mit der Komplexität der Möglichkeiten.

Ein Computeralgebrasystem kann beispielsweise bisher der Schule nicht zugängliche Gleichungen lösen, setzt dafür aber hohe Ansprüche in die Ergebnisinterpretation: Was bedeutet etwa *1, −1 +2I, −1 −2I, RootOf* ($Z^4 + 2Z^3 + 2Z^2 + 2$) als Lösung einer Polynomgleichung oder *{z = z, x = z, y = 0}* als Lösung des Gleichungssystems $x = y + z$, $y = x − z$, $z = y + x$?

Der äußere Glanz der Rechenmacht eines Computers ist trügerisch: Mühelos spuckt er als Ergebnis einer längeren Rechnung einen Zahlenwert aus. Nun gilt es herauszufinden, ob dieser überhaupt richtig sein kann. Ohne Zugriff auf Zwischenschritte einer Rechnung und ohne Kontrolle ihrer Zwischenergebnisse ist es aber umso schwieriger, die Plausibilität eines komplizierten Ausdrucks zu prüfen. Natürlich kann man auch an ein CAS für den pädagogischen Einsatz die Forderung stellen, dass es solche Zwischenschritte auswirft oder vom Lerner sogar einfordert (HERGET u. a. 2002, S. 173 ff.).

Die neuen Kontroll- und Validierungsstrategien, die Schüler hier entwickeln müssen, haben interpretativen Charakter und können ihnen durch das System nur bedingt abgenommen werden. Wie erkennt man beispielsweise, dass das Ergebnis der Rechnung $sin\left(\frac{\pi}{4}\right) = \frac{\sqrt{2}}{2}$ identisch ist mit $\frac{1}{\sqrt{2}}$? Die Beherrschung von Umformungsoperationen (*expand, simplify, ...*) hilft hier oft nicht weiter. Um die einfache Proberechnung *simplify* ($\frac{\sqrt{2}}{2} - \frac{1}{\sqrt{2}}$) auf dem Computer auszuführen, muss man die Gleichheit der Ausdrücke ja bereits erahnen. Die algebraische Kompetenz, Wurzelausdrücke in Termen zu erkennen und zu reduzieren, wird somit nicht überflüssig, sondern eher bedeutsamer. Es gibt also eine Reihe von Strategien, die der Computer seinem Nutzer nicht abnimmt, sondern ihm sogar ins Pflichtenheft schreibt: **Überschlagen**, **Bewerten** und **Prüfen** sind Tätigkeiten, die man mit und ohne Computernutzung benötigt. Diese gehören zur einer funktionalen, d. h. im Alltag nutzbringenden mathematischen Grundbildung.

These 10: Ein kritischer Blick hinter die Kulissen muss die Auslieferung an die Technik verhindern

Die Mathematik gilt als die „Wissenschaft hinter den neuen Technologien". Besser wäre hier zu sagen: den „neuen Techniken", denn „Technologie" bedeutet ja „Lehre von der Technik" und umfasst damit einen Großteil Mathematik.

Dem Laien tritt diese Mathematik jedoch nur selten offen entgegen und soll es auch meist nicht. Ein verständiger Umgang und eine kritische Nutzung von Technik ist auch möglich ohne tiefere Einsicht in ihre wissenschaftlichen und ingenieurtechnischen Überlegungen. Wichtig ist jedoch ein Grundverständnis zugrunde liegender mathematischer Prinzipien. Dem mündigen Wahlbürger darf es durchaus nicht gleichgültig sein, wie seine Erst- und Zweitstimme in eine Sitzverteilung des Bundestags eingeht. Hingegen ist die Kenntnis der RGB-Pixelstruktur sei es Fernsehers für den Zuschauer zunächst irrelevant. Für eine Schülerin, die den Computer nutzt, um mathematische Modelle anhand von Funktionsgraphen zu untersuchen, ist es aber entscheidend, dass sie die Diskretheit (Pixelisierung) eines am Bildschirm dargestellten Funktionsgraphen kennt und bei der Ergebnisinterpretation berücksichtigt (siehe Abb.). Demnach

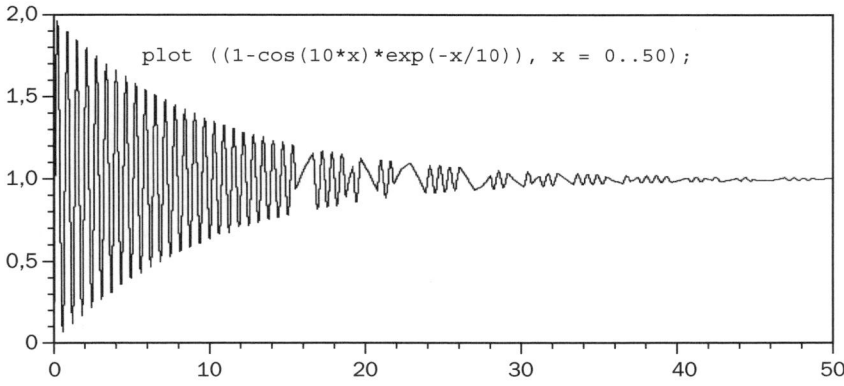

darf ein Mathematikunterricht, der den Computer nutzt, auch vor einem Blick hinter die Kulissen der mathematischen Maschinerie nicht zurückschrecken.

Solche Einblicke sind nicht nur hinsichtlich der Nutzungskompetenz wichtig, sie vermitteln auch an realen Beispielen grundlegende mathematische Erkenntnisse. Das Werkzeug Computer kann so zu einem attraktiven Objekt mathematischer Untersuchungen werden. Als Beispiele seien hier die folgenden Fragestellungen genannt:

■ Wie entsteht ein Graph auf dem Bildschirm? (→ Diskretisierung)

■ Mit welchen Verfahren berechnet eine Modellbildungssoftware den Zeitverlauf der eingegebenen Größen? (→ Differenzengleichungen)

■ Wie entstehen zweidimensionale Abbildungen dreidimensionaler Objekte? (LEUDERS 2003) (→ Projektionsverfahren)

These 11: Die Evidenz des Computers darf kritische Reflexion nicht verdrängen

Die oben bereits beschriebene Verlockung des schönen Scheins kann auf der Ebene mathematischer Argumentation fatale Auswirkung haben, nicht nur dort, wo man geneigt ist, *falsche* Ergebnisse zu akzeptieren, sondern schon dann, wenn die überwältigende **Evidenz des Richtigen** jede weitere kritische Fragehaltung paralysiert.

Ein schon klassisches Beispiel aus dem Feld der dynamischen Geometrie soll dies verdeutlichen: Während mit Tafel und Kreide oder in Schülerheften geometrische Vermutungen meist aus wenigen Einzelfällen generiert werden, kann der Computer eine scheinbare Totalität von Fällen abdecken. Die Notwendigkeit eines formalen Beweises ist dann für Schülerinnen und Schüler nur noch schwer einzusehen: Welche Zweifel sollte es am Satz von THALES geben, wenn der Thaleswinkel bei Variation des Scheitelpunktes auf dem Kreis *offensichtlich* konstant 90° beträgt. In dieser Problematik liegt wohl eine der größten Herausforderung an die

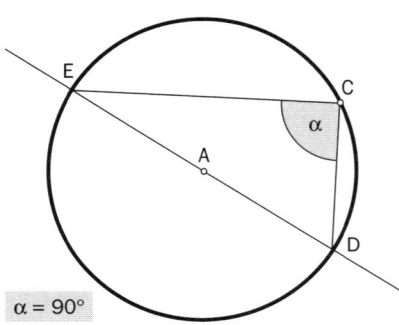

didaktische Gestaltung von Mathematikunterricht mit dem Computer. Einerseits werden Wege eröffnet zu heuristischen Arbeitsweisen gebahnt, die ein hohes Maß an argumentativer Auseinandersetzung mit Problemen fordern. Andererseits kann die Evidenz von Computerdarstellungen gerade das Bedürfnis untergraben, eine solche Argumentation überhaupt zu führen. Hier ist wohl ein Umdenken von Nöten: Was eine schlüssige Begründung ist, wann ein

Argument akzeptiert werden kann, hängt vom Kontext, von der Gruppe, ja offensichtlich sogar vom Werkzeug ab. Dieses Problem ist nicht allein auf die Computernutzung beschränkt.

These 12: Die Computernutzung erfordert das sorgfältige Abwägen zwischen Aufwand und Nutzen

Computerbasierte Werkzeuge werden immer intuitiver und zugänglicher. Dennoch bedarf die Einarbeitung in ein neues System immer zusätzlicher Ressourcen, die in der Schlussbilanz nicht zu Lasten der mathematischen Inhalte gehen dürfen. Einige allgemeine Prinzipien für die Integration neuer Technologien in den Unterricht können daher lauten:

- **Technische und inhaltliche Lernprozesse verknüpfen:** Die notwendigen technischen Kenntnisse erarbeiten sich Schülerinnen und Schüler sukzessive mit den Inhalten. Einführungskurse nach dem Prinzip „erst Grundlagenschulung, dann Anwendung" erweisen sich meist als Rückschläge: Die beim Trockenschwimmen erlernten Fertigkeiten taugen nichts, wenn man erst einmal ins Wasser geworfen wird.

- **Synergien aufsuchen:** Das Einüben komplexer technischer Fertigkeiten vermeiden, wenn abzusehen ist, dass diese später nicht wieder verwendet werden können. (Das gilt übrigens auch für traditionelle technische Fertigkeiten, wie z. B. die Partialbruchzerlegung). Eine frühe Einführung in die Nutzung von Tabellenkalkulationen (etwa in Klasse 9) kann immer wieder fruchtbaren Boden für das Weiterlernen bieten. Neben dieser vertikalen Vernetzung von technischen Fertigkeiten können auch horizontale, fächerübergreifende genutzt werden.

- **Selbstlernprozesse nutzen:** Nicht alle Handhabungsfragen müssen in Kursform und vom Lehrer dargeboten werden. Mit geeigneten Hilfesystemen sind Schülerinnen in der Lage, auftretende Probleme kurzfristig und selbstständig zu lösen. Da im Umgang mit dem Computer auch bei Schülern große Diskrepanzen existieren, kann ein gut organisiertes Tutorensystem in der Klasse unterstützende Wirkung entfalten.

- **Technologie beschränken:** Bei der Auswahl von Software ist eine schulweite Einigung auf wenige, wesentliche Systeme ratsam. In der Regel wird ein einziges Dynamisches Geometriesystem (DGS), ein Computeralgebrasystem (CAS) und ein Tabellenkalkulationssystem (TKS) benötigt. Aktuelle Entwicklungen deuten sogar eine Integration dieser Systeme an. Des Weiteren wird von der Anschaffung von Systemen, die allerneueste Computerausrüstung voraussetzen, abgeraten. Sie setzen der Nutzung im Computerraum und auf den heimischen Schülerrechnern meist unerwünschte technische Grenzen. Software, die systemübergreifend funktioniert (z. B. browser- und javabasiert), erweist sich hier für den Schulalltag attraktiver.

6.2 Unterrichtsgestaltung mit Computerunterstützung

Hans-Jürgen Elschenbroich

„Der Computer zwingt uns zum Nachdenken über Dinge, über die wir auch ohne Computer längst hätten nachdenken müssen."   *(Hans Schupp)*

„Computer, leistungsfähige Graphik-Taschenrechner und Computeralgebra-Taschenrechner sind gebräuchliche mathematische Werkzeuge geworden und sollten auch zu Werkzeugen des Mathematikunterrichts werden", postulierte ein Richtlinientext aus dem Jahre 1999 (MSWWF 1999). Dieses Ziel ist noch lange nicht erreicht, wenngleich mittlerweile einige Bundesländer den Graphik-Taschenrechner (GTR) verbindlich eingeführt haben.

Der numerische Taschenrechner (TR) hatte Multiplizieren, Dividieren, Wurzelziehen, Potenzieren, Logarithmieren zu unmittelbar verfügbaren Operationen gemacht, danach GTR und Funktionenplotter das Zeichnen von Funktionsgraphen. Tabellenkalkulations-Software (TKS) liefert heutzutage nach Variation von Eingabewerten neu berechnete Tabellen und aktualisierte Diagramme. Dynamische Geometrie-Software (DGS) ermöglicht es, im Zugmodus dynamisch Konstruktionen zu variieren und Ortslinien zu erzeugen sowie komplexere Konstruktionen in einem Schritt als Makro auszuführen. Computeralgebra-Software (CAS) führt Termumformungen durch, löst Gleichungen symbolisch, differenziert oder integriert Funktionen und rechnet mit Matrizen.

TKS entlastet so von aufwändigen Berechnungen, DGS von umfangreichen Konstruktionen, CAS von schwierigen Termumformungen. Dies hat zu dem verbreiteten Missverständnis von ‚Mathematik auf Knopfdruck' geführt. Mathematik-Software liefert dies jedoch nicht, genauso wenig wie eine Textverarbeitung ‚Literatur auf Knopfdruck' liefert. Es ist sowohl Wissen als auch Überblick notwendig, ein solches Werkzeug adäquat einzusetzen. Aber es wird methodisch und inhaltlich Auswirkungen auf den Mathematikunterricht geben. Die bislang klassische Kurvendiskussion wird z. B. mit den neuen Werkzeugen in der bisherigen Form nicht mehr sinnvoll sein (was sie so auch vorher nicht war, aber jetzt wird es offenkundig), der klassische Frontalunterricht und das fragend-entwickelnde Unterrichtsgespräch weicht bei sinnvollem Einsatz der neuen Werkzeuge mehr schülerorientierten Arbeitsformen (was auch schon früher sinnvoll gewesen wäre).

Der TR konnte beim Rechnen entlasten, er konnte aber auch Schwächen verstärken oder gar erzeugen. Wir müssen davon ausgehen, dass dies bei GTR, TKS, DGS und CAS nicht anders ist. Zum Nachdenken über ihren unterrichtlichen Einsatz gehören deshalb nicht nur schöne Beispiele, was man damit anders oder überhaupt erst machen kann, sondern auch ein Nachdenken über einen didaktischen *Mehr*wert im Rahmen eines mathematischen Allgemeinbildungskonzepts und ein waches Auge für mögliche Fehlentwicklungen.

Der Computereinsatz im Mathematikunterricht steht derzeit im Spannungsfeld zwischen Entlastung und zusätzlicher Belastung und birgt die Gefahr sowohl von Unter- als auch Überforderung. Eine Unterforderung tritt ein, wenn mit neuen, mächtigen Werkzeugen nach wie vor die alten Aufgaben bearbeitet werden. Eine Überforderung kann durch zu starke Betonung kreativer und modellbildender Aspekte oder durch ausgeprägte Programmieranteile entstehen. Wird der Unterricht zu einem bloßen Software-Bedienungskurs, werden die mathematischen Ziele aus den Augen verloren. Vorbereitete elektronische Arbeitsblätter bieten da einen Ausweg (s. a. Kap. 6.4). Diese haben auch den Vorteil, dass nicht mehr jeder Lehrer die jeweilige Software bis ins Detail erlernen muss, um sie im Unterricht einzusetzen. Der Einsatz der Software im Unterricht wird dadurch von technischen Details entlastet und das Mathematikbetreiben steht mehr im Mittelpunkt.

Wenn im Folgenden auf verschiedene Programme eingegangen wird, so geschieht das mit Blick auf die *didaktischen* Möglichkeiten, für Details und die konkrete Handhabung muss das jeweilige Handbuch oder geeignete Literatur herangezogen werden. Auch sollen hier nicht so sehr die kleinen Unterschiede in Leistung oder Konzeption bei den jeweiligen Programmen angesprochen werden, sondern möglichst der gemeinsame Kern.

Computeralgebra-Software (CAS)

Die in Deutschland führende CAS (oft auch Computeralgebra-System genannt) ist seit DOS-Zeiten *Derive*. Weitere Programme sind *Maple*, *Mathematica*, *MuPAD*, *Mathcad* und *Livemath*.

CAS ermöglichen symbolische Operationen und Rechnungen und erweitern damit den TR auf das Rechnen mit Variablen. Sie ‚können' weite Teile dessen, was lange Jahre Inhalt der Oberstufenmathematik war und wurden in den 90er Jahren deshalb auch als ‚Trivialisierer' bezeichnet. Schlagartig hatte CAS weite Teile dessen, was traditionell als ‚Kurvendiskussion' in der Sekundarstufe II und im Abitur betrieben wurde, ad absurdum geführt. Dies führte verständlicherweise zu Irritationen, CAS wurde anfangs durchaus als Bedrohung empfunden. Das ist nachvollziehbar, denn in der Tat wurden lieb gewordene Teile des Mathematikunterrichts bedroht; etwa 80 % dessen, was in Grundkursen betrieben wurde, konnte im Handumdrehen mit CAS erledigt werden. Das führte zur Debatte um den Bildungswert eines solchen Unterrichts und der legendären Frage von W. HERGET ‚Wie viel Termumformung braucht der Mensch?'. In Untersuchungen der 70er und 80er Jahre wurde gezeigt, dass

Routineaufgaben und so genannte Entschlüsselungsaufgaben im Abitur etwa gleich stark vertreten waren, Denkaufgaben aber praktisch gar nicht (ELSCHEN-BROICH 2000b). Die Entwicklung der Software machte es unumgänglich, über die grundlegende Konzeption des Mathematikunterrichts nachzudenken.

Eine erste didaktische Klärung brachte das Blackbox/Whitebox-Prinzip. Die Whitebox-Phase ist die „des verstehenden Lernens": Der Schüler soll z. B. einen Begriff oder einen Algorithmus verstehen und ‚zu Fuß' anwenden. Die Blackbox-Phase ist dann die „des erkennenden und begründenden Anwendens" (HEUGL 1996), die sich nach ursprünglicher Sichtweise daran anschließt, indem Schüler dann die mächtigen CAS-Befehle nutzen. Mittlerweile wird das auch anders gehandhabt, indem Schüler zuerst mit der Blackbox umgehen und dabei experimentierend Licht ins Dunkel bringen, was denn beispielsweise der Befehl *taylor* bewirkt und was sich dahinter verbirgt.

Diese Prinzipien finden Anwendungen in Modulen oder Bausteinen (LEHMANN 2000). Solche Bausteine können als Whitebox von den Schülern selbst erstellt und auch als Blackbox übernommen und untersucht werden. Sie eignen sich besonders zur Visualisierung und zum entdeckenden Lernen und sind ein einfaches Beispiel für Funktionen mit mehreren Parametern.

Es ist ein charakteristisches Verfahren in der Mathematik, einmal erarbeitete Verfahren später wieder zu verwenden. Leider lässt sich das nicht bruchlos auf die Schule übertragen, wie jeder Lehrer weiß, dessen Schüler bei der Einführung in die Differentialrechnung an Fehlern im Bruchrechnen oder im Abitur an quadratischen Gleichungen gescheitert sind. CAS kann hier unterstützen, dafür wurde der Begriff ‚Gerüstdidaktik' geprägt. Bildhaft gesprochen kann man an der Errichtung eines neuen Stockwerks arbeiten, während das darunter liegende Stockwerk noch nicht komplett fertig gestellt ist (KUTZLER 1995). Dies bedeutet nicht, dass Schwächen in der Bruchrechnung einfach zu akzeptieren wären, aber es verhindert, dass durch solche Schwächen das Lernen eines neuen Themas wie Differentialrechnung behindert oder gar verhindert wird.

Der unterrichtliche Einsatz von CAS stieß schnell auf das Problem der Verfügbarkeit. Oft war der Computerraum besetzt, man konnte auch nicht ‚mal eben' dort hin, in Hausaufgaben und bei Klausuren war der Einsatz dieses Werkzeugs aus verschiedenen Gründen häufig nicht möglich. Abhilfe schufen hier die CAS-TR, von denen der *TI 92* als Pionier mittlerweile von diversen anderen Modellen gefolgt ist. Sie bieten als kleines und robustes ‚Handheld'-Gerät vor allem die jederzeitige Einsetzbarkeit, ohne deswegen immer genutzt werden zu müssen. Die Entscheidung über den Einsatz ist ein Stück praktizierte Medienkompetenz und geht von der Hand des Lehrers in die Hand der Schüler (Beispiele hierfür in Kap. 6.3).

Obwohl CAS das am meisten und längsten im Mathematikunterricht genutzte Werkzeug ist, gibt es nach wie vor konzeptionelle Probleme. *Derive* ist von seiner Herkunft aus DOS-Zeiten ein zeilenorientiertes Programm, das den Anforderungen an Dynamik und Interaktivität nicht mehr genügt, *Maple* oder *Mathematica* sind sehr mächtige, nicht für die Schule entwickelte Programme und in vielen Bereichen nicht intuitiv zu bedienen. Aktuell gibt es eine Diskussion um Anforderungen an ein PeCAS, an ein Pedagogical CAS (KUTZLER/KOKOL-VOLJC 2002), das sowohl ein dynamischeres Arbeiten als auch ein schrittweises Durchführen komplexerer Befehle ermöglichen sollte.

Zur Computeralgebra finden sich mittlerweile viele Materialien im Internet[1] Neben solchen Einzelmaterialien und ergänzenden Broschüren ist auch das erste Schulbuch erschienen, das durchgängig CAS einsetzt (BAUMANN 1998), zu einem anderen Schulbuch ist ein Begleitheft mit einigen elektronischen Arbeitsblättern erschienen (GÖNER/GUNDLACH 2001).

Beispiel 1 CAS entlastet von Umformungen und Berechnungen, aber nicht von der Mathematik. Im Gegenteil, dadurch tritt der mathematische Kern noch deutlicher hervor. Dies wird am Beispiel einer mündlichen Abituraufgabe deutlich (ELSCHENBROICH 2001a), die ohne CAS zu einer längeren Rechnung geführt hätte und

teilweise auch gar nicht behandelbar gewesen wäre. CAS ermöglicht erst, sich mit dem Ansatz ausführlicher zu beschäftigen sowie das Ergebnis kritisch zu interpretieren und ggf. den Ansatz zu modifizieren.

Um die Ortschaft D, die an einer geraden Straße liegt, soll eine Umgehung gebaut werden, die bei A und B tangential einmündet und durch C verläuft. Dafür soll eine geeignete ganzrationale Funktion gefunden werden, es soll die ‚Ruckfreiheit‘ der Einmündung untersucht und die Fläche zwischen den beiden Straßen berechnet werden.

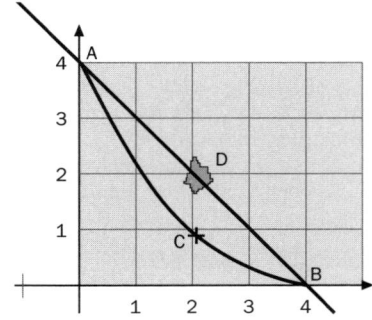

Die Arbeit der Schüler konzentriert sich bei der Bestimmung der Funktion auf die Überlegungen zum Ansatz und die Eingabe entsprechender CAS-Befehlszeilen. Die Lösung des Gleichungssystems, also die Berechnung der Parameter der Funktion, wird vom CAS vorgenommen. Es können keine Rechenfehler Zeit und Nerven kosten oder gar die Bearbeitung der weiteren Aufgabenteile verhindern.

Die anschließende Untersuchung der ‚Ruckfreiheit‘ ist eine sinnvolle Fragestellung, die ohne CAS nicht bearbeitbar gewesen wäre. Mit CAS kann der Graph der Krümmungsfunktion geplottet und mit Blick auf die Fragestellung interpretiert werden.

---

1 z. B. www.learn-line.nrw.de/angebote/cas, www.ikg.rt.bw.schule.de/mathcom.htm, oder www.dbg.rt.bw.schule.de/lehrer/ritters/mathe/maple5/mapind.htm.

```
#1:   f(x) := a·x + b·x + c·x + d·x + e
              4     3     2
#2:   f(0) = 4
#3:   f'(0) = -1
#4:   f(4) = 0
#5:   f'(4) = -1
#6:   f(2) = 1
#7:   SOLVE([f(0) = 4, f'(0) = -1, f(4) = 0, f'(4) = -1, f(2) = 1], [a, b, c, d, e])
```

$$\left[a = -\frac{1}{16} \land b = \frac{1}{2} \land c = -1 \land d = -1 \land e = 4 \right]$$

```
#9:   f(x) := 4 - x - x + ---- + - ----
                      2    x³       x⁴
                                2       16
```

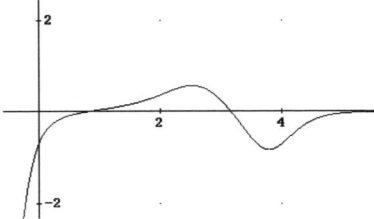

Da an den Stellen x = 0 und x = 4 die Krümmung offensichtlich nicht gleich null ist wie bei der vorhandenen Geraden, gibt dies nun Anlass, darüber nachzudenken, wie der erste Ansatz denn modifiziert werden müsste. Das führt auf eine ganzrationale Funktion 6. Grades mit den zusätzlichen Bedingungen f"(0) = 0 und f"(4) = 0. Eine ohne CAS stark kalkülorientierte Aufgabe wird so davon entlastet und bekommt mehr Anteile beim Modellieren und bei der Formulierung des mathematischen Ansatzes.

Beispiel 2 CAS ermöglicht ein experimentelles, entdeckendes Arbeiten mit Bausteinen, ein aus der Informatik entlehntes Prinzip. Mit der schlichten Defintion *binobau(x,y,n) := (x+y)^n* ist ein solcher Baustein gegeben, den die Schüler schon in der Sekundarstufe I vielfältig einsetzen können (LEHMANN 1999).

■ Mit *binobau(x,y,2)* erhält man die 1. binomische Formel, die man dann mit dem 3-D-Plot (durchaus auch schon in der Sekundarstufe I) durch eine Fläche im Raum veranschaulichen kann.

■ Mit der Fortführung *binobau(x,y,3)* usw. erhält man das Pascal'sche Dreieck.

■ Mit *binobau(1,1,x)* erhält man die Exponentialfunktion 2^x.

■ Mit *SOLVE(binobau(x,3,2) = 25,x)* erhält man die Lösungen der Gleichung *(x + 3)^2 = 25.*

■ Mit *binobau(SIN(x),0,2) + binobau(0,COS(x),2)* erhält man – für Schüler durchaus überraschend – konstant den Wert 1.

Dieser kleine Baustein erweist sich als ausgesprochen vielfältig einsetzbar und erhält eine verblüffende Erweiterung dadurch, dass sich auch Funktionen als Parameter nutzen lassen.

Beispiel 3 Mit CAS lassen sich anspruchsvolle Aufgaben aus der analytischen Geometrie bearbeiten, die über das bloße Einsetzen in Formeln und Ausrechnen hinausgehen.

Anhand der Fragestellung „Wie verläuft der Schatten einer Pyramide[2] auf einer Stufe?" können Standard-Schnittprobleme der analytischen Geometrie in einem anschaulichen und sinnhaltigen Kontext mit rechnerischer Unterstützung durch CAS gelöst werden (WELLER 2001).

In *Derive 5* können Punkte im dreidimensionalen Raum als Vektoren mit drei Komponenten umgesetzt werden. Sind die Koordinaten der Eckpunkte der Pyramide und der Treppe sowie die Richtung der Sonnenstrahlen bekannt, können diese im 3-D-Grafik-Fenster direkt als Streckenzüge dargestellt werden. Zur Berechnung des Schattenverlaufs auf der Treppe müssen dann geeignete Ebenengleichungen aufgestellt und Schnitte mit den durch die Stufenkanten festgelegten Geraden berechnet werden. Diese Punkte werden dann wieder durch einen Streckenzug verbunden. Des Weiteren treten in nahe liegender Weise Winkelberechnungen auf, z. B. unter welchem Winkel schneidet der Sonnenstrahl die Treppenebene?

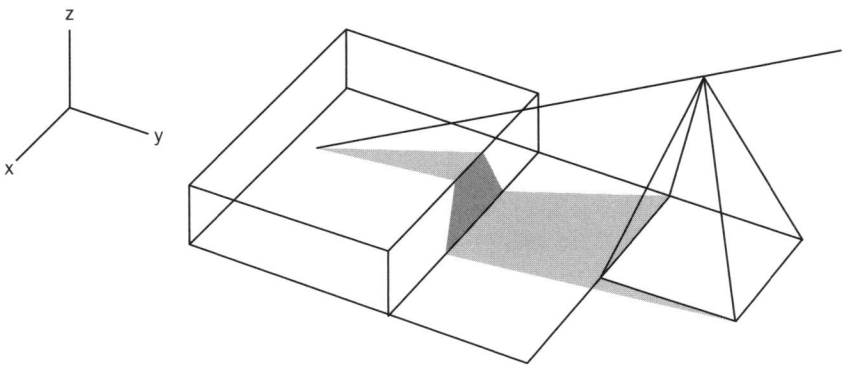

---

2 Für das zur Verfügung gestellte Bild bedanke ich mich bei Frau Sybille Stachnitz-Carp, Gießen.

Beispiel 4 Matrizen sind universelle Werkzeuge der linearen Algebra, die beispielsweise auch bei Markoff-Ketten auftreten. CAS stellt Operationen zum Rechnen mit Matrizen zur Verfügung und entlastet dadurch von langwierigen und fehleranfälligen Rechnungen.

In einem vereinfachten Modell werden 12 000 Besucher einer Veranstaltung betrachtet, die zunächst ein Freigelände betreten und zwischen Freigelände und Halle umhergehen. Nach jeder Stunde sind noch 50 % der Hallenbesucher in der Halle und 75 % der Freigeländebesucher noch im Freigelände. Um zu untersuchen, wie sich die Verteilung der Besucher entwickelt, wird eine stochastische Übergangsmatrix A aufgestellt[3]:

$$\begin{bmatrix} 0.5 & 0.5 \\ 0.25 & 0.75 \end{bmatrix}.$$

Berechnet man nun sukzessive die Potenzen von A, so erhält man für A^5

$$\begin{bmatrix} 0.333984375 & 0.666015625 \\ 0.3330078125 & 0.6669921875 \end{bmatrix}, \text{ für } A^{10}$$

$$\begin{bmatrix} 0.3333339691 & 0.6666660308 \\ 0.3333330154 & 0.6666669845 \end{bmatrix} \text{ und für } A^{15}$$

$$\begin{bmatrix} 0.3333333333 & 0.6666666666 \\ 0.3333333333 & 0.6666666666 \end{bmatrix}.$$

Daraus ergibt sich die Vermutung, dass

A^n den Grenzwert $\begin{bmatrix} \dfrac{1}{3} & \dfrac{2}{3} \\ \dfrac{1}{3} & \dfrac{2}{3} \end{bmatrix}$ hat

und damit die Grenzverteilung **[0, 12000]**.

Durch Multiplikation mit A ist schnell erkannt, dass diese Grenzverteilung auch Fixverteilung ist. Zeichnet man die jeweiligen Zustandsvektoren noch als Punkte in ein Koordinatensystem, so kann man den Grenzprozess visualisieren und erkennt, dass diese alle auf einer Geraden liegen und sich schnell in immer kleineren ,Sprüngen' der Grenzverteilung annähern.

---

3 Wie bei Markoff-Ketten und bei *Derive* üblich, werden Vektoren in Zeilenform geschrieben und mit Matrizen von links multipliziert.

Tabellenkalkulations-Software (TKS)

Die am weitesten verbreitete TKS ist *Excel* als Teil von MS (Microsoft) Office, daneben wird die Tabellenkalkulation von MS *Works* und die des für Schulen kostenlosen *Star*-Office genutzt. Anfangs wurde TKS hauptsächlich als überdimensionierter Taschenrechnerersatz beim so genannten Sachrechnen eingesetzt; dies führte dazu, dass sie in ihrer Bedeutung für den Mathematikunterricht lange unterschätzt wurde. Charakteristisch für TKS ist aber, dass umfangreiche Berechnungen in Tabellen auf Grundlage geeigneter Formeln durchgeführt werden. Dabei müssen diese Formeln nicht jedes Mal eingegeben werden, sondern können nach einmaliger Eingabe durch Kopierbefehle in die anderen Zellen übertragen werden. Es gibt bei einer Tabellenkalkulation zwei Ebenen: auf der sichtbaren Oberfläche die numerischen Ergebnisse und dahinter liegend die entsprechenden Formeln. Die Werte in den Tabellenzellen können durch diverse Diagramme visualisiert werden, sodass sowohl Säulen-, Kreis- und Liniendiagramme für statistische Zwecke als auch Punktdiagramme für Funktionsgraphen genutzt werden können. Werden Eingangsparameter geändert, so ändern sich auf einen Schlag alle Werte in der Tabelle und im zugehörigen Diagramm. Diese unmittelbare Visualisierung ist didaktisch besonders fruchtbar. TKS erweist sich als ein dynamisches Rechen- und Visualisierungswerkzeug, insbesondere wenn die Variation der Parameter mit Schiebereglern realisiert wird.

Ob vorwiegend vorbereitete elektronische Arbeitsblätter eingesetzt werden sollen oder ob die Schüler diese mit entsprechenden Kenntnissen in der Programmierung von TKS selber erstellen sollen, wird derzeit unterschiedlich gesehen. TKS ist im Vergleich zu CAS einfach zu bedienen und ermöglicht zudem eine deklarative Form der Programmierung. In jedem Fall sollte die Erarbeitung eines Tabellenkalkulations-Blatts nicht Endziel sein, sondern es sollte damit dann dynamisch weitergearbeitet und Mathematik betrieben werden, indem die Möglichkeiten der dynamischen Visualisierung für entdeckendes Lernen genutzt werden.

In der Tabellenkalkulation werden die Darstellungsweisen symbolisch (Formel), numerisch (berechneter Zellenwert) und grafisch (Diagramm) realisiert und miteinander verbunden. Offen ist bislang, inwieweit ein Verständnis von Variablen (unabhängige/abhängige Variable, Formvariable) und Funktionen für die Erstellung einer Tabellenkalkulation eine Voraussetzung ist oder dies gerade dadurch in akzeptabler Zeit erworben werden kann. Werden Tabellenkalkulationen von den Schülern selbst erstellt, sollte die Gelegenheit genutzt werden, dabei die verschiedenen Aspekte von Variablen und funktionalem Zusammenhang zu klären.

Beispiel 1 Die Summenformel für die geometrische Reihe wird meist beim Thema vollständige Induktion behandelt und bewiesen. Die vollständige Induktion trägt aber weder zum Verständnis noch zum Finden der Formel bei. Die Dynamik der Tabellenkalkulation ermöglicht hier früher ein entdeckendes Lernen. Hier können die Schüler durch explorierendes Arbeiten (was etwas anderes als blindes Experimentieren ist!) auf Mittelstufen-Niveau diese Formel entdecken (ELSCHENBROICH 2001a).

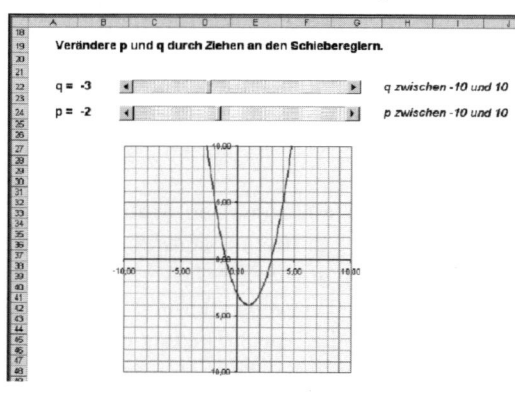

Benutzt man dafür ein vorbereitetes[4] elektronisches Arbeitsblatt, so finden die Schüler innerhalb einer Unterrichtsstunde durch systematisches Variieren der Eingabeparameter heraus, dass beim Verkürzungsfaktor m/n die Turmhöhe sich um den Faktor

$$\frac{n}{n-m}$$ ändert. Umgeformt zu

$$\frac{1}{1-\frac{m}{n}}$$ erhält man die klas-

sische Formel der geometrischen Reihe (natürlich nur für echte Brüche und auch nur im Rahmen der numerischen Rechengenauigkeit). Mit der vollständigen Induktion kann der Sachverhalt dann später formal bewiesen werden, das Thema würde im Sinne des Spiralprinzips wieder vertiefend aufgegriffen.

Beispiel 2 Quadratische Funktionen und quadratische Gleichungen gehören zum Standardstoff der Klasse 9. Häufig werden aber nur einzelne Funktionen untersucht und die zugehörige Parabel oft per Hand gezeichnet. Es wird oft nicht deutlich genug der Zusammenhang zwischen Funktion, Nullstellen und Lage des Scheitelpunktes der Parabel herausgearbeitet.

Mit geeigneten Arbeitsblättern kann man dynamisch die Eigenschaften quadratischer Funktionen entdecken (ELSCHENBROICH 2001a). Anstatt per Hand die Werte für die Parameter p und q

---

4 Wenn man die Schüler vorher selbst ein entsprechendes Arbeitsblatt erstellen lässt, weil der Umgang mit TKS auch Lernziel ist, muss man dafür je nach Vorkenntnissen bis zu zwei weitere Stunden vorsehen.

einzeln zu ändern, kann man dies auch durch Schieberegler realisieren. Da die Veränderung dabei in kleinen Schritten erfolgt, entsteht der Eindruck einer kontinuierlichen Veränderung.

Die Schüler können in dieser dynamischen Visualisierung entdecken, dass sich bei Veränderung von q die Parabel in gleichem Maße parallel zur y-Achse bewegt, dass bei Veränderung von p sich der Scheitelpunkt auf einer gekrümmten, vermutlich parabelförmigen Bahn bewegt und dass der Scheitelpunkt immer die x-Koordinate $x_s = -\frac{p}{2}$ hat. Sie können die vielfältigen Beziehungen zwischen Lage des Scheitelpunktes und Lage und Zahl der Nullstellen erkunden. Durch sinnvolles Experimentieren mit Sonderfällen (p = 0) kann man noch erkennen, dass die Nullstellen nicht in gleichem Maße auseinander wandern, wie der Scheitelpunkt nach unten, sondern dass die Wurzel dabei eine Rolle spielt und dass man für die Nullstellen dann die Formel erhält $x_{1,2} = x_s \pm \sqrt{-y_s}$. Daraus lässt sich sofort durch Einsetzen von $-\frac{p}{2}$ die bekannte Darstellung der p-q-Formel herleiten, ohne dass man die für Schüler schwierigen Termumformungen des klassischen Weges hat. So wird insbesondere ein Verständnis der Zusammenhänge und eine Einsicht in die Struktur der Formel entwickelt, was die Behaltenswahrscheinlichkeit merklich erhöht und auch dann seinen Bildungswert behält, wenn die Berechnung solcher Nullstellen an CAS-TR übertragen werden kann.

Beispiel 3 TKS eignet sich ideal für den Einsatz in der beschreibenden Statistik. In einem einfachen Beispiel mit 5 Monatseinkommen können die Schüler untersuchen, welche typischen Eigenschaften arithmetischer Mittelwert und Median haben und wie diese mit Streuungsmaßen zusammenhängen.

Sie entdecken durch sinnvolles Verändern der Einkommenswerte zunächst, dass der Median gegen Ausreißer unempfindlicher ist. Die Kombination verschiedener Diagrammarten erweist sich dabei als hilfreich.

	A	B	C	D
1				
2		Einkommen	Mittelwert	Median
3	x1	3000	3320	2000
4	x2	9000		
5	x3	1000		
6	x4	2000		
7	x5	1600		

Abweichungsmaße sind erfahrungsgemäß für Schüler noch schwieriger zu verstehen als Lagemaße. Insbesondere sehen Schülerinnen und Schüler im wahrsten Sinne des Wortes nicht ein, warum die für sie nahe liegende Summe der absoluten Abweichung nicht bevorzugt wird. Anhand des zweiten Diagramms können die Schüler erkennen, dass die Summe der absoluten Abweichungen stets beim Median ihr Minimum hat, also dazu am besten ‚passt', und die Summe der quadratischen Abweichungen beim Mittelwert ihr Minimum hat. Dieser Sachverhalt kann hier natürlich erst nur explorierend erkannt werden, ein Beweis kann später als Extremwertaufgabe im Rahmen der Differentialrechnung geführt werden.

Als Erweiterung von *Excel* gibt es als Ergänzung das Excel-Add-In *WinSTAT*[5], als Alternative zur TKS gibt es reine Statistikprogramme wie das kostenlose

---

5 www.winstat.de

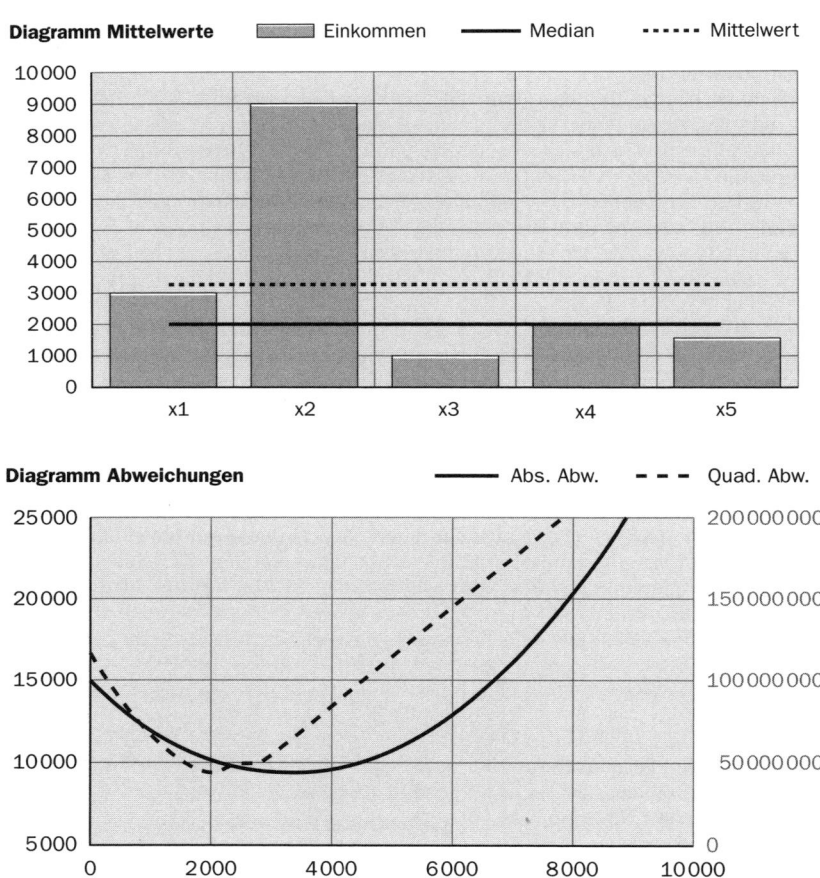

Grafstat[6], das für einfache Auswertungen von Umfragen ideal ist, oder das mächtige, derzeit nur englischsprachige dynamische *Fathom*[7].

Beispiel 4   Mit einer Tabellenkalkulation können auch Simulationen und Modellierungen berechnet werden. Zunächst wird ein in der Regel vereinfachtes Modell entwickelt, durchgerechnet und in Diagrammen visualisiert. Dann kann untersucht werden, welche Auswirkungen Veränderungen an wesentlichen Eingangsparametern haben. Das wohl früheste Beispiel für die bekannten Räuber-Beute-Modelle sind die Schneehasen und Luchse, von denen 100 Jahre lang von der Hudson-Bay-Company die Zahl der erbeuteten Felle aufgezeichnet wurde. Dabei wurden starke peri-

---

6 www.grafstat.de/
7 www.keypress.com/fathom/demo.html oder auch www.springer.de

odische Schwankungen festgestellt. LOTKA und VOLTERRA entwickelten dazu ein mathematisches Modell, das die Dynamik solcher Räuber-Beute-Beziehung beschreibt. In einem vereinfachten Modell mit Hasen und Füchsen, das in diesem Beispiel betrachtet wird, vergrößert sich der Fuchsbestand einerseits mit dem Futter (hier nur abhängig von der Zahl der Hasen) und er verringert sich in Abhängigkeit vom Energieverlust bei der Jagd, der von der Hasenhäufigkeit bestimmt ist (HUPFELD 1997).

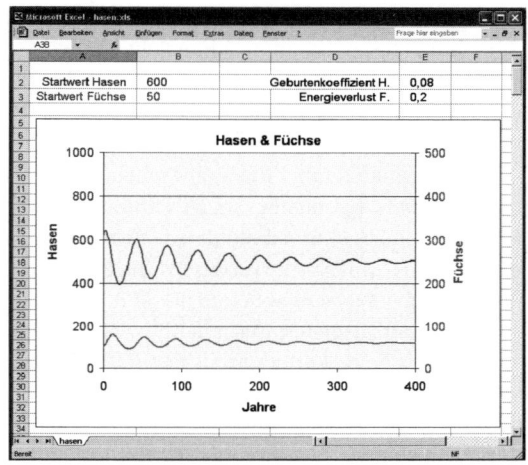

Dies wird durch einen Parameter beschrieben, der zunächst auf 0,2 gesetzt ist. Die Zunahme des Hasenbestandes ist durch den Geburtenkoeffizienten bestimmt, der Bestand der Hasen verringert sich in diesem Modell nur durch die Füchse. Mit geeigneten weiteren Gewichtungsfaktoren, die noch in die Rechnung eingehen, erhält man in der Modellrechnung folgendes Diagramm, das die Entwicklung der Anzahl von Hasen und Füchsen wiedergibt.

In diesem Fall scheinen sich die Werte im Laufe der Zeit zu stabilisieren. Nun können die Schüler mit diesem Arbeitsblatt experimentieren und (in dem Modell natürlich) untersuchen, welche Auswirkungen andere Startzahlen haben oder Veränderungen bei den Parametern für Energieverlust und Geburtenkoeffizient. Sie können damit im Modell untersuchen, ob der Stabilisierungseffekt bestehen bleibt oder ob es zyklische Schwankungen gibt oder gar Populationen aussterben.

Für derartige Modellrechnungen gibt es ein eigenes Genre von Programmen mit erweiterten Möglichkeiten, in der Schule ist das in der Regel das Programm *Dynasys* (HUPFELD 1997). Solche Programme zur Modellbildung und Simulation sind bislang eher im Bereich der Naturwissenschaften im Einsatz (http://www.learn-line.nrw.de/angebote/modell/), haben aber wie die Tabellenkalkulation ein großes Potential für die fächerübergreifende Arbeit.

Dynamische Geometrie-Software (DGS)

Die in Deutschland am weitesten verbreitete DGS ist *Euklid-DynaGeo*, weitere Programme sind *Cabri II*, *Cinderella*, *GEONExT*, *Geolog* und *Geometers Sketchpad*. Charakteristisch für DGS gegenüber früheren Geometrieprogrammen ist der so genannte Zugmodus, bei dem Basispunkte mit der Maus am Bildschirm „gezogen" werden können und sich dann alle davon abhängigen Objekte gemäß ihren geometrischen Relationen ändern und gegebenenfalls auch eine Spur hinterlassen können. Ein solches Beweglichmachen der Figuren wurde schon das gesamte vergangene Jahrhundert von Didaktikern gefordert, ist aber im letzten Jahrzehnt des vergangenen Jahrhunderts durch DGS in breitem Maße erst möglich und unterrichtlich einfach nutzbar geworden.

Der Zugmodus führt dazu, zwischen der auf dem Bildschirm als Bild sichtbaren *Zeichnung* und der *Figur* zu unterscheiden. Eine *Figur* ist durch eine Abfolge von Konstruktionsbefehlen definiert, eine *Zeichnung* auf dem Bildschirm entsteht aus konkreten Werten für die Basisobjekte. Der Zugmodus verändert die Werte der Basisobjekte und damit die *Zeichnung*, die *Figur* bleibt dabei dieselbe. Zunächst gleich aussehende Zeichnungen können sich im Zugmodus sehr unterscheiden oder gar als instabil konstruiert herausstellen. Die Figur ist somit eine Klasse von Zeichnungen und umgekehrt eine Zeichnung *ein* Repräsentant der Figur (HÖLZL 1994). Schon zu Vor-DGS-Zeiten war bereits bekannt, dass „ein tieferes Verständnis für die Idealität der geometrischen Figur, die eben noch etwas anderes ist als eine bloß retouchierte visuell wahrnehmbare Zeichnung" ein wichtiges Ziel des Geometrieunterrichts ist (STRUNZ 1968), es bekommt seine volle Bedeutung aber erst beim Einsatz von DGS.

Im Zugmodus kann man abhängige, konstruierte Punkte eine Spur zeichnen lassen. Wird der gezogene Punkt nicht völlig frei, sondern auf einem geometrischen Objekt (Gerade, Kreis, ...) bewegt, so erhält man aus dem abhängigen Punkt eine Ortslinie[8], einen „geometrischen Ort".

DGS ermöglicht es auch, komplexere Konstruktionen zu einem neuen Befehl zusammenzufassen. Die einzelnen Techniken sind zwar unterschiedlich (Makro, Prozedur, Script), geben aber in jedem Fall die Möglichkeit, Konstruktionen effizienter, durchsichtiger und übersichtlicher zu machen. Sie liefern in Form des Denkens in Eingabe- und Ausgabeobjekten einen geometrischen Beitrag zum funktionalen Denken sowie zum algorithmischen Denken. Sie sind eine Form ‚geometrischen Programmierens' (HÖLZL 1994) und auch eine geometrische Form des Blackbox/Whitebox-Prinzips, wobei der Blackbox-Einsatz eher selten sein dürfte.

DGS erfordern (und bewirken!) eine hohe Schüleraktivität und sind gewissermaßen virtuell handlungsorientiert. Dies unterscheidet sie sowohl von früher eingesetzten Unterrichtsfilmen, die Schüler zu passiven Betrachtern machten und alle Gedanken im Gleichschritt marschieren ließen, als auch von heute im Internet zu findenden Applets beeindruckender Perfektion, wo aber

---

8 Diese Ortslinie kann bei manchen Programmen (*Cabri II*, *Cinderella*) im Falle eines Kegelschnitts (Parabel, Hyperbel, Ellipse bzw. Kreis) sogar zu einem DGS-Objekt mit Gleichungen und Schnittmöglichkeiten werden.

die Schüleraktivität auf das Mausklicken reduziert ist, um eine festgelegte Animation[9] ablaufen zu lassen. Mit DGS produzieren Schüler nun vielmehr in ihrer eigenen Geschwindigkeit auf ihren eigenen Wegen (auch zunächst fehlerhaften!) mit ihren eigenen Handlungen ihren eigenen Film. Gelegentlich wird eingewandt, dass man dafür die dynamischen Bilder nicht brauche, sondern sich den Sachverhalt auch anhand eines statischen Bildes im Kopf vorstellen könne und dass das viel wertvoller sei. Das ist sicher richtig für geschulte Mathematiker und begabtere Schüler, trifft aber nicht in der Breite zu. Ein sinnvoller Einsatz von DGS ist eine mediale Brücke, um solche Bilder, die man erst selbst produziert und vor Augen gesehen hat, dann im Geiste ablaufen zu lassen. Ohne eine solche Brücke wird erfahrungsgemäß der Graben zu groß und viele Schüler schaffen diesen Sprung nicht.

DGS hat mit den dynamischen und visuellen Möglichkeiten zu einer Akzentverschiebung im Geometrieunterricht geführt. Es ist nicht mehr eine einzelne, starre Konstruktion das Ziel, sondern die Untersuchung von Invarianzen und funktionalen Abhängigkeiten im Zugmodus. Dies bedeutete nicht nur für die Lehrer eine Abkehr von tradierten Sichtweisen (die schon lange gefordert wurde, so KUSSEROW 1928 mit „Los von Euklid!"), sondern auch für die Schüler eine Umstellung der Sehgewohnheiten. Statt auf Veränderungen zu achten, müssen sie nun auf das schauen, was sich in der Dynamik *nicht* ändert (bzw. sich nach wohl bestimmten funktionalen Abhängigkeiten ändert), und entdecken dabei alle wichtigen Sätze der Schulgeometrie.

Zeitweise wurde befürchtet, dass die Schüler durch die visuelle Überzeugungskraft des im Zugmodus Gesehenen jedes Beweisbedürfnis verlieren (ELSCHENBROICH 1997). Mittlerweile hat sich die Ansicht verbreitet, den Beweis dann nicht mehr als Klärung einer offenen Frage zu sehen, sondern ausgehend von dem Gesehenen zu fragen: *Warum* ist das so, *warum* passt das zusammen. Auch wird gegenüber früher sehr formal durchgeführten Beweisen der Aspekt des präformalen, anschaulichen Beweisens betont. Solche ‚Siehe'-Beweise hat es natürlich auch schon vor DGS-Zeiten gegeben, die Möglichkeiten der Software ermöglichen aber besondere Ausprägungen, sodass dabei vom visuelldynamischen Beweisen gesprochen werden kann (ELSCHENBROICH 2002a).

DGS ermöglicht eine „Regeometrisierung" der erstarrten und an den Rand des Unterrichts gedrängten Geometrie (SCHUPP 1997). Keinesfalls geht es darum, nur noch mit DGS zu arbeiten und auf Falten, Schneiden und Kleben, auf Zirkel und Lineal bzw. Geodreieck zu verzichten (ELSCHENBROICH 2001b), sondern DGS da einzusetzen, wo die Dynamik einen *Mehr*wert bringt.

---

9 http://didaktik.physik.uni-wuerzburg.de/~pkrahmer/java/pythago/pythago.html

Elektronische Arbeitsblätter sind bei Einsatz von DGS am weitesten entwickelt. Sie entlasten von technischen Details der jeweiligen Programme, halten den Programmieraufwand beim Einsatz im Unterricht gering bzw. vermeiden ihn und schaffen eine stabile Basis für mathematisches Erkunden der
Schüler (ELSCHENBROICH 2000b, HEINTZ 2001a, SCHUMANN 1998) und bieten Diffe-
renzierungsmöglichkeiten.

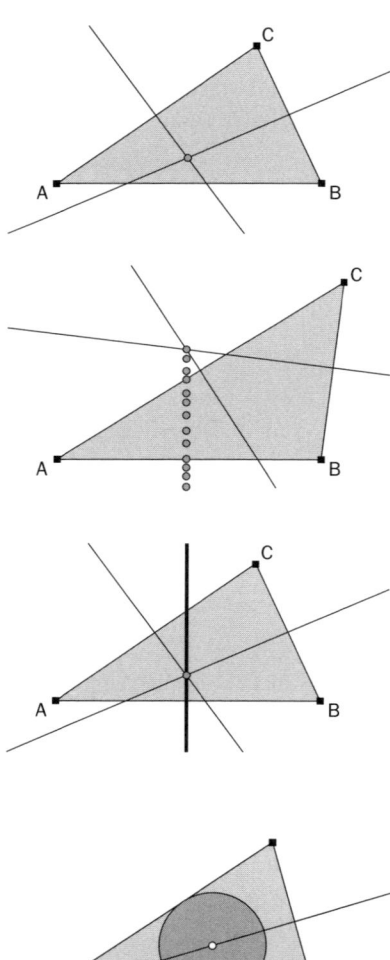

Beispiel 1 Mit DGS kann man nicht
nur dieselben Konstruktionen durchführen wie mit Zirkel, Lineal und Geodreieck. Die dynamischen Möglichkeiten
führen auch zu einer dynamischen Sichtweise. Bei der Behandlung des Umkreises von Dreiecken konstruierte man bislang meist erst den Schnittpunkt der
Mittelsenkrechten, dann den Kreis durch
eine Ecke und erhält als Satz: „Die Mittelsenkrechten der Dreiecksseiten schneiden sich in einem Punkt. Dies ist der
Umkreismittelpunkt des Dreiecks." Das
ist eine statische Sicht der Dinge. Betrachtet man nun mit DGS zu einem Dreieck ABC den Schnittpunkt zweier Mittelsenkrechten m_a und m_b (der immer
existieren muss), so durchläuft dieser bei
Variieren von C eine gerade Linie, die
man als Spur sichtbar machen kann.
Die Schüler finden einerseits schnell heraus, dass diese Linie wohl die dritte Mit-
telsenkrechte sein muss, können dies
durch deren Konstruktion überprüfen
und mit Symmetrieargumenten begründen. Andererseits wird nun eine dynamische Sicht möglich: Der Schnittpunkt
zweier Mittelsenkrechten liegt immer auf
der dritten Mittelsenkrechten! (ELSCHEN-
BROICH/SEEBACH 2002)

Beispiel 2 Die dynamische Verfor-
mung von Figuren liefert überzeugende
visuelle Beweise. Bei der Behandlung
des Inkreises von Dreiecken konstruiert
man meist erst den Schnittpunkt der drei
Winkelhalbierenden und danach den
betreffenden Kreis und erhält eine ähnliche statische Formulierung wie im vori-
gen Beispiel. Mit DGS kann man mit
einem beweglichen Kreis beginnen, der

nur zwei Seiten berührt, und dann dessen Verhalten im Zugmodus beobachten. Es ist dabei offensichtlich, dass aus Symmetriegründen der Kreismittelpunkt auf der Winkelhalbierenden liegen muss.

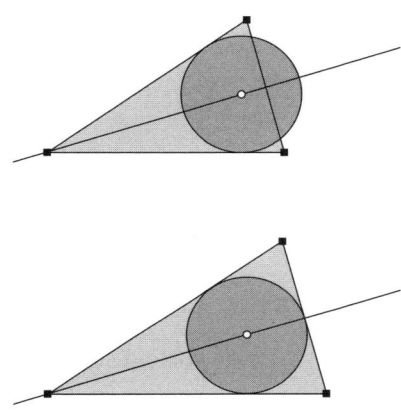

Dabei ergibt sich, wenn der Kreismittelpunkt auf der Winkelhalbierenden gezogen wird, dass der Kreis in manchen Fällen ganz im Inneren des Dreiecks liegt, in manchen Fällen aus dem Dreieck heraustritt und im Übergangsfall alle drei Seiten berührt. Damit ist visuell-dynamisch die *Existenz* eines Inkreises gezeigt. Führt man dies noch für die anderen Winkelhalbierenden analog durch, so entdeckt man auch, dass der Mittelpunkt dieses Inkreises genau im Schnittpunkt der Winkelhalbierenden liegen muss, und kann daraus auch eine Begründung aufbauen, warum das so sein muss. (ELSCHENBROICH/SEEBACH 2002)

Beispiel 3 Der Zugmodus ermöglicht Fragestellungen und Untersuchungen, die sonst wegen des Zeit- und Arbeitsaufwands nicht im Unterricht behandelt werden könnten. Die besonderen Punkte im Dreieck gehören zwar zum Standardstoff, werden aber üblicherweise nur isoliert betrachtet. Am Ende der Unterrichtsreihe über die besonderen Punkte im Dreieck kann man jetzt mit DGS untersuchen, ob es Zusammenhänge gibt.

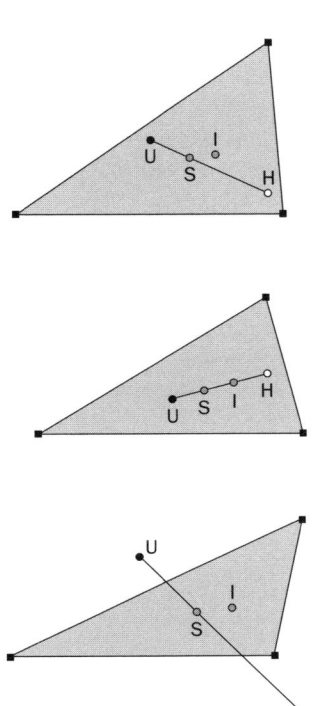

Konstruiert man zu einem Dreieck Inkreismittelpunkt I, Umkreismittelpunkt U, Schwerpunkt S und Höhenschnittpunkt H, so stellt man beim Verändern der Dreiecksgestalt im Zugmodus fest, dass die Punkte U, S und H auf einer Linie zu liegen scheinen. Verbindet man U und H zu einer Strecke, so liegt manchmal beim Variieren des Dreiecks auch noch I auf $\overline{UH}$, was genau dann der Fall ist, wenn das Dreieck gleichschenklig ist. Dies können Schüler frei explorierend entdecken, näher untersuchen und auch begründen. Nahe liegend ist dann die Frage, ob auch alle vier Punkte zusammenfallen können und mit welcher

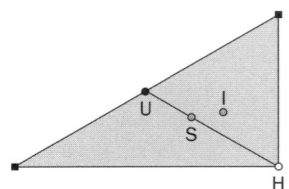

Gestalt des Dreiecks das dann zusammenhängen muss.

Weiter kann man feststellen, dass U und H entweder beide im Innern des Dreiecks liegen oder beide außerhalb und dass im Übergangsfall H mit einer Ecke zusammenfällt und U auf der gegenüberliegenden Seite liegt.

Im Sinne des lokalen Ordnens kann ebenfalls herausgefunden werden, dass $\overline{UH}$ in diesem Sonderfall zur Seitenhalbierenden/Schwerlinie wird. Damit taucht die Frage auf, ob die bekannte Eigenschaft, dass S als Schwerpunkt die Seitenhalbierende im Verhältnis 2:1 teilt, auch allgemeiner gilt. Dies kann mit dynamischen Messungen und Berechnungen empirisch bestätigt werden und im Sinne des Spiralprinzips in der Klasse 9 beim Thema zentrische Streckungen/Ähnlichkeit bewiesen werden. (ELSCHENBROICH/SEEBACH 2002)

Beispiel 4 Ein schönes Beispiel für das Zusammenwirken von DGS und händischem Arbeiten und für den Übergang vom explorierenden Entdecken und experimentellen Verifizieren zum Begründen ist der Satz des Pythagoras mit dem Puzzle-Beweis[10] von PERIGAL (ELSCHENBROICH 2001b).

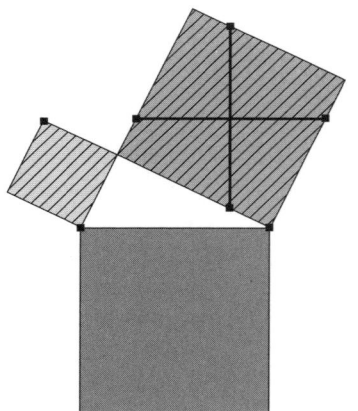
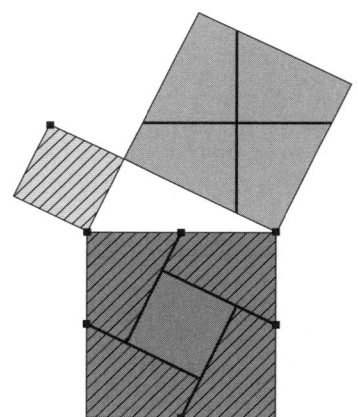

Hier entdecken die Schüler zunächst, dass die Katheten-Quadrate zusammengesetzt das Hypotenusen-Quadrat ergeben, was man am besten auf Papier an einem gegebenen Dreieck mit Schere und Klebestift durchführt. Im Zugmodus erkennen sie anschließend, dass dies bei allen rechtwinkligen Dreiecken so zu sein scheint, und finden auch noch entartete Randfälle. Geeignete Hilfslinien als Impuls helfen zur Beantwortung der Frage, *warum* die Stücke denn genau aneinander passen (ELSCHENBROICH/SEEBACH 2002).

---

10 Eine solche Konstruktion ist sehr aufwändig und sicher nicht mehr im Unterricht durch die Schüler realisierbar. Hier ist eine vorbereitete Konstruktion erforderlich!

Beispiel 5 DGS bietet mit den Ortslinien Möglichkeiten, von der Geometrie
die Brücke zur Algebra zu schlagen.
Heutzutage kennen Schüler Parabeln
meist nur als Graphen quadratischer
Funktionen und nicht mehr als geometrische Objekte, als die sie entstanden
sind. Hat man die Abstandsgleichheit
von (Brenn-)Punkt und (Leit-)Gerade
untersucht und die Parabel als Ortslinie
erhalten, kann man damit folgende Vermutung angehen:
Liegt bei einem Dreieck ABC die Ecke C
beweglich auf einer Parallelen zu $\overline{AB}$, so
ist die Ortslinie des Höhenschnittpunkts
H eine Parabel, wenn C auf der Parallelen zu $\overline{AB}$ bewegt wird. Bei verän-
dertem Abstand der Parallelen erhält man
eine veränderte Parabel.
Um diese Vermutung zu verifizieren,
kann man dann sukzessive den vermut-

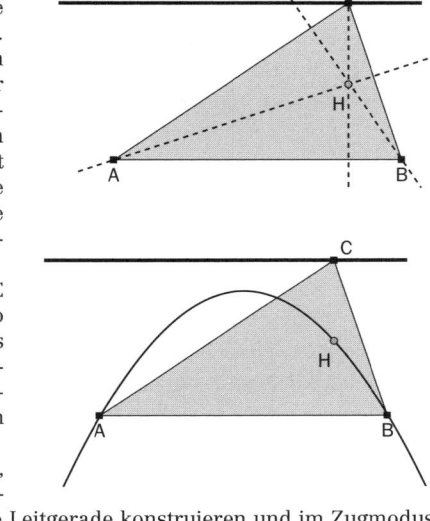

lichen Brennpunkt und die vermutliche Leitgerade konstruieren und im Zugmodus
die Abstandsgleichheit verifizieren.
Nimmt man nun ein Koordinatensystem hinzu, kann man durch systematisches Experimentieren sogar die Struktur der Parabel-Gleichung entdecken. Zuerst betrachtet
man den Sonderfall, dass A und B bei –1 bzw. +1 auf der x-Achse liegen, benennt
den Abstand der Parallelen zu $\overline{AB}$ mit c und lässt dynamisch die jeweilige Gleichung[11] der Parabel anzeigen. Im Zugmodus entdeckt man dann, dass diese Gleichung stets vom Typ $x^2 + cy - 1 = 0$ ist.
Erweitert man den Sonderfall so, dass A und B bei –b bzw. +b auf der x-Achse liegen, so findet man heraus, dass die Gleichung dann vom Typ $x^2 + cy - b^2 = 0$ ist, was
sich leicht auf die Form $y = -\frac{1}{c}x^2 + -\frac{b^2}{c}$ bringen lässt (ELSCHENBROICH 2002b).

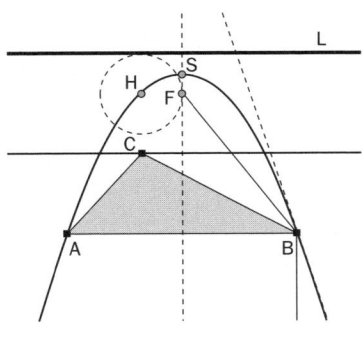

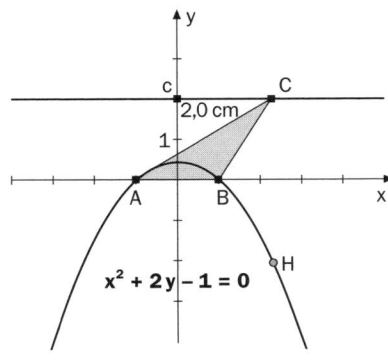

---

11 Dies ist nicht mit jedem DGS möglich! Hier wurde *Cabri II* eingesetzt, das Kegelschnitte beherrscht.

Raumgeometrie-Software

Schon vor einem Jahrhundert wurde in den Meraner Reformvorschlägen „die Stärkung des räumlichen Anschauungsvermögens" neben dem funktionalen Denken als vordringliche Aufgabe des Mathematikunterrichts gesehen und gefordert. Nach Ansicht vieler Didaktiker und Entwicklungspsychologen sollte die Erkundung des Raumes der Behandlung der euklidischen, planimetrischen Geometrie vorausgehen und nicht zugunsten einer vermeintlichen Systematik bis zum Ende der Sekundarstufe I aufgeschoben werden. In der Unterrichtspraxis wird dem Aspekt Raumanschauung und Formenkunde aber bislang viel zu wenig Beachtung geschenkt. Stattdessen wird in der Sekundarstufe I die Raumgeometrie vorwiegend als Inhaltslehre betrieben, es werden Formeln für Inhalt und Oberfläche entwickelt und damit hauptsächlich wieder gerechnet.

Ein didaktisches Problem besteht darin, dass die Schüler erst eine gewisse Raum*vorstellung* entwickelt haben müssen, um mit einem Raumgeometrie-*Programm* (weiter)arbeiten zu können. Denn entgegen ihrem Namen liefert die Software ja keine räumlichen, dreidimensionalen Objekte, sondern zweidimensionale Bilder von ihnen! Die virtuellen 3-D-Objekte werden auf den Bildschirm projiziert mit allen Problemen, die dabei auftreten (rechte Winkel sehen meist nicht mehr rechtwinklig aus, Geraden können als Punkte, Ebenen als Geraden erscheinen, aus der Lage eines Punktes in der 2-D-Projektion kann nicht auf seine Lage im Raum rückgeschlossen werden). Dabei sind auch noch unterschiedliche Projektionsverfahren im Einsatz (schräge Parallelprojektion, Normalprojektion, Zentralprojektion).

Für die Behandlung der Standardaufgaben der analytischen Geometrie gibt es spezielle Programme wie *Vektor*[12], das als Freeware zur Verfügung steht, oder *analytische Geometrie*[13]. Damit können die üblichen Berechnungen und Schnittprobleme der analytischen Geometrie gelöst und veranschaulicht werden. (Dies gilt auch für CAS, die mittlerweile 3-D-Viewer haben, welche einen Einsatz in der analytischen Geometrie der Sekundarstufe II ermöglichen.)

Die Raumgeometrie-Software bringt den Unterricht der analytischen Geometrie mit ihren ‚Hieb- und Stich-Aufgaben' in eine ähnliche Sinnkrise wie die CAS die Analysis mit ihren Kurvendiskussionen, da die eigentliche Aufgabe nur noch darin besteht, die richtige Formel zu wählen und die Ausgangswerte einzusetzen. Die mangelnde Sinnhaftigkeit vieler Aufgaben wird aber nicht durch die Software produziert, sondern nur durch sie offenbar. Beispiele für einen sinnvollen Einsatz finden sich im CAS-Abschnitt.

---

12 http://www.lehrer.uni-karlsruhe.de/~za186/#geosek
13 www.kaese-schulsoftware.de/

In den 80er und 90er Jahren gab es Ansätze, die Behandlung der darstellenden Geometrie in der Sekundarstufe II mit Abbildungsmatrizen zu verbinden (ARTMANN/TÖRNER 1984, ELSCHENBROICH/MEINERS 1994). Diese werden heute wieder aufgegriffen und z. B. mit dem frei verfügbaren *Raytracing*-Programm *POV-Ray*[14] realisiert. Damit erhält man beeindruckende fotorealistische Bilder[15], die auch animiert werden können.

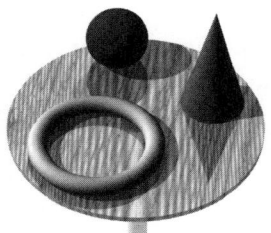 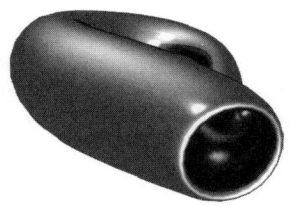

Allerdings erfordert dies noch explizite Programmiertätigkeit und ist nicht intuitiv, interaktiv bedienbar (FILLER 2001, LUDWIG 2001d).

Unterrichtsgeeignete elementare Raumgeometrie-Programme unterhalb der analytischen Geometrie sind Mangelware. Für den Anfangsunterricht ist das Programm *BAU WAS*[16] geeignet, das sich auf das Arbeiten mit Würfeln beschränkt. Einen Schritt weiter geht das vorwiegend für die Sekundarstufe I gedachte Programm *Körpergeometrie*, mit dem Körper konstruiert, bewegt und manipuliert (vereinigt, geschnitten) werden können. Durch Verlagerung von Schnittebenen kann man beispielsweise die Metamorphose des platonischen Körpers Würfel über verschiedene archimedische Körper zum platonischen Körper Oktaeder zeigen (SCHUMANN 2001a):

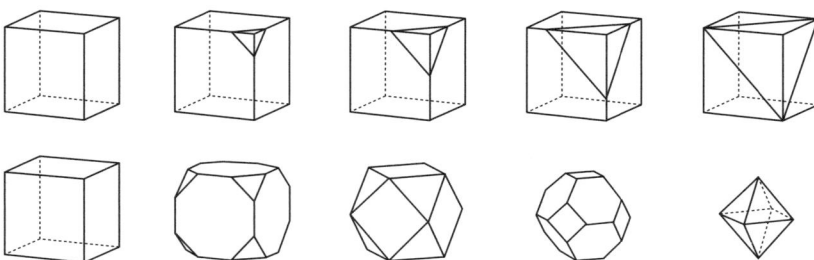

14 http://www.povray.org/
15 Für die zur Verfügung gestellten Bilder bedanke ich mich bei Herrn A. Filler, Berlin.
   http://www-didaktik.mathematik.hu-berlin.de/org/filler/3D/
16 http://www.technik-lpe.de/ downloads/ downloadbereich.htm

Der gegenwärtige Stand dynamischer Raumgeometrie-Software mit einem Zugmodus ist vergleichbar dem Stand der planimetrischen (ebenen) Geometrie-Software Ende der 80er Jahre. Offensichtlich sind die Realisierungsprobleme bei der 3-D-Software erheblich größer als bei der Entwicklung der 2-D-Software. Bislang gibt es nur für Macintosh-Computer ein dynamisches 3-D-Programm mit Zugmodus, den *3-D-Geometer*, das derzeit zu einem plattformunabhängigen dynamischen 3-D-Programm *GeometerPRO* weiterentwickelt wird (KLEMENZ 2002). Vielleicht ist dies der Beginn einer Phase, wie sie die ebene Geometrie dank DGS in den 90er Jahren hatte, in der die Raumgeometrie aus der Starre von Inhaltslehre in der Sekundarstufe I und formelhafter analytischer Geometrie in der Sekundarstufe II befreit wird und in der ein Prozess der Regeometrisierung dank dynamischer Software auch bei der Raumgeometrie stattfindet.

Verfügbarkeit, Internet und Lernumgebungen

Beim Einsatz von Computer-Software in Lernsituationen ist die Verfügbarkeit eine entscheidende Frage. Laptops sind universelle und mobile Geräte, aber ganze Laptop-Klassen sind bislang die große Ausnahme und es ist zweifelhaft, ob sich ein Arbeitsgerät mit solchen Ausmaßen und einer nicht zu unterschätzenden Empfindlichkeit in der Breite durchsetzen wird.

CAS-Taschenrechner (wie der TI 92 als Pionier) sind ebenfalls stets zugreifbar und jederzeit in Unterricht, Hausaufgaben und Klausuren einsetzbar. Ein Mangel besteht aber darin, dass sie vorwiegend nur für Mathematik und Naturwissenschaften nutzbar sind und auch den heutigen Grafik-Ansprüchen nicht mehr entsprechen.

Universeller einsetzbare ‚Handheld'-Geräte wie die PDAs und Tablet-PCs befinden sich derzeit in einer rasanten Entwicklung und bieten – weitere Leistungssteigerung und Preisverfall vorausgesetzt – eine interessante Perspektive für den Unterricht der Zukunft. Jetzt schon sind für sie Internet-Browser, *Excel*, CAS wie *Maple* oder *MuPAD* und DGS wie *Cinderella* vorhanden. Sie erkennen Handschriften und können Handskizzen in Zeichnungen übertragen, bei *Cinderella 2* sogar in DGS-Konstruktionen!

Das Internet hat derzeit seine größte Bedeutung für den Mathematikunterricht als Fundgrube für die Vorbereitung des Lehrers und für Referate und Facharbeiten bei Schülern. Direkt im Unterricht wird es im Vergleich zu anderen Fächern erst wenig genutzt. Eine wachsende Bedeutung bekommt es aber als einheitliche Lernumgebung, in die oben beschriebene Werkzeuge integriert werden können. Auch setzen auf dem Internet so genannte Lernplattformen auf, die in Selbstlernzentren in der Schule oder in Fernlehrgängen genutzt werden können. Diese erfordern Software, die in solchen Internet-Umgebungen und Lernplattformen lauffähig ist. Im Sinne der permanenten Verfügbarkeit ist es dann wünschenswert, dass die benutzte Software und die bearbeiteten Daten im Unterricht, zu Hause und an jedem weiteren Ort von Computer, Laptop oder PDA aus zugreifbar sind. Als Lösung deutet sich ASP (*Application Service Providing*) an, wirft aber gleichzeitig auch neue lizenzrechtliche Fragen auf.

Unterrichtsarrangements mit Handheld-Technologie finden sich in Kap. 6.3. Überlegungen zur Gestaltung medialer Lernumgebungen in Kap. 6.4.

Von der Übungs-Software bis zum Edutainment

Neben den frei einsetzbaren, oben beschriebenen Werkzeugen gibt es eine große Zahl enger geführter Programme, mit denen die Schüler das machen können, was die Programmierer vorher bedacht haben.

Die so genannte *Edutainment-Software* zielt deutlich auf den Nachmittagsmarkt. Hier werden Mathematik-Aufgaben in mehr oder weniger gelungene Adventure-Rahmenhandlungen eingebaut, die als Motivation dienen sollen. Neben dem Einwand, dass diese Motivation schnell abnehmen kann und die Schüler dann lieber gleich zu „richtigen" ‚Adventures' wechseln, bleibt zu bedenken, dass ein Überangebot an multimedialen Eindrücken und Reizen die Denkkapazität so in Anspruch nehmen kann, dass für das Aufgabenlösen nicht mehr viel übrig bleibt.

Daneben gibt es als *Drill&Practise* bezeichnete Übungsprogramme, die oft nur ohne ein didaktisches Konzept die Umsetzung von Päckchen-Aufgaben auf den Bildschirm sind. Üben ist sicher nötig und Routinen zu entwickeln ist entlastend. Dies soll aber kein bloßes ‚Pauken' sein, sondern verstehensorientiert. Es ist angezeigt, das Üben in produktiver Form zu gestalten und auch solche Phasen aus dem lehrerzentrierten Unterricht auszugliedern! Geeignete Software kann dies wirkungsvoll unterstützen. Erste Ansätze gibt beispielsweise das Grundschul-Programm *Blitzrechnen*.

Ein großer Mangel der deutschsprachigen Übungssoftware besteht darin, dass Diagnose-Tools mit brauchbaren Rückmeldungen an Schüler und Lehrer (was etwas anderes ist als bloße ‚High Scores'!) über Stärken und Schwächen kaum vorhanden sind, wie insgesamt im deutschen Mathematikunterricht die Diagnosekompetenz noch ein Desideratum ist. Tests werden immer noch vorwiegend als Instrument zur Leistungsbewertung gesehen und kaum als Rückmeldung über individuelle Schülerschwächen mit Konsequenzen für eine individuelle Förderung genutzt. Die Entwicklung didaktisch geeigneter Lern- und Übungssoftware ist eine große Aufgabe für die Lernforschung und die Lehr/Lernmittelindustrie.

6.3 Organisationsformen des Lernens mit neuen Medien

Bärbel Barzel/Guido von Saint-George

Die Frage nach der Organisation des Unterrichts beim Einsatz neuer Medien hängt zunächst davon ab, welche Art von Medien zur Verfügung stehen. Der Rahmen der denkbaren Möglichkeiten kann abgesteckt werden durch folgende Varianten:

- Arbeiten im **Computerraum** an fest installierten Geräten
- Nutzen einer **Medienecke** im Klassenraum
- Arbeiten im Klassenraum mit „**Handhelds**" (Laptops, Taschencomputer)
- Arbeiten im **Selbstlernzentrum** mit Computern, zu denen Schülerinnen und Schüler freien Zugang haben.

Während die erste Variante noch die geläufigste ist, gibt es bei den anderen drei Arbeitsumgebungen noch viele didaktische und technische Entwicklungstendenzen, vor allem in Richtung einer größeren Flexibilisierung. Die Entscheidung einer Schule für die eine oder andere Variante hängt natürlich zunächst von den äußeren Gegebenheiten und Sachzwängen ab. Dabei sollte man sich nicht nur von technischen Erwägungen eines Programm- oder Systemvergleichs leiten lassen, sondern vor allem auch didaktische und unterrichtsorganisatorische Aspekte bedenken. Als eines der wichtigsten Kriterien muss hierbei die **Verfügbarkeit der Medien** für die Schülerinnen und Schüler gelten. Gerade bei einem integrierten, also langfristigen und kontinuierlichen Einsatz neuer Medien ist es von großer Bedeutung, ob die Medien jederzeit – auch bei Klausuren und Hausaufgaben – für Schülerinnen und Schüler verfügbar sind. Das impliziert, dass die Entscheidung, ob und wann ein Medium und welches Medium eingesetzt wird, in der Hand des einzelnen Schülers liegt. Stehen dagegen Medien nur gelegentlich zur Verfügung und sind sie an bestimmte Orte und Zeiten gebunden, liegt die Entscheidung über die Medien in der Hand der Lehrperson. Die Vorteile einer ständigen Verfügbarkeit sind nicht zu unterschätzen:

- Nur so können Schülerinnen und Schüler langfristig Medienkompetenz entwickeln.
- Schülerinnen und Schüler können ihren individuellen Lösungsweg gehen und selbst entscheiden, ob der Rechnereinsatz dazugehört oder nicht.
- Das Medium steht nicht im Mittelpunkt, sondern hat Werkzeugcharakter.

Zwischen diesen beiden Extrema der Entscheidung über den Medieneinsatz durch Schüler einerseits und Lehrperson andererseits, gibt es eine Fülle von Variationsmöglichkeiten, die die Basis für die konkrete organisatorische Gestaltung des Unterrichts liefern und den Handlungsspielraum bei der Unterrichtsplanung abstecken.

Dazu gehört zunächst die Frage der **räumlichen Anordnung** im jeweiligen Arbeitsraum. Die Sitzordnung – frontales Arrangement oder Tischgruppen – sollte die didaktischen Entscheidungen hinsichtlich Sozialform und Art der Aufgabenstellung widerspiegeln. Gruppenarbeit passt ebenso wenig zu einer frontalen Sitzordnung wie Tischgruppen zu einem Lehrervortrag. Soweit möglich ist eine Variabilität im räumlichen Arrangement anzuraten, sodass sowohl schülerzentriertes als auch plenares Arbeiten möglich ist. So ist z. B. im Computerraum eine sinnvolle Anordnung die Gestaltung eines Innen- und Außenkreises, wobei im Außenkreis die Computertische stehen und im Innenraum Platz für computerfreies Arbeiten ist. Dadurch ist sowohl Partnerarbeit am Computer als auch ein Unterrichtsgespräch möglich. Leider ist diese Anordnung aus Platzgründen oft unmöglich, wodurch jegliche plenare Unterrichtssituation im Computerraum erschwert wird, da die Ablenkung durch die Computer groß ist.

Sind die äußeren Gegebenheiten klar, kommt man zur eigentlichen Gestaltung des Unterrichts – zur Gestaltung der **Sozialform** und des **Lernarrangements**. Hierbei ist die Palette der Möglichkeiten genauso groß wie in jeglichem Unterricht. Neue Medien wie Internet, Mathematiksoftware und Präsentationsmedien können einen klassischen fragend-entwickelnden Unterricht oder einen Lehrervortrag genauso unterstützen und bereichern wie offenere Unterrichtsformen. Bei zentral geführtem Unterricht besteht die mediale Unterstützung in erster Linie im Visualisieren und Vorstrukturieren. Dabei ist jedoch die Gefahr der zu dichten und komprimierten Darbietung sehr groß – vor allem, wenn man sich von den technischen Darstellungsmöglichkeiten zum Aufnehmen immer umfangreicherer Inhalte verführen lässt. Dies geschieht dann auf Kosten des eigenständigen Durchdringens und Strukturierens durch Schülerinnen und Schüler.

Werden neue Medien in offenen Unterrichtsphasen genutzt, ist die Bandbreite der möglichen Funktionen des Mediums deutlich größer. Wie bereits in Kapitel 6.1 dargestellt, hilft das Medium in solchen Phasen dann nicht nur zum Visualisieren und Strukturieren, sondern unterstützt insbesondere das epistemische und heuristische Arbeiten. Dahinter steckt die Erfahrung, dass Schülerinnen und Schüler nur dann vielerlei Kompetenzen auf unterschiedlichen Anforderungsniveaus entwickeln können, wenn sie selbst aktiv werden und selbst die Handlungen vollziehen können. Sie lernen Visualisieren und Strukturieren nicht nur durch Beobachtung, sondern durch eigenes Tun. Das ist die Herausforderung, der wir uns beim Medieneinsatz stellen müssen und die wir in erster Linie durch das Gesamtgefüge der äußeren Organisation und den Grad der Offenheit der Aufgabenstellung anregen können. Allein das Medium bewirkt nicht die Veränderung im Unterricht, sondern die Qualität der Aufgabenstellung und des Arrangements.

Anhand einer Auswahl repräsentativer und exemplarischer Verlaufspläne von Unterricht wollen wir das Feld der Möglichkeiten darstellen und reflektieren. Alle Beispiele wurden im tatsächlichen Unterricht realisiert.

Bei-spiel	Klasse Kurs	Thema	Räumliche Anordnung	Sozial-Form
1	9	Einstieg in den Satz des Pythagoras	Klassenraum mit Medienecke (3–4 PCs)	Gruppenarbeit, Stationenlernen
2	10	Gemeinsamkeiten zwischen Parabeln und Geraden	Computerraum, 2 Schüler/innen pro PC	Einzel- bzw. Partnerarbeit
3	11	Einstieg in die lineare Regression	Medienecke mit 4–6 PCs, z. B. in der Bibliothek	Gruppenarbeit
4	12 GK oder LK	„Entwirf ein Glas!" (Funktionsanpassung, Rotationskörper-volumen)	Klassenraum, alle Schüler/innen haben ein „Handheld" ständig zur Verfügung	Gruppenarbeit

Damit wir neben der Aufgabenstellung auch einen Eindruck des konkreten Unterrichts vermitteln, finden Sie jeweils Anmerkungen zu folgenden Unterpunkten: Ziel und Dauer der Einheit, notwendige Vorkenntnisse, Arbeitsauftrag, Art des Medieneinsatzes (verwendete Programme, didaktische Funktion), Lösungsvorschlag und Anmerkungen zum Unterricht.

Beispiel 1 „Einstieg in den Satz des Pythagoras"

Ein Stationenzirkel im Klassenraum mit Medienecke

Ziel und Dauer der Einheit: Der Einstieg in den Satz des Pythagoras erfolgt hier anhand eines **Stationenzirkels** (vgl. Kap. 5.3), der haptische, mediale und spielerische Zugänge zum Thema vereint. Es gibt rote, blaue und grüne Stationen, die je dreifach aufgebaut sind, sodass Engpässe an den einzelnen Stationen vermieden werden. Bei den roten Stationen liegen verschiedene Legebeweise (Puzzle) zum Satz des Pythagoras aus, bei den grünen verschiedene Knotenschnüre zum Entdecken „pythagoreischer Tripel" und bei den blauen Stationen finden die Schülergruppen einen

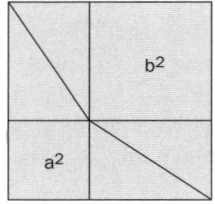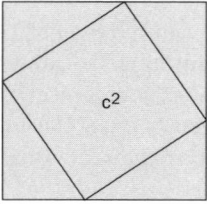

PC mit einer vorbereiteten Euklid-Datei zum Entdecken der Besonderheit des Satzes von Pythagoras vor. Die Schülerinnen und Schüler arbeiten in Gruppen jeweils an einer roten, blauen und einer grünen Station. Die Einheit dauert 2 Unterrichtsstunden.
Notwendige Vorkenntnisse: Keine.

Arbeitsauftrag: [1]Arbeitsauftrag bei den roten Stationen: „Legt aus den Puzzleteilen auf zwei verschiedene Weisen ein flächengleiches Quadrat!" Bei den grünen Stationen finden die Schülerinnen und Schüler geschlossene Schnüre mit Einheitsmarkierungen und ein Geodreieck vor. Der Arbeitsauftrag dazu lautete: „Versucht – soweit möglich – rechtwinklige Dreiecke zu legen, und zwar so, dass die drei Ecken aus Markierungen auf der Schnur gebildet werden!" An den blauen Stationen arbeiten die Schülerinnen und Schüler am Computer, sie finden eine vorbereitete Euklid-Datei vor:

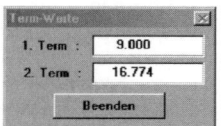

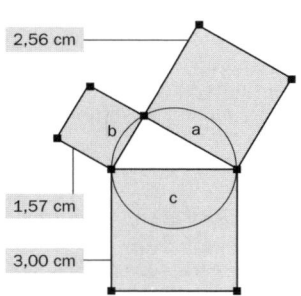

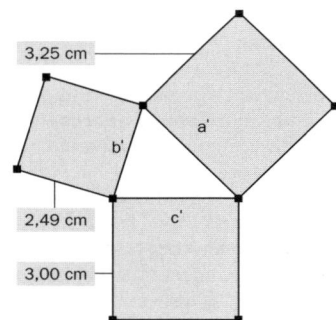

Der Arbeitsauftrag zu dieser Station lautet: Bewegt bei beiden Figuren die obere Ecke des Dreiecks! (Anleitung: Bewegt den Pfeil auf den Punkt; dort wird er zu einer Zange. Haltet die linke Maustaste dann gedrückt, und bewegt die Maus). Was fällt euch auf?"

Art des Medieneinsatzes (verwendete Programme, didaktische Funktion): Es wird Dynamische Geometriesoftware (hier Euklid DynaGeo) genutzt zur Visualisierung des Sachverhalts und zum Entdecken der Besonderheiten.

Anmerkungen zum Unterricht: Die Organisation dieser Sequenz als Stationenzirkel hat sich hier deutlich bewährt. Dadurch wird es möglich, dass die nur in geringer Zahl vorhandenen Medien – neue wie alte – von allen Schülerinnen und Schülern genutzt werden können (vgl. BAUER 1998). Dadurch wird die Integration einer Medienecke in den Unterricht erleichtert. Zudem leisten die Schülerinnen und Schüler bei dieser Unterrichtsform viel der sonst von der Lehrperson geleisteten Strukturierungs- und Verknüpfungsarbeit selbst, was gerade für eine Einstiegsphase von großem Vorteil ist. Der Computer wurde hier lediglich zum Visualisieren genutzt – dies aber in dynamischer und überzeugender Weise. Das Ziehen und Verändern an der vorgegebenen dynamischen Konstruktion hat deutlich bewirkt, dass die Idee des Satzes von Pythagoras selbstständig und vor allem in Verbindung mit der Bedingung des rechtwinkligen Dreiecks erkannt und entdeckt werden konnte.

---

1 Hier wird jeweils nur ein Beispiel pro Station genannt – weitere Materialien finden Sie als Kopiervorlage mit genauer Beschreibung bei SCHWEBKE (2001).

Beispiel 2 „Gemeinsamkeiten zwischen Parabeln und Geraden"

Übungsstunde im Computerraum

Ziel und Dauer der Einheit: Schnittpunktbestimmungen gehören zum Standardrepertoire der Algebra. Man findet diese Aufgabentypen in jedem Schulbuch und zu allen Funktionenklassen. Leider beschränken sich die Lösungsmöglichkeiten meist auf rein kalkülhaftes Umformen einer Gleichung, wobei eine Verknüpfung mit der grafischen Darstellung nur selten hergestellt wird. Doch gerade die grafische Darstellung regt bei Schülerinnen und Schülern Ideen für Beziehungen und Gesetzmäßigkeiten an. In dieser Übungsstunde steht das Wechselspiel von Termen, Gleichungen und Graphen im Vordergrund. Hieraus ergibt sich ein einfaches Verfahren, Parabeln mit der Hand zu zeichnen. Die Einheit dauert 1–2 Unterrichtsstunden.

Notwendige Vorkenntnisse: Die Schülerinnen und Schüler sollten Graphen von Geraden und Parabeln bereits kennen und quadratische Gleichungen lösen können.

Arbeitsauftrag:

1. Betrachte $f(x) = x^2-x-6$ und $g(x) = 2x-2$.
   Bestimme gemeinsame Punkte von Parabel und Gerade.
   Erfinde selbst weitere Parabeln und Geraden und untersuche sie.
2. Welche Gemeinsamkeiten haben diese Funktionen: $f(x) = x^2-x-6$ und $g(x) = -x-6$?
   Bilde nach dem Muster weitere Parabeln und Geraden und suche nach Gesetzmäßigkeiten.

Art des Medieneinsatzes (verwendete Programme, didaktische Funktion): Üben ist ein individueller Vorgang und wird häufig in Einzel- oder Partnerarbeit durchgeführt. Daher ist es notwendig, dass ein Computer für ein bis zwei Schülerinnen und Schüler bereit steht. Ein Funktionenplotter (z. B. *WINfunktion*) oder ein Computeralgebrasystem (z. B. *Derive*) unterstützen die Lernenden bei ihrer Arbeit. Damit wird das Zeichnen der Funktionsgraphen erheblich erleichtert. Außerdem hilft die Visualisierung, um anhand des Scheitelpunkts die quadratische Ergänzung zu ermitteln, die berechneten Schnittpunkte zu überprüfen und die Tangenteneigenschaft schnell zu erkennen. Die Arbeit im Heft sollte nach Möglichkeit nicht direkt am Computer, sondern an einen separaten Tisch erfolgen.

Lösungsvorschlag (→ Abb. S. 239): Zu (1): Die Schnittpunkte (–1|–4) und (4|6) können direkt an den Graphen abgelesen werden.

Zu (2): Alle Funktionspaare der Form $f(x) = a \cdot x^2+m \cdot x+b$ und $g(x) = m \cdot x+b$ haben die Tangenteneigenschaft und berühren sich an der Stelle $x = 0$.

Anmerkungen zum Unterricht: Schülerinnen und Schüler entwickeln ihre Übungsaufgaben nach einem vorgegebenen Muster selbstständig. Das ist das Besondere an dieser Übungsstunde. Die Lernenden sollten so viele Aufgaben bearbeiten, bis sie sich sicher fühlen. Diese Form der Binnendifferenzierung ist sehr einfach im Unterricht umzusetzen.

Bei den im ersten Teil vorgegebenen Funktionen kann die Lösung direkt abgelesen werden. Dies klappt natürlich nur in Ausnahmefällen. Eine rechnerische Lösung mit Hilfe der quadratischen Ergänzung ist die Regel. Auch Vermeidungsstrategien sind erlaubt. Dabei stellt sich die Frage: „Wie muss man Parabel und Gerade wählen, damit die Lösungen direkt abgelesen werden können?" Weiterhin kann bei der Umformung der Schnittpunktgleichung der Scheitelpunkt der Parabel bzw. die Scheitelpunktform Hinweise auf die quadratische Ergänzung liefern. Wichtig ist, dass die Schülerinnen und Schüler möglichst viele Zusammenhänge zwischen Graphen und Termen erkennen und nutzen. Ein schematisches Vorgehen sollte vermieden werden. Dass die Arbeit zu gleichen Teilen am Computer und im Heft erfolgt, ist für das Gelingen der Stunde von entscheidender Bedeutung. Alle Graphen, Zusammenhänge und Berechnungen müssen im Heft festgehalten werden. Im zweiten Teil stehen diese Parabel- und Geradengleichung miteinander in Beziehung. Dieser Aufgabentyp lässt sich gut einprägen. Nach der Vorarbeit im ersten Teil kann die Tangenteneigen-

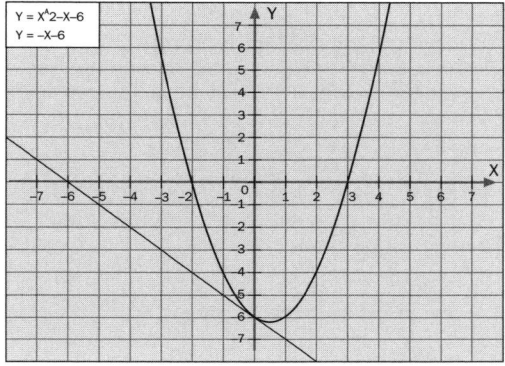

schaft sowohl graphisch als auch rechnerisch einfach erfasst werden. Aus der Tangenteneigenschaft lässt sich im nachfolgenden Unterricht leicht ein Verfahren entwickeln, um mit der Hand sehr schnell eine qualitativ richtige Parabel zu zeichnen. Dazu skizziert man zunächst die zugehörige Gerade in ein Koordinatensystem. An der Stelle $x = 0$ muss man möglichst genau arbeiten. Dann muss man feststellen, ob die Parabel nach oben oder unten geöffnet ist, und zeichnet die Parabel so ein, dass sie die Gerade an der Stelle $x = 0$ berührt.

Beispiel 3   „Einstieg in die lineare Regression"

Gruppenarbeit im Klassenraum mit Medienecke

Ziel und Dauer der Einheit: „Durch zwei vorgegebene Punkte verläuft genau eine Gerade." Bei dieser Art „Präzisionsmathematik" bleibt der Mathematikunterricht oft stehen, Sichtweisen von Schülerinnen und Schülern werden vorschnell eingeschränkt. Bereits bei drei nicht kollinearen Punkten ist eine eindeutige Lösung in weiter Ferne. Welche Gerade gibt nun die Anordnung bzw. den Trend der Punkte adäquat wieder? Diese Erweiterung bzw. Öffnung der Problemstellung (vgl. Lehmann/Herget 2001) kann bereits in der Sek. I thematisiert werden. Ziel ist es, einer Punktwolke, die einen linearen Trend erkennen lässt, eine möglichst aussagefähige Gerade zuzuordnen. Die Selbstverständlichkeit, dass x- und y-Werte stets eindeutig voneinander abhängen, wird aufgebrochen und die Untersuchung eines möglichen verdeckten linearen Zusammenhangs wird thematisiert.

Um die Vorstellungen der Schülerinnen und Schüler von „günstigsten Geraden" zu entfalten, bietet sich eine arbeitsteilige Gruppenarbeit an. Dazu wird die Lerngruppe in 4 möglichst gleichgroße Gruppen eingeteilt. Ziel ist es, sich auf eine passende Gerade festzulegen und die Entscheidung zu begründen. Die Einheit dauert 2–3 Unterrichtsstunden.

Notwendige Vorkenntnisse: Die Schülerinnen und Schüler sollten mit dem grundsätzlichen Umgang mit einer Tabellenkalkulation vertraut sein. Die Bestimmung von Geradengleichungen in Normalenform und Punkt-Steigungsform muss vorher im Unterricht behandelt werden.

Arbeitsauftrag:

1. Der Trend der Punktwolke soll durch eine Gerade modelliert werden. Finde eine möglichst gute Gerade.

2. Entwickle Vorschläge, wie sich die Güte der Geraden rechnerisch ermitteln lässt?

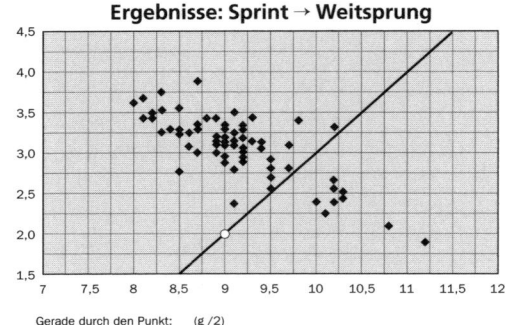

Ergebnisse: Sprint → Weitsprung

Gerade durch den Punkt:	$(g/2)$
mit der Steigung:	1
Geradengleichung:	$1 \, x + -7$

Jeder Gruppe wird ein Datensatz[2] von Ergebnissen eines Sportwettkampfs in Form einer Excel-Datei zur Verfügung gestellt. Der Arbeitsauftrag ist für alle Gruppen gleich. Die Arbeitsblätter unterscheiden sich hinsichtlich der vorgegebenen x- und y-Werte. Jede Gruppe erhält die Daten für zwei der Sportarten: Gruppe 1: Sprint → Weitsprung, Gruppe 2: Weitsprung → Sprint, Gruppe 3: Sprint → Weitwurf, Gruppe 4: Weitwurf → Sprint.

Art des Medieneinsatzes (verwendete Programme, didaktische Funktion): Für die unterrichtliche Aufbereitung der linearen Regression liegt es nahe, ein Tabellenkalkulationsprogramm (z. B. *Excel, Opencalc* etc.) einzusetzen. So können größere Datenmengen visualisiert und umfangreichere Berechnungen automatisiert werden. Die Schülerinnen und Schüler können sich so

Nr.	Sprint (s)	Weitsprung (m)	Nr.	Sprint (s)	Weitsprung (m)
1	8,8	3,45	19	10,2	3,34
2	9,0	2,95	20	9,4	3,14
3	8,5	3,30	21	9,2	2,90
4	9,2	3,20	22	8,5	3,55
5	8,9	3,00	23	8,4	3,30
6	8,4	3,32	24	9,5	2,70
7	9,5	2,56	25	9,2	3,00
8	9,0	3,15	26	8,7	3,90
9	9,8	3,42	27	9,8	2,80
10	8,7	3,00	28	9,2	3,30
11	8,3	3,75	29	9,5	2,80
12	9,2	3,02	30	9,7	2,80
13	9,0	2,90	31	9,6	2,60
14	10,2	2,56	32	9,7	3,10
15	10,3	2,52	33	10,2	2,40
16	8,7	3,38	34	9,1	2,38
17	9,1	3,13	35	9,5	2,80
18	8,3	3,27	...	...	...

voll und ganz auf das Experimentieren konzentrieren. Die Exceldatei ist so erstellt worden, dass zunächst die Koordinaten eines Punktes der Geraden eingegeben werden, und dann mit Hilfe eines Schiebereglers die Steigung der Geraden verändert werden kann. Die Gerade dreht sich dadurch um den gewählten Punkt. Die resultierende Geradengleichung wird anhand der vorgegebenen Werte automatisch berechnet. Durch diese Vorgehensweise suchen sich die Schülerinnen und Schüler das „Zentrum" der Punktwolke. Der Schwerpunkt kann so intuitiv erfasst werden. Wenn nur 1–2 Computer pro Gruppe zur Verfügung stehen, müssen sich die Gruppenmitglieder auf ein Ergebnis einigen. Dieser Prozess und die gemeinsame Erarbeitung von Gütekriterien für die Trendgerade müssen im Mittelpunkt des Unterrichts stehen und nicht der technische Umgang mit dem Medium. Diese Gefahr besteht eher, wenn jedem Schüler ein Gerät zur Verfügung steht.

---

2 Diesen Datensatz und viele weitere finden Sie unter www.learn-line.nrw.de/angebote/eda/.

Lösungsvorschlag:

Gerade durch den Punkt (9,4|3) mit der Steigung –0,5.

Geradengleichung:
$g(x) = -0,5x + 7,7$.

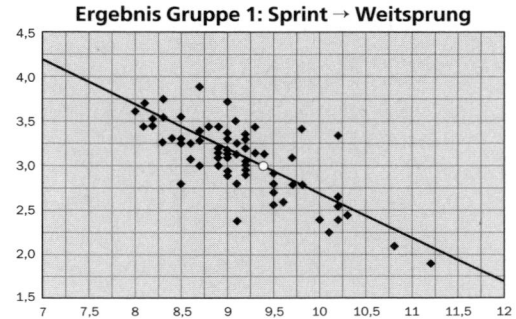

Ergebnis Gruppe 1: Sprint → Weitsprung

Gerade durch den Punkt (3|9,2) mit der Steigung –1,3.

Geradengleichung:
$g(x) = -1,3x + 13,1$.

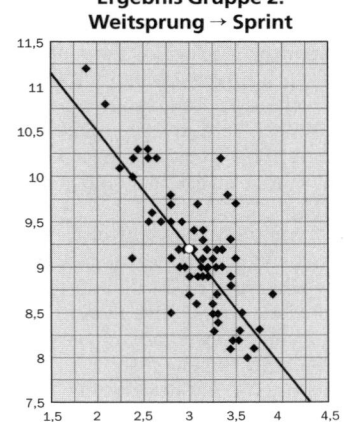

Ergebnis Gruppe 2: Weitsprung → Sprint

Gerade durch den Punkt (9|22) mit der Steigung –3,1.

Geradengleichung:
$g(x) = -3,1x + 49,9$.

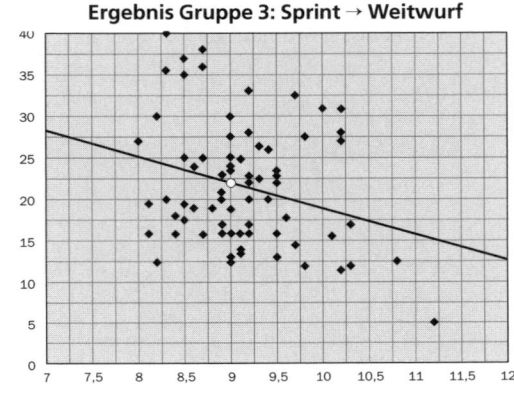

Ergebnis Gruppe 3: Sprint → Weitwurf

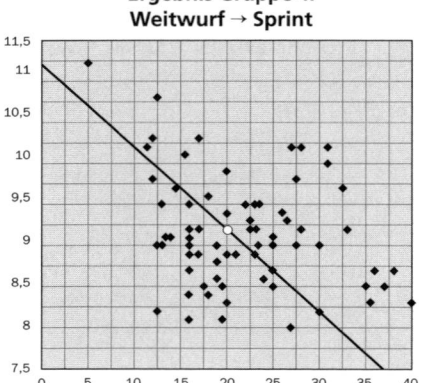

Ergebnis Gruppe 4:
Weitwurf → Sprint

Gerade durch den Punkt (20|9,2) mit der Steigung –0,1.

Geradengleichung:
$g(x) = -0,1x + 11,2$.

Alle Werte sind auf eine Stelle hinter dem Komma gerundet.

Anmerkungen zum Unterricht: Zu Beginn der Unterrichtsstunde werden den Schülerinnen und Schülern Sprint, Weitsprung und Wurfergebnisse eines Sportfestes vorgelegt. Die zu untersuchenden Daten sollten realistisch und von Schülerinnen und Schülern möglichst einfach zu durchschauen sein. Allgemein bieten sich physikalische Zusammenhänge, sportliche Leistungen oder ökonomische Zusammenhänge als mögliche Themen an. Anregungen dazu findet man im Internet u. a. unter lib.stat.cmu.edu/DASL.

Für den weiteren Verlauf der Unterrichtseinheit ist es wichtig, beide Abhängigkeiten, „x von y" und „y von x", gleichberechtigt nebeneinander zu stellen. Da die Gruppenarbeit für alle Beteiligten sehr diszipliniert ablaufen muss, ist es entscheidend, jedem Gruppenmitglied eine eindeutige Funktion zuzuweisen. Dabei bieten sich an:
- Gruppenleiter, ist für den Gesamtablauf verantwortlich.
- Protokollant, hält das Erarbeitete fest.
- Zeitwächter, achtet darauf, mit der Zeit ökonomisch umzugehen.
- Prozessbeobachter, achtet auf Gesprächsregeln.
- Präsentator, trägt die Ergebnisse vor.

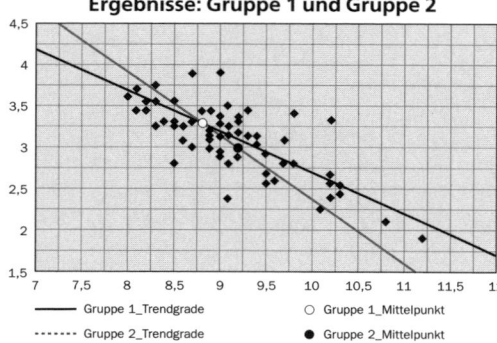

Ergebnisse: Gruppe 1 und Gruppe 2

—— Gruppe 1_Trendgrade   ○ Gruppe 1_Mittelpunkt

······ Gruppe 2_Trendgrade   ● Gruppe 2_Mittelpunkt

(Korrelationskoeffizient ca. 0,6)

Während der Arbeit steht der Lehrende den Gruppen als Berater zur Seite. Dabei kann die Wahl des „Zentrums" der Punktwolke angesprochen werden. Bei der Präsentation der Gruppenergebnisse sollte klar werden, dass die Gruppen 1 und 2 bzw. 3 und 4 gleiche Zentren (Schwerpunkte) haben.

Den Abstand der Punkte zur Trendgeraden kann man auf verschiedene Arten festlegen. Sollten einzelne Grup-

pen keine Ideen für die Bestimmung des Abstands entwickeln, so kann ggf. eine Abstandsformel einfach angeben werden.
Bei der Dokumentation der Gruppenarbeit sollten nicht nur die Endergebnisse, sondern möglichst alle Ideen und Fehlschläge festgehalten werden. Vor allem bei der späteren Einführung des Korrelationskoeffizienten als Gütemaß der Regression wird auf die Erfahrungen aus den Einstiegsstunden zurückgegriffen. Stellt man übrigens die Trendgeraden der Gruppen 1 und 2 bzw. 3 und 4 in einem

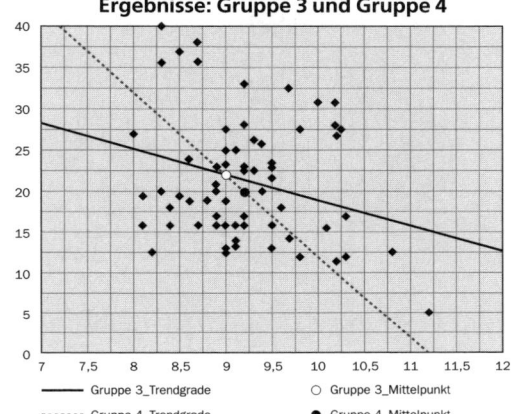

Ergebnisse: Gruppe 3 und Gruppe 4

— Gruppe 3_Trendgrade   ○ Gruppe 3_Mittelpunkt
······ Gruppe 4_Trendgrade   ● Gruppe 4_Mittelpunkt

(Korrelationskoeffizient ca. 0,1)

gemeinsamen Koordinatensystem dar, so liefert der Schnittwinkel der Geraden bzw. das Produkt der Steigungen das Gütemaß.

Beispiel 4   „Entwirf ein Glas!"

Unterrichtsbeispiel aus der Sekundarstufe II mit frei verfügbaren „Handhelds"

Ziel und Dauer der Einheit: Die Einheit dient der wiederholenden Übung der Differential- und Integralrechnung. Die Schülerinnen und Schüler entwerfen in einer Gruppe ein Glas, das vorgegebene Bedingungen an Höhe und maximales Füllvolumen erfüllen muss. Die Aufgabenstellung eignet sich sowohl für Grund- als auch Leistungskurse und dauert 6–8 Unterrichtsstunden einschließlich Präsentationsphasen.

Notwendige Vorkenntnisse: Es sollten Funktionsterme aufgrund gegebener Bedingungen bestimmt werden können und die Volumenberechnung von Rotationskörpern bekannt sein.

Arbeitsauftrag: Entwerft ein schönes, geschwungenes Glas, das die folgenden Bedingungen erfüllt:

■ Höhe: 5–10 cm (ohne Stiel),
■ Fassungsvermögen: ca. 200 ml.

Art des Medieneinsatzes: Computeralgebra (CAS) kann hier genutzt werden, und zwar
■ als Werkzeug zur Berechnung von Gleichungssystemen und Lösen von Gleichungen,
■ als Beispielgenerator zum Erzeugen verschiedener Randkurven,
■ zur Visualisierung der Randkurven und der damit verbundenen Rotationskörper.
Bei dieser offenen Fragestellung sollte das Medium frei verfügbar sein, sodass Schülerinnen und Schüler völlig frei entscheiden können, ob, wann und wie sie die Programme nutzen.

Lösungsvorschlag einer Schülergruppe: Die folgenden drei Folien sind eine Powerpoint-Datei, die eine Schülergruppe für die Präsentation vorbereitet hat. Aus diesen Folien geht der Gedankengang des Lösungsweges gut hervor.

1.Schritt

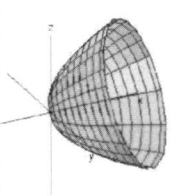

- Abänderung einer Unterrichtsaufgabe (Paraboloid), Zahlen durch Annäherung angeglichen:
- Durchmesser (Faktor vor der Wurzel) wird vergrößert, um mehr Volumen zu erhalten. Länge (Höhe des Glases: 9.5cm) wird beibehalten. Man erhält:

$$\pi \int_0^{9.5} (1.87769 * \sqrt{x})^2\, dx = ca.\,200\,(ml)$$

2.Schritt

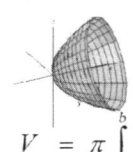

- Immer noch Paraboloid, aber Suche mit mathematischer Lösung anstatt durch Ausprobieren

$$V = \pi \int_0^b (k \cdot \sqrt{x})^2\, dx = 200$$

- So bleiben der Radius und die Höhe variabel. Nur das Volumen ist vorgegeben.
- Das Näherungsergebnis wird mit der mathematischen Lösung, für k, bestätigt:~1.1877
- Abänderung der Höhe des Weinglases in 8 cm → k= 1.98944 cm

3.Schritt

- Veränderung des Designs des Glases
- Suche einer Funktion, die geschwungener als die erste ist
$$f(x) = \sqrt{x} + \sin(x) + k \cdot x$$

- Gleiches Prinzip wie bei Schritt 2 (zwei Unbekannte):

$$200 = \pi \cdot \int_0^8 ((\sqrt{x}) + \sin(x) + k \cdot x)^2) dx$$

- Ti-92 kann nicht nach k auflösen →k durch ausprobieren → k~0.144766

Anmerkungen zum Unterricht:
Im durchgeführten Unterricht hatten die Schülerinnen und Schüler neben den eigenen Handhelds (TI-92) pro Gruppe einen Laptop zur Verfügung. Von allen Gruppen wurde das Computeralgebrasystem des Handhelds genutzt, um Berechnungen durchzuführen und die ausgedachten und berechneten Randkurven zu betrachten. Der Laptop wurde nur von wenigen Gruppen genutzt, in erster Linie zur Visualisierung der Rotationskörper mit Hilfe von *Derive*. Dies ist relativ leicht auch als Animation möglich, sodass man einen guten Eindruck von den Entwürfen bekommen kann. Zudem nutzten manche Gruppen den Laptop zur Vorbereitung einer *Powerpoint*-Präsentation (→ Abb.). Die Funktionsweise von *Derive* und *Powerpoint* wurden im Unterricht erläutert, lediglich ein Hilfeblatt zur Darstellung der Rotationskörper bei gegebener Randkurve mit *Derive* ausgegeben. Bei einer solchen Art des Medieneinsatzes ist der Organisationsaufwand gering, die Laptops nicht einmal unbedingt erforderlich. Vier von sechs Gruppen haben sich entschieden, diese nicht zu nutzen. In diesen Gruppen wurde dann die Visualisierung des fertigen Glasentwurfs auf Folie gezeichnet. Die Fragestellung erwies sich sowohl im Grundkurs als auch im Leistungskurs als sehr reichhaltig und ermöglichte den Schülerinnen und Schülern die Steuerung des

eigenen Lernprozesses. Die angesprochene Kreativität in Verbindung mit der Suche nach einem mathematischen Modell vertiefte in besonderer Weise das Grundverständnis von Funktionen und die Bedeutung von Parametern für den Verlauf des Graphen. Damit wurden vielfältige Aspekte der Analysis integrierend wiederholt. Die Art und Häufigkeit des Medieneinsatzes war sehr unterschiedlich bei den einzelnen Gruppen – manche nutzten die Rechner sehr intensiv und beschritten den Weg des „trial and error". Die Langwierigkeit und Zufälligkeit der Ergebnisse wurde hierbei aber schnell unbefriedigend und alle Gruppen wählten schließlich einen systematischen Weg. Zwei (reine Mädchen-)Gruppen gingen von vornherein einen solchen systematischen Weg und nutzten nur sehr minimal den Rechner als Kontrollwerkzeug.

Das Unterrichten dieser Reihe zeigte, dass die Kombination von freier Medienverfügbarkeit und offener Aufgabenstellung in idealer Weise das Entwickeln von Fachals auch Medienkompetenz verbindet. Die von den Schülerinnen und Schülern vollzogenen Tätigkeiten waren vielfältiger Natur: Sie erfanden Modelle, verifizierten, falsifizierten, dokumentierten, kommunizierten, variierten und optimierten die Modelle nach Bedarf.

Das Arbeiten in Gruppen (an Tischgruppen) stellt – insbesondere wenn es zum ohnehin praktizierten Unterrichtsstil gehört – keinen zusätzlichen Organisationsaufwand dar. Bei einer offenen Aufgabe ist auch das sonst schnell langwierige Präsentieren der Gruppenergebnisse interessant, da die Wege und Resultate sehr vielfältig sind und der Vergleich und die Auseinandersetzung für alle bereichernd ist.

Abschließend sei angemerkt, dass bei jeglichen Organisationsformen neben dem Medieneinsatz in der Schule auch die Art der **Nutzung von Medien zu Hause** für den Lernerfolg bestimmend ist. Hierbei gibt es viele Möglichkeiten, z. B. im Rahmen von Hausaufgaben, Nacharbeiten und Vorbereiten von Unterricht. Bei den oben beschriebenen Beispielen werden in erster Linie Programme im Sinne eines Werkzeuges genutzt, da sie universell für viele Probleme und Bereiche anwendbar sind. Beim Einsatz von solchen Werkzeugen ist es immer sinnvoll, wenn die Schülerinnen und Schüler diese Programme auch zu Hause zur Verfügung haben, damit die Vertrautheit im Umgang mit dem Programm wächst und das Werkzeug jederzeit für die Problemlösung genutzt werden kann. Entsprechende preisgünstige Software ist zunehmend erhältlich. Die integrierte Verfügbarkeit auf einem transportablen Gerät (sei es in Eigenbesitz der Schüler oder als Leihgerät der Schule) kann dabei natürlich als der optimale Fall angesehen werden.

6.4 Selbstständiges Lernen in einer medialen Lernumgebung

Gaby Heintz

„Bildung ist ein Wort, das doppelte Bedeutung hat. Zunächst einmal ist Bildung das, was man **selbst** gemacht hat: Damit wird der Prozess des Machens bezeichnet. Es meint aber auch dasjenige, was dabei entstanden ist."　　(Ernst Peter Fischer)

Mittlerweile ist der Begriff ‚**selbst**tätiges Lernen' in aller Munde und es bestehen zunehmend Vorstellungen darüber, was durch selbsttätiges Lernen alles bewirkt werden kann. Die Aktivierung des Lernenden wird dabei hinsichtlich des erzieherischen und lernwirksamen Aspektes hoch eingeschätzt (HUBER/SCHÄFER-KOCH 2000). Es kann schneller, gründlicher, mit einer höheren Motivation und auch Behaltensrate gelernt werden, wenn der Lernende seinen Lernprozess in höherem Grade selbst gestalten darf (SEITZ 1992, S. 71). Der Erkenntnisgewinn und die Entfaltung der persönlichen Fähigkeiten steigen mit dem Grade des selbstständigen Lernens. Wer kann sich dem also verschließen? Trotz dieser Thesen ist die Frage, ob nun selbstgesteuertes Lernen ‚effektiv' bzw. ‚erfolgreich' ist, weiterhin offen. Der Nachweis ist wegen der Komplexität der mentalen Prozesse ausgesprochen schwierig. Selbstgesteuertes Lernen ist auf jeden Fall nicht per se erfolgreicher als angeleitetes Lernen. Warum dann die Konzentration des Lernens auf den Aspekt des ‚Selbst'? Jeder lernt selbst, wer sollte es sonst für einen tun?

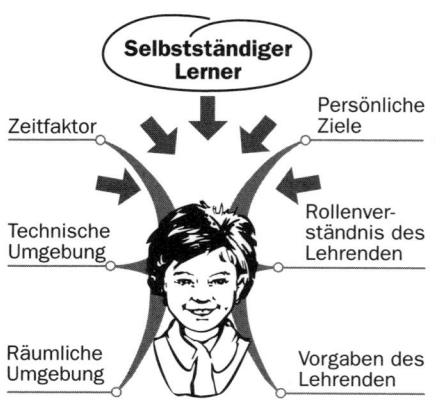

Letztlich wird an dieser Stelle die Bedeutungserweiterung von Lernen in unserer Gesellschaft deutlich. In der heutigen Wissensgesellschaft vollzieht sich ein Wandel beim Fokus des Lernens vom Lerninhalt hin zum Lernprozess. Die Aneignung vorgegebener, klar definierter Lerninhalte verliert an Bedeutung. Gleichzeitig gewinnen individuelle, flexible Lernprozesse an Relevanz, in denen es um das Erschließen von Wissen im Wandel, um offenes Experimentieren, um Entwickeln und Ausprobieren geht. Zu erwarten ist eine weitere Dynamisierung von Lernen, das verschiedene Lebensphasen und Erfahrungswelten durchdringt (DELPHI-Befragung, Abschlussbericht Bildung 1998, S. 72). Wesentlich und immer wichtiger ist die Qualifikation des Lerners in den Bereichen Suchen, Sammeln, Sichten, Auswählen und Aufbereiten, d. h. zielgerichtetes Zusammenfügen von Wissen für das Lösen aktueller Probleme.

Die Ausbildung des Lerners zum selbstverantwortlichen Lerner ist zentrale Aufgabe unseres Bildungssystems (geworden), nicht zufällig ist sie als Forderung grundlegender Bestandteil der Richtlinien und Lehrpläne aller Fächer der gymnasialen Oberstufe. Modellversuche in der gymnasialen Oberstufe (z. B. www.selma-mathe.de) tragen der zunehmenden Bedeutung des Selbstlernens Rechnung. In der Primar- und Sekundarstufe I sind Freiarbeit, Wochenplanarbeit, Stationenlernen und Projektarbeit als die bekanntesten Ausprägungen des Selbstlernens bereits im Schulalltag vertreten, wenn auch noch nicht in der Breite etabliert. Diese stellen aber nur einen kleinen Ausschnitt der Möglichkeiten dar. Wie ist nun die Forderung der neunziger Jahre, das selbstständige Lernen verstärkt in den Mittelpunkt des Unterrichts zu stellen, umzusetzen? Klar ist, dass anspruchsvolle und effektive Selbstlernprozesse auf die professionelle Gestaltung des Selbstlernmaterials, auf Praktiken der Lernplanung und der Lernzielüberprüfung angewiesen sind.

Selbstständiges Lernen – Selbsttätigkeit: Eine Begriffsklärung

Der Begriff des selbstständigen Lernens zeigt sich in vielfältigen Facetten und Zielsetzungen. *Selbstentdeckendes* Lernen bedingt eine Öffnung des Unterrichts im Bereich der methodischen Möglichkeiten der Erarbeitung des Lernstoffs. *Selbstgesteuertes* Lernen verweist auf erwünschte Steuerungsmaßnahmen des lernenden Individuums: die Steuerung des Selbst (Wahl von Zielen und Inhalten), der Lernprozesse (Verwendung metakognitiven Wissens) und der Informationsverarbeitungsmöglichkeiten (Auswahl von Lösungsstrategien) (vgl. BAUMERT 2002). *Selbstreguliertes* Lernen und auch *eigenverantwortliches Lernen* verweisen auf die Fähigkeit, für einzelne Aspekte des Lernens selbst Verantwortung zu übernehmen. Hier werden Erfahrungen beim Lernprozess reflektiert und bei zukünftigen Lernprozessen eingebracht. Damit sind Faktoren wie Motivation, Lernstrategien, Möglichkeiten der freien Zeiteinteilung, soziale Interaktionsmöglichkeiten oder der Einschränkung von Vorgaben beim Lernen von Bedeutung (vgl. FRIEDRICH 1999).

Insgesamt soll die Verwirklichung der Forderung nach Selbsttätigkeit im Unterricht zu einem hohen Maße an Eigentätigkeit des Lernenden und zu einem Minimum an Steuerung durch den Lehrenden führen. Der Selbsttätigkeit des Lernenden steht das Prinzip der Aktivierung auf Seiten des Lehrenden gegenüber:

> **Aktivierung** heißt, den Lernenden anzuregen und ihm die Möglichkeit zu geben, im tätigen Umgang mit den Dingen Lernerfahrungen zu erwerben. (SCHRÖDER 2000, S. 174)

Daraus ergibt sich:

> **Selbsttätigkeit** bedeutet im wörtlichen Sinne, sich in eine Tätigkeit, in eine Auseinandersetzung mit einer Sache, einem Gegenstand, der Umwelt, mit anderen Personen, oder mit sich Selbst zu versetzen. Dabei kann diese Aktivität von der Person selbst, von anderen, von der Sache oder dem Lernmaterial angeregt, auf ein bestimmtes Ziel hin oder ziellos, bewusst reflektiert oder unreflektiert ablaufen. (GLÖTZL 2000, S. 276)

Es bleibt die Frage: Gibt es klare Kriterien für Selbsttätigkeit? Hinweise geben BRUNNHUBER (1995, S. 48), GLÖCKEL (1996, S. 296) und SCHRÖDER (2000, S. 181) unter dem Gesichtspunkt der Abgrenzung des Aktivierungsprinzips, welches die aktiv handelnde Auseinandersetzung des Lernenden mit den Lerninhalten und den Lernsituationen vorsieht und die damit verbundene selbstständige Erschließung des Lernstoffs. Hieraus ergeben sich folgende Thesen, die man auch ganz pragmatisch als Checkliste für seine Unterrichtsgestaltung verwenden kann:

Kriterien für Selbsttätigkeit

✓ Die Selbsttätigkeit des Lernenden erfordert eine **realistische Zielangabe** und einen ausreichenden **zeitlichen Rahmen**. Wird der Lernende bei der Zielformulierung einbezogen, erhöht sich die Akzeptanz.

✓ Die Tätigkeit muss **sinnvoll** und **erreichbar** sein. Differenzierungen nach Interessen und Leistungsvermögen müssen vorhanden sein.

✓ **Abwechslungsreiche** Aufgaben, Methoden und Sozialformen sind zu integrieren. Praxisnahe Aufgaben stärken die Motivation.

✓ Selbsterstellte **Visualisierungen** unterstützen den selbsttätigen Erkenntnisgewinn.

✓ **Unterbrechungen** von außen sind zu minimieren. Zusätzliche Hinweise vom Lehrenden werden häufig vom Lernenden als Störung empfunden.

✓ Die **Ergebnisse** der Selbstlernphasen müssen überprüfbar sein. Hier ist die Selbstkontrolle der Fremdkontrolle vorzuziehen.

✓ Die Ergebnisse werden vom Lernenden durch Präsentation in den weiteren Lernprozess **verwertbar** eingebracht.

Vergleicht man die Kriterien für Selbsttätigkeit mit denen der handlungsorientierenden Unterrichtskonzeptionen, scheinen insbesondere die Forderung nach Beteiligung der Lernenden bei der Zielformulierung der Unterrichtsinhalte, die Auflösung eines starren 45-minütigen Lernrhythmus und die Zentrierung auf selbstkontrollierende Elemente für die Realisierung in der Praxis schwierig umsetzbar. Die Verpflichtung des Lehrenenden zur Einbeziehung von mündlichen Leistungen im Lernprozess zur Ermittlung einer Fachnote kann hier kontraproduktiv wirken. Übersetzt man das Prinzip der Trennung von Lern- und Leistungssituationen in den Unterrichtsprozess, könnten hier Lösungsansätze hinsichtlich der möglichen Beurteilungsproblematik liegen.

Verfolgt man nun konsequent die Idee des selbstständigen Lernens in der Umsetzung des dazu erforderlichen Qualifikationserwerbs weiter, führt dies automatisch zu der Forderung, die Lernkompetenzen beim Lernenden zu erweitern und letztlich zu einem erweiterten Lernbegriff. Unter dem Aspekt des selbstständigen Arbeitens weist KLIPPERT (2000, S. 35, 2001, S. 258), der vorwiegend den Begriff des eigenverantwortlichen Arbeitens (EVA) verwendet, im Rahmen seines ‚neuen' Hauses des Lernens auf wesentliche ‚neue' Sockel- und Schlüsselqualifikationen hin. Der Lernbegriff[1] wird dahingehend erweitert, dass neben der zu erwerbenden **Fachkompetenz** (Fach- und Strukturwissen, Kritik- und Urteilsfähigkeit, Problembewusstsein, Problemlösungsfähigkeit) zusätzliche Anforderungen an den Lernenden gestellt werden. Diese sind zum einen die **Methodenkompetenz** (Beherrschung elementarer Lern- und Arbeitstechniken wie Recherchieren, Auswählen, Strukturieren und Visualisieren) und zum anderen die **Sozialkompetenz** (Fähigkeit und Bereitschaft zur Kommunikation, Argumentation, zur konstruktiven Zusammenarbeit im Team oder Gruppe sowie des Aufbaus von Selbstvertrauen, Selbstwertgefühl, Eigeninitiative und Durchhaltevermögen).

Zum einen bedarf es zum Aufbau dieser neuen notwendigen Qualifikationen bei den Lernenden einschlägiger Trainingsmaßnahmen von Seiten des Lehrenden, zum anderen der Leistungsbereitschaft des Lernenden sowie eine diesbezügliche Lehrkompetenz beim Lehrenden. Auf Teamfähigkeit angelegte Wettbewerbe können Anreize bieten, sozialkommunikative Fähigkeiten zu schulen. Eine Trainingsmaßnahme kann auch durch eine komplexe Aufgabe in einer Gruppenarbeitsphase initiiert werden, die mit entsprechend knapper Zeitvorgabe kombiniert ist (→ Abb. S. 250).

Aufgabenstellung: *„Bestimmen Sie den Flächeninhalt der markierten Fläche. Präsentieren Sie ihre Lösungsansätze und Ergebnisse nach 20 Minuten."*

---

1 Vgl. dazu die kritische Würdigung des Lernbegriffs WEINERT, In: Ansprüche an das Lernen in der heutigen Zeit, 10 Thesen von Franz Weinert: htpp://blk.mat.unibayreuth.de/links/weinert/

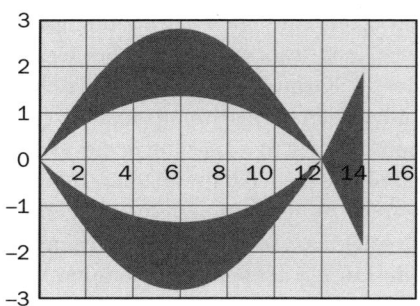

Im Rahmen der Integralrechung gestellt, erfordert diese Aufgabe Symmetrieüberlegungen zur Vereinfachung der Rechnung, eine geschickte Wahl des Koordinatensystems und Überlegungen zur Modellierung der Randkurven mit ganzrationalen Funktionen sowie Anwendungen elementarer Flächenberechnungsformeln. Soll diese Aufgabe in einer vorgegebenen Zeit gelöst und präsentiert werden, ist eine Strategiebesprechung der Beteiligten ein notwendiges Lösungselement. Im Unterricht sollte in der anschließenden Reflexionsphase die Aufteilung der Arbeitsschritte bzw. Strategiebesprechung der Teilnehmer als möglicher Schlüssel zur Lösung des gestellten Problems herausgestellt werden.

Insgesamt sollten Lernende dazu befähigt werden und sich befähigt sehen, eigene Lernhaltungen zu reflektieren, Lernerfolge oder Misserfolge auf ihre Ursachen hin zu untersuchen, eigene Stärken und Schwächen zu kennen sowie lernen, darauf angemessen zu reagieren. Anstöße zur Selbstreflexion müssen zunächst vom Lehrenden angestoßen werden, wobei Präsentationsphasen zu Gruppenergebnissen sich zur ersten Analyse anbieten. Hier ermöglicht der Vergleich von unterschiedlichen Gruppenprodukten den Präsentierenden eine evtl. nötige Distanzierung von der Person zum Produkt hin und somit eine effektive Auswertung vorzunehmen. Das Nachforschen der Irrwege und deren fruchtbare Rückkoppelung für den Lösungsprozess kann außerdem durch die vielfältigen Wahrnehmungen der Gruppenmitglieder effektiver sein.

Bezogen auf die Unterrichtsorganisation und *aus Sicht des Lernenden* realisiert sich selbstständiges Lernen in vier Phasen:

■ Der Lernende erkennt und benennt bzw. akzeptiert Ziele und Zwischenziele zur Erarbeitung der Aufgabe/des Problems.

■ Er plant und organisiert notwendige Lernschritte.

■ Er führt die notwendigen Lernschritte allein oder in Gruppen aus.

■ Er reflektiert und bilanziert seinen Lernfortschritt und zieht entsprechende Konsequenzen für seinen weiteren Lernweg.

Planungen von Lernarrangements zu Selbstlernphasen im regulären Unterricht *aus Sicht des Lehrenden*:

■ Der Lehrende sieht Auswahlmöglichkeiten von unterschiedlichen Lernwegen und lerntypengerechter Erarbeitung vor.

■ Er bezieht Fragen und Interessen der Lernenden bei der Auswahl der Inhalte/der Aufgaben ein.

■ Er ermöglicht Förderangebote für lernschwächere und Forderungsangebote für leistungsstärkere Lernende durch die Einbindung von Helfersystemen (Material, Lernbegleiter) bzw. Expertenbildung in Gruppenarbeitsphasen.

■ Er sieht vielfältige Präsentationsmöglichkeiten der Lernergebnisse in der Besprechungsphase vor.

Selbstlernphasen bergen immer auch die Gefahr der Überforderung und damit des Abbruchs von Selbststeuerung bei jenen, welche die erforderlichen fachlichen, methodisch/strategischen und sozial/kommunikativen Kompetenzen nicht in ausreichendem Maße aktivieren können. Hier bedarf es gezielter Coaching-Maßnahmen durch den Lehrenden. Wichtiger Ansatzpunkt für lernwirksame Selbstlernphasen ist die Vermittlung von **Lerntechniken** in Form der Primär-, Stütz- und Kontrollstrategien (vgl. SCHRÄDER-NAEF 1991). Zu den **Primärstrategien** gehören die Abruf- und Einprägetechniken (Mnemotechniken wie z. B. Eselsbrücken, Markierungen von Schlüsselbegriffen in der Aufgabenstellung). *Elaborationsstrategien* dienen dazu, neue Informationen mit bestehenden im Langzeitgedächtnis zu verankern, indem sie mit bestehenden Strukturen in Beziehung gesetzt werden. Nur wenn neue Inhalte an bekannte angeknüpft werden, können diese vom Lernenden effektiv verarbeitet werden. Beispielhafte Methoden im Unterricht hierzu sind: zu Beginn der Erschließung (Schlüssel-)Fragen stellen, Zusammenfassungen vornehmen, sowie Analogien bilden.

Das Erlernen von *Präsentationstechniken* kann ebenso in den Unterrichtsalltag eingebunden werden. Einige Beispiele sind:

■ Die Erstellung einer *Mindmap* kann als Ideenpool bei der Erschließung einer neuen Problemstellung verwendet werden. Zur Einführung dieser Methode kann dies in der gesamten Lerngruppe, nach einer gewissen Übungsphase oder in Einzel- oder Kleingruppenarbeit angewendet werden. Der Vorteil dieser Methode liegt eindeutig in seinem Kreativitätspotenzial, der Nachteil in einer möglichen Unübersichtlichkeit. Die Blickrichtung auf unterschiedliche Ansätze zur Lösung des Problems bzw. Aufgabe wird eindeutig geschärft. Weiterhin können Mindmaps auch im Bereich von Zusammenfassungen eingesetzt werden und dem Lernenden den Überblick über einen Themenbereich erleichtern (vgl. Kap. 8).

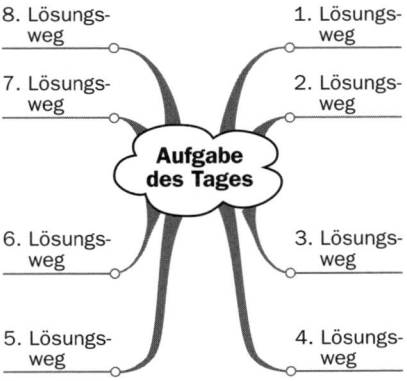

■ Bei Zusammenfassungen bieten sich *Redeketten* zur Aktivierung auch stillerer Teilnehmer an. Einer beginnt und gibt das Wort an seinen Nachbarn weiter, der ergänzt den Beitrag und gibt an seinen Nachbarn weiter. Die Lernenden gewöhnen sich so schrittweise an freie Präsentationen ihrer Ergebnisse.

■ Die Gestaltung von *(Lern-)Plakaten* oder das Erstellen eines allgemein zugänglichen „Spickzettels" für die Klassenarbeit können das inhaltliche Verständnis fördern und zugleich sinnvolle Visualisierungstechniken wie Variation der Schriftgröße oder die Einbindung von unterstützenden Bildern verdeutlichen.

Die Vermittlung von **Stützstrategien**, z. B. zur Konzentration und Selbstmotivation, und **Kontrollstrategien** (Planungsstrategien: Zeitplanung) erfordert mehr Zeitbedarf und ist eher in Angeboten außerhalb des 45-minütigen Unterrichtszirkels zu realisieren. Hier bieten sich z. B. Methodentage oder Arbeitsgemeinschaften in den Eingangsklassen 5 und 11 an. Zur Vorbereitung der Facharbeit können in der Jahrgangsstufe 12 fachbezogene und kursübergreifende Angebote hilfreich sein. Motivationsanreize zum Erlernen der Lerntechniken bieten neben der Anrechnung der Facharbeit als eine Klausurnote beispielsweise methodenzentrierte Fähigkeitsnachweise in Klassenarbeiten oder (noch unübliche aber mögliche) Qualifizierungshinweise in Zeugnissen.

Neben dem Erlernen von Techniken realisiert sich „Selbstständiges Lernen" in alltäglichen Unterrichtsphasen in unterschiedlichen *Szenarien*. An dieser Stelle sollen Wiederholungsphasen, Übungsphasen und Erarbeitungsphasen näher beschrieben und mit Beispielen belegt werden.

a) Wiederholungsphasen

Im Bereich der *Wiederholung* wurde der Anteil der Selbstständigkeit bzw. der Grad der Selbstverantwortung seit je her hoch eingeschätzt. Insbesondere zu Beginn des Schuljahres können selbstkontrollierte Lernstandsdiagnosen Anstoß und Ausgangspunkt für die weitere eigenständige Wiederholungsarbeit sein. Zielsetzung: *„Was muss ich können, damit ich in dieser Jahrgangsstufe erfolgreich mitarbeiten kann?"*[2] Im Rahmen von Lernerfolgsüberprüfungen, insbesondere in der Abiturvorbereitung, werden schon immer größere Themengebiete mit hoher Selbstständigkeit wiederholt. Dieser Arbeitsmodus lässt sich (mit Einschränkungen) auch vor Klausuren aktivieren.

---

2 Ein Beispiel für ein Instrument für eine solche Selbstdiagnose findet sich unter
   http://www.learnline.de/angebote/m-aufgaben

b) Übungsphasen

Keine Form von Unterricht kann ohne eine angemessene Berücksichtigung des Übens langfristig bestehen. Allerdings kommt es nicht darauf an, dass (zeitaufwändig) ‚gepaukt' wird, sondern von zentraler Bedeutung ist auch, wie geübt wird. Dabei kann das Üben nicht auf das Einschleifen von Routinen durch das Abarbeiten von „Aufgabenplantagen" reduziert werden. Eine solche Übungspraxis, die auf ein vorschnelles Automatisieren drängt und dieses im Wesentlichen durch das Einüben von Einzelroutinen anstrebt, wirkt sich kontraproduktiv auf die Verwirklichung aktiv-entdeckender Lernformen aus. Stattdessen muss Üben als integraler Bestandteil eines aktiven Lernprozesses gelten: Aus diesem Grunde sollte möglichst entdeckend geübt und übend entdeckt werden. WITTMANN (1990) und MÜLLER (1992) haben diese Übungstheorie „vom aktiv-entdeckenden Standpunkt" durch eine Vielzahl von Beispielen konkretisiert. Insbesondere haben sie aufgezeigt, dass beim Üben nicht nur die inhaltlichen, sondern auch die allgemeinen Lernziele des Mathematikunterrichts verfolgt werden sollten: kreativ sein, argumentieren, mathematisieren, sich ausdrücken können.

Beispiel **Lineare Gleichungssysteme**

Statt das Lösen von Gleichungssystemen auf einen konkreten Fall zu konzentrieren (vgl. linker Kasten im Bild), bietet es sich an, verschiedene Fälle selbstständig untersuchen zu lassen (vgl. rechter Kasten im Bild).
- Diskutiere die verschiedenen Fälle der Lösungsmenge.

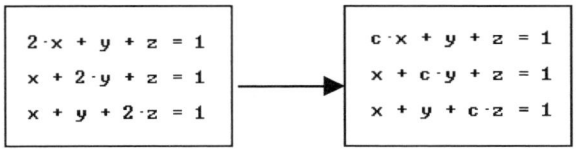

$$2 \cdot x + y + z = 1$$
$$x + 2 \cdot y + z = 1$$
$$x + y + 2 \cdot z = 1$$

$$c \cdot x + y + z = 1$$
$$x + c \cdot y + z = 1$$
$$x + y + c \cdot z = 1$$

- Ein Lösungselement eines Gleichungssystems kann vorgegeben werden und mögliche Ausgangsstrukturen sollen aufgespürt werden.
- Zur Selbsterfassung der Qualität des Lösungsverfahren können eigene Aufgaben erstellt werden, die für die Anwendung eines oder mehrerer vorgegebenen Verfahren (Gleichsetzungs-, Einsetzungs-, Additionsverfahren) besonders geeignet sind.

Durch eigenständige Variationen wird nicht nur das Behalten des Schemas gefestigt, sondern es wird die integrierte Anwendung von Schemata auf komplexere Aufgaben vorbereitet[3]. Weitere Beispiele zur Variation von Standardaufgaben finden sich in Kap. 4.2.

---

3 Beispiele finden sich in einem Erfahrungsbericht zur Jahrgangsstufe 11:
http://www.ruesing-essen.de/Klasse_11/klausurvorbereitung.htm

c) Erarbeitungsphase

Auch im Rahmen der *Erarbeitung* neuer Inhalte ist selbstständiges Lernen realisierbar. Hier ist insbesondere die Einbeziehung des Lernenden bei der Zielfestlegung, die Auswahl der zu erarbeitenden Gegenstände des Unterrichts, das Einbringen von Vorkenntnissen und ungeklärter Fragestellungen zu beachten. Hierzu zwei Beispiele, wo dieses umzusetzen wäre:

Beispiel 1 **Einstieg in die beschreibende Statistik (Gymnasiale Oberstufe)**
Kontext: Erste Begegnung mit der explorativen Datenanalyse durch Erkundung authentischen Datenmaterials; graphische Darstellungsmöglichkeiten sind Stängel-Blatt-Diagramm, Histogramm, Punktdiagramm und Box-Plot; Entdecken und Beschreiben von Auffälligkeiten, Bewertung von Verteilungen im Vergleich.
Dieses kleine Projekt von ca. 4 Wochen Dauer hat als Ausgangspunkt **Realdaten** der Lernenden. Gemäss dem Motto: Ein guter Datendetektiv braucht dreierlei: Techniken, Erfahrung und Intuition. Dann werden die eigenen Daten näher untersucht.
Sinnvolle Hilfsmittel zur Bearbeitung der größeren Datensätze sind: eine Tabellenkalkulationssoftware (TKS) oder spezielle Statistik-Programme wie *Fathom* oder *Medass Light* (vgl. Kap. 6.2). Eine **Lernendenmappe** (Arbeitsblätter als Arbeitsgrundlage, die Urliste der Daten elektronisch und als Papierausdruck und eine Übersicht zu verschiedenen Diagramm-Formen) hilft den Lernenden Ordnung zu halten und sich zu orientieren. Wesentlich bei diesem Ansatz ist, dass die Beschreibung der einzelnen Verteilungen bereits im Ansatz den Aspekt der Beurteilung im Blick hat.
Die Vielfältigkeit der Daten ermöglicht die Erarbeitung unterschiedlicher Aspekte und gibt Anregungen für eigene Erkundungen mit unterschiedlichem Schwierigkeitsgrad: *Welcher Datensatz interessiert dich besonders? Untersuche ihn auf Auffälligkeiten und beschreibe die Gestalt der Verteilung.*
Weitere Materialien finden sich bei VOGEL (2003).

Beispiel 2 **Alltagsmaterialien, diverse Jahrgangsstufen**
Gemäß dem Motto: „Mathematik kommt überall vor!" lassen sich anhand von Alltagsmaterial vielfältige selbstständige Erkundungen durchführen und Fragestellungen erschließen. So kann im Bereich der Jahrgangsstufe 7 der eigene (Bus-, Zug-, S-Bahn-)**Fahrplan** der Lernenden proportionale Beziehungen erschließen lassen.

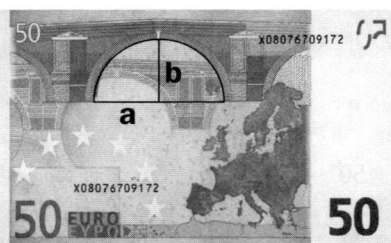

Möglicher Erkundungsauftrag: *Welche Zusammenhänge erkennst du? Welche Fragestellungen ergeben sich für dich?* **Brückenkonstruktionen** in der eigenen Umgebung, Brückenmotive auf den Euroscheinen, das im Internet frei verfügbare Bridge-Builder-Programm[4] können in der Jahrgangsstufe 11 funktionale Zusammenhänge erschließen lassen. Die folgende Fragestellung gibt im begrenzten Rahmen Möglichkeiten zum freien Experimentieren:

---

4 Download der Programme unter http://www.bridgebuilder-game.com

„Der 50-Euro-Schein stellt im oberen Teil eine Brücke dar. Auf dem Original ist die Spannweite a des inneren Brückenbogens 46 mm. b ist 20 mm lang. Überprüfe, welcher funktionale Zusammenhang vorliegt."
Eine weitergehende Fragestellung zu diesem Themenkomplex:
„Informiere dich über die so genannte ‚Cosinus-Hyperbolicus'-Funktion. Zeichne den Graphen und vergleiche ihn mit Parabel und Kreisbogen bzw. den dir real vorliegenden Brücken."

Lernumgebungen

Selbstständiges Lernen realisiert sich in dafür gestalteten Lernumgebungen. Der Begriff Lernumgebung lässt sich einerseits enger fassen und örtlich beziehen (Klassenraum als Lernumgebung), andererseits weiter und im übertragenen Sinne als Lernumwelt verstehen, d. h. als Gesamtheit aller Medien, die dem Lernenden in einer bestimmten Arbeitsphase zur Verfügung stehen.

In allen Fällen wird mit dem Begriff „Lernumgebung" ein gewisses Maß an Offenheit und damit ein Angebotscharakter assoziiert: Die Lernenden können die Ziele oder/und Wege zu deren Bearbeitung in einem gewissen Rahmen selbst wählen, vgl. HEINTZ/WITTMANN (2001). Eine Lernumgebung soll ein exploratives und entdeckendes Lernen ermöglichen. Der Begriff wird vor allem auf die Unterrichtsphase der Erarbeitung bezogen. In enger Verbindung damit steht die Vorstellung, dass eine geeignete Lernumgebung eine Individualisierung des Unterrichts ermöglichen soll. *Hilfesysteme* und Elemente der *Selbstkontrolle* sollten Bestandteile dieser an Selbstständigkeit ausgerichteten Phasen sein. Als organisatorische und methodische Bestandteile einer Lernumgebung bieten sich hier u. a. Freiarbeit, Stationenlernen (→ Kap. 7.4), Gruppenpuzzle oder die Kugellagermethode an (siehe z. B. LEUDERS 2001, S. 141 ff.).

Grundsätzlich sind bei der Unterrichtsplanung mehrere Komponenten zu berücksichtigen, um die Offenheit der Lernumgebung zu sichern. Die Bearbeitung der Aufgabenstellung sollte eine Vielfalt der Argumentationsebenen ermöglichen. Damit sind häufig auch Möglichkeiten der Binnendifferenzierung verbunden. Bei der eigenständigen Erschließung sind Hilfsmittel zur Selbstkontrolle einzuplanen. Auch Phasen der Reflexion sollen in das Lernarrangement mit eingeplant werden.

Was sind mögliche **Unterstützungsmaßnahmen** für diese Anwendung des selbstständigen Lernens?
- Zur Erhöhung der *Übersichtlichkeit* der Schülermaterialien kann ein Inhaltsverzeichnis im Arbeitsheft oder in der Arbeitsmappe beitragen.
- Wird die Vielfalt der Erarbeitungsmöglichkeiten erhöht, kann zwangsläufig nicht mehr alles Erarbeitete in allgemeinen Besprechungsphasen vorgestellt werden. Damit der Lernende seinem individuellen Lernprozess nachspüren

und hierzu Hilfestellungen vom Lehrenden erhalten kann, werden Aufzeichnungen in sprachlicher Form benötigt. Hier können Lerntagebücher helfen, die die individuellen Lernschwierigkeiten und Fragen der Lernenden widerspiegeln (vgl. Kap. 3.2).

■ In länger andauernden Phasen der eigenständigen Erarbeitung außerhalb des Unterrichts bieten sich Diskussionsforen an. In nicht-öffentlich eingerichteten Chatrooms[5] können Lernende, die für einzelne Themenbereiche als Experten festgelegt werden, Kommunikation und damit auch Unterstützungshilfe für andere Lernende leisten. Die Förderung des selbstverantwortlichen Lernens kann durch die Verpflichtung zur Übernahme eines Expertenwissens gestärkt werden. Weiterhin sind diese außerunterrichtlichen Stützangebote in Form von Chats oder Foren auch für leistungsschwächere Teilnehmer hilfreich.

Sorge bereitet den Lehrenden im Rahmen des selbstständigen Lernens häufig die Beurteilungsproblematik. Hier kann die Orientierung *weg vom Produkt hin zum Prozess* hilfreich sein. Neben einer ausführlichen Präsentation sollten die schriftliche Dokumentation der Erarbeitung sowie Zwischengespräche über den Bearbeitungsstand bei längeren Phasen der freien Erarbeitung die Beurteilungsgrundlage bilden[6]. Grundsätzlich sind noch andere Vorgehensweisen zur Beurteilung denkbar, einige Ansätze stellt Kap. 8 dar.

„Interaktive Arbeitsblätter" als Computer-Lernumgebung

Die neuen Medien sind aus dem Unterrichtsalltag nicht mehr wegzudenken. Sie sind zum einen Bestandteil einer komplexen Lernumwelt, können aber auch selbst als eine in sich geschlossene Lernumgebung angesehen werden. Dabei stellen die Besonderheiten in der Bedieneroberfläche und eine dadurch bedingte technische Komplexität für den Lernenden noch wesentliche Hindernisse für die Umsetzung im Unterricht dar. Verschiedene CAS, TKS und DGS versuchen inzwischen über einen HTML-Export dem Anspruch der Vereinheitlichung und einer vereinfachten, programmunabhängigen und intuitiven Bedienung Rechnung zu tragen. Diese Browsersteuerung kann durch seine Bedienerfreundlichkeit und den hohen Nutzungsgrad für das selbstständige Lernen hilfreich sein. Zunehmend kommen dadurch ‚interaktive' Arbeitsblätter im Unterricht zum Einsatz.

---

5 Eine kostenlose Möglichkeit Chatrooms oder virtuelle Klassenräume für Lerngruppen einzurichten, bietet beispielsweise http://www.lo-net.de.
6 Einen praktikablen Ansatz zur Beurteilung im offenen Unterricht zeigt: BOHL, Th. (2001), S. 96.

Dabei gibt es durchaus ein unterschiedliches Verständnis von Interaktion. Durch die Variation der Variablenwerte a, b und c kann der Lernende mit Hilfe eines vorgefertigten Arbeitsblattes, in der Abbildung erstellt mit Hilfe einer TKS, Eigenschaften von Termen durch Entdecken von Übereinstimmungen von Termwerten erschließen. Ergänzungen oder Veränderungen an den Bestandteilen des Arbeitsblattes kann er jedoch hier nicht vornehmen.

Zum einen wird schon diese Veränderung von Zelleninhalten oder einer Zeichnung im Zugmodus auf der Oberfläche einer DGS als Reaktion auf die Aktion des Akteurs verstanden, zum anderen eine automatische Antwort des Computers an den Lernenden in Form von „richtig/falsch". Davon zu unterscheiden ist die Qualität einer Interaktion in Form einer Rückmeldung zu einer individuell durchgeführten Konstruktion, zeitverzögerte Hilfestellungen und Rückmeldungen zur erstellten Lösung in Bild und Schrift (vgl. HEINTZ, 2003), auf die im Folgenden näher eingegangen wird. Die vielfältigen, vorliegenden Beispiele[7] können Ansätze von Selbstlernen verdeutlichen. Deshalb konzentrieren sich die folgenden Ausführungen auf den Themenbereich der Schulgeometrie. Die neuen Formen der Ergebniskontrolle, beispielsweise durch den „Beweiser" bei *Cinderella*, vgl. Kap. 6.2, sind dabei wegweisend.

	A	B	C	D
1	**Aufgabe:Termberechnungen**			
2	Berechne den Wert des Terms			
3	für verschiedene Variablenwerte			
4	durch Eintippen in die vorgegebene Zellen.			
5	Was fällt auf?			
6	Wie sind die Auffälligkeiten zu erklären?			
7				
8				
9	**Variable**	**Variablenwert**		
10	a			
11	b			
12	c			
13				
14	**Term**	**Wert des Terms**		
15	a + b			
16	a - b			
17	c*a + c*b			
18	c*a - c*b			
19	c*(a + b)			
20	(a - b)* c			
21	a(a - b)			
22	a*a - b*b			

---

7 Vgl. auch die wegweisende CD-Sammlung von ELSCHENBROICH, H. J./SEEBACH, G. (2002), die Aufgaben zu den Klassenstufen 7–10 enthält.

Beispiel 1

Thema: Umkreis, Jahrgangsstufe 7 (umgesetzt mit der DGS *Cinderella*)
Kontext: Grundkonstruktionen mit Zirkel und Lineal
Die Abbildung auf dieser Seite zeigt, wie die herkömmliche Schulbuchaufgabe *„Konstruiere einen Punkt, der von drei vorgegebenen Punkten A, B und C gleich weit entfernt ist."* in ein interaktives Arbeitsblatt umgesetzt worden ist. Wo ist nun der Unterschied zwischen einem Papierarbeitsblatt und einem Arbeitsblatt, welches mit einer Browseroberfläche dargestellt und bearbeitet wird? Und wodurch zeichnet sich diese Computer-Lernumgebung aus?

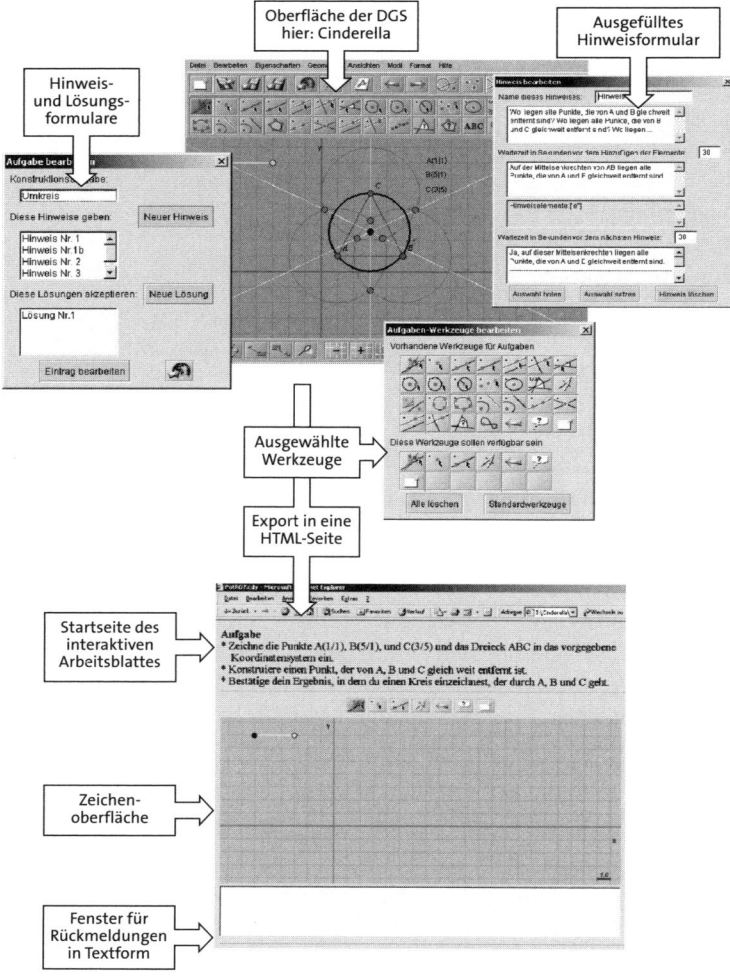

Export einer Schulbuchaufgabe in eine interaktive DGS-Oberfläche

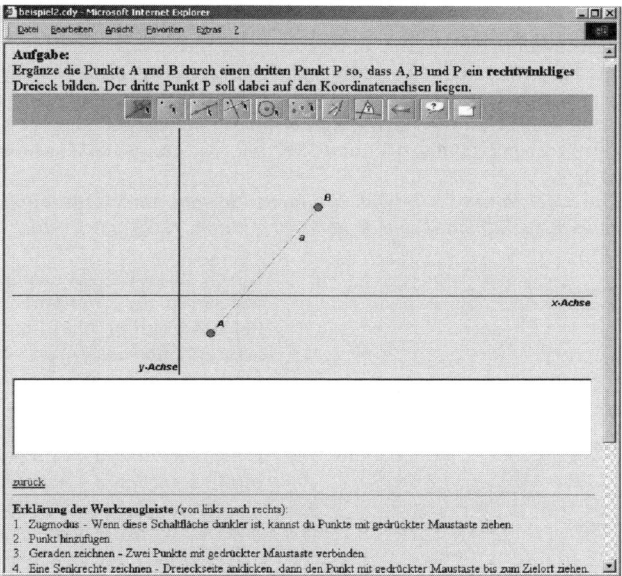

Oberfläche des interaktiven Arbeitsblattes

Die Besonderheiten des interaktiven Arbeitsblattes bestehen zum einen in der Möglichkeit von textlichen und visuellen Rückmeldungen in Form von Hilfestellungen, zum anderen in der Lösungskontrolle einer vom Lernenden durchgeführten Konstruktion (vgl. HEINTZ 2001a). Eine Bestätigung über das Erreichen von Zwischenlösungen und damit eine Erfolgskontrolle für den Lernenden sind wesentliche förderliche Komponenten für den Lernprozess. Gestützt durch die Bestätigung des bereits Erreichten, hier im Beispiel 1 der Konstruktion des Umkreises, sind nun weitere Entdeckungen möglich. *„Haben nur Dreiecke einen Umkreis, wie ist dieses bei einem Viereck?"* ist nur eine mögliche Variante für weitere selbstständige Erkundungen der Lernenden. Dazu können auf der Bedieneroberfläche selbstständig weitere Konstruktionen und Messungen vorgenommen und Zusammenhänge entdeckt werden, ohne dass diese vom Lehrer vorher detailliert vorgegeben werden. Der Lehrende steckt zu dieser Erkundung allerdings den Rahmen durch die zur Verfügung stehenden Werkzeuge, die er bei der Erstellung des Arbeitsblattes auswählt. Dadurch schränkt er aber auch unnötige technische Schwierigkeiten ein. Die Einschränkung der Werkzeuge macht in diesem Zusammenhang zusätzlich Sinn, da eine Zielsetzung dieser Unterrichtseinheit das Erstellen von Grundkonstruktionen mit Zirkel und Lineal ist.

Weitere binnendifferenzierende Fragestellungen kann er in den Hinweiselementen bei der Erstellung der Aufgabe integrieren. Allerdings werden diese zusätzlichen Hinweise erst für den Lernenden sichtbar, wenn er einen gewissen Lernschritt bereits erreicht hat. Durch wird vermieden, dass der Lernende vorzeitig auf vorbereitete Hilfestellungen zurückgreift. Die Bestandteile des Arbeitsblattes auf der DGS-Oberfläche und den Export in eine HTML-Seite zeigt das dargestellte Ablaufschema.

Beispiel 2

Thema: Koordinatengeometrie, Sekundarstufe II

Die Koordinatengeometrie[8] ist ein ertragreiches Zwischengebiet, zwischen der Analysis und der Beschreibenden Statistik. NIEMANN (1990) stellte einen Ansatz vor, der für den Lernenden bekannte Sachverhalte der Elementargeometrie an einer ihm unbekannten Problemstellung nochmals aufrollt. Ausgangspunkt ist folgende Aufgabenstellung:

Gegeben sind zwei Punkte A und B, die nicht auf den Koordinatenachsen liegen. Kann man einen Punkt C auf den Achsen so wählen, dass das Dreieck ABC rechtwinklig ist?

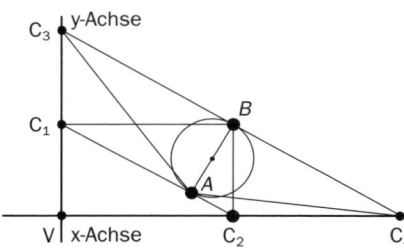

Fall a): 4 mögliche Lösungen; rechte Winkel liegen nur bei A und B.

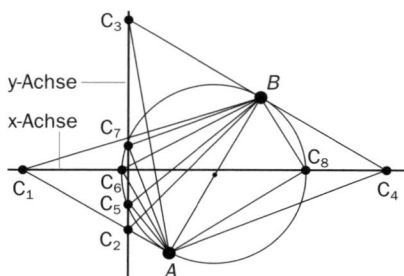

Fall b): 8 mögliche Lösungen; Schnittpunkte des Thaleskreises mit den Koordinatenachsen

Durch diese Aufgabenstellung werden verschiedene Themenbereiche der Sekundarstufe I, die Inhalte von Thaleskreis über das Lösen von linearen, quadratischen und Bruch-Gleichungen bis hin zur Aufstellung von Kreisgleichungen, wiederholend integriert. Die Umsetzung der Aufgabenstellung in ein interaktives Arbeitsblatt[9] zeigt die Abb. (vgl. HEINTZ 2003).

Zur Lösung muss der Lernende Argumentationsketten aufstellen und Fallunterscheidungen hinsichtlich der Lösungsvielfalt von quadratischen Gleichungen vornehmen, denn je nach Lage im Koordinatensystem ergibt sich dann eine veränderte Anzahl von Schnittpunkten mit den Koordinatenachsen. Diese besonderen Lagen müssen selbstständig ermittelt und die Abhängigkeiten der Lösungsmenge von der Anordnung der Punkte A und B im Koordinatensystem erkannt, Lösungsvarianten in bezug auf die Lage des rechten Winkels bei A bzw. B oder auch bei C ermittelt werden. Liegen beispielsweise A und B im I. Quadranten, wie Fall a) zeigt, ergeben sich nur vier verschiedene Lösungen.

Liegen A und B im I. und IV. Quadranten, siehe Fall b), erhöhen sich die Lösungen durch die Schnittpunkte des Thaleskreises mit den Koordinatenachsen. Weiterhin kann die vorgegebene Lage der Ausgangspunkte A und B verändert und Spezialfälle weiter untersucht werden, siehe Fall c).

---

8 MSWWF (1999), Richtlinien und Lehrpläne für die Sekundarstufe II, S. 14 ff.
9 Download des Arbeitsblattes möglich unter: http://www.mathe-ecke.de

Setzt man die Arbeitblätter in interaktive Arbeitsblätter um, dann kann der Lernende durch die Möglichkeit der Bewegung auf einen Blick verschiedene Situationen entdecken. Wesentlich ist, dass der Lernende die Einzelprobleme selber entdecken und in seiner Relevanz beurteilen muss.

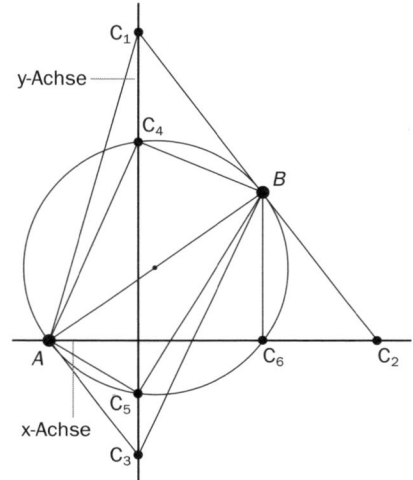

Neben den integrierten Hinweisen im interaktiven Arbeitsblatt können dann den Lernenden Hilfestellungen zur Aufarbeitung ihrer Lücken aus dem Wiederholungsstoff angeboten werden. Methodisch bietet sich hier das Stationenlernen an. Dabei entscheidet der Lernende und nicht der Lehrende, welchen Themenbereichen er sich

Fall c): Sonderfall; A liegt auf der x-Achse.

aufgrund seiner Wissenslücken verstärkt widmen muss.

Worauf ist nun zu achten, damit sich im Rahmen dieser Computer-Lernumgebung selbstständiges Lernen verwirklichen lässt?

Das Lernen in dieser Lernumgebung realisiert sich in verschiedenen Prozessstufen. Wesentlich ist hier, ein geeignetes Maß an Freiheit zur selbstständigen Arbeit und notwendiger Anleitung zu finden. Mögliche Unterstützungsmaßnahmen durch den Lehrenden zeigt die folgende Übersicht. Bezogen auf den Unterrichtsprozess sind folgende Dinge zu beachten (s. Abb. S. 262)

Der eigentliche Erkundungsauftrag, der sich u. U. aus Lernendenfragen ergeben hat, sollte möglichst knapp beschrieben werden, um eine Engführung zu vermeiden. Bei der Öffnung von Fragestellungen ist die Suche nach unterschiedlichen Lösungsansätzen und -wegen zu betonen. Durch das verstärkte Auftreten grafisch-elementarer Methoden erscheint der Bereich des Begründens und Argumentierens umso dringlicher. Insofern sind beim Lernenden Ergebnisfixierungen sowie Kommentierungen in Schrift und Bild einzufordern. Die Fixierungen von Vorhersagen und Vermutungen in der eigentlichen Computer-Arbeitsphase sollten den Lernenden ermöglichen, den eigenen Erkundungsauftrag und Lernprozess im Blick zu behalten und das eigene Spektrum an möglichen Lösungsansätzen für den persönlichen Lernerfolg zu bilanzieren. Durch das Erlernen der Handhabung von Werkzeugen grafischer Zeichenprogramme wird die Fähigkeit des händischen Zeichnens nicht überflüssig, deshalb sind auch mit DGS erstellte Konstruktionen per Hand ins Heft zu übertragen.

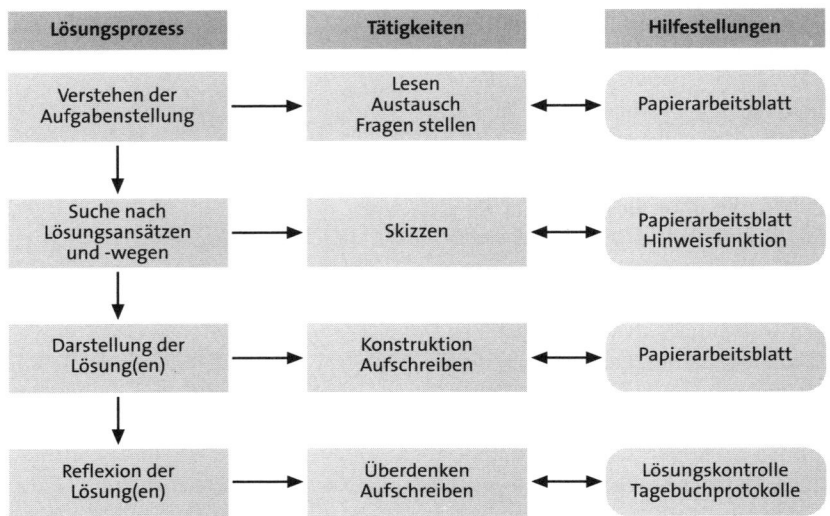

Hilfsangebote des Lehrenden zu den Arbeitsphasen des Unterrichts

Obwohl durch die gestuften Hinweiselemente und die integrierten Lösungs-kontrollen den Lernenden auf jeden Fall ‚ein' Ergebnis bekannt ist, wird eine Besprechung der Ergebnisse nicht überflüssig. Allerdings verlagert sich die Be-sprechungsphase von einer reinen Kontrollfunktion weg hin zu einer Analyse des durchgeführten Prozesses. Der Schwerpunkt der Lösungspräsentationen durch die Lernenden liegt nun in erster Linie auf der Art und der Qualität der Begründungen ihrer Konstruktionsschritte und der Betrachtung und Diskussion von differenzierten Lösungswegen. Als Fortsetzung der Besprechungsphase bieten sich Tagebuchprotokolle oder Lerntagebücher an, um weitere, in der selbstständigen Arbeitsphase erreichten Arbeitsergebnisse festzuhalten sowie Lernschwierigkeiten zu analysieren. Zur Gestaltung dieser Tagebuchprotokol-le können Leitfragen wie „Was habe ich heute dazugelernt? Welche Schwierig-keiten habe ich ‚wie' erfolgreich bewältigt? Welche Fragen sind noch offen ge-blieben?" Hilfestellung geben. Unnötige Vorgaben hinsichtlich Form und Umfang sollten unterbleiben. Diese persönliche Reflexionsphase kann den Lernprozess effektiv unterstützen, insbesondere wenn sie sich außerhalb des Beurteilungsrahmens vollzieht.

Zusammenfassend kann man sagen, dass die weitere Entwicklung und der didaktische ‚Mehr'-Wert dieser medialen Lernumgebung für das selbstständi-ge Lernen im Auge behalten werden sollte.

7 Mathematikunterricht planen

Allgemeine Modelle der Unterrichtsplanung und Unterrichtsvorbereitung gibt es in vielfältigen Variationen. Die wohl einflussreichsten (KLAFKI 1985, SCHULZ 1981) fußen auf bildungstheoretischen bzw. lern-/lehrtheoretischen didaktischen Modellen und beschreiben systematische Verfahren einer theoretisch reflektierten Unterrichtskonstruktion. (Eine Übersicht findet man z. B. bei JANK/MEYER 1993 oder MEYER 1991). Solche Planungsmodelle liefern Kriterien für die vielfältigen Entscheidungen, die in den verschiedenen Stufen von der Perspektivplanung bis zur Planung einer Einzelstunde hinsichtlich Themenwahl und Methodik zu treffen sind. MEYER (ebd., S. 180) spricht von „Feiertagsdidaktiken" dort, wo sich solche Modelle nicht hinreichend auf die Rahmenbedingungen eines realen Schulalltags von Lehrerinnen und Lehrern beziehen. Die tatsächliche Unterrichtsplanung vollzieht sich pragmatisch und, was die Wahl der theoretischen Hintergründe angeht, wohl auch in hohem Maße eklektisch:

■ Es wird nicht jede einzelne Stunde geplant und niedergelegt, sondern viele Elemente des Unterrichtens werden eingespielten Handlungsroutinen überlassen.

■ Rahmenbedingungen (z.B. Lernvoraussetzungen) werden nicht systematisch und vorab erhoben, sondern im Prozess wahrgenommen, um dann flexibel darauf zu reagieren.

■ Eine Orientierung für die Perspektivplanung des Unterrichts liefern (vor allem im Mathematikunterricht) eingeführte Schulbücher und (in geringerem Maße) detaillierte Stoffverteilungen der Lehrpläne.

■ Viele Entscheidungen sind nicht dem Lehrenden freigestellt, sondern werden durch organisatorische Rahmenbedingungen diktiert (Stundenplan und Stundentakt, Vorschriften der Leistungsbewertung).

Pragmatische Modelle der Unterrichtsplanung sollen sowohl theoretische Hintergründe als auch praktikable Anregungen für mögliche Gestaltungsansätze liefern. Sie lassen sich meist in Form eines Prinzipienkatalogs formulieren, der (flexible) Handlungsanleitungen gibt, die in einem reflektierten Gesamtzusammenhang stehen. GRELL und GRELL (1993) breiten beispielsweise eine detaillierte Kritik am traditionellen Modell des fragend-entwickelnden Unterricht aus, das sie als „Erarbeitungsschema" bezeichnen. Ihm stellen sie ein Alternativmodell gegenüber und nennen es pragmatisch-trotzig „Unterrichtsrezept", das verkürzt beschrieben etwa so verläuft:

Lernbereitschaft fördern – informierender Unterrichtseinstieg – Lernaufgaben für Lernerfahrungen in selbstständiger Arbeit – Hilfen zur Loslösung – Feedback, Weiterverarbeitung, Evaluation.

Ein solches Modell für die Unterrichtsgestaltung hilft, sich gegen die Fußangeln eingefahrener Traditionen zu wappnen, kann aber nur bedingt als ein umfassendes Modell für Unterricht in allen Phasen und Fächern befriedigen.

Es gibt ebenfalls Modelle, die stärker auf die Besonderheiten des Mathematikunterrichts eingehen, wie etwa der Ansatz von PREDIGER (2001), die **Mathematikunterricht als interkulturelles Lernen** sieht. Diese Metapher lässt sich in Analogie zu (idealisierten) Lernprozessen bei einem Schüleraustausch mit dem Ausland verstehen: Schülerinnen und Schüler nähern sich der Mathematik wie einer fremden Kultur, über die sie einiges erfahren, ein Stück weit in ihr leben und dabei versuchen, sich den Verhaltensweisen und Denkweisen anzupassen, ohne ihre eigene Kultur dafür aufzugeben.

Ansätze wie dieser, die bestimmte Aspekte des Mathematikunterrichts betonen, sind bereits in den Kapiteln 4.2 (problemlösender Unterricht) und 5.2 (projektorientierter Mathematikunterricht) angeklungen. Ihnen ist gemeinsam, dass sie nicht allein allgemeine Elemente des Lernens organisieren (wie z. B. Motivieren, Vernetzen, Einüben, etc.), sondern spezifische mathematische Prozesse zum Ausgangspunkt der Unterrichtskonstruktion machen.

Ein Übersichtsmodell für die Planung von Mathematikunterricht, das die in diesem Band vielfach propagierte **Prozessorientierung** ins Zentrum rückt, soll in Kap. 7.1 detaillierter vorgestellt werden. Kap. 7.2 stellt ergänzend dar, wie der Lehrende seinen theoretischen Hintergrund in Form eines „Perspektivenbaums" ausbreiten und für die Unterrichtsgestaltung produktiv machen kann. Schließlich bietet Kap. 7.3 in Form eines Erfahrungsberichtes einen pragmatischen Ansatz zur Förderung von Selbstständigkeit im Mathematikunterricht.

Diese Vorschläge beziehen sich vor allem auf die mittelfristige Unterrichtsplanung. Eine umfangreiche „Methodenkiste" für die vielfältige Gestaltung von Unterrichtsprozessen innerhalb der einzelnen Unterrichtsstunde würde an dieser Stelle die Darstellung sprengen. Für eine mathematikbezogene Behandlung von Unterrichtsmethoden und –formen (Instruktionstechniken, Kreativitätstechniken, kooperative und diskursive Unterrichtsformen) sei der Leser und die Leserin auf die einzelnen Beispiele in diesem Band und in LEUDERS (2001) verwiesen.

7.1 Prozessorientierter Mathematikunterricht

Timo Leuders

Der deutsche Mathematikunterricht ist inhaltlich geprägt von einer curricularen Tradition, die sich stark an der **Systematik fachlicher mathematischer Inhalte** orientiert. Gänzlich andere Ausrichtungen sind ebenfalls möglich und auch praktikabel, wie etwa die des niederländischen *wiskunde A*-Unterrichts an lebensweltlichen Anwendungszusammenhängen (vgl. Kap. 4.4).

Auch auf der Ebene der Unterrichtsabläufe lassen sich traditionelle Verlaufsmuster ausmachen. Ein solches **Skript** zeigt typischerweise in etwa die folgende Schrittfolge (STIGLER 1999, S. 78):

Wiederholung vorhergehenden Materials – Präsentation eines Themas oder eines Problems – Entwicklung von Prozeduren zur Problemlösung (meist im fragend-entwickelnden Frontalunterricht) – Einüben.

Als implizite Hintergrundtheorie eines solchen Vorgehens lassen sich didaktische Prinzipien („vom Einfachen zum Schwierigen") aber auch subjektive pädagogische Alltagstheorien ausmachen („Man muss erst die Grundlagen gründlich verstehen, bevor man sie anwenden kann".).

Die hiermit beschriebene Orientierung steht auch in enger Verbindung zu erkenntnistheoretischen Grundpositionen (vgl. Kap. 2.1), die sich in mathematischen Weltbildern von Lehrerinnen und Lehrern (*belief systems*) niederschlagen: Ob Mathematik als abgeschlossener Wissenskorpus oder als Gebiet aktiver Erfindung gesehen wird, ob ihre formal-deduktive Begründungsstruktur oder die explorativ-induktive Beschäftigung mit ihr im Vordergrund steht, hat zumindest mittelbare Auswirkung auf die Unterrichtsgestaltung. Solche mathematischen Weltbilder sind inzwischen empirisch erforscht und man kann beispielsweise einen Antagonismus der Sicht von Mathematik als *System* und als *Prozess* ausmachen (vgl. z. B. GRIGUTSCH/TÖRNER 1998).

Mathematische Inhalte und mathematische Prozesse

An dieser Stelle möchte ich ein Modell für die Unterrichtsplanung vorstellen, das die in vielen der vorangehenden Kapitel vertretene Sicht auf Mathematikunterricht zusammenfasst. Die Schulmathematik wird in diesem Buch weniger als fachlich organisiertes System von Inhalten gesehen (daher gibt es auch kein Kapitel „Algebra" oder „Geometrie"), sondern als ein dynamischer „Prozess des Mathematikbetreibens". Dieser Prozess umfasst eine Vielzahl von fachspezifischen, aber auch fachübergreifenden Aktivitäten, wie z. B. das Erkunden, das Problemlösen, das Modellieren, das Argumentieren und Beweisen. Dabei sind natürlich die mathematischen Inhalte nicht ins Belieben gestellt oder auswechselbar. Es gilt weiterhin, dass ein auch inhaltlich kohärentes und repräsentatives Bild von Mathematik dem Unterricht zugrunde liegen muss. Allerdings richtet ein **prozessorientierter Unterricht** das Augenmerk weniger auf die Summe des zu lernenden Stoffes, als auf die mathematischen Prozesse, die bei diesem Lernen ablaufen. Dies lässt sich durchaus auch verstehen als die klassische Forderung nach einer Stärkung formaler Bildung gegenüber materialer Bildung. Besonders für den Mathematikunterricht gilt: Die Inhalte müssen sich danach befragen lassen, ob es um ihre nachhaltige reproduzierbare Beherrschung geht, oder ob sie nur das Medium darstellen, in dem mathematisches Denken und Arbeiten erlernt werden soll (vgl. hierzu „Mathematische Allgemeinbildung" Kap. 2.3).

Die Bedeutung mathematischer Prozesse für das Lernen von Mathematik gewinnt zunehmend an Aufmerksamkeit, und dies nicht nur *ex negativo*, wie z. B. in der Kritik am fragend-entwickelnden Unterricht. Auch in Lehrplänen, vor allem im englischen Sprachraum, schlägt sich seit Jahren eine ausdrückliche Prozessorientierung nieder. Stellvertretend (weil führend) seien hier die Standards für den Mathematikunterricht des nordamerikanischen *National Council of Teachers of Mathematics* (NCTM 2000) genannt. Neben den klassischen inhaltsbezogenen Bereichen des Mathematikunterrichts werden gleichberechtigt auch Standards für prozessbezogene Bereiche formuliert:

Standards zu mathematischen Inhalten	Standards zu mathematischen Prozessen
■ Zahl und Verknüpfung ■ Algebra (*darin: Funktionen, Muster*) ■ Geometrie ■ Messen (*darin: Größen*) ■ Datenanalyse und Wahrscheinlichkeit	■ Problemlösen ■ Begründen und Beweisen ■ Kommunizieren ■ Verbindungen (*darin: Vernetzen, Anwenden, Begriffsbilden*) ■ Repräsentieren (*darin: Darstellen, Modellieren*)

(NCTM 2000, kursive Begriffe zur Erläuterung eingefügt)

Die inhaltliche Organisation des Unterrichts über die fachsystematischen Bezüge und Zusammenhänge der verschiedenen Themenbereiche (Geometrie, Algebra, Statistik, ...) hat bereits eine bewährte Tradition. Seit vielen Jahren wird daneben auch eine Orientierung an übergreifenden **Leitideen** oder auch fundamentalen Ideen propagiert (Zahl, räumliches Strukturieren, Algorithmus, ...). Dies zielt vor allem auf das Verstehen übergreifender Zusammenhänge und auf kumulatives Lernen, ist aber immer noch an Inhalten orientiert. Wie aber kann man einen Unterricht gestalten und organisieren, der die mathematischen Prozesse (zumindest gleichberechtigt zu den Inhalten) als Orientierungspunkt nimmt? Hierfür soll im Folgenden ein Modell für die Unterrichtsplanung vorgeschlagen werden, das unsere Kenntnisse von der Vielschichtigkeit mathematischen Erkenntnisgewinns, wie sie in Kap. 2.1 geschildert wurden, zum Ausgangspunkt nimmt und konsequent und pragmatisch für das Lernen und Unterrichten von Mathematik weiterentwickelt. Dabei wird sich zeigen, dass bewährte Unterrichtskonzepte und die vielfältigen Ideen der vorangehenden Kapitel zu mathematischen Prozessen organisch in diesem Modell aufgehen.

Kontexte mathematischen Arbeitens

Prozesse des Erkenntnisgewinns in der Mathematik finden, wie die wissenschaftstheoretische Analyse zeigt, in zwei komplementären Arbeitskontexten statt, in denen jeweils eigene Modi des Arbeitens, Denkens und Kommunizierens vorherrschend sind (s. a. Kap. 2.1, S. 28). Im **Kontext der Entdeckung** (*context of discovery*) – überzeugte Konstruktivisten mögen hier „Kontext der Erfindung" schreiben – werden Zusammenhänge erkundet, Vermutungen aufgestellt, Beispiele gesammelt. Der Arbeitmodus ist eher induktiv, intuitiv und divergent. Im **Kontext der Validierung** (*context of validation*) hingegen geht es um die Auswahl von Verfahren, die strenge Prüfung von Vermutungen, aber auch um die Bewertung von Resultaten. Der Arbeitsmodus ist eher deduktiv, formal und konvergent. Beim erfahrenen Mathematiker greifen Prozesse des Entdeckens und des Validierens eng ineinander und wechseln sich beständig ab. Lediglich in den mathematischen Publikationen wird der Erfindungsprozess zugunsten der ausschließlichen Darstellung der Validierungsschritte eliminiert. BETTINA HEINTZ (2000, S. 120) fügt diesen beiden Arbeitskontexten – mit Blick auf die auch in der Mathematik bedeutsamen sozialen und kommunikativen Prozesse – noch einen weiteren hinzu: Im **Kontext des Überzeugens** (*context of persuasion*) geht es darum, Ergebnisse weiterzugeben, sie als bedeutsam darzustellen und für ihre Akzeptanz zu werben.

Die genannten drei Kontexte beschreiben die Mathematik als in sich abgeschlossene Wissenschaft, die so genannte „reine Mathematik". In ihrer Rolle als „angewandte Mathematik" erfüllt die Mathematik aber auch die Funktion eines universellen und erstaunlich mächtigen Instrumentes zur Beschreibung von Phänomenen der „äußeren Welt". Daher möchte ich einen vierten Kontext, mit wiederum eigenen Arbeits- und Denkmodi, hinzufügen: Im **Kontext der Anwendung** (*context of application*) geht es darum, mathematische Modelle zu konstruieren, mit ihrer Hilfe Vorhersagen zu treffen und sie so an der Wirklichkeit zu validieren (eine gänzlich andere Form der Validierung als die oben beschriebene!).

Ein solcher Blick auf die Vielgestaltigkeit der mathematischen Tätigkeiten lässt sich, wie im Folgenden gezeigt wird, mit Gewinn als Instrument zur Analyse und zur Konstruktion von Mathematikunterricht verwenden. Dabei sollen die aus der wissenschaftstheoretischen Analyse stammenden Kontexte nicht unreflektiert auf die Schule projiziert werden, sondern als **Prozesskontexte** im Rahmen des Mathematikunterrichts eine z. T. eigene Ausdeutung bzw. Schwerpunktsetzung erhalten.

Prozesskontexte im Mathematikunterricht

Die im folgenden beschriebenen vier Prozesskontexte des Mathematikunterrichts sind weder als gänzlich disjunkte Bereiche noch als notwendig chronologische Abfolge aufzufassen. Sie umfassen jeweils spezifische Handlungs-, Bewertungs- und Kommunikationsmuster. Im Anschluss an ihre allgemeine Beschreibung wird ihre Nützlichkeit als Instrument zur Analyse und zur Konstruktion von Unterricht am Beispiel einer konkreten Unterrichtssequenz dargestellt.

Vier Prozesskontexte im Mathematikunterricht

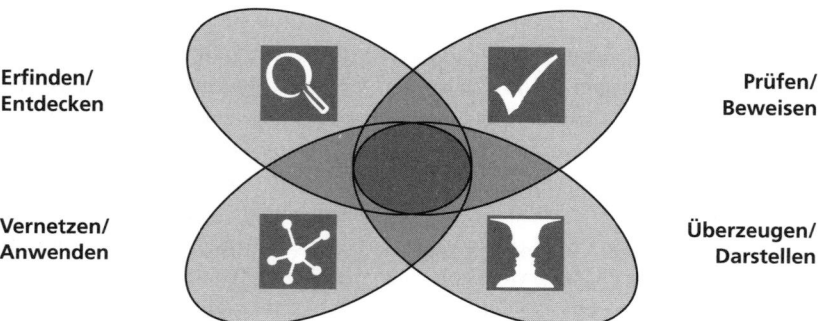

Erfinden/
Entdecken

Prüfen/
Beweisen

Vernetzen/
Anwenden

Überzeugen/
Darstellen

Prozesskontext des Erfindens und Entdeckens: Hier spielen vornehmlich induktive und intuitive Prozesse eine Rolle. Auch das experimentelle (quasi-empirische) Arbeiten ist eine konstitutive Komponente mathematischen Erkenntnisgewinns. Prozesse, die hier stattfinden, sind z. B.: Spezialisieren, Beispiele und Modelle suchen, Probleme finden und bewerten, Vermutungen aufstellen.

Unterrichtsphasen, die dem Kontext der Erfindung und Entdeckung zuzuordnen sind, sind vor allem durch Offenheit geprägt. Hier kann es nicht darum gehen, dass Schülerinnen und Schüler binnen kurzem und auf einem vom Lehrer abgesteckten Weg feststehende Verfahren und Regeln entdecken. Offenheit bedeutet hier, dass es hinreichend Gelegenheit gibt, sich mit einem Problem vertraut zu machen, seine subjektive Position zu einem Problem zu erkennen und auch äußern zu dürfen, sodann eigene Wege zu gehen und dabei auch eigene mathematische Probleme zu entdecken.

Bei dieser Arbeit ist man notwendig ungenau und vage, verläuft sich im Dickicht, geht Umwege, entdeckt unerwartete Lichtungen. Kreativität kann sich dabei nur entfalten, wenn es ein Recht, ja sogar eine Pflicht zum Abweichen gibt. In solchen Phasen ist es vor allem wichtig, Fehler zuzulassen und frühzeitige Bewertungen durch den Lehrer zu vermeiden.

Die Aufgabe des Lehrenden ist hier, hinreichend vielschichtige Kontexte und offene Fragstellungen darzubieten. Das Ergebnis solcher offener, divergenter Unterrichtsphasen ist notwendig eine Vielfalt von Ideen und Ansätzen. Der Lehrende sollte die sich ergebenden Ansätze und Ideen möglichst individuell würdigen (oder durch Mitschüler würdigen lassen), aber auch auswählen, bzw. die nachfolgende Auswahl und Bewertung moderieren.

Ansätze für die Gestaltung solcher Unterrichtsphasen finden sich vor allem in den Kapiteln 4.2 (Problemlösen) und 4.3 (Kreativität). Als Instrumente für die Dokumentation des Entdeckens und Erfindens eignen sich vor allem Forschungstagebücher (→ Kap. 3.2).

 Prozesskontext des Prüfens und Beweisens: Das Beweisen (bzw. Überprüfen von Beweisen) ist der dominierende Validierungsmodus der Mathematik mit einem bewährten Repertoire rigoroser, formaler Methoden. Dieser Kontext zeichnet die Mathematik als Wissenschaft vor anderen aus, darf aber nicht verabsolutiert werden. Beim Validieren finden Prozesse des Problemlösens, der Konstruktion von Beispielen und Modellen (bei Existenzbeweisen) oder des Analogiebildens statt. Unterrichtsphasen, die dem Kontext des Prüfens und Beweisens zuzuordnen sind, sind immer durch ein Moment der Konvergenz und der Zielgerichtetheit ausgezeichnet: Aus einer großen Zahl von Ideen muss beispielsweise eine ausgewählt werden, welche man für vielversprechend hält und weiter verfolgen möchte.

Zu einer der wesentlichen Schwierigkeiten des Mathematikunterrichts gehört, dass er auf besondere Weise mit dem Phänomen der Evidenz umgehen muss. Mathematischer Erkenntnisgewinn zeichnet sich durch eine besondere Strenge der Argumentation aus. Schülerinnen und Schüler müssen im Verlauf des Mathematikunterrichts sukzessive daran herangeführt werden, eine zunehmend strenge und formale Argumentation durchzuführen und auch selbst einzufordern. Jüngere Schüler wird man auffordern, ihre Ergebnisse zu überprüfen, später dann, ihre Argumente „wasserdicht" zu machen, wieder ältere Schüler müssen sich auch bewusst machen können, welche typischen formalen mathematischen Argumentationswerkzeuge ihnen zur Verfügung stehen. In den Kapiteln 3.3 und 4.1 ist dargestellt, wie solche mathematischen Prozesse im Unterricht gestaltet werden können.

Während der ausübende Mathematiker behände zwischen Entdeckung und Validierung hin- und herwechseln kann, ist für den Mathematikunterricht zunächst eine transparente, auch zeitliche Trennung von Entdeckungs- und Begründungsprozessen förderlich: Schülerinnen und Schülern soll jeweils klar sein, ob sie gerade erfinden und ausprobieren sollen, oder ob es um eine geschlossene, argumentativ „wasserdichte" und sprachliche saubere Darstellung ihrer Ideen geht. Späterhin sollen sie auch selbstständig entscheiden können, welchen Arbeitsmodus sie jeweils wählen – nicht anders als sie es ja auch bei der Planung und der Ausführung eines Aufsatzes im Deutschunterricht lernen zu tun.

Prozesskontext des Überzeugens und Darstellens: Während die Validierung ein Prozess der eher individuellen Absicherung ist, das „Wasserdichtmachen" der eigenen Argumentation, geht es nun darum, andere zu überzeugen. Hierbei finden Prozesse des Argumentierens und des Präsentierens statt, es werden verschiedene Beispiele und Darstellungsformen gesucht und genutzt.

Von einer Idee (z. B. der Richtigkeit einer Vermutung oder der Evidenz einer Beobachtung) überzeugt zu sein und sich ihrer auch formal versichert zu haben, reicht in der Regel noch nicht aus, um dies überzeugend anderen zu vermitteln. Die Rolle der zu überzeugenden „Expertengemeinschaft" spielt in der Schule einerseits die Klasse, andererseits aber auch die Lehrerin bzw. der Lehrer.

Schülerinnen und Schüler müssen lernen, ihre Ideen auf unterschiedliche Weise darzustellen: Sie müssen Argumentationsketten verbalisieren, sie müssen Veranschaulichungen oder überzeugende Beispiele suchen oder zwischen unterschiedlichen mathematischen Darstellungsformen (z. B. grafisch oder tabellarisch) auswählen. Diese Prozesse sollten nicht als beständig und implizit mitlaufend aufgefasst werden, sondern sie können und sollen auch zum expliziten Gegenstand des Unterrichts gemacht werden. Ein wesentliches Moment des Prozesskontextes des Überzeugens ist dabei, dass eine **Bewertung** der Ergebnisse durch andere vollzogen wird. Dabei geht es nicht um die Korrektheit einer Rechnung oder eines Ergebnisses, sondern um die Schlüssigkeit der Argumentation, die sprachliche Verständlichkeit und die Wahl der Darstellungsmittel.

Im Sinne der oben geforderten Transparenz der Unterrichtsphasen kann daher dieser Prozesskontext auch als „Kontext der Bewertung" aufgefasst werden. Man kann mit seinen Schülern vereinbaren, dass nur die Leistungen, die im Rahmen dieses Kontextes gezeigt werden, in die Leistungsbewertung eingehen. Diese Setzung verhindert ein kreatitivätshemmendes Vermischen von Leisten und Lernen.

Eine besondere Berechtigung erfährt diese explizite Abtrennung des Prozesskontextes des Überzeugens, wenn dies zur Folge hat, dass Schülerinnen und Schüler dann auch lernen, auf unterschiedliche Weise mit ihren schriftlichen Aufzeichnungen und ihren mündlichen Äußerungen umzugehen. Während im Kontext des Entdeckens eine individuelle und informelle **Sprache des Verstehens** vorherrscht, muss im Kontext der Überzeugens eine adressatenbezogene und reflektierte **Sprache des Verstandenen** entwickelt werden (RUF/ GALLIN, vgl. auch Kap. 2.1 und 3.1).

Eine Vielfalt von Methoden und Instrumenten, die innerhalb dieses Prozesskontextes zur Leistungsbewertung und zur Bewertung von Arbeitsprozessen und Arbeitsergebnissen eingesetzt werden können, ist in Kap. 8 beschrieben.

Kontext des Vernetzens und Anwendens: Bleibt man innerhalb der Mathematik, so führen Prozesse des Ordnens und Vernetzens unmittelbar zum Bilden neuer mathematischer Begriffe. Verlässt man den Rahmen der reinen Mathematik, so sind die Prozesse der Anwendung mathematischer Methoden auf Gegebenheiten der Umwelt wieder durch besondere Arbeitsweisen charakterisiert: Hier werden u. a. Realmodelle mathematisiert, vorhandene Modelle erweitert, variiert und angepasst, mathematische Verfahren kombiniert und Anwendungsbeispiele konstruiert. Dieser Doppelaspekt der Vernetzung auf innermathematischer und außermathematischer Ebene spiegelt sich auch in den beiden WINTERschen Grunderfahrungen (G1) und (G2) wider (→ Kap. 2.3, S. 55).

Die Übergänge zwischen innermathematischem und außermathematischem Vernetzen sind im Unterricht jedoch fließender, als diese vertraute Dichotomie zunächst nahelegt. Das Anwenden in seiner ausgeprägtesten außermathematischen Form ist sicherlich das **Modellbilden** (→ Kap. 4.4 „Anwendung und Modellbildung"). Auf der anderen Seite des Spektrums steht die Tätigkeit des Formalisierens und begrifflichen Ordnens, aus dem eine mathematische **Begriffsbildung** resultiert. Im Schulalltag, vor allem in den unteren und mittleren Klassen, wird man hier aber keine strengen Unterschiede machen. Hier geht es eher darum, mathematische Erkenntnisse in möglichst reichhaltigen Inhaltskontexten und an vielfältigen Beispielen zu erproben. Mathematische Kenntnisse werden erst dadurch funktional, d. h. auch in unbekannten Situationen flexibel einsetzbar, dass sie in eben solchen wechselnden Situation geübt und damit vielfach vernetzt werden. Das **Üben** kann somit als ein wichtiger Baustein dieses Prozesskontextes angesehen werden. Beim produktiven Üben entstehen zudem Anlässe für die weitere Entdeckung und Untersuchung neuer mathematischer Zusammenhänge.

Zusammenfassend lassen sich die angedeuteten mathematischen Prozesse den vier Prozesskontexten also etwa so zuordnen: Die vier Prozesskontexte bilden also einen Interpretationsrahmen für eine Unterrichtsgestaltung, die mathematische Prozesse in den Fokus rückt. Dabei dürfen sie nicht als starres Phasenschema für Unterrichtsabläufe verstanden werden, etwa in der Abfolge „Einführung, Übung, Anwendung". Jeder Prozesskontext kann wenige Minuten dauern, oder sich über mehrere Stunden hinziehen. Wichtig ist vor allem, dass

 Entdecken und Erfinden, Erkunden, Vermuten, Variieren, intuitives Begründen, Skizzieren, Fragen

 Prüfen und Beweisen, Zusammentragen, Probleme lösen, Begründen, Absichern

 Überzeugen und Darstellen, Bewerten, Erklären, Reflektieren, Präsentieren

 Vernetzen und Anwenden, Zusammenfassen, Ordnen, Abstrahieren, Vergleichen, Nutzen, Kombinieren

Lehrende wie Lernende von der Transparenz der Anforderungen im jeweiligen Kontext profitieren. Schülerinnen und Schüler wissen so beispielsweise, wann sie frei erkundend tätig sein sollen und wann sie ihre Erkenntnisse zum Zwecke der Bewertung darstellen sollen. Diese Transparenz kann in allen Jahrgangsstufen erreicht werden. Sie kann zudem sukzessive um eine reflexive Komponente angereichert werden, sodass Schülerinnen und Schüler schließlich selbst die jeweils angemessenen Arbeitsmodi, günstige Darstellungsformen und die adäquate Sprache bewusst auswählen können. Sie gewinnen so im Sinne einer (prozessualen) Wissenschaftspropädeutik ein authentisches Bild von mathematischen Prozessen in der Fachwissenschaft.

Die vier Prozesskontexte am Unterrichtsbeispiel „Winkelsummen"

Welche Gesetzmäßigkeiten gelten für die Summe der Innenwinkel von Dreiecken und anderen Vielecken? Eine klassische Vorgehensweise ist hier wohl, jeden Schüler ein oder mehrere Dreiecke ins Heft zeichnen zu lassen. Beim Ausmessen der Winkel fällt dann auf, dass die Winkelsumme immer in der Nähe von 180° liegt. Im fragend-entwickelnden Unterrichtsgespräch wird sodann die Beweisbedürftigkeit diskutiert und anhand einer Tafelskizze ein Beweis, z. B. durch Anwendung des Wechselwinkelsatzes erarbeitet. Das Ergebnis wird festgehalten und es schließen sich Übungen an. Schulbücher bieten hierzu vor allem Rechenübungen in einfachen und komplexeren Figuren an.

Der Winkelsummensatz bleibt den Schülern gewöhnlich im Gedächtnis, die Begründung aber nur selten. Erfahrungsgemäß sind die Schwachpunkte des beschriebenen Vorgehens, dass Schüler zum einen nicht unbedingt ein Beweisbedürfnis verspüren und dass zum andern der Beweis auf dem vorbereiteten Weg nur von einigen in der Klasse aktiv beschritten wird, wie wohl die meisten der Argumentation zustimmen würden. Das liegt meist auch daran, dass nicht alle Schüler ausreichend Gelegenheit hatten, Erfahrungen mit der Problemsituation zu sammeln. Sie mussten gleichsam im Gleichschritt über den abgesteckten und asphaltierten Weg marschieren, statt selbsttätig das Gelände zu erkunden. Zudem verträgt sich das bewertende Moment, das dem fragend-entwickelnden Gespräch eigen ist („Passt meine Antwort zu dem, was der Lehrer will?"), nur wenig mit einem offenen, freien und individuellen Denkprozess.

Eine klare Trennung der Unterrichtsphasen nach verschiedenen Prozessmerkmalen kann hier Abhilfe schaffen, wie das folgende Beispiel darlegt, das eine Variante der bereits in Kap. 3.3 vorgestellten Formenplättchen nutzt.

1. Schritt: Prozesskontext Entdecken und Erfinden

Arbeitsmittel: Ein Satz von unterschiedlichen Dreiecksplättchen (jeweils mehrere) mit eingetragenen Winkeln (ausschließlich Zehnergradmaße).

Arbeitsform: Einzel- oder Gruppenarbeit

Aufgabenstellung:

1. Betrachtet die Winkel der vorliegenden Dreiecke. Stellt mehrere unterschiedliche Vermutungen auf.

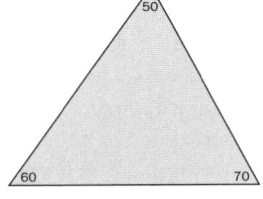

2. Bildet mit den Dreiecken regelmäßige Parkette (Fliesenmuster), zeichnet ein gelungenes Fliesenmuster ins Heft und übertragt die Winkel.

Betrachtet die Winkel, die an einem Punkt zusammenstoßen. Beschreibt unterschiedliche Beobachtungen, die ihr macht, mit jeweils einem Satz.

Typische Schülerergebnisse (nicht alle sind richtig):

1. *Die drei Winkel sind zusammen 180°.*
   Wenn ein rechter Winkel dabei ist, sind die beiden anderen Winkel zusammen auch 90°.
   Wenn zwei Winkel gleich groß sind, ist der dritte Winkel kleiner als 90°.
   Es ist immer ein ungerader Winkel dabei (gemeint ist wohl nach Division durch 10).

2. *Bei 60° sind alle drei Winkel gleich groß.*
   Man kann die Winkel an einem Punkt durcheinander hinlegen, dann gibt es aber kein schönes Muster.

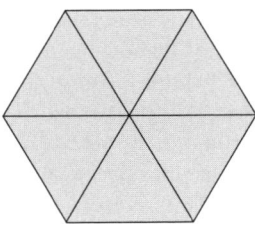

An einem Punkt stoßen immer sechs Winkel zusammen.

Wenn man ein regelmäßiges Muster hinlegt, sind die Winkel immer mal in derselben Reihenfolge, mal umgekehrt.

An einem Punkt stoßen mal 4 und 2 verschiedene Winkel zusammen, mal 2 und 2 und 2 und manchmal auch 6 gleiche.

Die vorbereiteten Dreiecksplättchen ersparen Schülern das mühsame Zeichnen und Ablesen. Allerdings entsteht dafür auch kein Beweisbedürfnis aufgrund etwaiger abweichender Messresultate. Wesentlich bei diesem Vorgehen ist jedoch: Alle Schüler können in der Zeit, die sie sonst zeichnend und messend verbracht haben, einen reichhaltigen Satz von Beispielen überblicken, selbstständig viele unterschiedliche Anordnungen legen und dabei Erfahrungen mit unterschiedlichen Winkelkonstellationen gewinnen. Die zweiteilige Arbeitsanweisung ist zudem differenzierend und ermöglicht ausdrücklich jedem Einzelnen das Explorieren und das Aufstellen von Vermutungen. Schließlich liefert Aufgabe 2 bereits Erfahrungen für mögliche Begründungssätze.

2. Schritt: Prozesskontext Prüfen und Beweisen

Arbeitsmittel: Arbeitsblatt: „Vermutung – Begründung – Fragen"
Arbeitsform: Gruppenpuzzle (s. u.)

Aufgabenstellung:

1. Setzt euch in Gruppen (A, B, C, ...) zusammen und sucht Begründungen für die Vermutung, die eure jeweilige Gruppe bearbeitet. Einigt euch auf eine möglichst überzeugende Begründung und schreibt sie auf. Achtung: Alle in der Gruppe müssen sie aufschreiben und alle verstanden haben!
2. Setzt euch in Zahlengruppen (1, 2, 3, ...) zusammen. Jeder trägt seine Vermutung und Begründung vor und antwortet auf Rückfragen. Fragen, die er oder sie nicht beantworten kann, werden notiert.

Die Organisationsform des **Gruppenpuzzles** zeigt, dass der Prozess des Begründens nicht notwendig durch einen Lehrer geführt werden muss. Man kann sich den Ablauf etwa so vorstellen. Am Ende des 1. Schritts haben Schüler Vermutungen aufgestellt, die vom Lehrer an der Tafel notiert werden. Gegebenenfalls werden einfache oder offensichtlich falsche Vermutungen sofort begründet oder widerlegt. Die verbleibenden werden mit Buchstaben (A, B, C, D, ...) versehen und die „Buchstabenphase" des Gruppenpuzzles beginnt. Jeder Schüler hat eine Karte, auf der ein Buchstabe und eine Zahl notiert sind. In jeder Ecke der Klasse hängen (bzw. auf den Gruppentischen liegen) zudem Schilder, die kenntlich machen, wo sich Gruppe A, B, bzw. 1, 2, ... trifft. Auf diese Weise wird – nach einigen Probeläufen in einer Lerngruppe – ein reibungsloser Ablauf der Arbeitsorganisation ermöglicht, sodass auch Gruppenphasen von nur wenigen Minuten effektiv sind.

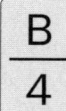

B / 4

Einer der Vorteile eines solchen Gruppenpuzzles ist, dass alle Schüler Verantwortung für die Erarbeitung und für die Weitergabe von Erkenntnissen haben, da ja jeder nach der ersten Gruppenphase („Buchstabengruppen") aus seiner Gruppe genommen wird und in einem neuen Kreis („Zahlengruppen") die Idee seiner Herkunftsgruppe vertreten muss. Natürlich kann man ein solches Gruppenpuzzle auch arbeitsgleich angehen und alle Gruppen Begründungen für die Winkelsummenvermutung erarbeiten lassen. Dann treffen in der „Zahlenphase" in jeder der Gruppen die unterschiedlichen Begründungsansätze aufeinander und können bewertet werden. Über den „besten" kann abschließend abgestimmt werden. Weitere Anregungen zum Gruppenpuzzle finden sich in Leuders (2001).

3. Schritt Prozesskontext Vernetzen und Anwenden

Arbeitsmittel: Dreiecksplättchen (s. o.)
Arbeitsform: Einzel- oder Gruppenarbeit
Aufgabenstellung: Legt die Dreiecke auf möglichst unterschiedliche Art und Weise zu Vielecken (Vierecken, Fünfecken usw.) zusammen. Stellt Vermutungen auf und begründet sie.

Die Erfahrungen, die Schülerinnen und Schüler im 1. und 2. Schritt mit Winkelsummen gesammelt haben, gehen bereits über den einfachen Winkelsummensatz im Dreieck hinaus. Sie konnten eine Reihe von weiteren Beobachtungen machen und unterschiedliche Begründungsprinzipien erproben. Nun aber kann auch der Winkelsummensatz im Dreieck als gesicherte Voraussetzung zur Begründung von neuen Vermutungen herangezogen und dabei eingeübt werden. Durch die offene Aufgabenstellung sind wieder unterschiedliche Beobachtungen und Erklärungsansätze zu erwarten. Die unterschiedlichen Konfigurationen, die entstehen, erlauben es, die vielfältigen Erkenntnisse miteinander zu vernetzen.

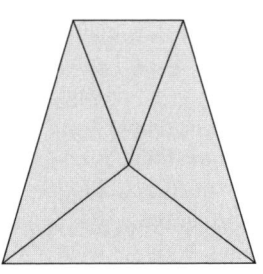

4. Schritt: Prozesskontext Überzeugen und Darstellen

Arbeitsmittel: Portfolio (s. u.)
Arbeitsform: Einzelarbeit
Aufgabenstellung: Erstelle eine Mappe mit ca. 5 bis 6 DIN-A4-Seiten, in der du wichtige Erkenntnisse und Begründungen zu Winkeln in Vielecken und anderen Figuren zusammenfasst. Erläutere die Aussagen durch passende Figuren und kurze Texte. Erstelle und gestalte auch eine fantasievolle Figur aus verschiedenen Vielecken und beschreibe sie.

Die Unterrichtsreihe, die auch noch weitere Schritte der Erkundung und Untersuchung von Winkelsätzen enthalten kann, schließt mit einer bewerteten Aufgabe. Man erkennt, dass der Prozesskontext der Überzeugung verschiedene Formen annehmen kann. Im Gruppenpuzzle des 2. Schritts wurde das Begründen unabhängig von der Leistungsbewertung innerhalb der Gruppenarbeit geübt. Als Leistungsbewertung muss er nicht notwendig die Form einer mündlichen Überprüfung oder Klassenarbeit annehmen. Er kann auch mit Hilfe eines Portfolios (→ Kap. 8.2) vollzogen werden. Diese Form der Auswertung von Arbeitsergebnissen mit hoher Entscheidungsbeteiligung der Schüler gibt mehr als jede konvergente Überprüfungsform Anlässe auch zu kreativen und gestalterischen Tätigkeiten (vgl. „Kreativität" Kap. 4.3).

7.2 Reflektierende Unterrichtsplanung

Anselm Lambert

Mathematikunterricht ruht auf den beiden gleichberechtigten Säulen *Persönliche Erfahrung* – mit ihrem Schwerpunkt über der Praxis – und *Wissenschaft* – mit ihrem Schwerpunkt über der Theorie.

Die subjektive Säule *Persönliche Erfahrung* wird durch den praktischen Sinn, den gemeinen Menschenverstand und plausible Erfahrungsgeneralisierungen (s. u.) gebildet und durch das eigene Erleben von Unterricht – als Schülerin oder Schüler, Studentin oder Student, Referendarin oder Referendar und Lehrerin oder Lehrer – und die eigene Persönlichkeitsstruktur und Kommunikationsfähigkeit beeinflusst und in Bewegung gehalten.

Die intersubjektive Säule *Wissenschaft* wird durch das Zusammenspiel von Mathematik, Pädagogik und Erziehungswissenschaft errichtet und umgeschichtet. Sie wird auf der einen Seite durch normative Bildungstheorien und auf der anderen Seite durch deskriptives, quantitativ oder qualitativ empirisch gesichertes Wissen geformt.

Die Säulen des Mathematikunterrichts – Skizze ihrer Bausteine.

Reflektierende Unterrichtsplanung	
Erfahrung	**Wissenschaft**
Praktischer Sinn	Mathematik
Gemeiner Menschenverstand	Allgemeinbildung
Plausible Erfahrungsgeneralisierung	Pädagogische Psychologie
Die subjektive Säule	**Die intersubjektive Säule**

Diese beiden Säulen tragen gemeinsam und nur gemeinsam den Mathematikunterricht im Rahmen der Institution Schule. Reflektierende Unterrichtsplanung heißt nun, dass *Sie* diese beiden Säulen, *Ihre* individuelle persönliche Erfahrung und die Wissenschaft aktiv, reflektierend und dadurch fruchtbar zueinander in Beziehung setzen. Wie kann dies in der und für die Praxis geschehen? Dies wollen wir auf den folgenden Seiten diskutieren.

Die beiden Säulen der Unterrichtspraxis

Was unterscheidet das durch persönliche Erfahrung gewonnene Wissen von der Wissenschaft? Der Philosoph und Soziologe LYOTARD beschreibt die Begriffe (narratives) Wissen und Wissenschaft (mehr dazu finden Sie in (LAMBERT 2002a)):

> ■ „Zunächst ist das wissenschaftliche Wissen nicht das ganze Wissen, es war immer ein Überschuß, immer im Wettstreit und Konflikt mit einer anderen Art des Wissens, die wir vereinfachend narrativ nennen." (LYOTARD 1999, S. 32) ■

Narratives Wissens wird durch Erzählung – in Form sprachlicher Überlieferung oder durchgespielter Realität – transportiert. Es erlaubt uns eine Orientierung in der Praxis, aber es

> ■ „beglaubigt sich selbst durch [...] Übermittlung, ohne auf Argumentation und Beweisführung zurückzugreifen." (LYOTARD 1999, S. 84) ■

Schon durch den Akt des Sprechens oder durch das Erleben unserer Umwelt kann für uns wahre Wirklichkeit erzeugt werden. Im Alltag ist dies von pragmatischem Sinn. Wir können, um handlungsfähig zu sein und zu bleiben, nicht alles, was wir hören oder sehen, prinzipiell anzweifeln. Auf der anderen Seite gilt dagegen:

> ■ „Eine Aussage der Wissenschaft erreicht keinerlei Gültigkeit dadurch, daß sie wiedergegeben wird." (LYOTARD 1999, S. 82). ■

Wissenschaftliches Wissen entsteht im intersubjektiven Diskurs und ist prinzipiell hinterfragbar. Dieses Kriterium sollte auch für die Prinzipien unserer Unterrichtsplanung gelten. Wir sollten nicht alles so machen, wie wir es immer gemacht haben, nur weil wir es immer so gemacht haben. Wir müssen zwar persönliche Routinen entwickeln, diese aber ständig selbst kritisch weiterentwickeln. Ohne Routinebildung – als Prozess und Produkt – ist der Unterrichtsalltag gewiss nicht zu bewältigen. Aber Routinebildung gelingt nur durch Reflexion des eigenen Handelns. Eingeschliffenes Handeln allein ist nichts weiter als Trott. (So unterscheidet sich der Routinier vom ...)

Die eine Säule: Ihre persönliche Erfahrung

Wir schließen uns WITTMANN gerne an, wenn er feststellt, dass „die Person des Lehrers die wichtigste Variable für den Schulerfolg der Kinder ist" (WITTMANN 1980, S. 8). Um diese Person – also uns selbst – besser zu verstehen, hilft uns eine wissenschaftliche Perspektive – von außen – die uns auch von lieb gewonnenen, aber unreflektierten Vorurteilen befreien kann und die es uns ermöglicht, uns gemäß unserer persönlichen Überzeugungen weiterzuentwickeln und unsere eigenen Fortschritte selbst kritisch zu begleiten. Um eine reflektierende Haltung gegenüber der eigenen Unterrichtsgestaltung einnehmen zu können, ist eine kritische Analyse des eigenen Standpunkts notwendig. Nehmen wir nun also Erkenntnisse aus der Soziologie und der Psychologie zu Hilfe um die oben angesprochnen Bausteine der subjektiven Säule zu beschreiben:

■ **Praktischer Sinn:** Durch unsere Erfahrung in und mit unserer Umwelt, entwickeln wir einen praktischen Sinn.

> ■ „[...] als Innewohnendes der Welt, durch das die Welt ihr Bevorstehendes durchsetzt als das, was gesagt oder getan werden muß und Gebärde und Sprache unmittelbar beherrscht [...]." (BOURDIEU 1987, S. 122) ■

Dieser praktische Sinn ermöglicht uns

> ■ „[...] „Entscheidungen", die zwar nicht überlegt, doch durchaus systematisch, [...] nicht zweckgerichtet, aber rückblickend durchaus zweckmäßig erscheinen." (BOURDIEU 1987, S. 122) ■

■ **Gemeiner Menschenverstand:** Unsere Umwelt teilt ihr Wissen mit uns und wir teilen unser Wissen mit unserer Umwelt.

> ■ „Der gemeine Menschenverstand ist ein Fonds von allen geteilten Überzeugungen, der in den Grenzen des jeweiligen sozialen Universums eine grundlegende Übereinstimmung über den Sinn der Welt und einen Bestand von (stillschweigend akzeptierten) Gemeinplätzen sichert [...]." (BOURDIEU 2002, S. 123) ■

■ **Plausible Erfahrungsgeneralisierungen:** Wir strukturieren unsere Wahrnehmung und reduzieren dabei die Komplexität unserer Umwelt. Wir ordnen unsere Erlebnisse und verleihen ihnen Sinn. Oft schließen wir induktiv von den von uns erlebten Einzelfällen auf einen allgemeinen Fall. So könnte ein Schüler bei unglücklicher Stichprobe etwa zu dem Schluss kommen, dass alle Mathelehrer pedantische Langeweiler sind oder wenig Ahnung von Mathematik haben, obwohl *Sie* sicher sofort ein dieser Behauptung widerlegendes Gegenbeispiel parat haben. Wir erklären uns so unsere Wirklichkeit und verdichten unsere Erfahrungen zu subjektiven Theorien. Nach PIAGET streben wir nach einem Gleichgewicht von Vorstellung und Wahrnehmung unserer Umwelt. Zur Vermeidung kognitiver Konflikte neigen wir dann oft dazu, unsere Wahrnehmung von der Umwelt unserer Vorstellung von der Umwelt anzupassen statt umgekehrt.

Die andere Säule: Wissenschaft

Es ist eine übliche und nützliche Sichtweise, Unterricht in den drei voneinander abhängigen Dimensionen Inhalte, Ziele und Methoden zu beschreiben. Dies sind die Bausteine der intersubjektiven Säule.

■ **Inhalt Mathematik:** Zuallererst handelt der Mathematikunterricht von Mathematik. Aber darin und daran darf er sich nicht erschöpfen. Mathematik ist der Gegenstand des Mathematikunterrichts, aber welche Mathematik Inhalt wird, hängt von unseren Zielen ab.

■ **Ziel Allgemeinbildung:** Mathematikunterricht hat einen Allgemeinbildungsauftrag, der mit Inhalten zu füllen ist. Mit KLAFKI heißt Allgemeinbildung: Bildung für alle, allseitige Bildung, die den Einzelnen vielfältig fördert, und Bildung im Medium des Allgemeinen, im Gesamtzusammenhang der uns umgebenden Welt (vgl. KLAFKI 1985, S. 17 f.).

■ **Methoden (und Lehr-Lern-Theorien) aus der Pädagogischen Psychologie:** Die Diskussion um normative Pädagogik oder deskriptive Erziehungswissenschaft wollen wir hier nicht führen, denn sowohl die wissenschaftlichen Theorien darüber, welchen Mathematikunterricht wir wollen, als auch die Theorien, die uns beschreiben, was wir im Mathematikunterricht beobachten können, liefern uns wertvolle Beiträge zur Weiterentwicklung unseres Mathematikunterrichts. Die Fragen, die uns hier von der Wissenschaft beantwortet werden sollen, sind: Wie können wir nun die entlang unserer Ziele gefundenen Inhalte unterrichten? Und welche Inhalte sind vielleicht gar nicht unterrichtbar?

Das bisher Gesagte blieb für eine Mathematikdidaktik in der Praxis noch recht abstrakt. Aber es liefert uns einen brauchbaren Rahmen. Was bedeutet denn etwa Allgemeinbildung konkret? (Einige Ansätze zu einer Antwort auf diese Frage finden sich in Kap. 2.3) Wir wollen nun versuchen, weiter zu konkretisieren, um Sie dabei zu unterstützen, zu lernen, wie Sie *Ihre eigene (wissenschaftlich begründete) Theorie vom Mathematikunterricht* entwerfen und weiterentwickeln können. Werfen wir dazu nun einen Blick auf aktuelle Lehr-Lern-Theorien. Diese ergänzen das Bild, das in Kap. 2.2 gezeichnet wurde.

Wissenskonstruktion im situierten Lernen

Der Streit Instruktion versus Konstruktion um das wahre Paradigma ist unfruchtbar für die praktische Unterrichtsplanung. Wir integrieren die beiden Standpunkte im *wissensbasierten Konstruktivismus*. Der Prozess des Lernens weist danach die folgenden Merkmale auf (vgl. REINMANN-ROTHMEIER/MANDL 2001, S. 626):

■ *Aktivität*: Motivierte und interessierte Beteiligte sind Voraussetzung.

■ *Selbststeuerung*: Der Lernende ist für Kontrolle und Steuerung seines Lernens verantwortlich.

■ *Konstruktion*: Neues Wissen wird auf einem Fundament aus vorhandenem Wissen aufgebaut.

■ *Situiertheit*: Lernen ist ein situierter Prozess: Der räumlich-zeitliche und soziale Lernkontext – die Situation – ermöglicht und begrenzt die Lernerfahrung.

Dabei werden Lernprozesse auch durch geeignete Instruktion gefördert. Wissenskonstruktion im situierten Lernen ist eine Unterrichtspragmatik, die sich der Kluft zwischen Wissen und Handeln stellt und darauf hinweist, dass zum wirkungsvollen Lernen immer auch der Erwerb metakognitiver Kompetenzen gehört. Auch aus diesem Grund werden Ihnen im vorliegenden Text neben dem reinen Inhalt auch meine Vorgehensweise und meine Begründungen mitbeschrieben. Ein weiterer wichtiger Aspekt des Konzepts der Situiertheit ist die Feststellung, dass es nicht allein auf das Wissen der Einzelnen, sondern ebenso auf das ganze, auf alle verteilte Wissen ankommt. Das gemeinsame Wissen aller am Mathematikunterricht Beteiligten wirkt auf die Praxis unseres Mathematikunterrichts. Situiertheit bedeutet auch den Bezug zu Anwendungssituationen von Wissen herzustellen. Eine kleine Randbemerkung zu einem häufigen Missverständnis in diesem Kontext: Anwendungssituation bedeutet hier für die Mathematik nicht notwendig eine außermathematische Anwendung; wir wenden selbstverständlich auch in der Mathematik mathematisches Wissen und Wissen über Mathematik an.

Erfolgreiche Ansätze in der Praxis

Für uns ist es nun von Vorteil, dass der eben skizzierte pragmatische Konstruktivismus sich bereits erfolgreich der Praxis stellt. (vgl. dazu REINMANN-ROTHMEIER/MANDL 2001, S. 626). Einige pragmatische Ansätze seien im Folgenden kurz beschrieben:

■ **Cognitive Apprenticeship** nach COLLINS/BROWN/NEWMAN: Wissen wird in einer Expertenkultur durch allmähliches Zurücktreten des Meisters und gegenläufiges Aktivwerden des Lehrlings unter beständiger Reflexion des Handelns weitergegeben. Ziel ist es, die Prozesse zu vermitteln, die Experten – also die Träger des Wissens – nutzen, um Probleme zu lösen. Dazu müssen diese Prozesse und eben nicht nur die Lösungen expliziert werden. Damit die Lernenden Träger der Zielfähigkeit werden können, müssen sie an einer Lernumgebung teilhaben, die es ihnen ermöglicht erstens vielfältige Wege der Problemlösung kennen zu lernen, zweitens zu erkennen, dass niemand allein alles Wissen beherrscht, und die drittens Vorbilder zur Orientierung bietet (vgl. COLLINS/BROWN/NEWMAN 1987). Ich hoffe, der Ihnen hier vorliegende Text tut dies.

■ **Flexibility Theory** nach SPIRO: Wir stellen uns wirklicher Komplexität und vermeiden übermäßige Simplifizierung – Ich würde hier sagen: Wir machen es uns in Wirklichkeit einfacher, wenn wir es uns nicht zu einfach machen! – und betrachten *ein* Problem von *vielen* Seiten.

■ **Anchored Instruction** der Cognition and Technology Group at Vanderbilt (CTGV): Die Lernumgebung sollte um einen narrativen Anker herum konstruiert werden. Das Problem wird erzählend in einen von den Lernenden als relevant wahrgenommenen Kontext eingebettet. Bezüglich Komplexität empfehlen sie (gerade auch für den Mathematikunterricht): „a problem of at least 14 steps" (CTGV 1997, S. 46).

Was können wir daraus für unsere Unterrichtsplanung lernen?

Wir befinden uns schon mitten in der Unterrichtsplanung! *Sie* sind hier in gerade einer Lernumgebung, die *Sie* um den von Ihnen gerade gelesenen Text herum konstruieren. Obige Prinzipien zur Gestaltung des Unterrichts sollten sich doch auch als Prinzipien zur Gestaltung reflektierender Unterrichtsplanung – zu der Sie gerade etwas lernen (wollen) – eignen.

Ihr Perspektivenbaum

Als wissenskonstruktives Prinzip Ihrer Unterrichtsplanung kann ein sich verzweigender – von *Ihnen* zu gestaltender – Perspektivenbaum dienen, der durch *Ihre* persönliche Erfahrung und/oder Wissenschaft entsteht. Er wird aus einzelnen Aspekten, die *Ihnen* und/oder der Fachwissenschaft Didaktik des Mathematikunterrichts wichtig erscheinen, unter ausgewogener Berücksichtigung der beiden tragenden Säulen nach und nach zusammengesetzt, reflektiert und modifiziert und wächst im Laufe der Jahre mit *Ihrer* wachsenden persönlichen Erfahrung.

Warum ein Perspektivenbaum?

An vielen Orten in der didaktischen Literatur findet sich der unmittelbar einleuchtende und naheliegende Hinweis, dass Nachdenken über den eigenen Unterricht einen ersten Schritt zur Weiterentwicklung bildet. So fassen etwa JANK und MEYER zusammen:

■ These 3.7: „Eine kritische, auf der Ebene der grundlegenden didaktischen Strukturmomente angesiedelte Reflexion der eigenen Denkschemata und Planungs- und Analyseraster ist notwendig, um die eigene Unterrichtspraxis gezielt zu verbessern." (JANK/MEYER 1994, S. 72) ■

Wobei:

■ These 2.3: „Zwischen der Aneignung von Theoriewissen und dem Aufbau von Handlungskompetenz [...] eine komplexe, durch die unterrichtspraktische Tätigkeit vermittelte Wechselwirkung [besteht]." (JANK/MEYER 1994, S. 44) ■

Allerdings bleibt dieser Vorschlag oft abstrakt. Also was tun, wie handeln? Hier wollen wir uns nun einer Konkretisierung nähern, die Ihnen den Schritt von der Einsicht in die Reflexionsnotwendigkeit zur gezielten Handlung erleichtern kann. Ein Perspektivenbaum ist eine individuelle und persönliche, aber eben auch systematisch strukturierte Theorie vom Mathematikunterricht. Sie sind durch ihr wissenschaftliches Studium dazu gebildet, eigene Sichtweisen zu begründen. Ihren Perspektivenbaum legen Sie Ihrem Unterricht explizit zugrunde. Er dient Ihnen als Planungshilfe und Leitbild. Sie entwickeln ihn im Widerstreit mit Ihrer täglichen Unterrichtspraxis im Laufe der Jahre weiter. Halten Sie Ihren Perspektivenbaum mit Papier und Bleistift fest. So können Sie Sich oben beschriebene Wechselwirkung transparent machen. Ihr Perspektivenbaum ermöglicht es Ihnen bei der Unterrichtsplanung vielfältige, bewusst gemachte, als wichtig wahrgenommene Standpunkte einzunehmen und sich ständig in Erinnerung zu rufen. Darüber hinaus erleichtert Ihnen das Explizieren der eigenen Theorie vom Mathematikunterricht die Kommunikation mit anderen interessierten Lehrkräften. Auf diesem Weg können auch gemeinsam alteingetrampelte, aber dadurch doch noch nicht notwendig liebgewonnene, Pfade verlassen werden.

Mein Perspektivenbaum

Im Folgenden werde ich Ihnen meinen derzeitigen Perspektivenbaum und sein Zustandekommen skizzieren. Ich werde allerdings nicht auf alle Äste gleichermaßen ausführlich eingehen, hoffe dennoch Ihnen durch meine exemplarische Auswahl das *Prinzip* eines Perspektivenbaums zu präsentieren.

Eine erste Frage, die man sich zur Strukturierung seiner eigenen Theorie stellen kann, ist die Frage danach, welche Aspekte im Mathematikunterricht eine Rolle spielen (sollen). Auf einer ersten Ebene greife ich obige Bausteine der wissenschaftlichen Säule wieder auf:

■ *Allgemeinbildung* ist das übergeordnete Ziel der Schule, zu dem jeder Unterricht, also auch der Mathematikunterricht seinen Beitrag leistet.

■ *Mathematik:* Mathematikunterricht handelt in erster Linie von Mathematik. Mathematik ist eine besonders präzise Sprache mit entsprechend rigiden Regeln, die uns zu einer spezifischen Sicht auf die Wirklichkeit verhilft. Darin liegen die Stärken und die Schwächen der Mathematik. Mathematik trägt zur Lösung der Probleme bei, die durch sie beschrieben werden können. Mathematik ist sowohl Prozess als auch Produkt. Zugänge zur Mathematik unterscheiden sich individuell, sollen aber am Ende dennoch zum selben begründeten Produkt führen. Mathematik ist Technologie *und* Spiel. Mathematik steht immer in ihrer historischen Tradition. Und was fällt Ihnen dazu ein?

■ *Methodische Möglichkeiten* finden wir in der wissenschaftlichen Literatur zur pädagogischen Psychologie und für den Mathematikunterricht aufbereitet in fachdidaktischer Literatur, wie eben auch in dem gerade vor Ihnen liegenden Buch.

Haben Sie die Aspekte, die Ihnen wichtig sind und ein ganzes Bild des von Ihnen gewünschten Mathematikunterrichts liefern, gefunden, müssen Sie weiter
konkretisieren. So ist etwa Allgemeinbildung Ziel jeden Mathematikunterrichts, aber in einer abstrakten Form „Liebe Kinder, zur Allgemeinbildung
gehört es, seinen Verstand zu gebrauchen, also gebraucht ab sofort euren Verstand!" nicht zu unterrichten, ebenso wenig wie die blanke Forderung „Reflektieren Sie Ihren Unterricht!", ohne weitere handlungsorientierte Konkretisierung fruchten kann. Die Aspekte müssen also von uns in Teilaspekte und
Teilteilaspekte usf. aufgeschlüsselt werden. Dazu sollten Sie die Wissenschaft
zu Wort kommen lassen, denn erstens muss nicht jedes Rad ständig neu erfun-

den werden (schon gar nicht von einer einzelnen Lehrkraft) und zweitens können Sie auf einen großen Fundus vorgedachter, diskutierter und bewährter Vorschläge (wie die im vorliegenden Buch) zurückgreifen. Viele Augen sehen mehr als zwei.

Allgemeinbildung

HEYMANN (1996) unterscheidet und konkretisiert in „Allgemeinbildung und Mathematikunterricht" sieben gleichberechtigt neben einander stehende Teilaspekte von Allgemeinbildung: *Lebensvorbereitung, Stiftung (diachroner und synchroner) kultureller Kohärenz, Weltorientierung, Anleitung zum kritischen Vernunftgebrauch, Entfaltung von Verantwortungsbereitschaft, Einübung in Verständigung und Kooperation, Stärkung des Schüler-Ichs.*
HEYMANNS Standpunkt ist ein möglicher Standpunkt zu Allgemeinbildung. SPIROS ‚Flexibility Theory' – die wir nun zur Unterstützung unseres eigenen hier stattfindenden Lernprozesses nutzen – sagt uns, dass die Einnahme verschiedener Standpunkte uns einen besseren Zugang zu einem Problem verschafft. Ich stelle mir neben HEYMANNS Allgemeinbildungsprogramm (mindestens) ein weiteres vor, etwa VON HENTIGS Menschenbildungsprogramm „Der technischen Zivilisation gewachsen bleiben" als Auftrag der Pädagogik. VON HENTIG (2001) fordert und konkretisiert weiter, dass wir durch unseren Unterricht dazu beitragen müssen, dass die Lernenden der *Mediatisierung,* der *Rationalisierung und Ökonomisierung,* der *Kollektivierung und Organisierung* und der damit einhergehenden *Vereinzelung,* der *Komplexität* unserer Verhältnisse und der *Objektivierung und Entfremdung,* die mit der Beherrschung der Natur einhergeht, *gewachsen bleiben.* Die Programme von HEYMANN auf der einen und von VON HENTIG auf der anderen Seite stehen etwas quer zueinander und sind nicht trennscharf, aber das stört mich hier nicht. Ich will möglichst strukturiert, aber auch möglichst viel sehen. So beleuchtet uns VON HENTIG eine aktuelle Frage etwas genauer: den Einsatz neuer Medien und HEYMANN fokussiert direkter auf den Mathematikunterricht. Dies müssen wir für uns in ein Gleichgewicht bringen, das unsere Ziele formuliert und in der Lage ist unsere Praxis zu tragen und weiterzuentwickeln.

Mathematik

Was ist Mathematik, worauf kommt es bei mathematischen Inhalten – neben dem Gebiet aus dem sie kommen – an? Mir ist Folgendes wichtig: einerseits der Zugang zur Mathematik und andererseits der mathematische Gehalt. Ich systematisiere die möglichen *Zugänge zur Mathematik* in einem zweidimensionalen Modell (siehe LAMBERT 2003). Eine Dimension wird durch die Unterscheidung *prädikativ* versus *funktional,* die am Osnabrücker Institut für kognitive Mathematik (siehe SCHWANK 1998) herausgearbeitet wird, gebildet, die zweite durch die drei Kategorien *formal – visuell – konzeptuell*, die BURTON (1999) bei praktizierenden Mathematikerinnen und Mathematikern und BORROMEO FERRI (2002) bei Schülerinnen und Schülern beobachtet. Zum mathematischen Gehalt eines Inhalts zähle ich seine Verortung im Gesamtgebäude der Mathematik (die Position und das Gewicht, das er dort hat), seine Orientierung an fundamentalen Ideen der Mathematik, seine Rolle in der Geschichte der Mathematik, seinen Abstraktionsgrad, seine Exaktheit und nicht zuletzt wie sehr er Mathematik als Spiel offenbart (als Spiel mit eigenen Spielregeln oder als Spiel, das uns Spielregeln der Wirklichkeit beschreibt oder vorschreibt). Mathematik als Spielregeln der Wirklichkeit konkretisiere ich weiter: Mathematik ist eine Sprache, die in Modellbildungsprozessen eingesetzt wird. Das Modell von Modellbildung von SCHUPP (1988), das wir auch in der PISA-Studie finden, beschreibt sehr gut auch meine Vorstellung von Modellbildung. SCHUPP unterscheidet die Pole *Wirklichkeit und Mathematik* und die Pole *Problem und Lösung*. Wir übersetzen eine Problemsituation aus der Wirklichkeit in ein (geeignetes) Modell (in der Mathematik), aus dem Modell leiten wir (innermathematisch) Konsequenzen ab. Um die Lösung unseres Problems in der Wirklichkeit zu erreichen, müssen wir die Konsequenzen interpretieren und dann die Interpretation an der betrachteten Situation messen. Die Übersetzung von einer Situation in ein (mathematisches) Modell erklären mir FISCHER/MALLE (1985, S. 261 ff.) genauer: Situationsanalyse, Datenbeschaffung (intern oder extern), Annahmen und Vernachlässigungen. Darüber hinaus unterscheiden sie offene und geschlossene Modelle. Nebenbei: Mein Perspektivenbaum ist ein offenes Modell. Dies alles sind Dinge, die mir für den Inhalt meines Unterrichts wichtig sind und in meinem Unterricht eine Rolle spielen sollten. Mein Perspektivenbaum erinnert mich daran.

Pädagogische Psychologie

Pädagogische Psychologie ist eine Wissenschaft, die sich in ihren für den Unterricht relevanten Einsichten schneller weiterentwickelt als die Wissenschaft Mathematik. So ist es für eine Lehrkraft im Zuge ihrer professionellen Verbundenheit mit ihrem eigenen Unterricht hier mehr noch als dort unumgänglich, sich von Zeit zu Zeit auf den neuesten Stand zu bringen, sich fortzubilden.

Ich unterscheide in meinem Perspektivenbaum hier nun an einer ersten Verzweigung Lehr-Lern-Theorien und Methoden. Für mich haben die instruktionistischen Theorien von SKINNER, AUSUBEL und GAGNÉ (siehe z. B. bei STRAKA/MACKE 1981), BRUNERS entdeckendes Lernen (siehe auch bei STRAKA/MACKE 1981), die klassischen, konstruktivistischen Theorien von PIAGET (siehe z. B. WITTMANN 1980, S. 59–83) und AEBLI (1998) und die neueren, oben skizzierten situierten Theorien Bedeutung. Bei Methoden unterscheide ich Unterrichtsformen und Medieneinsatz. Unterrichtsformen konkretisiere ich weiter in einem übersichtlichen, dreidimensionalen Modell: Von WITTMANN (1980, S. 18) habe ich die Dimensionen Sozialform (Klassenverband – Teilgruppenunterricht – Einzelunterricht) und Schülerinitiative (instruiert werden – zur Entdeckung gelenkt werden – Impulse erhalten). WIECHMANN (2002) differenziert letztere weiter in die Dimensionen Vermittlungsstil (expositorisch – entdeckend) und Unterrichtssteuerung (gelenkt – autonom). Medien im Mathematikunterricht beginnen mit der Tafel und enden nicht mit dem Computer.

An dieser Stelle möchte nun ich die Beschreibung meines eigenen Perspektivenbaumes beenden – in der Hoffung, Ihnen eine Idee seiner Gestaltung geliefert und zum Nach- und Mitmachen angeregt und -geleitet zu haben – und zu seiner Anwendung in der Praxis kommen.

Beispiel 1 **Kaninchenvermehrung**

Inhalt: Abschätzung, wie groß eine kleine Horde Kaninchen (ohne natürliche Feinde) etwa nach ein, zwei, drei, vier Jahren ist.

Durchführung: Zuerst wird mit den Lernenden darüber diskutiert, wie sie an die zur Modellierung notwendige Information gelangen können. Etwa durch Bücher: WEGLER liefert die von uns verwendeten Daten:

> ■ „Kaninchen sind [...] im Alter von zwölf Wochen geschlechtsreif. [...] Vom Tag der Befruchtung bis zur Geburt trägt die Häsin 28 bis 31 Tage. [...] Im Durchschnitt bekommen Kaninchen pro Wurf sechs Junge. Zwergkaninchen bekommen meist nur zwei bis vier [...]." (WEGLER 1989, S. 34ff.) ■

Idealerweise stellt man den Lernenden nicht die hier bereits extrahierte Textversion zur Verfügung, sondern das ganze Kapitel, oder das ganze Buch. Wir stellten im Unterricht (5.–6. Schuljahr) fest, dass nach unserem Modell sich alle vier Monate die Anzahl der Kaninchen verdreifacht und wir nach drei Jahren jedem Einwohner der Stadt (St. Ingbert) und nach vier Jahren jedem Saarländer ein Kaninchen schenken könnten.

Kriterien meines Perspektivenbaums:

Mathematik: u. a. Modellbildung (offenes Modell), Konkretisierung abstrakter großer Zahlen. Zugang im Prozess visuell und formal, funktional und prädikativ, im Produkt konzeptuell: (schnelles) exponentielles Wachstum (das alle naiven Schätzungen vor der Unterrichtseinheit übersteigt).

Allgemeinbildung: u. a. Lebensvorbereitung und Weltorientierung (Erfahrung in Nichtlinearität), Entfaltung von Verantwortungsbereitschaft (Man kauft sich besser ein Kaninchen und ein Meerschweinchen statt zwei Kaninchen!).

Pädagogische Psychologie: u. a. Situiertheit: Narrative Verankerung (viele Kinder haben Haustiere), authentische Datenbeschaffung (aus einem Fachbuch), Unterrichtsformen sind hier viele möglich.

Beispiel 2 **Wertverlust von PKWs**

In (LAMBERT 2002b) finden Sie die Durchführung einer Unterrichtseinheit zum Wertverlust von PKWs mit Bezug auf meinen Perspektivenbaum ausführlich beschrieben. Es wird mit aus dem Internet gewonnenen Daten ein Modell entwickelt, das eine Abschätzung für den Restwert eines Wagens nach ein bis acht Jahren ermöglicht.

Möglichkeiten und Grenzen solcher einfachen offenen Modelle können an diesem lebensbezogenen Beispiel gut diskutiert werden.

Beispiel 3 **Stimmt die Rechnung?**

„Mathematik ist überall, nur wer weiß das schon!"   (NEUNZERT)

Ein offener Blick für den eigenen Alltag kann einem ständig Unterrichtsstoff liefern:
Inhalt: Strukturieren von Information, Rechnen mit Dezimalzahlen.
Kriterien meines Perspektivenbaums: u. a. Sinn einer kommunizierbaren Darstellung von Mathematik wird demonstriert; Strukturieren ist typisch für das Wesen der Mathematik; Rechenübungen werden narrativ, statt in Päckchen verankert; Unterrichtsformen sind hier wieder viele möglich. Es ist nicht immer alles auf einmal zu erreichen, aber viele Vorstellungen von gutem Mathematikunterricht können auch schon in kleinem Rahmen Wirklichkeit werden. (Siehe dazu auch die Arbeitsblätter mit erprobten *produktiven Aufgaben* von HERGET/JAHNKE/KROLL 2001).

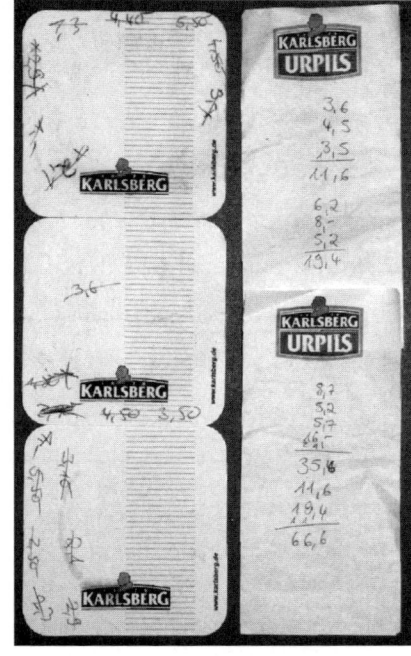

Beispiel 4 **Handytarife**
In dem Artikel von MAAß (2002) finden Sie ein Unterrichtsbeispiel, das Funktionen mit mehreren Veränderlichen narrativ verankert, indem es den „große[n] Stellenwert von Handys bei Jugendlichen [...] für den Mathematikunterricht [...] nutzt." Die Schülerinnen und Schüler lernen Mathematik als normative Sprache kennen. Das von MAAß vorgeschlagene Modell von Modellbildung weicht von meinem ab. Machen auch Sie Sich Ihr eigenes (begründbares) Modell. Eine weitere Anregung hierzu finden Sie in Kap. 4.3.

Schlussbemerkung

Eines sollte an dieser Stelle noch einmal betont werden: Der vorgestellte Perspektivenbaum ist *mein* Perspektivenbaum. Er sollte Ihnen als exemplarischer Prototyp bewusst sein. Er will nicht normativ sein. Verstehen Sie meinen Vorschlag als *Modeling* im Sinne des ‚Cognitive Apprenticeship'. Sie sollten sich nun *Ihren* Perspektivenbaum pflanzen; Sie sind ja auch eine andere Person als ich, mit eigenen, vielleicht anderen Vorstellungen und Zielen. Auch in der Fachwissenschaft Didaktik der Mathematik gibt es keine einheitliche Vorstellung davon, was *die* Didaktik ist, auch dort setzt jeder seine eigenen Schwerpunkte – man vergleiche etwa die Inhaltsverzeichnisse von WITTMANN (1980), FISCHER/MALLE (1985) und OTTE (1994). Gemeinsam muss uns das ständige Ergänzen und Hinterfragen der persönlichen Erfahrung durch wissenschaftliche Erkenntnis und die Kommunikation mit anderen Interessierten sein. Die Vielfalt der möglichen Perspektivenbäume ermöglicht uns allen, und vor allem auch den uns anvertrauten Schülerinnen und Schülern, eine entsprechende, ansprechende Vielfalt an Mathematikunterricht.

7.3 Eigenverantwortliche Lernorganisation

Guido von Saint-George

Ein Erfahrungsbericht zu einem Unterrichtsmodell[1]

Morgens 9.15 Uhr, eine Mathematikstunde in der Klasse 9c:

Lehrerin:	„Guten Morgen liebe Schülerinnen und liebe Schüler."
Lerngruppe:	„Guten Morgen Frau …"
Lehrerin:	„Ihr solltet für heute eure Wochenplanaufgaben anfertigen. Bitte setzt euch mit eurer Tischgruppe zusammen und vergleicht eure Ergebnisse untereinander. Ich gehe inzwischen herum und sehe mir eure Arbeiten genauer an."
1. Schüler:	„Also ich konnte meine Hausaufgaben nicht machen, weil …"

Die nachfolgenden Dialoge sind sicher leicht vorstellbar. Hausaufgaben sind aus Sicht der Schülerinnen und Schüler immer zu lang, zu schwer oder konnten aus Zeitmangel oder wegen Hausaufgaben in anderen Fächern nicht angefertigt werden. An Ausreden, das eigene Versäumnis zu begründen, herrscht kein Mangel. Gerade im 8. und 9. Jahrgang ist die Kontrolle der Hausaufgaben für alle Beteiligten ein unangenehmes Geschäft. In diesem Alter sind die Jugendlichen aber durchaus fähig, das eigene Handeln zu reflektieren. Es stellt sich also die prinzipielle Frage: Sind Hausaufgaben vermeidbar?

Na klar, nie wieder Hausaufgaben!

Dieser Gedanke ist natürlich verlockend. Schülerinnen und Schüler lassen sich gerne auf diese Diskussion ein. In der Regel führen die Lehrenden ihre Stan-

---

1   Nach einer Idee von meinem Kollegen Fred Heindrihof.

dardargumente ins Feld. Hausaufgaben dienen der Lernstandserhebung und sind folglich ein Muss für den Fortschritt im Unterricht. Häufig wird damit die Hoffnung verbunden, dass sich der Lernzuwachs bei allen Schülerinnen und Schülern in kleinen Schritten kontinuierlich steigert.

Aber es geht auch anders. Im Verlauf der „Hausaufgabendiskussion" habe ich (der Autor) meine Schülerinnen und Schüler mit folgender Reaktion konfrontiert:

„Wie könnt ihr (Schülerinnen und Schüler) sicherstellen, dass ich (Lehrer) euch gerecht beurteile?"

Mit dieser Formulierung werden die Karten neu gemischt. Natürlich erwarten Schülerinnen und Schüler von der Lehrperson, gerecht beurteilt zu werden. Aber das Dilemma liegt auf der Hand. Es stellt sich die zentrale Frage:

Wer übernimmt die Verantwortung für den Lernprozess?

Werden Hausaufgaben verordnet, so ist die Sache klar. Die Schülerinnen und Schüler werden zu passiven Wesen, die Lehrenden übernehmen die Verantwortung. Dennoch können Schülerinnen und Schüler bei der Gestaltung der Hausaufgaben eingebunden werden. Verabreden Sie mit Ihren Schülerinnen und Schülern:

> **Pro Woche $1^1/_2$ DIN-A4-Seiten „qualifizierte Mathematik".**

Diese weiche Formulierung lässt natürlich Raum für viele Spekulationen. Wer größer schreibt muss weniger arbeiten! Und was heißt schon „qualifiziert"?

Bisher mussten alle die gleichen Aufgaben bearbeiten. Für gute Schülerinnen und Schüler werden häufig noch Zusatzaufgaben empfohlen. Der Lehrende sorgte für die Qualitätskontrolle. Um selbstständig qualifizierte Hausaufgaben anzufertigen, muss jeder zunächst seinen Lernstand ermitteln. Schülerinnen und Schüler haben in der Regel kein gutes Gespür für die eigenen Fähigkeiten und Kenntnisse. Das eigene Können wird oft sehr undifferenziert wahrgenommen. Entweder man kann eine bestimmte Aufgabe lösen oder man kann es nicht. Die Ursachen des Könnens bzw. Nichtkönnens bleiben im Verborgenen und werden im Unterricht kaum thematisiert. Weiterhin ist zu beobachten, dass nur sehr selbstsichere Schülerinnen und Schülern die eigenen Schwächen offen eingestehen können.

Wenn man das Anfertigen der Hausaufgaben als „Sicherheitstraining" versteht, lässt sich das Selbstvertrauen der Schülerinnen und Schüler stärken. Es sollte so viel geübt werden, bis man sich – auf seinem Niveau – sicher fühlt.

Dazu ist es aber unbedingt erforderlich, den Qualitätsbegriff jeweils individuell zu vereinbaren. Ich habe mit meinen Schülerinnen und Schülern folgende Verabredung getroffen:

■ Schwächere Schülerinnen und Schüler arbeiten die Aufgaben aus dem Unterricht intensiv nach. Sie verändern z. B. eine Zahl und verfolgen den Lösungsweg. Außerdem können sie sich aus dem Schulbuch einfache Aufgaben heraussuchen und bearbeiten. Ihr Ziel ist es, möglichst viel Sicherheit mit den Grundaufgaben zu erlangen.

■ Bessere Schülerinnen und Schüler sollten, wenn sie sich sicher fühlen, im Buch nach einfachen Variationen der im Unterricht behandelten Aufgaben suchen und diese lösen.

■ Gute Schülerinnen und Schüler sollten sich nicht lange mit für sie einfachen Aufgaben beschäftigen. Sie sollten versuchen, das Thema als Ganzes zu erfassen und Zusammenhänge mit anderen Themen suchen. Schwierige Aufgaben müssen als Herausforderung angesehen werden.

Alle Aufgaben werden einmal in der Woche (15–20 Minuten) kontrolliert. Dazu setzen sich jeweils alle Schülerinnen und Schüler, die gleiche Aufgabentypen bearbeitet haben, in kleinen Gruppen zusammen. Die Lernenden kontrollieren sich gegenseitig. Ich stehe für Beratung zur Verfügung, beantworte aber keine Einzelfragen. Nur Fragen, die die ganze Gruppe an mich heranträgt, werden von mir beantwortet.

Da sich die Schülerinnen und Schüler ihre Übungsaufgaben selbstständig auswählen, legen sie fest, was „leichte" und „schwere" Aufgaben sind und welche Aufgaben als Grundaufgaben zentrale Bedeutung für das Thema haben. So viel Einsatz muss sich natürlich lohnen. Entscheidend für das Gelingen dieses Ansatzes ist es, den Lernenden mehr Rechte einzuräumen. Daher gebe ich der ganzen Lerngruppe die Möglichkeit, die Aufgabenstellungen für die Klassenarbeit mit mir zu „verhandeln". Das heißt, die Schülerinnen und Schüler haben ein Vorschlagsrecht, welche *Aufgabentypen* in der Arbeit vorkommen sollen und welchen *Stellenwert* sie haben. Dabei hat sich eine dreistufige Einteilung bewährt. Für die Notenstufen 4, 3 und 2 (und besser) werden jeweils die Aufgabentypen gemeinsam festgelegt.

Damit werden zwei wichtige Aspekte des Konzepts für alle Beteiligten öffentlich. Je differenzierter die Schülerinnen und Schüler ihre Hausaufgaben anfertigen, desto genauer können sie die Aufgaben der Klassenarbeit eingrenzen. Wer hingegen keine oder wenig Hausaufgaben anfertigt, hat sein demokratisches Recht auf Mitgestaltung an der Klassenarbeit verwirkt.

Vor zwei Jahren habe ich dieses Konzept erstmals praktiziert. Es hat aus meiner Sicht zwei entscheidende Vorzüge. Es ist einfach durchzuführen und es schafft sowohl für die Lernenden als auch für die Lehrenden Transparenz. Erstaunlicherweise gab es keinerlei Missverständnisse hinsichtlich des Umfangs der Hausarbeiten. Ich habe weder beobachtet, dass besonders groß geschrieben wurde, noch füllten Skizzen größere Flächen. Jedoch bemühten sich Schüler, die besonders klein und unleserlich schrieben, um eine größere und häufig lesbarere Schreibweise, da sie sich sehr im Nachteil wähnten. Bemerkenswert ist auch, dass der sehr allgemein formulierte Auftrag nicht zu sehr unterschiedlichen Bearbeitungen führte. Innerhalb der drei festgelegten Leistungsniveaus planten die Schülerinnen und Schüler ihr Pensum gemeinsam. Das Bestreben, sich von den „Drückebergern" abzugrenzen, war deutlich zu erkennen. Die Vorbereitung der Klassenarbeit dauerte in der Regel weniger als 10 Minuten. Die von den Schülerinnen und Schülern vorgeschlagene Zuordnung zwischen Aufgabentyp und Notenstufe war meistens zu anspruchsvoll und musste von mir „entschärft" werden. Vor allem der zeitliche Rahmen einer Aufgabenbearbeitung wurde völlig unterschätzt. So ist es kaum verwunderlich, dass Art und Umfang der Klassenarbeit sich nicht verändert haben. Am Anfang habe ich jedoch die Aufgaben innerhalb der Arbeit so angeordnet, dass mit der ersten Aufgabe die 4, mit der zweiten Aufgabe die 3 und mit der letzten Aufgabe die 2 bzw. 1 erreicht werden konnte. Die Schülerinnen und Schüler können so einfacher feststellen, ob sie ihr Leistungsziel erreicht haben.

Nach einigen Wochen legten mir wenige Schülerinnen und Schüler ihre Hausaufgaben ins Fach im Lehrerzimmer. Die Zeit für die Besprechung der Aufgaben war für sie nicht ausreichend. Sie baten jedoch ausdrücklich darum, dass die Ausarbeitungen nicht benotet werden, und es entwickelte sich eine Art Briefwechsel zwischen den Lernenden und mir. Einige Schülerinnen haben diese Form der Mitarbeit auch in der Oberstufe beibehalten.

Langfristig konnte ich feststellen, dass die größere Mitverantwortung und der transparente Umgang mit dem Problemthema Hausaufgaben zu einem entspannteren Klima zwischen den Lernenden und mir geführt haben.

Die Heterogenität der Lerngruppe hat sich kaum reduziert. Dass möglichst viele Schülerinnen und Schüler die gleiche fachliche Tiefe erlangen, bleibt eine unerreichbare Illusion.

Nur wenige Schülerinnen und Schüler haben sich wesentlich verbessert oder verschlechtert. Aber die Versagensängste vor mathematischen Aufgaben sind weitgehend abgelegt worden, Mathematik wird als „normales" Fach akzeptiert und Fehler werden wesentlich differenzierter wahrgenommen.

8 Mathematikunterricht auswerten

Timo Leuders

Welcher Schüler hat das hellere Köpfchen?[1]

Das Auswerten von Unterricht ist ein selbstverständlicher Teil des pädagogischen Handlungsrepertoires von Lehrerinnen und Lehrern. Dennoch – oder gerade deshalb – verschwindet dieser Aspekt des Unterrichtens oft im Hintergrundrauschen der täglichen Routinen. Es lohnt sich daher, einen Blick auf die wohlbekannten und etablierten Formen der Unterrichtsauswertung zu werfen als auch auf die große Vielfalt bereichernder Alternativen, die in unserem Mathematikunterricht noch keine gängige Praxis sind.

Geläufig sind vor allem zwei Verfahrensweisen: Die stark formalisierte, schriftliche und die meist informellere, mündliche Leistungsüberprüfung. Aber auch jede soziale Interaktion während einer Unterrichtsstunde beruht auf Beobachtung und Bewertung und ist ein Akt der Unterrichtsauswertung. Hier tut sich offenbar ein breites Spektrum von bewussten und unbewussten, von gezielten und spontanen, formalisierten und informellen, von stark subjektiv gefärbten, aber auch objektivierenden Auswertungsverfahren auf. Bevor in den folgenden Teilkapiteln konkrete Auswertungsmethoden vorgestellt werden, soll eine strukturierte Darstellung etwas Übersicht in die vielgestaltige Landschaft bringen.

Zunächst sei jedoch eine Begriffsklärung vorangeschickt: Wieso ist dieses Kapitel nicht mit „**Evaluation** von Mathematikunterricht" überschrieben? Welcher Unterschied besteht zwischen den Begriffen „Evaluation" und „Auswertung", sind sie nicht eher synonym zu verwenden? Der *terminus technicus* „Evaluation" führt im schulpraktischen Kontext keinen guten Ruf. Es besteht hier offenkundig ein nur schwer zu überwindender mentaler Graben zwischen dem produktiven Durcheinander des täglichen Auswertungsgeschäftes und der vermeintlichen Wissenschaftlichkeit von Evaluation. Nicht weniger wider-

---

1 Die beiden Köpfe in der Mitte sind tatsächlich gleich hell!

sprüchlich ist das Verhältnis zwischen der lieb gewonnen „pädagogischen Freiheit" und dem, was der Begriff „Evaluation" an Fremdkontrolle zu transportieren scheint.

Mit dem allgemeineren Begriff der **Auswertung** (im anglo-amerikanischen wird oft die Bezeichnung *assessment* verwendet) soll – an dieser Stelle jedenfalls – jede Form der bewussten und zielgerichteten Erhebung und Interpretation von Information in pädagogischen Situationen verstanden werden. Hierzu zählen sowohl informelle sprachliche und soziale Interaktionsprozesse im Unterricht als auch stärker strukturierte schriftliche Erhebungsverfahren, wie etwa herkömmliche Klassenarbeiten. Unbewusste und unterbewusste Unterrichtsentscheidungen von Lehrerinnen und Lehrern spielen auch eine wesentliche Rolle beim Verständnis von Unterrichtsprozessen, sie sollen hier aber nicht als „Auswertung" verstanden werden.

Die negativen Konnotationen, die dem Begriff der Evaluation anhaften, sind eng mit der Tatsache verknüpft, dass man unter Evaluation eher eine von außen auferlegte, wissenschaftlich wie emotional „harte" Auswertung eines Systems, wie etwa einer ganzen Schule oder des Unterrichts eines einzelnen Lehrers verstehen will. Der relativierende Kommentar sei hier gestattet: Gerade die beiden Aspekte „hart" und „von außen auferlegt" treffen weitgehend auch auf die Art von Auswertung zu, der sich Schülerinnen und Schüler täglich unterziehen müssen.

Eine Wertung, wie die soeben angedeutete, ist nicht mit gut gemeinten (Um)Definitionsversuchen aus der Welt zu schaffen. Sie ist tief verwurzelt in der Wahrnehmung aller Beteiligten und kulturabhängig, wie ein Vergleich etwa mit dem schwedischen System zeigt (EKHOLM 2001). Dort gibt es nur das eine schwedische Wort *„utvärdering"* (wohlgemerkt ein Erbwort, kein verdächtiges Fremdwort!). Im Gegensatz zu unserem System, das zwischen „pädagogischer Freiheit" und engen curricularen Vorgaben ausbalanciert ist, hat sich im schwedischen Schulsystem eine umfassende und flächendeckende Evaluation von Schule und Unterricht durch eine zentrale Behörde, das *„skolverket"*, etabliert. Eine Umorientierung von einer Inputsteuerung (über Lehrpläne und Lehrerausbildung) hin zu einer Outputsteuerung (über Evaluationssysteme) steht aber auch unserem Schulsystem bevor.

Ein Handlungsspektrum für die Auswertung

Das Auswertungsverfahren, das in unserem Schulsystem das vorherrschende ist, lässt sich in etwa so charakterisieren: *Lehrende bewerten* durch mündliche und schriftliche *Überprüfung* das Lern*ergebnis* der *Lernenden* mit dem Ziel der Vergabe von Noten als Instrument des *Leistungsvergleichs* und der *Laufbahnberechtigung.*

Wie viele andere Möglichkeiten dem Mathematikunterricht offen stehen, soll die folgende Übersicht darstellen, die sich nach unterschiedlichen Dimensionen des Auswertungsverfahrens gliedert.

Dimensionen des Auswertungverfahrens

Wer oder was wird ausgewertet?

Personen	z. B. Kompetenzen oder Einstellungen von Schülern oder Lehrern
Gruppen	z. B. soziale /kommunikative Kompetenzen
Prozesse	z. B. Projekte oder Ergebnis/Ablauf von Lernprozessen
Systeme	z. B. Rahmenbedingungen von Schulen

Wer führt die Auswertung durch?

„Selbst"	z. B. Selbstauswertung von Schülern (s. Kap. 8.2) oder Schulen
Gleichberechtigte Beteiligte	symmetrische Auswertungssituation, z. B. bei kollegialer Unterrichtshospitation
Steuernde Beteiligte	asymmetrische Situation, Konflikt zwischen Steuerungs- und Auswertungsinteresse, z. B. bei der Vergabe von Schulnoten
Außenstehende	symmetrisch (Fremdkorrektur)/asymmetrisch (Schulaufsicht)

Woran wird gemessen? (Bezugsnorm)

Gruppe (soziale)	z. B. Notengebung im Vergleich mit der Bezugsgruppe Klasse, Vergleich von Gruppen, wie bei Parallelarbeiten oder PISA
Kriterien (anforderungsbezogen)	z. B. Grad des Erreichens von Standards bei zentralen Lernstandserhebungen.
Fortschritt (individuell)	z. B. in zensurenfreien Beurteilungen, z. B. bei Portfolios (s. Kap. 8.2).

Womit wird ausgewertet? Was sind die Instrumente? Wie ist das Vorgehen?

Beobachtung	von der Beobachtung in der Klasse (informell oder mit vorab festgelegten Beobachtungsaspekten) bis zur empirischen Auswertung von Videotranskriptionen
Mündliche Befragung	von der Aufforderung zum „lauten Denken" zum vorstrukturierten Interview
Schriftliche Befragung	von der Klassenarbeit oder dem Fragebogen mit vorgegebenen Antwortmöglichkeiten (Multiple Choice) bis zum Lerntagebuch (Kap. 3.2) oder Portfolio (Kap. 8.2).

Wann wird ausgewertet?

formativ	während eines Prozesses
summativ	nach Abschluss eines Prozesses oder Projektes

Wozu wird ausgewertet?

Feststellung des Standes (Status)	z. B. Lernstand oder Unterrichtsqualität mit dem Ziel der Rückmeldung an die Beteiligten (Schüler, Lehrer, Schulleitung, Eltern, Bildungspolitiker)
Feststellung von Entwicklungsbedarf	z. B. durch gezielte Diagnose
Selektion/Zuteilung	z. B. für eine Entscheidung über Schulform, Klassenwiederholung oder sonderpädagogischen Förderbedarf
Bericht	z. B. als Grundlage für Kommunikation oder als (politische) Legitimation
Normierung	z. B. Sicherung von Bildungsgerechtigkeit und -qualität durch Kompetzenzformulierungen/Aufgabenbeispiele

Der letzten Frage nach dem „Wozu?" einer Auswertung sollte man immer das in kriminalistischen Zusammenhängen obligatorische „cui bono" („Wem nützt es?") folgen lassen. Die Qualität von Auswertungsinstrumenten ist in starkem Maße vom Verwertungsinteresse der Auftraggeber bzw. Durchführenden gekennzeichnet. Der Zweck der schulischen Notenvergabe ist beispielsweise ein vielfältiger: Für den Lehrenden kann sie als ökonomisches System der Leistungsbewertung, als Rückmeldesystem über den Erfolg des Unterrichtes oder als Lernbedarfsdiagnose für die Gestaltung zukünftigen Unterrichts dienen. Für die Lernenden kann sie Rückmeldefunktion über Lernstände darstellen, für die Eltern hat sie Berichtsfunktion über die Leistungen der Kinder oder über die Leistungen der Schule. Man erkennt: Hier vermischen sich Funktionen mit z. T. widersprüchlichen Anforderungen (Arbeitsökonomie versus ausführliche Rückmeldung). Es gilt, die vielfältigen Instrumente mit jeweils klaren Zielen auseinander zu halten, also z. B. Lernstandsdiagnosen bewertungsunabhängig durchzuführen oder individuell verbale Rückmeldungen über Lernfortschritte zu geben.

Für Mathematiklehrerinnen und -lehrer, die ihr Repertoire an Auswertungsmethoden erweitern wollen, und den Blick weg von der alleinigen Bewertung von Schülerleistungen hin zur Auswertung von Unterricht als Ganzem weiten wollen, können die folgenden Anregungen als Orientierungspunkte dienen:

- Auswertungsinstrumente müssen nicht wissenschaftlich und arbeitsaufwändig sein. Man kann auch mit ganz **einfachen Verfahren** hilfreiche Rückmeldungen erhalten (z. B. „Blitzumfragen").
- Es gibt **keine absoluten Normen** dafür, was guter Mathematikunterricht ist. Die Qualitätskriterien muss man selbst festlegen – immerhin gibt es vielfältige Orientierungspunkte (vgl. z. B. LEUDERS 2001).
- Quantifizierende Auswertungsinstrumente sind nicht automatisch objektiver. Zwar lassen sich im Mathematikunterricht und mit Hilfe der Mathematik als Werkzeug Schülerleistungen besser quantifizieren, doch wird damit auch der Blick stark auf solche Leistungen eingeschränkt, die sich leichter in die quantitative Zwangsjacke pressen lassen. (→ S. 297 „Ziffernnoten"). **Qualitative, offenere Erhebungsformen** können mitunter mehr Information zu Tage fördern.
- Wer nicht nur Lern*ergebnisse*, sondern auch Lern*prozesse* in den Blick nimmt, erfährt mehr über die Wege des Lernens. Auswertung kann **kontinuierlich** in die tagtäglichen Lehr- und Lernprozesse **eingebunden** werden und **produktiv** für alle Beteiligten sein.
- Auswertung wird allerdings erst dann produktiv, wenn sie in einen Veränderungsprozess **rückgekoppelt** wird. Statt ins Blaue auszuwerten kann man für sich oder in Beratung mit Kollegen Beobachtungsdimensionen und Entwicklungswünsche erarbeiten.

Die Vielfalt an Auswertungsmethoden, -anlässen und -zielen ist kaum zu überblicken. In den folgenden Kapiteln werden daher exemplarisch verschiedene Auswertungsmethoden dargestellt, die die vorstehend aufgeführten Kriterien konkretisieren. Die Leserin und der Leser seien aufgefordert, den so entstehenden „Methodenkoffer" nach ihren eigenen Bedürfnissen und auf der Basis der Anregungen der oben stehenden Tabellen kreativ zu erweitern. Viele weitere Ansätze finden sich auch in der weiterführenden Literatur. Als pragmatische Darstellungen seien hier empfohlen: BURKHARD/EIKENBUSCH (2000), ZEITSCHRIFT PÄDAGOGIK (11/2001), BECKER u. a. (2002).

8.1 Leistungsbewertung und -diagnose

Timo Leuders

In diesem Kapitel werden vorwiegend Methoden zur Auswertung von **Schülerleistungen** durch den Lehrer zur Sprache kommen. Dem Aspekt der Schüler*selbst*auswertung wird ein eigenes Kapitel (8.2) gewidmet.

Nicht minder bedeutsam als die Auswertung von Schülerleistungen ist es, seine **Leistungen als Lehrerin oder Lehrer** bei der Gestaltung von Mathematikunterricht auszuwerten und seine Kompetenzen weiterzuentwickeln. Von den vielfältigen Auswertungsmethoden beziehen sich die meisten auf alle Schulfächer. Einige Anregungen, die sich auf die Besonderheiten des Faches Mathematik beziehen, findet man bei LEUDERS (2001a, S. 218 ff.). Sie beziehen auch Erkenntnisse aus der TIMSS-Videostudie mit ein und macht Vorschläge für Unterrichtsbeobachtung mit Videounterstützung und kollegiale Unterrichtshospitation.

Leistungsbewertung – Ziffernnoten und Alternativen

Im Mathematikunterricht ist der Begriff der „Leistungs*be*wertung" wesentlich gebräuchlicher als der der „Unterrichts*aus*wertung". Das verweist auf ein traditionelles und in Richtlinien festgeschriebenes Verständnis von Auswertung: Lehrerinnen und Lehrer bewerten die Qualität der mündlichen wie schriftlichen Schülerleistungen, überwiegend in Form von Ziffernnoten. Auch wenn Kommentare unter Klassenarbeiten und individuelle Schülergespräche als Formen verbaler Leistungsbewertung genutzt werden, ist die Ziffernnote unter den Klassenarbeiten und auf den Zeugnissen das wohl vorherrschende Instrument der Leistungsbewertung. Dieser Leistungsbewertung werden mehrere Zwecke zugleich zugeschrieben:

■ Leistungen wird ein Wert zugeordnet, der gleichsam wie ein Zahlungsmittel akkumuliert und gegen das „Jahrgangsziel", die Versetzung, eingetauscht werden kann. Diese Praxis verweist auf das von unserer Gesellschaft getragene **Leistungsprinzip** und ist auch der Grund, warum Leistungsbewertung zur extrinsischen, „symbolischen" Motivation und (*de facto*, wenn auch nicht mehr *de jure*) zur Disziplinierung eingesetzt wird.

■ Leistungsbewertung dient der **Rückmeldung an den Lehrenden** über Lernstand und Lernbedarf einzelner Schülerinnen und Schüler und den der gesamten Lerngruppe. Sie liefert kommunizierbare **Information** (für Beratung, Lernplanung, Förderung) und ermöglicht Klassifikation und Allokation (z. B. für Differenzierung, Gruppenorganisation oder Zuweisung zu bestimmten Kursen).

■ Leistungsbewertung dient auch der **Rückmeldung an den Schüler** über seinen Lernstand und seinen Entwicklungsbedarf. Diese Information dient als Grundlage für seine individuelle Lernplanung, aber auch zur **Legitimation** von Selektions- und Allokationsentscheidungen, von denen er betroffen ist.

■ Schließlich hat Leistungsbewertung auch eine **Berichtsfunktion für Eltern**, und eine **Evaluationsfunktion für Schulleitung und Schulbehörden**.

Diese mehrfache „Verzweckung" führt zu unauflösbaren Widersprüchen: Wie können Noten gleichzeitig etwas über die Leistung einzelner Schüler und über die Qualität des Unterrichts, also auch über die Leistung des Lehrenden aussagen? Wie können Noten eines Schülers, die durch Vergleich mit der Lerngruppe, in der er sich (mehr oder weniger) zufällig befindet, entstehen, zugleich eine Auskunft über einen an inhaltsbezogenen Anforderungen gemessenen Leistungsstand geben? Wie können Noten zugleich ein Instrument der individuellen Förderung und der systematischen Auslese sein?

Die ursprüngliche Funktion der heutigen Ziffernnoten war weniger die der Auslese als der Differenzierung: Die Ziffern bezogen sich auf die Reihenfolge der Sitzreihen. Wer sich verbesserte erhielt einen besseren Rangplatz, er wurde „versetzt" (ARNOLD/JÜRGENS 2001, S. 5). Heute hat sich in Deutschland eine Mischung aus anforderungsorientierter und vergleichsorientierter Auslegung der Ziffernnoten durchgesetzt: Die verbalen Definitionen der Bezeichnungen hat die Kultusministerkonferenz bundesweit festgelegt (z. B. „Die Note ‚befriedigend' soll erteilt werden, wenn die Leistung den Anforderungen im Allgemeinen entspricht."). Allerdings sind für den Mathematikunterricht bislang nirgends kriterienorientierte, fach- und stufenspezifische Konkretisierungen dieser Anforderungen formuliert, die auch faktisch genutzt werden. Die Noten werden somit traditionell durch eine Kombination in unterschiedlicher Gewichtung von Lehrererwartung und klasseninternem Vergleichsmaßstab gebildet.

Eine weitere Unklarheit im Umgang mit Ziffernnoten besteht darin, dass meist ignoriert wird, dass es sich bei Ziffernnoten bestenfalls um eine so genannte **Ordinalskala** handelt: Mit ihrer Hilfe lassen sich Leistungen paarweise miteinander vergleichen und in einer Reihe anordnen. (Allerdings darf man selbst dieses eindimensionale Modell von mathematischer Leistung als zu stark vereinfachend in Frage stellen.) *Keinesfalls jedoch kann man mit Ziffernnoten rechnen:* Mit welcher Berechtigung ergeben zwei mal eine 2 und eine 4 ein Endergebnis von 2,7 und wieso ist dies „eine gute 3"? Ist der Abstand zwischen einer 1 und einer 2 derselbe wie zwischen einer 4 und einer 5? Was ist eine „halb so gute" Leistung wie eine 2?

Zahlen verführen aber zum Rechnen – oder anders ausgedrückt: Sie legen die Annahme eines quantitativen Modells von Leistung nahe. Dieses Modell wird im Schulalltag weiter ausdifferenziert mit dem Punktesystem der gymnasialen Oberstufe bis hin zu Klausuren, bei denen die Leistung in 100 Teilpunkte atomisiert wird. Dieses System wird weitgehend von Lehrern wie Schülern akzeptiert, da es eine entpersonalisierte Verfahrensgerechtigkeit vorspiegelt. Doch Lehrende machen sich auf diese Weise schnell zu Gefangenen des eigenen Systems, wie einige Beispiele aus dem Bewertungsalltag zeigen:

■ Wie stellt man im Voraus sicher, dass die Punkteverteilung garantiert, dass ein Schüler mit fünfzig Prozent der Punkte „ausreichende" Leistungen (gar für eine Versetzung) gezeigt hat?

- Wie bewertet man eine Schülerin, die in einer Klausur durch eine kreative, aber nicht ganz überzeugende Abkürzung ein ganzes Bündel von vorgesehenen Teilaufgaben nicht mehr bearbeiten konnte oder musste?
- Zwei Klassen haben bei einer Parallelarbeit einen „Schnitt" von 3,3 bzw. 3,8 erreicht? Wem ist dieser unterschiedliche „Lehrerfolg" zuzurechnen? Die Statistik sagt uns klar: Selbst bei der Annahme zufälliger Zusammensetzung der beiden Lerngruppen ist die Abweichung statistisch nicht signifikant!

Doch welche Alternativen zu Ziffernnoten gibt es? Ein kurzer Blick ins Ausland macht zunächst deutlich, dass das deutsche System kulturbedingt ist und durchaus eine selbst auferlegte Beschränkung darstellt. Die englischen Schulnoten sind für den Universitätszugang nur zweitrangig, informellere Prüfungsverfahren sind Gang und Gäbe. In den USA hingegen sind Schüler wie Lehrer gleichermaßen einer umfangreichen quantifizierenden Evaluations- und Test „kultur" (meist in Form von standardisierten Multiple-Choice-Aufgaben) ausgesetzt. Vergleichmaßstab für den Einzelnen ist somit nicht die Klasse, sondern mitunter ein ganzer Schülerjahrgang eines Bundesstaats. Im finnischen Gesamtschulsystem wiederum gibt es bis zur 9. Klasse überhaupt keine Noten und keine Versetzung. In schwedischen Schulen ist als wesentliches Rückmeldeinstrument das halbjährliche, obligatorische und mindestens halbstündige Planungs- und Entwicklungsgespräch mit den Eltern und dem Schüler bzw. der Schülerin vorgesehen.

Man erkennt also, dass bei der Leistungsbewertung weder die Beschränkung auf das quantitative System der Ziffernnoten noch die Überfrachtung dieses Instruments mit einer Vielfalt von Funktionen denknotwendig sind. Es gibt eine ganze Reihe von alternativen und praktikablen Instrumenten und Methoden. Hierzu zählen u. a.:

- Verbale und schriftliche **kriterienbezogene Rückmeldungen** zu umfangreicheren Schülerleistungen (z. B. Facharbeiten). Ein Beispiel folgt weiter unten.
- Kenntnisnahme von Sammlungen als **Dokumentation langfristiger Prozesse** und Lernfortschritte (Portfolios, → Kap. 8.2),
- Verfahren der Auswertung von **Gruppenleistungen**,
- Bewertungsgespräch mit dem betroffenen Schüler im Rahmen von Planungs- und Entwicklungsgesprächen und unter Nutzung langfristig angelegter **Leistungsdiagnosen** (ein Beispielinstrument hierfür s. u.),
- **Schülerselbstevaluation** und -selbstkontrolle (→ Kap. 8.2).

Viele weitere Auswertungsinstrumente zur Leistungsbewertung lassen sich konstruieren, wenn man die Auswertungsdimensionen aus der tabellarischen Darstellung auf S. 294 variiert und miteinander kombiniert. Dabei sollten einige allgemeine Qualitätskriterien für die Leistungsbewertung berücksichtigt werden:

Qualitätskriterien für Leistungsbewertung

Differenzierendes und förderorientiertes individuelles Feedback

■ Für die Lernplanung des Einzelnen ist ein am individuellen Maßstab orientiertes Feedback am geeignetsten. Die soziale Bezugsnorm sollte, wo immer möglich, vermieden oder abgemildert werden.

■ Aussagen über Stärken und Entwicklungsmöglichkeiten und die Beschreibung von konkreten Handlungsmöglichkeiten sind erfolgversprechender als die Feststellung von Defiziten in der Vergangenheit.

Ganzheitliches Kompetenzmodell

■ Besonders im Mathematikunterricht ist darauf zu achten, nicht einseitig niedere kognitive Kompetenzen bevorzugt zu bewerten. Dazu müssen auch offenere Aufgabenformen (Kap. 4.2) und Gelegenheiten für kreatives Tun (Kap. 4.3) und somit neben den fachlichen Kompetenzen auch prozessbezogene Kompetenzen (Problemlösekompetenz, argumentative und reflektierende Leistungen) in die Bewertung mit einbezogen werden (s. Kap. 7.1).

■ Einen vielseitigen Eindruck von Schülerkompetenzen erhält man nur durch das Einbeziehen vielseitiger Auswertungsinstrumente und -situationen (Beobachtungen an der Tafel und bei der Gruppenarbeit, Selbsteinschätzungen, reflektierende Schülertexte, etc.).

Förderung von selbstständigem Lernen

■ Selbstständiges Lernen erfordert Kompetenzen zur selbst gesteuerten Auswertung. Schülerinnen und Schüler können diese Kompetenzen bei Gelegenheiten zur Selbsteinschätzung oder bei reflektierendem Arbeiten (z. B. in Lerntagebüchern) entwickeln (Kap. 3.2).

■ Der sinnvolle Umgang mit Fehlern und Kooperationsfähigkeit sind die Vorbedingungen für eine aktive wie passive Bewertungskompetenz, die z. B. durch die gegenseitige Bewertung in einer Gruppe eingeübt werden kann.

Trennung von Leistung und Lernen

■ Angst durch Leistungsdruck und Kontrolle behindert Lernen. Eine bewusste und transparente Trennung zwischen *Lernphasen* und *Leistungsphasen (Bewertungsphasen)* kann hier Abhilfe schaffen (vgl. Kap. 7.1 „Prozesskontext der Überzeugung"). Schülern muss jederzeit klar sein, ob ein Feedback als Lernhilfe oder Leistungsbewertung gemeint ist.

■ Leistungsphasen dürfen nicht zu singulären Ereignissen und mit übermäßigem Gewicht belegt werden, wie etwa in mancher Abschlussprüfung. Dies vermeidet man durch eine ausgewogene Verteilung von Leistungsphasen und Variation von Bewertungsinstrumenten.

Leistungsbewertung und Aufgabenkultur

Die *Aufgabenkultur* einerseits, d. h. der traditionelle Fundus von Mathematikaufgaben und der Umgang mit ihnen, und die *Auswertungskultur* andererseits hängen eng zusammen. Jede Veränderung des Unterrichts wird nur gelingen, wenn man beide Komponenten aufeinander abstimmt. Mathematikaufgaben, wie sie traditionellerweise in Klassenarbeiten gestellt werden, sind nach Prinzipien der Korrekturökonomie und der Quantifizierbarkeit konstruiert und daher vornehmlich geschlossene Aufgaben: Es gibt nur einen Lösungsweg und auch nur eine als richtig akzeptierte Lösung, die Gesamtleistung ermittelt sich als Summe der Teillösungen. Schon dann, wenn eine Lösung unerwarteterweise kreativ ausschert, gibt es Bewertungsprobleme. Andere Aufgabentypen verlangen einen anderen Bewertungsstil. Im Folgenden werden einige Beispiele für solche Aufgabentypen und die jeweiligen Konsequenzen für die Leistungsbewertung beschrieben.

■ **Differenzierende Aufgaben:** Aufgaben mit unterschiedlichen methodischen Ansätzen oder mit nach Schwierigkeiten gestuften Teillösungen können von Schülern auf unterschiedlichem Niveau befriedigend bearbeitet werden. Sie erlauben eine individualnormorientierte Leistungsbewertung, also eine (nicht notwendig in Noten ausgedrückte) Bewertung des an der individuellen Leistungsfähigkeit gemessenen Erfolges. Unterschiedliche Typen von differenzierenden Aufgaben sind denkbar, u. a.:

- **Gestufte Aufgaben:** In England gibt es „Kleinformen" von Facharbeiten, die *coursework* (Kursarbeiten) genannt werden. Die Schülerinnen und Schüler beginnen mit der Arbeit in der Klasse, können auf Rückfrage Unterstützung beim Einstieg in die Aufgabe erhalten, sich untereinander austauschen oder Lehrbücher zu Rate ziehen (KAISER 2001). In Heimarbeit entsteht dann über mehre Stunden ein Gesamtprodukt, bei dem jeder Schüler zumindest Teil- und Zwischenerfolge vorweisen kann.

- **Optionale Teilaufgaben:** Dies ist die wohl bekannte Form der Sonder- und Zusatzaufgaben. Eine angemessene Bewertung und Honorierung ist hier die Vorbedingung dafür, dass Schüler diese Aufgaben gewissenhaft und engagiert bearbeiten und sie nicht nur als Beschäftigungsvorwand abtun.

- **Methodenoffene Aufgaben:** Aufgaben wie die folgende haben zwar nur eine Lösung, lassen sich aber auf vielfältige Weise lösen: *Peters Euro-Sparbüchse mit 30 Geldstücken (nur 1 € und 2 €) enthält insgesamt 38 €.*
  Die Lösung erhält man durch Probieren mit linearen Gleichungen oder durch geschicktes Argumentieren („30 Geldstücke sind schon einmal mindestens 30 € wert, dann müssen 8 davon 2 €-Stücke sein, um auf 38 € zu kommen".). Sobald jeder dieser Lösungswege als zulässig angesehen wird und nicht nur der soeben im Unterricht behandelte, können Schüler jeweils auf ihrem Niveau an die Aufgabe herangehen, ja vielleicht sogar effektivere Ansätze entdecken.
  Das folgende zweite Beispiel einer PISA-Aufgabe bezeichnet NEUBRAND als „selbstdifferenzierend": *Auf wie viele verschiedene Weisen lassen sich 31 Cent mit nur 2-, 5- und 10-Cent-Stücken zusammensetzen?*
  Dadurch, dass es hier von vornherein überhaupt keine geschlossene Lö-

sungsformel oder vorgearbeitete Lösungswege gibt, können Schüler je nach ihren strategischen Fähigkeiten an diese Aufgabe herangehen.

■■■ **Prozessorientierte Aufgaben:** Dies sind Aufgaben, welche nur wenig auf die Kenntnis mathematischer Inhalte Bezug nehmen, dafür aber Prozesse des Problemlösens oder Modellierens in den Vordergrund rücken (vgl. Kap. 7.1).

■ **Offene Aufgaben, komplexere Kontexte**

Zu den offenen Aufgaben zählen u. a. solche Aufgaben, bei denen das Ergebnis nicht von vornherein fest steht. Das ist z. B. der Fall, wenn aus einer großen Zahl von Informationen individuell ausgewählt werden muss, oder wenn fehlende Information durch Schätzungen und Plausibilitätsbetrachtungen überbrückt werden muss. Hier geht es dann mehr um den mathematischen Prozess und seine Reflexion, als um das rechnerische Ergebnis. Bewertet werden können hier: Interpretation, Näherungen, Kritik an der Problemstellung, Varianz der Ansätze, Umgang mit Fehlern, Reflexionsgrad, usw.). Hier bedarf es eines eher qualitativen Bewertungsschemas, wie es weiter unten unter „Bewertung kreativer Produkte" und „Bewertung prozessualer Fähigkeiten" beschrieben wird.

■ **Strategische Aufgaben**

Noch wenig Eingang in unseren Mathematikunterricht haben Aufgaben gefunden, bei denen es weniger um die korrekte Anwendung erlernter Mathematik geht, als um einen explorierenden Umgang mit ungewohnten Problemen (→ S. 126 „Warenlager"). An der Art, wie Schülerinnen und Schüler eine solche Aufgabe angehen, zeigt sich, welches Repertoire an Lösungsstrategien sie besitzen, wie sie mit Unkenntnis und Widerständigkeiten umgehen und mit welcher Einstellung sie sich mathematikhaltigen Situationen nähern. Dann werden vor allem Mut, Kreativität und Durchhaltevermögen zu bewerten sein. Solche Aspekte legen in besonderem Maße eine individualnormorientierte Bewertung nahe.

■■■ **Diagnoseaufgaben:** Diagnoseaufgaben zeichnen sich gegenüber Lernstandsaufgaben dadurch aus, dass sie nicht nur erheben sollen, ob Schüler gewisse Fähigkeiten besitzen, sondern auch Hinweise darauf geben sollen, *worin* ggf. ihre Probleme bestehen. Um dies leisten zu können, sollten Diagnoseaufgaben bestimmte Bedingungen erfüllen:

■ Diagnoseaufgaben müssen **kritisch** sein, d. h. die entstehenden Schülerlösungen sollten in erkennbarer Relation zu systematischen Fehlertypen stehen. Beispielsweise sollten Diagnoseaufgaben zur Bruchrechnung so gewählt sein, dass man am Ergebnis erkennen kann, welcher Fehler gemacht wurde. Die Konstruktion solcher Aufgaben erfordert somit viel Einfühlungsvermögen in Denkprozesse, ggf. auch eine statistische Validierung. Daher ist es empfehlenswert, Diagnoseaufgaben nicht nur für den Einzelfall zu erstellen, sondern zentral zu entwickeln und an einer größeren Schülergruppe zu testen.

■ Auch gut konstruierte Multiple-Choice-Aufgaben können wertvolle Hinweise über Fehlerursachen geben. Informativer sind aber Aufgaben, bei denen Schüler nicht nur eine Auswahlentscheidung treffen, sondern ihre Auswahl auch begründen oder ihren Lösungsweg darlegen müssen. Dann allerdings gestaltet sich auch die Auswertung für den Lehrer aufwändiger.

■ Diagnoseinstrumente sollten möglichst von einer Leistungsbewertung entkoppelt sein. Sonst läuft man Gefahr, nicht Fähigkeiten und Kenntnisse zu erheben, sondern den Umgang mit Zeit- und Leistungsdruck. Das bedeutet, dass Schülern genügend Bearbeitungszeit eingeräumt werden sollte, ggf. auch die Möglichkeit der mündlichen Stellungnahme und der Rückfrage sowie zur nachträglichen Ergänzung des eigenen Lösungsansatzes.

■ Besser als eine punktuelle Diagnose ist eine längerfristig angelegte, die Konstanten und Variablen einer Entwicklung festhält. Hierzu kann man als Lehrer Arbeitshilfen wie z. B. den weiter unten beschriebenen Beobachtungsbogen einsetzen.

■ Eine wertvolle Ergänzung zur Diagnose durch den Lehrer ist die *Selbsteinschätzung* der Schüler. Auch hier gibt es praktikable Instrumente (→ S. 313).

Die folgenden illustrierenden Beispiele für Diagnoseaufgaben stammen aus schwedischen Diagnosetests (PRIM 2000):

a) Multiple Choice: Hier kann man die Strategie recht gut am Ergebnis ablesen.

Welcher der folgenden Brüche ist der kleinste: $\frac{1}{6}$ $\frac{1}{9}$ $\frac{3}{4}$ $\frac{2}{10}$ *?*

b) Freie Lösung: Hier kann man erkennen, ob Brüche als Zahlen verstanden werden.

Zeichne einen Zahlenstrahl von 0 bis 5 und darauf den Bruch $\frac{27}{12}$ *.*

c) Lösung mit Erläuterung:

Welchen Anteil der Fläche hat das Dreieck?
Gib einen Bruch an und schreibe deine Begründung auf.

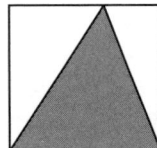

Bewertung kreativer Produkte – ein qualitatives Bewertungsschema

Ein Mathematikunterricht, der Schülerinnen und Schüler zu eigenständigen kreativen Tätigkeiten ermuntert, braucht auch Instrumente, um die Ergebnisse dieser Tätigkeiten zu bewerten. Diese Feststellung steht nicht im Widerspruch zur Forderung, kreative Prozesse nicht durch frühzeitige Bewertung zu behindern. Denn hier geht es nicht um die divergente Phase von Kreativität, sondern um die Fähigkeit, kreative Leistungen zusammenzuführen, auszuwerten und zu einem Gesamtprodukt zu verbinden. Solche Aufgaben werden traditionellerweise den „produktiven" Fächern wie Kunst oder Deutsch zugeschrieben, in denen Texte oder Bilder entstehen. Inzwischen gibt es aber auch im Mathematikunterricht institutionell verankerte Gelegenheiten für kreative Produkte: die inzwischen weitgehend etablierten **Facharbeiten**. Die Diskussionen zur Bewertung mathematischer Facharbeiten münden nicht selten in Kriterienlisten wie dieser:

> ■ „Die Bewertung der Arbeiten erfolgt nach einer Korrektur, in der sachliche Richtigkeit, angemessenes methodisches Vorgehen, Stringenz der Ausführungen, angemessene Gliederung der Arbeit, korrekter Gebrauch der Fachsprache, Anschaulichkeit und Verständlichkeit der Ausführungen und formale Korrektheit bewertet werden."
> (www.ifam.uni-hannover.de/~dasu/skripte/1/thiemann.html) ■

Hier kommt ein Bild von Mathematik zu Tage, wie es durch mathematische Fachveröffentlichungen geprägt ist. Man muss sich fragen, ob es wirklich die für das Verfassen mathematischer Artikel benötigten Kompetenzen sind, die beim Verfassen einer Facharbeit weiterentwickelt und unter Beweis gestellt werden sollen. Es verwundert jedenfalls nicht, dass tatsächlich nur wenige hartgesottene Schülerinnen und Schüler sich der Aufgabe zu stellen getrauen, wenn das erwartete Produkt ein entsubjektivierter mathematischer Text sein soll.

Welches sind also die Erwartungen, die an ein kreatives mathematisches Produkt gestellt werden sollten? Wie sollten folglich die Bewertungskriterien aussehen? Will man die Schreibenden zu Leistungen herausfordern, bei denen sie ihre Individualität und Kreativität einbringen können, so muss zunächst die Aufgabenstellung möglichst offen hinsichtlich der möglichen Ergebnisse und der verwendbaren Methoden sein. Die Arbeit an solchen Problemen verläuft divergent und ist nur begrenzt vorhersehbar. Aufgaben, die diese Kriterien erfüllen, finden sich etwa bei dem niederländischen Pendant der Facharbeit, den *praktische opdrachten* (JÜRGENSEN 2002), bei den Aufgaben des Teamwettbewerbs A-lympiade (www.alympiade.de) oder auch bei Aufgaben der Arbeitsgruppe „MUED" (www.mued.de).

Ein Kriterienkatalog für die Bewertung solcher Aufgaben kann nicht mehr auf einer Addition von mathematischen Einzelleistungen beruhen. Ein Modell für ein erweitertes **Bewertungsschema** kann in etwa so aussehen:

Bewertungs- bereiche	Kreativität	Korrektheit
Gestaltung	interessante Darstellungsform, plastische Illustrationen	klare äußere Form, übersichtliche Struktur
Nutzung von Mathematik	unerwartete Ansätze, Kombination von Ideen aus verschiedenen Bereichen, Neuschöpfungen	richtige Berechnungen, mathematische Aspekte des Themas konsequent verfolgt
Sprache	ausdrucksreiche und interessante Sprache, begriffliche Neuschöpfungen	sachlich richtige und schlüssige Argumentation, präzise Ausdrucksweise, korrekte Fachsprache
Gründlichkeit	Sonderfälle und Probleme erkannt, Reflexion von Alternativen („Was wäre wenn …")	alle geforderten Aufgaben- teile behandelt, ausführliche Rechnungen

Dieses Schema hat die folgenden Vorzüge:

- Es bietet einen transparenten Kriterienkatalog, der in dieser Form den Schülerinnen und Schülern auch vor der Bearbeitung an die Hand gegeben werden kann und Anreize zu kreativen, individuellen Leistungen enthält.
- Es berücksichtigt die divergenten („Kreativität") und konvergenten („Korrektheit") Aspekte der Leistung gleichermaßen. Diese Dimensionen sind unabhängig voneinander! Sehr gute Schülerleistungen haben ihre Vorzüge in beiden Bereichen. Durch diese Zweiteilung wird aber auch Schülerinnen und Schülern Erfolg versprochen und ermöglicht, die ihre Stärken eher in der Fantasie als in der Regelbeherrschung sehen.
- Es regt Schülerinnen und Schüler an, auch die mathematischen Prozesse der Lösungsfindung darzustellen, zu reflektieren und zur Diskussion zu stellen.
- Es ist bei größeren Arbeitsformen (Facharbeiten, Projekte) wie bei kleineren Arbeitsformen (Klausuraufgaben, Wochenaufgaben, Hausarbeiten) gleichermaßen anwendbar und kann so allmählich an die Anforderungen einer umfangreicheren mathematischen Arbeit heranführen.
- Es macht deutlich, dass bei mathematischem Arbeiten die Mathematisierung nur eine Teilkomponente darstellt. Die Anforderungen dieses Schemas kann man insofern „realistisch" nennen, als sie eine Umgangsweise mit

Mathematik widerspiegeln, die im zukünftigen Berufsleben der Schüler eher eine Rolle spielen wird als die Arbeitsweise des forschenden und publizierenden Mathematikers.

Es ist sicherlich möglich – und wird gerade von Mathematiklehrern gerne praktiziert – solche Kriterien prozentual oder mit Punkten zu gewichten. Aus der daraus gewonnenen Quantifizierung der Leistung erwächst allerdings nicht notwendig ein höherer Objektivierungsgrad. Eher sollte man bei der Bewertung folgendermaßen vorgehen: Man überträgt die Überschriften der Tabelle in eine leere Bewertungsmatrix und trägt dort individuelle Kommentare ein. Aus der qualitativen Gesamtschau erwächst dann eine Bewertung. Diese Kommentare geben den Schülern inhaltliche Rückmeldungen über die spezifischen Qualitäten und Mängel ihrer Arbeit.

Förderung und Bewertung prozessbezogener Kompetenzen

Neben inhaltsbezogenen Kompetenzen (anwendbare Kenntnisse in den fachlichen Bereichen) erwerben Schülerinnen und Schüler auch prozessbezogene Kompetenzen (Fertigkeiten des Problemlösens, Begründens, Modellierens usw.). Schülerkompetenzen in diesen Bereichen werden üblicherweise durch Unterrichtsbeobachtungen ausgewertet und in Form mündlicher Noten festgehalten. Es scheint jedoch insgesamt schwieriger als bei den inhaltbezogenen Kompetenzen zu sein, klare Kriterien für die Bewertung solcher prozessbezogenen Kompetenzen zu finden, zumindest solche Kriterien, die sich nicht nur auf das Ergebnis oder den Erfolg einer mathematischen Tätigkeit beziehen. Im vorangehenden Abschnitt wurde ein Bewertungsmodell für kreative mathematische Produkte vorgestellt. Am Beispiel eines englischen *coursework* (mehrstündige Hausarbeit in englischen Sekundarschulen) soll ein Bewertungsschema vorgestellt werden, das auch und vor allem Bezug auf die prozessbezogenen Kompetenzen der Schülerinnen und Schüler nimmt. Das Unterrichtsbeispiel hierzu ist angelehnt an Kaiser (2001).

1. Schritt: Auswahl des Aufgabenfeldes

Bei der Wahl eines geeigneten Unterrichtsthemas ist vor allem darauf zu achten, dass dieses mit einem Bein in den unterrichtlich behandelten Themenfeldern steht, mit dem anderen aber in einem Gebiet, das neue Erkenntnisse für Schülerinnen und Schüler bereit hält. Bei der Konstruktion der Aufgabenstellung geht es nun nicht darum, die Summe der erwarteten Fähigkeiten unterzubringen, sondern den Aufgabenkontext nach möglichen mathematischen Prozessen auszuloten. Das hier gewählte Aufgabenfeld „pythagoräische Zahlentripel" (also natürliche oder rationale Zahlen mit $a^2 + b^2 = c^2$) verlangt beispielsweise nach Prozessen des Problemlösens und Argumentierens.

■■ 2. Schritt: Spezifizieren von prozessbezogenen Kompetenzen

In den ausgewählten Kompetenzbreichen muss es nun möglich sein, Kompetenzen auf verschiedenen Schwierigkeitsstufen anzuwenden. Bei dem genannten Thema könnte das *Problemlösen* z. B. bestehen in

- dem Test und der Ergänzung gegebener Tripel,
- der systematischen Suche oder die Klassifizierung weiterer Tripel,
- der Erzeugung neuer Tripel aus alten,
- der (induktiven) Untersuchung des Zusammenhangs mit der Rechtwinkligkeit von Dreiecken oder des zahlenmäßigen Zusammenhangs mit der Fläche und dem Umfang von rechtwinkligen Dreiecken.

Das *Begründen* kann sich beziehen auf:

- die Existenz einer unendlichen Zahl von Tripeln,
- die Begründung von Formeln zur Erzeugung von Tripeln,
- die Begründung von anderen selbst gefundenen Zusammenhängen.

■■ 3. Schritt: Konstruktion der Aufgabenstellung

Die erwarteten bzw. möglichen Prozesskompetenzen müssen sich nun in konkreten Aufgabenstellungen niederschlagen. Dabei lässt sich meist eine Anordnung von Teilaufgaben mit gestufter Schwierigkeit – gemessen an Abstraktions- und Reflexionsgrad der Prozesse – erstellen.

■■ 4. Schritt: Konstruktion eines prozessbezogenen Bewertungsschemas

Nun lassen sich Prozesskompetenzen den einzelnen erwarteten Schülertätigkeiten zuordnen und so ein Schema gewinnen, anhand dessen man für jeden Schüler und jede Schülerin eine Übersicht über seine bzw. ihre prozessbezogenen Leistungen gewinnen kann.

Aufgabenteil	Problemlösen	Begründen
Prüfe die folgenden Tripel: 4,5,6; 10,6,8; …	Kontrolle durch Berechnung	Anwenden einer Gleichung auf Zahlen
Suche unter den folgenden Zahlen pythagoräische Tripel: 2,4,5,6,9, … Ergänze, wenn möglich, zu Tripeln: 5,7,?; 24,25,?	Systematisches Prüfen	Begründen der Vorgehensweise und der Vollständigkeit der Suche. Ggf. Begründung der Unmöglichkeit.
Gibt es Tripel, bei denen die Zahl 2 vorkommt?	Entwickeln eines Prüfverfahrens	Begründen durch arithmetische Überlegung
…	…	…

Das von KAISER (2001) mitgeteilte ausführlichere Beispiel zeigt, dass man durchaus auch zu etwas anderen Aufgaben- und Bewertungsschwerpunkten als den hier vorgestellten gelangen kann.

Eine Reihe von konkreten Praxisbeispielen der Leistungsbewertung im Mathematikunterricht findet sich bei BRUDER/WEIGAND (2001).

Unterrichtsauswertung als Diagnose

War bislang eher von Bewertungsmethoden die Rede, so soll nun das Augenmerk noch einmal auf Diagnosemethoden gerichtet werden. Diagnosemethoden verlangen, wie schon beschrieben, eher nach langfristigen und umfassenderen Beobachtungen und setzen andererseits den Beobachteten nicht unter Leistungsdruck.

Beobachtungsbogen zur Langzeitdiagnose von Schülerleistungen

Profil für _____	sicher	unsicher
Zahlvorstellung		
– ganze Zahlen		
– Brüche		
– Dezimalzahlen		
– Prozentzahlen		
– Proportionalität		
Rechnen mit Zahlen	2	1
– Kopfrechnen		
– Schätzen		1
– schriftl.		
– Taschenrechner		
Größen		
– Längen, Flächen		
– Winkel		
– Masse, Gewicht, Zeit		
Geometrische Konzepte		
– Umfang, Fläche		1 2 3
– Maßstab		
– Zeichnen		
– Besschreiben		
Argumentieren	2 3	1
– schriftlich		
– mündlich		
	hoch	niedrig
Selbstsicherheit		1
Durchhaltevermögen		1
Zusammenarbeit	1 2	
Freude		3 2 1

Als Beispiel für ein praktikables Diagnoseinstrument soll hier ein **Kompetenzprofil** aus einer schwedischen Handreichung (PRIM 2000) vorgestellt werden. Die Bezeichnung „Profil" deutet an, dass es nicht um die Auswertung singulärer Kenntnisse geht, sondern um einen möglichst breit gefächerten Gesamteindruck, bei dem Stärken, Schwächen und Entwicklungen in unterschiedlichen Bereichen deutlich werden. Der Fachlehrer bedient sich dazu eines Beobachtungsbogens, der hier leicht modifiziert wiedergegeben wird. Hierbei geht es nicht allein um Wissen. Auch prozessbezogene Kompetenzen und Einstellungen können in einem solchen Bogen festgehalten und über einen Zeitraum verfolgt werden.

Wie nutzt man einen Beobachtungsbogen?

Hier lassen sich Beobachtungen bei vielfältigen Anlässen festhalten: bei Einzelarbeitsphasen, bei der Gruppenarbeit, bei Hausaufgabenüberprüfungen oder zu einzelnen mündlichen Unterrichtsbeiträgen. Mit diesem Instrument kann man seine Beobachtungen bei einer Lerngruppe oder einer für die Beobachtung ausgewählten Teilgruppe über einen längeren Zeitraum belegen. Dabei sind nicht einmal umfangreiche Notizen erforderlich. Man markiert, wann immer sich eine Gelegenheit bietet, einfach eine Position auf der Skala. Man kann auch jedes Mal eine aufsteigende Zahl notieren (Beobachtungszeitpunkt Nr. 1, 2, ...) und so mehr Aufschluss über zeitliche Entwicklungen erhalten.

Dass eine differenzierte Beschreibung eines Schülerprofils aus der zeitlichen Rückschau (etwa vor der Zeugniskonferenz oder vor Elternsprechtagen) eine schwierige Angelegenheit ist, wissen wir aus der Erfahrung. Hier kann ein Aufzeichnungsinstrument wie der abgebildete Profilbogen helfen. Er kann unterrichtsbegleitend eingesetzt werden und dient dabei

- zur Absicherung einer Langzeitbeobachtung,
- zum Aufdecken von Entwicklungen,
- als Hintergrundinformation für pädagogische Entscheidungen (z. B. Fördermaßnahmen),
- als ergänzende Information für die Leistungsbewertung,
- als Grundlage für Beratungsgespräche mit dem Schüler,
- als Grundlage für Planungs- und Entwicklungsgespräche mit dem Schüler und seinen Eltern.

Ein solches Profil ist ein transparentes Instrument und kann durchaus Schülern als Rückmeldung ausgehändigt werden. Es ist nicht zu leugnen, dass ein profiliertes diagnostisches Instrument einen gewissen Arbeitsaufwand erfordert. Es sollte daher systematisch nach eigenem Bedarf weiterentwickelt und effizienter gestaltet werden. Zwar liefert ein solches Instrument nicht unmittelbar zur Leistungsbewertung nutzbare quantifizierte Information, wie etwa bei Einzelnoten für Hausaufgaben und mündlichen Überprüfungen, dafür kommt aber ein vielschichtiges und mehrdimensionales Schülerprofil zum Vorschein.

Auswertung individuellen Begriffsverständnisses – Landkarten im Kopf

Wie lässt sich feststellen, ob Schülerinnen und Schüler einen Begriff „verstanden" haben? Die Überprüfung, ob gewisse mathematische Definitionen wiedergegeben werden können oder Verfahren beherrscht werden, lässt nicht immer Rückschlüsse darauf zu, ob beim Schüler eine tragfähige Begriffsbildung zu Grunde liegt. Neben dem Prüfstein der Erprobung in einem neuen Zusammenhang gibt es in Form der **Begriffslandkarte** (*concept map*) auch noch einen gänzlich anderen, reflexionsorientierteren Ansatz, um Einblicke in die

Qualität und den Umfang der Begriffe zu erhalten, die Schüler im Rahmen des Unterrichts konstruiert haben – und die durchaus voneinander und vom konventionellen Begriff verschieden sein können.

Das Instrument der Begriffslandkarte gibt es in den unterschiedlichsten Ausprägungen und daher auch unter vielen verschiedenen deutschen und besonders englischen Namen: *concept maps*, *mindmaps*, *advanced organizer*, usw. Jede dieser Bezeichnungen verweist auf einen anderen Aspekt dieser Auswertungsmethode. Gemeinsam ist ihnen, dass die Schülerinnen und Schüler durch die grafische Anordnung von Begriffen und Beispielen subjektive mentale Landkarten anlegen. Individuelle Begriffsnetze und Prototypen werden so den Lernenden bewusst und den Lehrenden offenbar.

■ **Concept Map** (im engeren Sinne): Eine „Begriffskarte" zeigt an, welche Verbindungen zwischen verwandten Begriffen gesehen werden. Eine Auswahl von zusammengehörigen Begriffen wird systematisch angeordnet, Beziehungen unter ihnen werden deutlich gemacht. Oberbegriffe werden meist weiter oben positioniert als Unterbegriffe.

■ **Mindmap:** Eine solche „Gedankenkarte" hat eher assoziativen Charakter, ein zentraler Begriff steht in der Mitte. Mindmaps dienen daher oft als Kreativtätswerkzeug zur Ideenfindung (→ Kap. 4.3). Weitere Anregungen für Varianten dieser Methode können sich aus den alternativen Bezeichnungen „Ideenlandkarte", „Begriffsnetz" oder „Begriffsfeld" ergeben.

■ **Organizer:** Ein *advanced organizer* stellt eine „thematische Landkarte" zum Zwecke der Vorbereitung eines Arbeitsvorhabens dar. Er kann vom Lehrer vorgefertigt oder von der Lerngruppe erarbeitet werden und gibt Lernenden eine Vororientierung über den bevorstehenden Arbeits- und Lernprozess und seine Voraussetzungen. Entsprechend gibt ein *post organizer* eine Gesamtschau im Rückblick.

Man erkennt, dass die Begriffslandkarte keineswegs nur ein Auswertungsinstrument ist. Sie kann auch dienen als Reflektionsinstrument (integrierende Wiederholung), als Mnemotechnik (Klausurvorbereitung), Planungsinstrument (Planung einer Unterrichtsreihe) und natürlich auch als Werkzeug zur Begriffs*bildung*: Ein Begriff entsteht dann aus der Gesamtschau aller denkbaren Einzelfälle und ihrer Beziehungen untereinander. Dies ist eine Form des so genannten „lokalen Ordnens".

Bei der Begriffslandkarte als **Auswertungsinstrument** lassen sich unterschiedliche methodische Varianten vorstellen: Es ist eine frei gewählte oder auch eine kriteriengeleitete Anordnung denkbar (z. B. „Setze Oberbegriffe weiter nach oben, Beispiele oder Spezialfälle darunter."). Begriffe können frei wählbar oder vorgegeben sein. Die folgende Beispiele zeigen, wie vielfältig Thema, Funktionen und Anlage einer concept map sein kann:

Beispiel 1 **Graphen, Klasse 12, Sammlung und Systematisierung von Prototypen**
Welche besonderen Punkte eines differenzierbaren Graphen kennst du?
Stelle alle Möglichkeiten in einer Landkarte systematisch dar.

Beispiel 2 **„Symmetrie", Klasse 5–10, Zusammenhänge zwischen mathematischen und prämathematischen Begriffen erkunden**
Wo ist dir im vergangenen Mathematikunterricht oder im Alltag der Begriff Symmetrie begegnet?
Sammle entsprechende Stichworte und Beispiele (auch Bilder) und ordne sie auf einem Blatt möglichst gut strukturiert an.

Beispiel 3 **„Haus der Dreiecke", Klasse 7, Ausloten und Darstellen des Umfangs eines Oberbegriffs**
Welche unterschiedlichen Typen von Dreiecken gibt es?
Ordne die verschiedenen Typen mit jeweils einem Beispiel sinnvoll an.
Zeichne eine Verbindungslinie, wenn ein Typ ein Spezialfall eines anderen ist.

Beispiel 4 **„Haus der Vierecke", Klasse 5, Auswertung eines Begriffsverständnisses im Schreibgespräch**
In den Köpfen von Schülerinnen und Schülern gibt es mehr als nur ein „Haus der Vierecke". Aus der Anordnung, die eine Schülerin wählt, ergeben sich Rückschlüsse auf ihre individuelle Begriffsbildung, und vielleicht Ansätze, um Fehlvorstellungen unter aktiver Beteiligung der Schülerin aufzudecken. Dieses Beispiel zeigt, wie eine Begriffslandkarte zu einem **Schreibgespräch** zwischen Lehrendem und Lernendem ausgestaltet werden kann (LEUDERS 2001b). Die einzelnen Schritte werden abwechselnd von Lehrer und Schüler auf dem Arbeitsblatt hinzugefügt.

(1) Aufgabenstellung: Du kennst viele unterschiedlichen Typen von Vierecken. Zeichne einige Beispiele und ordne sie sinnvoll auf einem Blatt Papier an. Zeichne eine Verbindungslinie, wenn ein Viereck einem anderen sehr ähnlich ist.
(2) Zeichnung der Schülerin:

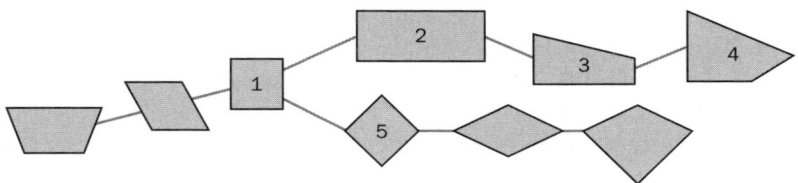

(3) Rückfragen des Lehrers (hat die Ziffern 1 bis 5 eingetragen):
Wieso hast du Nr. 1 bis 4 so verbunden?
Vergleiche einmal Nr. 1 und 5. Bitte überlege und gib einen Kommentar.
Verändere die Zeichnung, wenn du meinst, dass es nötig ist..

(4) Antworten der Schülerin:
Das Viereck Nr. 3 hat nur 2 rechte Winkel, Nr. 4 nur noch einen. Es gibt aber auch noch ein Viereck mit keinem rechten Winkel!
Eigentlich sind 1 und 5 gleich, nur dass 5 auf der Spitze steht.
(5) ...
Weitere Mindmaps finden sich in diesem Buch auf den Seiten 10, 11, 13, 188, 246, und 251.

8.2 Schülerselbstauswertung

Timo Leuders

In ihrer gesellschaftlichen Funktion steht Schule immer schon in einem (bisweilen paradox anmutenden) Spannungsverhältnis zwischen den Aufgaben der Enkulturation junger Menschen auf der einen und der Anleitung zur Emanzipation auf der anderen Seite. Der letzte Zweck einer Erziehung zur Mündigkeit ist es, den Erziehenden überflüssig zu machen. Diese Erkenntnis ist durchaus nicht neu:

> ■ „Der Schulunterricht führt den Schüler ...bis zu dem Punkte, wo es unnütz seyn würde, ihn noch ferner an einen Lehrer und eigentlichen Unterricht zu binden, er macht ihn nach und nach vom Lehrer frei, bringt ihm aber alles bei, was ein Lehrer beibringen kann." (HUMBOLDT 1809) ■

Heutzutage manifestiert sich dieser Gedanke besonders in der zentralen Forderung nach einem Lernen in zunehmender **Selbstverantwortung** und Selbststeuerung. Sie findet ihre Begründung in (mindestens) drei unterschiedlichen Argumentationssträngen:

■ Der älteste ist der im Zitat angeklungene **bildungstheoretische** Aspekt, der die Emanzipation, Mündigkeit und gesellschaftliche Verantwortung des Individuums im Blick hat.

■ Daneben ist heutzutage der **qualifikatorische** Aspekt zunehmend von Bedeutung: Das Erwerben von „Schlüsselqualifikationen" für ein lebenslanges Lernen in einer Welt, die durch Veränderung gekennzeichnet ist.

■ Schließlich weist der **lerntheoretische** Aspekt darauf hin, dass Lernen ein aktiver Konstruktionsprozess ist und das Maß an Selbststeuerung somit ein wesentlicher Qualitätsindikator für Lernen ist. Die didaktische Konsequenz besteht hier vor allem in der Forderung nach individueller Förderung in differenzierenden Lernangeboten.

In diesem Argumentationsfeld muss die gängige Praxis der Leistungsbewertung allerdings als ein Sorgenkind erscheinen. Sie ist in weiten Teilen bestimmt von Abhängigkeit und Fremdverantwortung und kann sich auch nie gänzlich davon lösen, solange Schule eine Selektions- und Allokationsfunktion besitzt. Es gilt daher, im heutigen Schulalltag möglichst vielfältige Anlässe für Schülerinnen und Schüler zu finden und zu schaffen, zu denen sie ihren Lernprozess und ihre Lernergebnisse selbst auswerten können. Einige Ansätze, wie dies im Mathematikunterricht aussehen kann, sollen im Folgenden dargestellt werden. Grundsätzlich sind aber alle der im vorangehenden Abschnitt beschriebenen Methoden auch im Hinblick auf größere Schülerselbstständigkeit ausweitbar. Ein konkretes Beispiel für eine Unterrichtsorganisation, bei der ein Teil der Planungs- und Auswertungskompetenz an Schüler übertragen wird, wurde zudem bereits in Kapitel 7.3 beschrieben.

Checklisten für die kontinuierliche Selbsteinschätzung

Schülerinnen und Schüler sind Experten für ihr eigenes Lernen. Gelegenheiten zur Reflexion hierüber ergeben sich aber oft nur zufällig – etwa in Gesprächen von Schülern mit Eltern und Lehrern oder meist untereinander. Um die Selbsteinschätzung von Lernenden auf eine systematische reflexive und produktivere Ebene zu heben, eignen sich einfache Hilfsmittel, wie etwa Checklisten für jede Mathematikstunde und ihre Nachbereitung.

Checkliste: Mathe – wie war's?

Tag	23.1.	25.1.	...
Arbeitsgeräte			
Hausaufgabenkontrolle			
Kopfrechnen			
Einzelarbeit			
Partner/Gruppenarbeit			
Unterrichtsbeteiligung			
Stimmung			
Hausaufgaben			

Bitte eintragen:

✗	nicht zutreffend
✓	erledigt/ok
⏰	keine Zeit
☹	zu schwierig
⚡	war abgelenkt
!	noch nacharbeiten
☹	besonders nervig
☺	interessant

Die hier dargestellten Kategorien müssen natürlich auf die Bedürfnisse der Lerngruppe zugeschnitten sein und sollten am besten mit ihr zusammen abgesprochen werden. Die Antworten müssen nicht ausschließlich schematisiert sein, sondern können für individuelle und situationsgemäße Bemerkungen geöffnet werden. Ein solcher rückblickender Lernplan sollte in regelmäßigen Abständen durch die Schüler ausgewertet werden, z. B. als Monatszusammenfassung:

- Was sollte häufiger gemacht werden?
- Was kann der Lehrer besser machen?
- Was kann ich besser machen?

Dieses Verfahren schafft ein stärkeres Bewusstsein und eine höhere Transparenz der Bedingungen des eigenen Lernens – auch für Lehrer und Eltern. Es sollte allerdings vorher klar vereinbart werden, wer Einsicht in die Checkliste bekommen soll.

Lerndokumentation: Lerntagebuch und Portfolio

Das Lerntagebuch

Das Lerntagebuch (auch Reisetagebuch, Lernjournal etc.) existiert in den unterschiedlichsten Formen und Ausprägungen. Gemeinsam ist allen jedoch, dass es darum geht, dem Lernenden ein Medium zu geben, in dem er die Prozesse seines individuellen Verstehens (oder auch Nichtverstehens) von Mathematik für sich selbst und ggf. auch für den Lehrenden festhalten kann. Es ist ein Instrument des „lauten Denkens", das nur dann funktioniert, wenn der Lerntagebuch führende Schüler nicht befürchten muss, dass seine Notizen zur Grundlage einer Bewertung gemacht werden. Eine detaillierte Darstellung findet sich in Kap. 3.3. Die Auswirkungen auf das Lernen lassen sich aus dem folgenden Resümee einer Schülerin ablesen:

> ■ „Die für mich persönlich wichtigste Evaluationsmethode war das Journal. Darin befanden sich neben Hausaufgaben und dem, was wir im Unterricht gemacht hatten, auch stichwortartige Zusammenfassungen und eigene Ideen, Ergebnisse und Beurteilungen. […] Wenn man wollte, konnte man das Journal ein- bis zweimal im Halbjahr unserem Lehrer geben, der es las und Anmerkungen dazu schrieb. So bekam er eine Rückmeldung über seinen Unterricht. […] Außerdem konnte unser Lehrer den Inhalt des Journals zur Bewertung der „sonstigen Mitarbeit" […] heranziehen. Aber in erster Linie habe ich das Journal für mich geschrieben. Dadurch dass ich nachmittags zu Hause noch einmal alles wiederhole und teilweise auch eigene Beispiele gefunden habe, wurde mir der Sinn erst richtig bewusst." (LICHTERFELD 2001) ■

Das Portfolio

Immer häufiger taucht in in pädagogischen Kontexten der Begriff „Portfolio" auf, der lapidar übersetzt zunächst einmal nichts anderes bedeutet als „Sammelmappe". In seinem außerhalb von Schule geläufigen Sinne bezieht sich dieses aus dem italienischen stammende, klangvolle Wort auf die Bewerbungs- bzw. Präsentationsmappe von Künstlern, die neben einer Auswahl ihrer Produkte auch Dokumente zu ihrem Werdegang enthielt. Im Börsenwesen bezeichnet das Portfolio die Gesamtheit der Wertpapiere eines Kunden – auch dies kann man als eine sinnfällige Metapher für den Schulkontext auffassen.

Während das Portfolio als pädagogisches Instrument in sprachlichen und künstlerischen Fächern und auch in der Medienbildung bereits dabei ist, sich zu etablieren, kennt man es im Kontext des deutschen Mathematikunterrichts bislang kaum. Dies liegt wohl auch daran, dass Lernerfolg und Lernfortschritt im Bereich der Mathematik immer noch eher an der Erfüllung externer und einheitlicher Normen als an individuellen Produkten gemessen wird. Insofern kann das Portfolio eine produktive Repertoireergänzung für die Leistungsbewertung und für die variantenreiche Gestaltung von Lernprozessen darstellen. Im Folgenden soll die Arbeit mit einem Portfolio präzisiert und gegen die mit dem Lerntagebuch abgegrenzt werden.

Ein Portfolio ist eine Mappe, in denen Schülerinnen und Schülern Eigenproduktionen zur laufenden Unterrichtseinheit sammeln. Diese Sammlung soll aber keineswegs willkürlich sein, sondern den persönlichen Zugriff des Lernenden auf ein Thema demonstrieren. Ein hohes Gewicht haben daher solche Beiträge, in denen Schülerinnen und Schüler ihre Kriterien für die Auswahl und die Bewertung der Materialen darstellen – so genante „selbstreflexive Texte". Ein Portfolio ist keine additive Sammlung aller Lernmaterialien, sondern soll eine bewusste und vor allem begründete Auswahl von solchen Elementen, die der Lernende als besonders gelungen ansieht, oder in die besondere Anstrengungen eingeflossen sind. Ein Portfolio unterscheidet sich sonst in einigen wesentlichen Punkten von einem Lerntagebuch:

Portfolio	Lerntagebuch
Darstellung fertiger (Zwischen)Produkte	Darstellung des Lernprozesses mit all seinen Abwegen und Problemen
bewusste Auswahl von Materialien	bewusste vollständige Darstellung
Perspektive des Verstandenen, *fertige* Mathematik	Perspektive des Verstehens, Mathematik im *Entstehen*
die besondere Darstellungsform ist Qualitätsmerkmal	keine Wertung der Darstellungsform
Medium der öffentlichen Präsentation	Medium der privaten Auseinandersetzung
Externe Bewertung als vereinbartes Produktziel	Vermeiden von externer Bewertung, freiwilliges Einbringen in die Bewertung
Reflektierende, singuläre Darstellung des individuellen Lernprozesses und Lernerfolgs	

Das Anlegen eines Portfolios muss in jeder Schülergruppe irgendwann einmal eingeführt werden, aber auch jede Lehrkraft verwendet irgendwann zum ersten Mal ein Portfolio im Unterricht. Im Folgenden sollen daher einige Kriterien und Hinweise für einen erfolgreichen Einstieg benannt werden:

■ Schülerinnen und Schüler benötigen beim ersten Erstellen von Portfolios Hilfen, am besten in Form von verständlichen, auf das Alter der Lerngruppe zugeschnittenen Hinweisen, besser noch durch konkrete Modelle und Beispiele.

■ Diese Transparenzforderung erstreckt sich auch auf den Verwendungszweck und die Bewertungskriterien für das Portfolio. Hier sollte man z. B. den erwarteten Umfang und die obligatorischen Inhalte sowie ein einfaches (qualitatives) Schema der Bewertung vorschlagen und mit der Lerngruppe aushandeln (vgl. S. 304 „Bewertung kreativer Produkte"). Bewertet werden kann z. B. die termingerechte Abgabe, die Gestaltung und Gliederung, die Vielfalt der Beispiele, die sprachliche Ausarbeitung oder Qualität und Umfang der zusätzlichen Leistungen.

■ Für die Schüler ist das Anfertigen eines Portfolios und für die Lehrer das Würdigen und Bewerten desselben mit einem nicht unerheblichen Arbeitsaufwand verbunden. Hier ist eine bewusste Reduktion anderer Bewertungsverfahren, wie etwa Klassenarbeiten und Tests im Rahmen des rechtlich Möglichen unbedingt angeraten.

■ Ein wesentlicher Charakterzug eines Portfolios besteht darin, dass es ein einzigartiges Produkt jedes Schülers sein soll. Eine gesunde Balance zwischen obligatorischen Elementen (also z. B. einheitlichen Aufgabenstellungen) und individuellen Beiträgen sollte daher angestrebt werden.

■ Das Portfolio ist ein kompetenzorientiertes Instrument. Hier sollen Schülerinnen und Schüler Gelegenheit haben, ihren Kompetenzgewinn und ihre besonderen Stärken darzustellen. Damit ist eine vergleichende Bewertung oder eine Bewertung nach dem Prinzip der Normerfüllung problematisch.

■ Das Portfolio umspannt einen längeren Zeitraum des Lernens. Es besteht die Gefahr, dass Schülerinnen und Schüler mit der Erstellung erst spät beginnen. Daher sollte eine kontinuierliche Sammlung angeregt werden. Die Auswahl, Aufbereitung und Bewertung von Materialien kann unterstützend in regelmäßigen Abständen als explizite Hausaufgabe gestellt werden, auch wenn das Ziel eine möglichst eigenverantwortliche Arbeitsorganisation bleiben sollte.

Die folgende Aufstellung ist weder vollständig, noch sollte sie in diesem Gesamtumfang von Schülerinnen und Schülern eingefordert werden. Die Entscheidung, welche Teile aufgenommen werden, können Lehrende und Lerngruppe gemeinsam treffen. Das Portfolio ist eine Mischform aus Selbstauswertung und Lehrerbewertung, die gewissermaßen am Kreuzungspunkt von Lehren, Lernen und Bewerten steht. Portfolios können – altersgemäß gestaltet – bereits früh-

Was kann alles in einem Mathematik-Portfolio gesammelt werden?

Ausgewählte Materialien aus dem Arbeitsprozess
- wichtige Arbeitsblätter
- ausgewählte und bewertete Fundstücke aus dem Internet oder aus Zeitschriften
- Kernmomente: Aha-Erlebnisse, wichtige Ideen und Einsichten
  (z. B. aus den Lerntagebucheintragungen)
- zentrale eigene (offene) Fragen/Thesen
- Zwischenzusammenfassungen, Mindmaps

Besondere eigene Arbeiten und Produkte
- selbst ausgedachte Aufgaben, eigene Lösungen
- besondere Darstellungen, z. B:
  – geometrische Illustrationen, Skizzen
  – Erläuterung schöner Begründungen und Beweise
- originelle Anwendungen, Weiterführungen, Verallgemeinerungen
- Kurzvorträge (Folien), Referate, individuelle Hausarbeiten

In jedem Fall dürfen die Materialien nicht unkommentiert gesammelt werden, sondern müssen überarbeitet, strukturiert und durch persönliche Bewertungen und Kommentare eingeordnet werden. Es muss klar werden, was aus welchem Anlass oder mit welchem Ziel aufgenommen wurde.

Strukturierende Elemente
- Übersicht über wichtige Begriffe , z. B. in Form von Skizzen oder Mindmaps
- Glossar
- Inhaltsübersicht
- Ausgestaltete Titelseite

Auswertung des Gesamtproduktes
- Selbstbeurteilung
- ggf. Dokumente der Lehrerbeurteilung
- Ausblick auf den weiteren Arbeitsprozess

zeitig eingeführt und genutzt werden. Man kann sie durchaus auch als Gruppenarbeit anlegen und mit ihnen den Einstieg in individuellere Großformen des kooperativen Lernens, wie etwa der Projektarbeit oder der Facharbeit vorbereiten.

Die vorstehend vorgestellten Instrumente der individuellen Lerndokumentation können das Repertoire der Auswertungsmethoden bereichern. Sie eröffnen den Weg zu einer größeren Vielfalt an Lernergebnissen und können Schülerinnen und Schüler zu einer höheren Kreativität und Selbsttätigkeit anregen. Dazu fordern und fördern sie viele fachübergreifende Kompetenzen und Arbeitsmethoden. Sie geben Anlässe zu Selbstreflexion und machen den Lernprozess für Schüler wie Lehrer, aber auch für Eltern, transparenter.

Abschließend soll noch eine Methode der Selbstauswertung in Kombination von Einzel- und Gruppenarbeit vorgestellt werden.

Kooperative Selbstdiagnose von Basiswissen und Grundfertigkeiten

Schülerinnen und Schülern die Kompetenz zur selbstständigen Diagnose der eigenen mathematikbezogenen Stärken und Schwächen zu vermitteln, ist ein erstrebenswertes Ziel für den Mathematikunterricht, birgt aber auch einen hohen Anspruch.

Auf den ersten Blick mag es scheinen, dass hierbei ein Computer individuelle Unterstützung geben kann. Doch ist schon auf den zweiten Blick der Computer als „programmierter Pädagoge" in seinen diesbezüglichen Leistungen (noch?) erheblich beschränkt. Zum einen ist eine flexible automatisierte Fehleranalyse immer noch ein höchst anspruchsvolles Geschäft, sodass der Computereinsatz immer noch nicht weit über so genannte *drill & practice* -Software hinaus kommt. Zum anderen ist der einzelne Lerner für das isolierte Üben immer nur zeitlich begrenzt und allenfalls extrinsisch zu motivieren, etwa durch bunte Bildschirmanimationen oder eine anstehende Prüfung. Die Kommunikation mit einem beobachtenden menschlichen Gegenüber, das den Bemühungen eines Probanden auch inhaltlich folgen und einfühlsame Rückmeldungen geben kann, ist wohl prinzipiell unersetzbar. Eine Diagnose nach dem simplen Richtig/Falsch-Prinzip, ob sie nun durch einen Computer, einen Nachhilfelehrer oder durch das dem Schüler ausgehändigte Lösungsbuch ausgestellt wird, birgt zudem die Gefahr, den irrigen Glauben von Schülern zu perpetuieren, die Mathematik sei eine unermessliche Aufgabensammlung mit vorweg bekannten richtigen Lösungen, die es zu erraten gilt. All diesen Aspekten sollte man Rechnung tragen, wenn man versucht, Lernarrangements zu gestalten, in denen Schülerinnen und Schüler möglichst eigenverantwortlich ihre Kenntnisse und Fähigkeiten ausloten, ihre spezifischen Schwierigkeiten ermitteln und diese zu beheben versuchen. Im Folgenden wird ein solches konkretes Lernarrangement, das insbesondere kooperative Arbeitsformen einbezieht, vorgestellt. Das hier dargestellte Beispiel bezieht sich auf den Beginn der gymnasialen Oberstufe, ist aber ganz analog auch auf andere Gelegenheiten und Zeitpunkte übertragbar, etwa vor einer jahrgangsübergreifenden Klassenarbeit in der Sekundarstufe I.

Die besondere Situation zu Beginn der gymnasialen Oberstufe besteht darin, dass Schülerinnen und Schüler in eine neue Lernsituation eintreten, in denen ihnen ein höheres Maß an selbstständiger Lernorganisation und Eigenverantwortung abverlangt wird. Zudem setzen sich die Mathematikkurse aus Schülerinnen und Schülern unterschiedlicher Lerngeschichte zusammen (Kursbildung, Seiteneinsteiger). Daher haben sie ein besonderes Interesse daran, sich ihrer Lernvoraussetzungen für den künftigen Unterricht zu versichern. Schließlich sind auch Lehrerinnen und Lehrer an einer Information über heterogene Vorkenntnisse bzw. an einem Ausgleich derselben interessiert. Insbesondere möchten sie elementare Grundkenntnisse nicht beständig mit dem ganzen Kurs wiederholen.

In dieser Situation entfaltet das im Folgenden beschriebene konkrete Szenario der Selbstdiagnose, für das bereits eine Handreichung mit umfangreichem Aufgabenmaterial verfügbar ist (LEUDERS u. a. 2001), seine Wirkung.

1. Konstruktion des Aufgabenmaterials

Vorbereitende Aufgabe des Lehrers bzw. der Lehrerin ist das Bereitstellen eines Satzes von Aufgaben, die die erwarteten Grundfertigkeiten repräsentieren. Einige Kriterien für die Konstruktion dieser Aufgaben können wie folgt lauten:

Diagnoseaufgaben müssen **kritisch** sein in dem Sinne, dass sie nach Möglichkeit Verständnisfehler oder -lücken aufdecken, d. h. keine zufällig richtige Ergebnisse bei erwartbaren Fehlern liefern.

Die Aufgabe „Welche Lösung(en) hat die Gleichung $x^{1234567824681} = -1$?" ist beispielsweise so angelegt, dass selbst Schüler, die mit dem Taschenrechner versuchen, die 1234567824681-te Wurzel aus -1 zu ziehen und dabei nicht merken, dass die Anzeige nicht mehr als 8 Stellen annimmt, nicht zufällig das richtige Ergebnis -1 erhalten, sondern eine Fehlermeldung. Man könnte allerdings ebenso die Aufgabe so stellen: „Welche Lösung hat $x^{12345} = -1$? Begründe deine Antwort!"

Die Aufgaben sollten **spezifisch** sein, d. h. nach Möglichkeit nur einzelne Kompetenzen abfragen, sodass man bei einer falschen Lösung auf die bestehende Schwierigkeit des Schülers zurückschließen kann. Daneben können aber auch komplexe Aufgaben vorkommen, bei deren Lösung es gerade auf die Kombination von Kenntnissen und Fähigkeiten ankommt. Diese Aufgaben sollten allerdings kenntlich gemacht sein.

Die Aufgabe „Wie hoch ist der Baum?" soll das Grundverständnis von Ähnlichkeit diagnostizieren. Sie verzichtet daher bewusst auf kompliziertere Situationen (komplexere Strahlensatzfiguren) und Rechentechniken (Bruchgleichungen). Die Aufteilung der Bodenstrecke in zwei Teile soll verhindern, dass Schüler durch unverstandenes Manipulieren der drei Zahlen zum richtigen Ergebnis kommen (ggf. kann die Angabe 2 m noch durch 2,5 m ersetzt werden, um das Scheitern an Rechenschwierigkeiten zu verhindern).

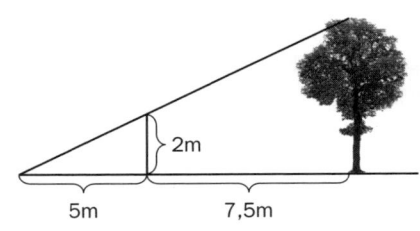

2m

5m   7,5m

Zum kumulativen Lernen gehört auch, dass Grundkenntnisse aus länger zurückliegenden Themenbereichen in neuen Kontexten wieder aktiviert werden können. Daher sollte man sich nicht scheuen, auch zu vermeintlich elementaren Themen Aufgaben hinzuzufügen (z. B. zur Prozentrechnung!) Erfahrungsgemäß überschätzen sowohl Schüler ihre eigenen Leistungen als auch Lehrer die Leistungen ihrer Klassen. In ihrer Gesamtheit sollten die Aufgaben daher ein möglichst breites Spektrum an Schwierigkeitsstufen abdecken.

Wie groß ist die Wahrscheinlichkeit, dass
a) bei einem Wurf mit einem Würfel eine 6 fällt?
b) bei einem solchen Würfelwurf eine 1 oder eine 2 fällt?
c) nachdem man eine Sechs gewürfelt hat, noch einmal eine Sechs fällt?
d) bei einem Wurf mit zwei Würfeln zwei Sechsen fallen?
e) bei einem Wurf mit zwei Würfeln keine Eins dabei ist?
f) bei einem Wurf mit drei Würfeln mindestens eine Sechs dabei ist?

2. Vorbereitung auf den Test

Vorbedingung für die Akzeptanz eines solchen Selbstdiagnosearrangements bei den Schülerinnen und Schülern ist das Vertrauen darauf, dass es sich um eine von ihnen selbst verantwortete Selbstdiagnose handelt und nicht etwa um eine verdeckte Form der Leistungsbewertung. Aus diesem Grunde ist es unabdingbar, dass der Lehrer das gesamte Verfahren im Voraus transparent darstellt. Dies erweist sich auch als wesentlich für eine sinnvolle Durchführung, da Schüler ansonsten dazu neigen, sich an problematischen Aufgaben festzubeißen oder gar bei ihren Nachbarn abzuschreiben und sich damit die Möglichkeit einer ehrlichen Diagnose ihrer Schwächen berauben.

3. Durchführung und Auswertung des Tests

Der Test sollte ohne Zeitdruck durchgeführt werden. Schülerinnen und Schüler können selbst entscheiden, wann sie fertig sind. Dabei müssen sie sich im Klaren sein, dass es nicht im Sinne des Tests ist, Aufgaben, bei denen sie sehr unsicher sind, unbedingt lösen zu wollen.

Zu einer Selbstdiagnose gehört auch eine selbstständige Auswertung (ohne zusätzliche Korrekturarbeiten für den Lehrer). Schülerinnen und Schüler können anhand eines Lösungsblattes ihre Ergebnisse überprüfen und durch Abfragen am Schluss eine Fehlerstatistik des gesamten Kurses anlegen. Wenn der Lehrer in dieser Phase nicht anwesend ist, verstärkt das den Eindruck, dass es hier um eine realistische Selbsteinschätzung des Kurses und nicht um eine Leistungsbewertung geht. Eine differenziertere Anlage des Lösungsblattes gibt vielerlei Möglichkeiten, die Diagnose aussagekräftiger zu gestalten:

■ Neben der richtigen Lösung kann man auch typische falsche Lösungen und daneben die vermutliche Fehlerursache notieren.

■ Man kann Aufgaben nach Sachbereichen und Kompetenzbereichen klassifizieren und somit Schülern die Möglichkeit geben, ein Kompetenzprofil zu ermitteln: Wie groß sind die Lösungshäufigkeiten im Bereich Algebra/Geometrie/Prozentrechnung?

4. Übungsphase

Die differenzierte Auswertung der Aufgabenschwierigkeiten im Kurs (etwa eine Übersicht über die Lösungshäufigkeiten der einzelnen Aufgaben bzw. Themenbereiche) kann die Grundlage für eine Planung der Übungsphase durch die Schüler sein. Der Kurs einigt sich so auf Bereiche, in denen die größten Schwierigkeiten auftraten (z. B. bei der Lösung quadratischer Gleichungen). Erfahrungsgemäß kann es durchaus geschehen, dass mit wenigen Ausnahmen fast alle Bereiche als problematisch angesehen werden.

Sodann werden die Bereiche auf mehrere Gruppen verteilt. Jede der Gruppen bereitet das übernommene Thema für den ganzen Kurs auf: Schülerinnen und Schüler entwerfen kurze erklärende Texte und Beispiele. Dabei können Materialien wie etwa Auszüge aus alten Schulbüchern, die der Lehrer zur Verfügung stellt, helfen. Zudem können bei einer bewusst heterogenen Gruppenzusammensetzung Schüler, die sich im jeweiligen Gebiet sicher fühlen, als Experten fungieren. Die Gruppe kann auch weitere Übungsaufgaben zusammenstellen, indem sie die vorgegebenen variiert und um ähnliche ergänzt. Auf diese Weise wird erreicht, dass die Schüler nicht nur die Lösungsformate der gestellten Aufgabe auswendig lernen, sondern den fachlichen Zusammenhang tiefer durchdringen.

Das von jeder Gruppe zusammengestellte Material kann nun von den Schülern der jeweils anderen Gruppen als Grundlage für individuelles Üben verwendet werden. Hier lässt sich auch ein **Gruppenpuzzle** (vgl. Kap. 7.1, S. 274) organisieren, bei dem die Gruppen neu zusammengestellt werden und in jeder Gruppe nun jeweils ein Experte für jedes Thema sitzt. Diese Form der kooperativen, selbstständigen Arbeit verfolgt das Prinzip des „Lernens durch Lehren": Alle Schülerinnen und Schüler können – besonders bei Themen, mit denen sie sich schnell vertraut machen können – selbst die Rolle von Lehrenden einnehmen. Dass sie dabei mehr lernen als nur die bearbeiteten Inhalte, ist einsichtig.

Der Lehrende ist während dieser Phase von seiner Rolle als aktiver Unterrichtsgestalter wesentlich entlastet und kann diese Freiräume nutzen, um sich um einzelne Schüler oder Schülergruppen zu kümmern, und dort etwa das Lernverhalten zu beobachten oder gezielte Hilfestellungen zu geben.

5. Auswertung des Lernerfolgs

Der Lernerfolg der Übungsphase lässt sich am wirkungsvollsten in einem Nachtest überprüfen. Ein solcher Nachtest kann mit weiteren, durch den Lehrer vorbereiteten Parallelaufgaben durchgeführt werden, oder auch Aufgaben verwenden, die die Schüler zuvor selbst konstruiert haben. Hierbei ist zu unterscheiden zwischen solchen Aufgaben, die dieselben Lösungsverfahren verwenden und nur mit ausgetauschtem Zahlenmaterial arbeiten, und solchen

Aufgaben, die die bearbeiteten Themenbereiche in neuen Konfigurationen abfragen. Beide Typen erfüllen ihren Zweck: erstere vermitteln vor allem ein versicherndes Gefühl des Lernfortschritts, letztere sind aber der eigentliche Prüfstein des Erfolges.

Das hier vorgestellte Arrangement selbstständiger und kooperativer Auswertung von Basiswissen und Grundfertigkeiten ist nur eine von vielen möglichen Sozialformen. Auch andere Gruppenarrangements wie etwa **Beratungstische** oder **Lernpartnerschaften** (vgl. z. B. ARNOLD/JÜRGENS 2001, S. 30) sind Erfolg versprechende Ansätze, die fachliches Arbeiten und selbstständiges und soziales Lernen miteinander verbinden.

Literatur

ADELMEYER, M. (1998): KS-Flightsimulator, Berichte über Mathematik und Unterricht, Zürich.

AEBLI, HANS (1980, 1993): Denken: das Ordnen des Tuns. Stuttgart.

AEBLI, HANS (1998): Zwölf Grundformen des Lehrens. Stuttgart.

ALTRICHTER, HERBERT (2002): Strategien zur Förderung professionellen Lernens von Lehrerinnen und Lehrern. In: Beiträge zum Mathematikunterricht. Hildesheim.

AMELUNG, UDO (Hrsg.) (2000): Neues Lernen mit neuen Medien – Mathematikunterricht der Zukunft. ZKL Text Nr. 8. Münster.

ARNOLD, KARL-HEINZ/JÜRGEND, EIKO (2001): Schülerbeurteilung ohne Zensuren. München.

ARTMANN, BENNO/TÖRNER, GÜNTER (1984): Lineare Algebra und Geometrie. Göttingen.

BARROW, JOHN D. (1992): Pi in the Sky. Oxford University Press. Dt. Taschenbuchausgabe (1999): Ein Himmel voller Zahlen. Reinbek.

BAUER, ROLAND (1997a): Schülergerechtes Arbeiten in der Sekundarstufe I: Lernen an Stationen. Berlin.

BAUER, ROLAND (1997b): Geometrische Körper. 5. Schuljahr: Lernen an Stationen in der Sekundarstufe I. Berlin.

BAUER, ROLAND (1998): Lernen an Stationen. Neue Möglichkeiten schülerbezogenen und handlungsorientierten Lernens. In: Pädagogik Heft 7/8, S.25 ff.

BAUMANN, RÜDEGER (1998): Analysis 1. Ein Arbeitsbuch mit Derive. Stuttgart.

BAUMERT, JÜRGEN u. a. (1997): Expertise „Steigerung der Effizienz des mathematisch-naturwissenschaftlichen Unterrichts" im Auftrag des Bundesministeriums für Bildung, Wissenschaft, Forschung und Technologie.

BAUMERT, JÜRGEN u. a. (2002): Fähigkeit zum selbstregulierten Lernen als fächerübergreifende Kompetenz. On-line z. B. unter: www.schul-mathe.de

BECK, ULRICH (1986): Risikogesellschaft. Frankfurt a. M.

BECKER, GEROLD u. a. (2001): Qualität entwickeln – evaluieren. Seelze.

BECKER, NICOLE (2002): Perspektiven einer Rezeption neurowissenschaftlicher Erkenntnisse in der Erziehungswissenschaft. Zeitschrift für Pädagogik 5/2002.

BEER, ULRICH/ERL, WILLI (Hrsg.) (1972): Entfaltung der Kreativität. Tübingen.

BETTIGNALIO, M./LEHMANN, F. (1998): Mathematisches Billard – drei Vorschläge zu projektartigem Unterricht, Berichte über Mathematik und Unterricht, Zürich.

BLUM, WERNER u. a. (2000): Vertiefen und Vernetzen. Intelligentes Üben im Mathematikunterricht. In: Üben und Wiederholen. S. 106–108.

BÖER, HEINZ/MANTHEY, S. (1997): Ideenkiste. In: Mathematik Lehren, Heft 85.

BÖHM, JOSEF (Hrsg.) (2002): VISIT-ME 2002. Hagenberg: bk-teachware.

BOURDIEU, PIERRE (1987): Sozialer Sinn. Kritik der theoretischen Vernunft. Frankfurt a. M.

BOURDIEU, PIERRE (2002): Meditationen. Kritik der scholastischen Vernunft. Frankfurt a. M.

BORROMEO FERRI, RITA (2002): Erste Ergebnisse einer empirischen Studie zu mathematischen Denkstilen von Schülerinnen und Schülern der 9. und 10. Klasse. In: Beiträge zum Mathematikunterricht 2002. Hildesheim, S. 123–126.

BRUDER, REGINA (2000): Akzentuierte Aufgaben und heuristische Erfahrungen. In: HERGET/FLADE (2000).

BRUDER, REGINA/WEIGAND, HANS-GEORG (2001): Leistungen bewerten – natürlich, aber wie? In: Mathematik Lehren 107, 8/2001.

BUGDAHL, VOLKER (1995): Kreatives Problemlösen im Unterricht. Frankfurt a. M.

BURKHARD, CHRISTOPH/EIKENBUSCH, GERHARD (2000): Praxishandbuch Evaluation in der Schule. Berlin.

BURTON, LEONE (1999): Mathematics and their epistemologies – and the learning of mathematics. In: European Research in Mathematics Education Vol. 1 Proceedings FMD, S. 90–105.

CGTV (COGNITION AND TECHNOLOGY GROUP AT VANDERBILT) (1997): The Jasper Project: lessons in curriculum, instruction, assessment, and professional development. Mahwah, New Jersey.

CLARK, HERBERT H. (1996): Communities, Commonalities and Communication. In: GUMPERZ/LEVINSON (Hrsg.), Rethinking Linguistic Relativity, Cambridge, S. 324–358.

COHORS-FRESENBORG, ELMAR (2001): Mathematik als Werkzeug zur Wissensrepräsentation: das Osnabrücker Curriculum. In: Der Mathematikunterricht 47, Heft 1, S. 5–13.

COLLINS, ALLAN/BROWN, JOHN SEELY/NEWMAN, SUSAN E. (1989): Cognitive Apprenticeship: Teaching the Crafts of Reading, Writing and Mathematics. In: RESNICK: Knowing, Learning and Instruction. Mahwah, New Jersey, S. 453–494.

COVINGTON, M. V. (1984): The motive for self-worth. In: AMES, S. 77–113.

DAVID, J.-P. u. a. (1998): Parabeln – Ein Projekt im Mathematikunterricht, Berichte über Mathematik und Unterricht, Zürich.

DAVIS, PHILIP J./HERSH, REUBEN (1985): Erfahrung Mathematik. Basel.

DEHAENE, STANISLAS (1997): The Number Sense. Oxford/New York.

DER MATHEMATIKUNTERRICHT (6/1999): Projekte im Mathematikunterricht. Seelze.

DEVLIN, KEITH (2000): The Maths Gene. London.

DOPFER, GÜNTHER/REIMER, ROLF (1995): Tabellenkalkulation im Mathematikunterricht. Stuttgart.

DUBI, MIRIM/RUTSCH, ANNETTE (2001): Informationssuche von Jugendlichen im Internet. In: GRONER/DUBI (2001), S. 171–186.

DURANDI, W. u. a. (1998): Schullotto – ein Projekt im Mathematikunterricht, Berichte über Mathematik und Unterricht, Zürich.

DZUNG WONG, B./HENN, H.-W. (1998): Der Regenbogen – ein Projekt im Mathematikunterricht, Berichte über Mathematik und Unterricht, Zürich.

EKHOLM, MATS (2001): „Wir reden von Auswertung". In: BECKER u. a. (2001).

EMER, WOLFGANG/HORST, UWE (1991): Projektunterricht für die Sekundarstufe II: Theoretisch-didaktischer Aufriss. In: EMER/HORST/OHLY (Hrsg.): Wie im richtigen Leben. Bielefeld: Oberstufenkolleg (AMBOS 29), S. 1–50.

ELSCHENBROICH, HANS-JÜRGEN (1997): Dynamische Geometrieprogramme: Tod des Beweisens oder Entwicklung einer neuen Beweiskultur? In: MNU 50/8, S. 494–496.

ELSCHENBROICH, HANS-JÜRGEN (2000a): Modellierung mit der Tabellenkalkulation – Bremsweg bei Tempo 30 und Tempo 50. In: HISCHER (2000), S. 137–144.

ELSCHENBROICH, HANS-JÜRGEN (2000b): Computergestützter Geometrie-Unterricht mit elektronischen Arbeitsblättern. In: HERGET/WEIGAND/WETH (2000), S. 47–52.

ELSCHENBROICH, HANS-JÜRGEN (2000c): Neues Lernen/neue Medien – aber bitte mit Prüfung! In: AMELUNG (2000), S. 15–35.

ELSCHENBROICH, HANS-JÜRGEN (2001a): Lehren und Lernen mit interaktiven Arbeitsblättern. Dynamik als Unterrichtsprinzip. In: HERGET/SOMMER (2001), S. 31–39.

ELSCHENBROICH, HANS-JÜRGEN (2001b): Der Satz des Pythagoras mit Schere und Computer. Mathe-Welt Dezember 2001, Seelze.

ELSCHENBROICH, HANS-JÜRGEN (2002a): Visuell-dynamisches Beweisen. In: mathematik lehren 110, S. 56–59. Seelze.

ELSCHENBROICH, HANS-JÜRGEN (2002b): Dem Höhenschnittpunkt auf der Spur. In: HERGET/SOMMER/WEIGAND/WETH (2002), S. 86–91.

ELSCHENBROICH, HANS-JÜRGEN (2002c): Dynamisch Funktionen entdecken. In: BÖHM (Hrsg.): VISIT-ME 2002.

ELSCHENBROICH, HANS-JÜRGEN/SEEBACH, GÜNTER (2002): Dynamisch Geometrie entdecken. Elektronische Arbeitsblätter. Klasse 7, 8, 9. Rosenheim.

ELSCHENBROICH, HANS-JÜRGEN/MEINERS, JENS-CHRISTIAN (1994): Computergraphik und Darstellende Geometrie im Unterricht der Linearen Algebra. Bonn.

ELSCHENBROICH, HANS-JÜRGEN/GAWLICK, THOMAS/HENN, HANS-WOLFGANG (2001): Zeichnung – Figur – Zugfigur. Hildesheim.

FAUSER, PETER (2002): Lernen als innere Wirklichkeit. In: Neue Sammlung 42, Heft 2, S. 39–68.

FISCHER, ROLAND/MALLE, GÜNTHER (1985): Mensch und Mathematik. Mannheim.

FILLER, ANDREAS (2001): 3D-Computergraphik als Anwendung der analytischen Geometrie im Mathematikunterricht der Sekundarstufe II. In: Beiträge zum Mathematikunterricht 2001, S. 181–184. Hildesheim.

FÖRSTER, FRANK (2002): Vorstellungen von Lehrerinnen und Lehrern zu Anwendungen im Mathematikunterricht. In: Mathematikunterricht 4–5/2002, S. 45–72.

FREUDENTHAL, HANS (1973): Mathematik als pädagogische Aufgabe. Band 1,2. Stuttgart.

FREUDENTHAL, HANS (1983): Didactical Phenomenology of Mathematical Structures. Dordrecht.

FRIEDRICH, HELMUT FELIX (1999): Selbstgesteuertes Lernen – sechs Fragen, sechs Antworten. In: www.selma-mathe.de, Stand: 13.12.1999.

GABRIEL, ILONA/HESKE, HENNING (2001): Tarifsysteme und Bogenbrücken. In: Computer + Unterricht 11, Heft 44, S. 16–19.

GABRIEL, ILONA/HESKE, HENNING/TEIDELT, MARKUS (2002): Einführung in die Matrizenrechnung – Selbstlernen durch Lernen an Stationen. In: AMELUNG/BARZEL/BERNTZEN (Hrsg.): Neues Lernen – Neue Medien – Blick über den Tellerrand. Münster: Zentrale Koordination Lehrerausbildung (ZKL-Texte 19), S. 339–342.

GALLIN, PETER/RUF, URS (1993): Sprache und Mathematik in der Schule – ein Bericht aus der Praxis in: Journal für Mathematikdidaktik, 14, S. 3–33.

GALLIN, PETER/RUF, URS (1998): Dialogisches Lernen im Mathematikunterricht. Seelze.

GARDNER, HOWARD (2002): Kreative Intelligenz. München.

GLASERSFELD, ERNST VON u. a. (1992): Einführung in den Konstruktivismus. München.

GLÖTZEL, HERBERT (2000): Prinzipien effektiven Unterrichts. Handbuch für die Erziehungs- und Unterrichtspraxis. Bd. 1 und 2, Stuttgart.

GÖNER, OLAF/GUNDLACH, ANDREAS (2001): Elemente der Mathematik interaktiv. Hannover.

GRELL, JOCHEN/GRELL, MONIKA (1993): Unterrichtsrezepte. Weinheim/Basel.

GRIGUTSCH, STEFAN/RAATZ, ULRICH/TÖRNER, GÜNTER (1998): Einstellungen gegenüber Mathematik bei Mathematiklehrern. Journal für Mathematik-Didaktik. 19(1). S. 3–45.

GRONER, RUDOLF/DUBI, MIRIAM (2001): Das Internet und die Schule. Bern.

HANNA, GILLAH (1989): Proofs that Prove and Proofs that Explain. In: VERGNAUD/ROGALSKI/ARTIGUE (Hrsg.): Proc. Of the 13th Conf. Of the Int. Group for the Psychology of Math. Education. 2, S. 45–51.

HARDY, G. H. (1940): A mathematician's Apology. Nachdruck 2002. Cambridge.

HAUBROCK, DANIEL (2000): GPS in der analytischen Geometrie. In: ISTRON-Materialien für einen realitätsbezogenen Unterricht, Band 6, S. 86–103.

HAUN-JUST, MARIANNE (1998): Ganzheitliche Lehr-Lernkonzepte am Beispiel der Suggestopädie. In: BOVET/HUWENDIEK (Hrsg.): Leitfaden Schulpraxis. Berlin, S. 228–250.

HEIDEGGER, MARTIN (1962): Die Frage nach dem Ding. Tübingen.

HEIDENREICH, MATTHIAS u. a. (2001): Vermessung eines Sees. In: Berichte über Mathematik und Unterricht, Zürich.

HEINTZ, BETTINA (2000): Die Innenwelt der Mathematik. Wien/New York.

HEINTZ, GABY (2000): www-basierte interaktive Arbeitsblätter für den Geometrie-Unterricht. In: Beiträge zum Mathematikunterricht 2000, S. 274–277. Hildesheim.

HEINTZ, GABY (2001a): Didaktische Betrachtungen zum Einsatz von DGS in Klasse 7 – beim Einsatz von Cinderella. In: Beiträge zum Mathematikunterricht 2001, S. 273–276. Hildesheim.

HEINTZ, GABY (2001b): Didaktische Betrachtungen zum Geometrie-Unterricht beim Einsatz von Cinderella. In: ELSCHENBROICH/GAWLICK/HENN (2001).

HEINTZ, GABY (2003): Einsatz von DGS am Beispiel von Cinderella. Erscheint in: Herget, W./Sommer, R./Weigand, H.-G./Weth, Th. (Hrsg.): Lehr- und Lernprogramme für den Mathematikunterricht. Hildesheim.

HEINTZ, GABY/WITTMANN, GERALD (2002): Gestaltung von neuen Lernumgebungen durch neue Medien. In: HERGET/SOMMER/WEIGAND/WETH (2002).

HENN, WOLFGANG (2000): Warum Katzen manchmal vom Himmel fallen. In: HISCHER.

HENN, WOLFGANG (Hrsg.) (2002): mathematik lehren 113: Modellbildung.

HENNING, HERBERT/WOHLAN, ULRICH (1992): Modellbildung beim Aufgabenlösen im Mathematikunterricht, Mathematica Didactica, S. 58–69.

HENTIG, HARTMUT VON (2002): Der technischen Zivilisation gewachsen bleiben. Weinheim.

HEPP, R. u. a. (1997): umwelt: physik, Das Projektbuch. Stuttgart.

HERGET, WILFRIED (2000): Aufgaben nicht nur nach Schema F. über www.schulmathe.de

HERGET, WILFRIED (2001): Die etwas andere Aufgabe. In: mathematik lehren 108, S. 78.

HERGET, WILFRIED/FLADE, LOTHAR (2000): Lehren und Lernen nach TIMSS. Berlin.

HERGET WILFRIED/JAHNKE, THOMAS/KROLL, WOLFGANG (2001): Produktive Aufgaben für den Mathematikunterricht in der Sekundarstufe I. Berlin.

HERGET, WILFRIED/SCHOLZ, DIETMAR (1998): Die etwas andere Aufgabe. Seelze.

HERGET, WILFRIED/SOMMER, ROLF (Hrsg.) (2001): Lernen im Mathematikunterricht mit neuen Medien. Hildesheim.

HERGET, WILFRIED/SOMMER, ROLF/WEIGAND, HANS-GEORG/WETH, THOMAS (Hrsg.) (2002): Medien verbreiten Mathematik. Hildesheim.

HERGET, WILFRIED/WEIGAND, HANS-GEORG/WETH, THOMAS (Hrsg.) (2000): Standardthemen des Mathematikunterrichts in moderner Sicht. Hildesheim.

HERTZ, J./KROGH, A./PALMER, R. G. (1991): Introduction to the Theory of Neural Computation. Redwood City.

HESKE, HENNING (1998): Mathe Explorer Logbuch 7.2. In: Mathematik in der Schule 36, 1998, S. 136–143.

HESKE, HENNING (2001a): Lernen an Stationen im Mathematikunterricht. In: MNU 54, S. 398–401.

HESKE, HENNING (2001b): Lerntagebücher. Eine Unterrichtsmethode, die das Selbstlernen im Mathematikunterricht fördert. In: mathematik lehren 104, S. 14–17.

HEUGL, HELMUT (1996): Das White-Box/Black-Box-Prinzip in der Algebra. In: HISCHER/WEIß (1996), S. 58–67.

HEYMANN, HANS-WERNER (1996): Allgemeinbildung und Mathematik. Weinheim.

HILBERT, DAVID (1899/1956): Grundlagen der Geometrie. 8. Aufl. 1956. Leipzig/Stuttgart.

HISCHER, HORST (Hrsg.) (1993): Wieviel Termumformung braucht der Mensch? Hildesheim.

HISCHER, HORST (Hrsg.) (1997): Computer und Geometrie. Neue Chancen für den Geometrieunterricht? Hildesheim.

HISCHER, HORST (Hrsg.) (2000): Modellbildung, Computer und Mathematikunterricht.

HISCHER, HORST (2002): Mathematikunterricht und neue Medien. Hildesheim.

HISCHER, HORST/WEISS, MICHAEL (Hrsg.) (1996): Rechenfertigkeit und Begriffsbildung. Hildesheim.

HOF, E./SCHREYER, M. (1999): Die Prozentrechenbücher. In: LUDWIG (Hrsg.): Projektberichte der Marktbreit-Gruppe.

HOF, R./MÖHRINGER, J. (1999): Primzahlen. In: LUDWIG (Hrsg.): Projektberichte der Marktbreit-Gruppe.

HOLE, VOLKER (1998): Erfolgreicher Mathematikunterricht mit dem Computer. Donauwörth.

HÖLZL, REINHARD (1994): Im Zugmodus der Cabri-Geometrie. Weinheim.

HUBER, LUDWIG u. a. (2000): Förderung selbständigen Lernens in der gymnasialen Oberstufe. Hrsg. v. Landesinstitut für Schule und Weiterbildung. Bönen.

HUPFELD, WALTER (1997): Modellbildung und Simulation dynamischer Systeme. http://www.modsim.de/

HUMBOLDT, WILHELM VON (1809): Litauischer Schulplan. In: Werke (Hrsg. von FLITNER/GIEL) Bd. IV. Stuttgart (1964), S. 187–195.

HUMBOLDT, WILHELM VON (1963): Werke in fünf Bänden, Band 3, FLITNER/GIEL (Hrsg.), Darmstadt.

HUMENBERGER, HANS (1997): Anwendungsorientierung im Mathematikunterricht. In: Journal für Mathematik-Didaktik 1/97, S. 3–50.

HUMENBERGER, HANS/REICHEL, H.-CH. (1995): Fundamentale Ideen der angewandten Mathematik, Mannheim.

HUSSMANN, STEPHAN (2002): Konstruktivistisches Lernen an intentionalen Problemen. Hildesheim.

HUSSMANN, STEPHAN (2003): Mathematik entdecken und erforschen. Theorie und Praxis des Selberlernens in der Sekundarstufe II. Berlin.

JANK, WERNER/MEYER, HILBERT (1994): Didaktische Modelle. Berlin.

JASPERS, KARL (1997): Was ist Philosophie? München.

JACOB, D. (1999): Spielend durch die Welt der rationalen Zahlen. In: LUDWIG (Hrsg.): Projektberichte der Marktbreit-Gruppe.

JÜRGENSEN, THORSTEN (2002): Die Facharbeit am Gymnasium – Was können wir in diesem Bereich von der Wiskunde lernen? MNU 6/2002.

KAISER, GABRIELE (2001): Coursework – alternative Form der Leistungsmessung. In: BRUDER/WEIGAND (2001).

KETTELER, GUARDIAN (1997): Zwei Nullen sind keine Acht. Basel.

KIRSCH, ARNOLD (1979): Beispiele für „prämathematische" Beweise. In: DÖRFLER/FISCHER: Beweisen im MU. Wien, Stuttgart,. S. 261–274.

KLAFKI, WOLFGANG (1985): Neue Studien zur Bildungstheorie und Didaktik. Beiträge zur kritisch-konstruktiven Didaktik. Weinheim und Basel.

KLEMENZ, HEINZ (2002): Plattformunabhängiges Werkzeug zur dynamischen Raumgeometrie. In: BÖHM (2002)

KLIEME, ECKHARD/NEUBRAND, MICHAEL/LÜDTKE, OLIVER (2001): Mathematische Grundbildung: Testkonzeption und Ergebnisse. In: BAUMERT u. a. PISA 2000, Opladen.

KLIPPERT, HEINZ (2000): Methoden-Training. Weinheim und Basel.

KNOLL, MICHAEL (1991): „Niemand weiß heute, was ein Projekt ist". Die Projektmethode in den Vereinigten Staaten, 1919–1920. In: Vierteljahresschrift für wissenschaftliche Pädagogik 67 (Januar 1991), S. 45–63.

KONRAD, KLAUS/TRAUB, SILKE (1999): Selbstgesteuertes Lernen in Theorie und Praxis. München.

KRÄMER, SYBILLE (1988): Symbolische Maschinen. Die Idee der Formalisierung in geschichtlichem Abriss. Darmstadt.

KRATZ, JOHANNES (1993): Zentrale Themen des Geometrieunterrichts aus didaktischer Sicht. München.

KUSSEROW, WILHELM (1928): Los von Euklid! Leipzig.

KUTZLER, BERNHARD (1995): Mathematik unterrichten mit Derive. Bonn.

KUTZLER, BERNHARD/KOKOL-VOLJC, VLASTA (2000): The Next Generation: PeCAS. In: HERGET/SOMMER/WEIGAND/WETH (2002), S. 173–175.

LAKATOS, IMRE (1976): Proofs and Refutations. Cambridge.

LAMBERT, ANSELM (2002a): Wege zum informierten Wissen. In: HISCHER (2002).

LAMBERT, ANSELM (2002b): Wissenskonstruktion im situierten Lernen am Beispiel einer Unterrichtseinheit zum Wertverlust von PKWs. In: HERGET/SOMMER/WEIGAND/WETH (2002).

LAMBERT, ANSELM (2003): Begriffsbildung im Mathematikunterricht. In: BENDER (Hrsg.): Lehr- und Lernprogramme im Mathematikunterricht. Hildesheim.

DE LANGE, JAN (1987): mathematics – insight and meaning. Utrecht.

LEHMANN, EBERHARD (1994): Projektbericht – Potenzen besonderer (2,2)-Matrizen. In: Der Mathematikunterricht 40, Heft 6, S. 50–70.

LEHMANN, EBERHARD (1999): Grundlagen von Projektarbeit. In: Der Mathematikunterricht 45, Heft 6, S. 4–22.

LEHMANN, EBERHARD (1999): Mathematikunterricht mit einem Computeralgebrasystem. In: MNU 52/ 5, S. 306–310.

LEHMANN, EBERHARD/HERGET, WILFRIED (2001) (Hrsg.): Lineare Funktionen in der Sekundarstufe I mit dem TI-83/-89/-92, Hannover.

LEIBIG, ELKE/BRENNER, HANS-JOACHIM (2001): Projekt: Kryptologie. In: LUDWIG (2001a), S. 81–113.

LEUDERS, TIMO u. a. (2001): Diagnose von Basiswissen und Problemlösen in Kontexten (BaP) Hrsg. vom MSWF-NRW. Frechen. Online-Fassung unter www.learnline.de/angebote/m-aufgaben.

LEUDERS, TIMO (2001a): Qualität im Mathematikunterricht der Sekundarstufe I und II. Berlin.

LEUDERS, TIMO (2001b): Evaluation im Alltag des Mathematikunterrichts. In: BECKER (2001).

LEUDERS, TIMO u. a. (2003): PISA2000 – eine neue Mathematik? Ministerium für Schule, Jugend und Kinder NRW. Online unter: www.learn-line.de/angebote/pisa

LEUDERS, TIMO (2003): Raumgeometrie mit dem Computer. In: BENDER (Hrsg.): Lehr- und Lernprogramme für den Mathematikunterricht. Hildesheim.

LICHTERFELD, SARAH (2001): Der Lehrer steht nicht allein im Klassenraum. In: BECKER (2001).

LIETZMANN, WALTHER (1968): Methodik des mathematischen Unterrichts. Heidelberg.

LORENZ, JENS HOLGER/RADATZ, HENDRIK (1993): Handbuch des Förderns im Mathematikunterricht. Hannover.

LUDWIG, MATTHIAS (1996): Projektorientierter Mathematikunterricht Folge 5: Das π-Projekt. In: Math.Schule, 34, S. 211–215.

LUDWIG, MATTHIAS (1997): Projekte im Mathematikunterricht des Gymnasiums. Hildesheim.

LUDWIG, MATTHIAS (1998): Platonische Durchdringungen. Ein Projekt im Mathematikunterricht der Klasse 10. Berichte über Mathematik und Unterricht. Zürich.

LUDWIG, MATTHIAS (Hrsg.) (2001a): Projekte im mathematisch-naturwissenschaftlichen Unterricht. Hildesheim.

LUDWIG, MATTHIAS (2001b): Die Struktur von Projekten. In: LUDWIG (2001a), S. 11–30.

LUDWIG, MATTHIAS (2001c): Infinity – Erfassung der Unendlichkeit. In: mathematik lehren 112, S. 58–60.

LUDWIG, MATTHIAS (2001d): Raumgeometrie mit Kopf, Herz, Hand und Maus. In: Beiträge zum Mathematikunterricht 2001, S. 408–411. Hildesheim.

LYOTARD, JEAN-FRANÇOIS (1999): Das postmoderne Wissen. Ein Bericht. Wien.

MAASS, KATJA (2002): Handytarife. Funktionen mit mehreren Veränderlichen. In: Mathematik Lehren. S. 113, 53–57.

MAIER, HERMANN (1999): How much Technical Language do Pupils need in Mathematics Education? S. 55–66. Bern, 1999.

MAIER, HERMANN/SCHWEIGER, FRITZ (1999): Mathematik und Sprache. Wien.

MAK, C. L. J. (2000): Examenbundel 1992–2000 (vwo wiskunde A), Leiden.

MATHEMATIK LEHREN (2/1984): Üben. Seelze.

MATHEMATIK LEHREN (2000a): Aufgaben öffnen. Heft 100. Seelze.

MATHEMATIK LEHREN (2000b): Heuristik – Problemlösen lernen. Heft 115. Seelze.

MATHEMATIK LEHREN (2001): Kreativität. Heft 106. Seelze.

MEYER, HANS-GÜNTER (2000): Tabellenkalkulation ... und mathematik wird anschaulich. Stuttgart.

MEYER, HILBERT (1987a): Unterrichtsmethoden I: Theorieband. Frankfurt a. M.

MEYER, HILBERT (1987b): Unterrichtsmethoden II: Praxisband. Frankfurt a. M.

MEYER, HILBERT (1991): Leitfaden zur Unterrichtsvorbereitung. Berlin.

MEYER, W. U. (1984): Das Konzept der eigenen Begabung. Bern.

MITTELSTRASS, JÜRGEN (Hrsg.) (1995/96): Enzyklopädie Philosophie und Wissenschaftstheorie. Stuttgart. Weimar.

MSWF-NRW (1999) MINISTERIUM FÜR SCHULE, WISSENSCHAFT UND FORSCHUNG DES LANDES NORDRHEIN-WESTFALEN. Richtlinien und Lehrpläne für die Sekundarstufe II – Gymnasium/Gesamtschule in Nordrhein-Westfalen. Mathematik. Frechen.

MSWF-NRW (2001) Mathematikunterricht mit Computeralgebrasystemen. Schriftenreihe Schule in NRW Nr. 9035/3. Frechen.

MUED E. V. (2002): Initiative zur Verbesserung des Mathematikunterrichtes. Unter: www.mued.de

MÜLLER, KLAUS (2001): Der pragmatische Konstruktivismus. In: Konstruktivistische Schulpraxis. Neuwied/Kriftel.

MÜLLER, ANGELIKA/HAAS, NICOLA (2002): Die Bestimmung des Todeszeitpunktes einer Leiche als Beispiel für Modellbildung im modernen Mathematikunterricht der Sek. II. In: Beiträge zum Mathematikunterricht 2002, S. 363–366, Hildesheim.

NCTM (2000): Principles and Standards for School Mathematics, National Council of Teachers of Mathematics, Reston. Auch elektronisch unter standards.nctm.org

NEUHAUS, KORNELIA (2002): Die Rolle des Krativitätsproblems in der Mathematikdidaktik. Berlin.

NEUMANN, JOHN VON (1958): The Computer an the Brain. New Haven/London.

NIEMANN, W. (1990): Wiederholung – Angleichung – Motivation. In: Mathematik betrifft uns 4/90-1. Aachen.

NOHDA, NOBUHIKO (1991): Paradigm of the 'open-approach' method in mathematics teaching: Zentralblatt für Didaktik der Mathematik 23(2), S. 32.

OECD (1999): Measuring student knowledge and skills. Paris.

OTTE, MICHAEL (1994): Das Formale, das Soziale und das Subjektive. Frankfurt a. M.

PEHKONEN, ERKKI (1991): Developments in the understanding of problem solving. Zentralblatt für Didaktik der Mathematik 23(2), S. 46.

PEIRCE, CHARLES SANDERS (1992): Reasoning and the logic of things. Cambridge.

POLYA, GEORGE (1945): How to solve it. Princeton University Press. Dt. Taschenbuchausgabe (1995): Schule des Denkens. Tübingen.

POLYA, GEORGE (1979): Vom Lösen mathematischer Aufgaben. Einsicht und Entdeckung, Lernen und Lehren. Band I. Basel.

PREDIGER, SUSANNE (2001): Mathematiklernen als interkulturelles Lernen. Journal für Mathematikdidaktik 2/2001, S. 123–144.

PRIM (2000): Diagnostic Material in Mathematics. National Agency of Education, Lärarhögskolan in Stockholm, Primgruppen. http://www.lhs.se/resunits/prim.

RADBRUCH, KNUT (1997): Mathematische Spuren in der Literatur. Darmstadt.

REINMANN-ROTHMEIER, GABI/MANDL, HEINZ (2001): Unterrichten und Lernumgebungen gestalten. In: KRAPP/WEIDENMANN: Pädagogische Psychologie. Weinheim.

RODECK, PATRICK (2002): Modelle des Denkens und Lernens im konstruktivistisch ausgerichteten Mathematikunterricht. Examensarbeit. Universität Essen.

RÖHRIG, ROLF (1996): Mathematik mangelhaft. Fehler entdecken, Ursachen erkennen, Lösungen finden. Reinbek.

ROTH, GERHARD (1997): Das Gehirn und seine Wirklichkeit. Kognitive Neurobiologie und ihre Konsequenzen. Frankfurt a. M.

RUSSELL, BERTRAND/WHITEHEAD, ALFRED N. (1999): Principia Mathematica. Frankfurt a. M.

SAINT-ÉXUPERY, ANTOINE DE (2001): Der kleine Prinz. Düsseldorf.

SCHLEIERMACHER, FRIEDRICH D. E. (1977): Hermeneutik und Kritik. Frankfurt a. M.

SCHMIDT (1982): Der Begriffsbildungsprozess im Geometrieunterricht. Osnabrück: unveröffentlichte Dissertation.

SCHOENFELD, ALAN H. (1991): What's all the fuss about problem solving. Zentralblatt für Didaktik der Mathematik 23(1), S. 4.

SCHULZ, WOLFGANG (1981): Unterrichtsplanung. München.

SCHUMANN, HEINZ (1998): Interaktive Arbeitsblätter für das Geometrielernen. In: Mathematik in der Schule (36) Heft 10, S. 562–569.

SCHUMANN, HEINZ (2001a): Raumgeometrie – Unterricht mit Computerwerkzeugen. Berlin.

SCHUMANN, HEINZ (2001b): Die Behandlung von Funktionen einer reellen Variablen mit Methoden der dynamischen Geometrie. In: ELSCHENBROICH/GAWLICK/HENN (2001).

SCHUPP, HANS (1997): Regeometrisierung der Schulgeometrie – durch Computer? In: HISCHER (1997), S. 16–25.

SCHUPP, HANS (1988): Anwendungsorientierter Mathematikunterricht in der Sekundarstufe I zwischen Tradition und neuen Impulsen. In: Der Mathematikunterricht, 34 (6), S. 5–16.

SCHUPP, HANS (2000): Optimieren und Variieren. In: HERGET/FLADE (2000). Unter: www.math.uni-sb.de/EX/schupp/aufgabenvariation.html

SCHWANK, INGE (1998): Kognitive Mathematik, Eine Einführung. Unter: www.fmd. uni-osnabrueck.de/ebooks.html

SCHWEBKE, R. (2001): In drei Stationen zum Satz des Pythagoras. In: Mathematik Lehren, Heft 104, S. 18 ff.

SENSENSCHMIDT, BERND (1995): Durch eine „Wüste von Nutzlosigkeit". Anwendungsaufgaben aus lernbiologischer Sicht. In: Mathematik lehren, Heft 68, S. 60–63.

SIEBERT, HORST (2001): Selbstgesteuertes Lernen und Lernberatung. Neuwied.

SINGH, SIMON (1998): Fermats letzter Satz. München.

SJUTS, JOHANN (2002): Unterschiedliche mentale Konstruktionen beim Aufgabenlösen. In: Journal für Mathematik-Didaktik 23, Heft 2, S. 106–128.

SJUTS, JOHANN (2003): Metakognition per didaktisch-sozialem Vertrag. In: Journal für Mathematik-Didaktik 24, Heft 1.

SNOW, C. P. (1959): The Two Cultures. Reprint 1993, Cambridge.

SPITZER, MANFRED (2000): Der Geist im Netz. Heidelberg.

STACEY, KAYE (1991): Linking application and acquisition of mathematical ideas through problem solving. Zentralblatt für Didaktik der Mathematik 23(1), S. 8.

STEEN, LYNN ARTHUR (2001): Mathematics and democracy: The case for quantitative literacy. Princeton.

STEWART, IAN (1990): Mathematik, Probleme – Fragen – Antworten (engl. Orig.: The Problem of Mathematics). Basel/Boston/Berlin.

STEWART, IAN (2001): Die Zahlen der Natur. Heidelberg/Berlin.

STIGLER, JAMES W./HIEBERT, JAMES (1999): The Teaching Gap. New York.

STRAKA, GERALD A./MACKE, GERD (1981): Lehren und Lernen in der Schule. Stuttgart u. a.

STRUNZ, KURT (1968): Der neue Mathematikunterricht in pädagogisch-psychologischer Sicht. Heidelberg.

SYLVESTER, THOMAS (1995): Praktisches Lernen – mathematikdidaktisch reflektiert. In: mathematik lehren, Heft 72, S. 4–7.

TIETZE, UWE-PETER/KLIKA, MANFRED/WOLPERS, HANS (1997): Mathematikunterricht in der Sekundarstufe II, Bd.1. Braunschweig/Wiesbaden.

VILLIERS, M. de (1990): The Role and the Function of Proof in Mathematics. Pythagoras 24, S. 17–24.

VOLLRATH, HANS-JOACHIM (1987): Begriffsbildung als schöpferisches Tun im Mathematikunterricht. In: Zentralblatt für Didaktik der Mathematik 19 S. 123–127.

VOS, PAULINE/BOS, KLAAS (2001): Nederlands wiskundeonderwijs bij de internationale top. In: Euclides, 3/2001, S. 227–232.

WAGENSCHEIN, MARTIN (1988): Naturphänomene sehen und verstehen. Genetische Lehrgänge (Hrsg. Christoph Berg). Stuttgart.

WAYWOOD, ANDREW (1991): Assessing, Grading and Informal Writing for Learning Mathematics. In: STEPHENS/IZARD: Reshaping Assessement Practices: Mathematics. Hawthorn.

WAYWOOD, ANDREW (1992): Journal Writing and Learning Mathematics. – For the Learning of Mathematics 12 (2), S. 34–43.

WEGLER, MONIKA (1989): Kaninchen. München.

WEIGAND, HANS-GEORG (Hrsg.) (2001a): Diskrete Mathematik und Tabellenkalkulation. Der Mathematikunterricht, Heft 3/2001.

WEIGAND, HANS-GEORG (Hrsg.) (2001b): Wie die Mathematik in die Umwelt kommt. Hannover.

WEIGAND, HANS-GEORG/WETH, THOMAS (2002): Computer im Mathematikunterricht. Heidelberg.

WELLER, HUBERT (2001): Alternativen zu Hieb- und Stichaufgaben. MNU-Fachleiter-tagung 2001 in Weilburg. http://www.vibido.de/mnu/content/pdfs/weller.pdf

WESTERMANN, BERND (2001): Wiskunde A. In: Mathematik lehren, Heft 107, S. 56–60.

WETH, THOMAS (1999): Kreativität im Mathematikunterricht – Begriffsbildung als kreatives Tun. Hildesheim.

WHORF, BENJAMIN LEE (1956): „Selected writings". In: CARROLL (Hrsg.), Language, Thought and Reality. MIT.

WIECHMANN, JÜRGEN (2002): Unterrichtsmethoden – Vom Nutzen der Vielfalt. In: WIECHMANN (Hrsg.): Zwölf Unterrichtsmethoden. Weinheim und Basel.

WILLE, RUDOLF (2002): Kommunikative Rationalität und Mathematik. In: PREDIGER/SIEBEL/LENGNINK (Hrsg.): Mathematik und Kommunikation. Mühltal.

WINNING, ANITA (1996): Mathematikunterricht in der Grundschule im Spannungsfeld von Stofforientierung und Kindorientierung. Dissertation. Kassel.

WINTER, HEINRICH (1989): Entdeckendes Lernen im Mathematikunterricht. Braunschweig/Wiesbaden.

WINTER, HEINRICH (1995): Mathematikunterricht und Allgemeinbildung. In: Mitteilungen der GDM 61.

WITTGENSTEIN, LUDWIG (1971): Philosophische Untersuchungen. Frankfurt a. M.

WITTMANN, ERICH CHR. (1981): Grundfragen des Mathematikunterrichts. Braunschweig/Wiesbaden.

WITTMANN, ERICH CHR. (1995): Mathematics Education as a Design Science. Education Studies in Mathematics (29), S. 355–374.

WITTMANN, ERICH CHR./GERHARD, N. MÜLLER (1990, 1992): Handbuch produktiver Rechenübungen. Stuttgart.

WITTMANN, ERICH CHR./STEINBRING, HEINZ/MÜLLER, GERHARD N. (1997): 10 Jahre „mathe2000". Leipzig/Düsseldorf.

ZAPPE, W. (1999): Wachstum und Zerfall. In: LUDWIG (Hrsg.) Projektberichte der Marktbreit-Gruppe.

ZEITSCHRIFT PÄDAGOGIK (2001): Praxishilfen Evaluation 11/2001. Weinheim.

ZIMMERMANN, BERND (1991): Offene Probleme für den Mathematikunterricht und ein Ausblick auf Forschungsfragen. Zentralblatt für Didaktik der Mathematik 23(2), S. 38.

ZWANEVELD, BERT (2000): Een blik achteruit en een beetje vooruit. In: Honderd jaar Wiskundeonderwijs, Leusden, S. 413–421.

Sachregister